素志傳古

周希丁全形拓資料全編

傅萬里 主編
李默甫 整理

上海書畫出版社

徐天進教授題字

傳拓史溯：從『字拓』到『器拓』轉型中的周希丁

陳振濂

一

研究舊『金石學』中的傳拓術，在我看來，是一個地道的『絶學』中的『絶學』。也就是説，它是百年來在現當代學術、藝術、技術體系中都很難找到位置的失落之學、遺忘之學、尷尬之學。過去我們討論『爲往聖繼絶學』，而我們理解的『絶學』是失傳了的古聖賢教誨且承載寄存在古籍中的古文字、古文獻與文史之學，大抵是見諸於文詞語句之間；重點在『學』，而很少會托形於『術』。但在西泠印社近二十年的『重振金石學』所檢討、反省和宣導的新的學術格局中，『金石學』中成體系的『學』，已經由馬衡和此前領先的吴昌碩、趙之謙直到王國維、羅振玉這一代，還有民國時期幾位撰有專門《金石學》著作的朱劍心、陸和九諸家，再作持續銜接而得基本完成。但『金石學』中涉金（銅）的鑄冶、涉石的鑿切、還有從平面拓到全形拓的各種墨拓技巧，亦即是『金石學』的『術』的部分之研究與實踐，却還是一個在認知和理論建設上未曾開蒙、操作過程中又缺少明確規範的貧弱狀態。

説『傳拓術』是絶學，是基於如下的歷史原因。過去中國科技落後，文獻與圖像的複製傳播，是通過金石物質載體的鑄造與鑿刻，先存其形，再由墨拓（朱拓）反復捶拓而成：多次捶拓則多番複製，由『金』與『石』的原物唯一而得拓本複製的化身千萬，是文化孳生發展傳播的需要，幾千年來皆是如此。但在宋代印刷術大興之後，由書籍印刷而形成文字文獻複製與便捷傳播，滿足社會需要，是邁出了第一步。金石學的『捶拓』之功，不再只是應文字傳播之需，而不得不轉爲唯圖像傳播（包括圖繪、書法字形圖像）爲取的主要途徑。而在近代『西學東漸』維新變法的大背景下，先進的西方照相術的傳入與現代工業中科技印刷術的遍地開花，圖像傳播在技術上已成輕而易舉之常事。於是『傳拓術』作爲原有的曾被廣泛應用的社會圖像傳播技術，再度被擠出局，從而逐漸淡出了社會文化活動，只能作爲『懷古之幽情』而孤單獨處、顧影自憐。到了二十世紀五十年代後，除了個別文物博物館學界的工作需求之外，廣義上的墨拓，在概率意義上，已經從社會生活必需過程中基本消亡了。

當年即十八年前，我們在初始階段，於『重振金石學』大格局中，總共安排有六個復興項目。其中的第一招即首項，即是先呼籲和研究一千五百多年以來漸漸走向消亡的『傳拓術』。但是，鑒於對傳統墨拓功用的社會認知度較低，我們堅決把學科學理上的清理與疏浚放在首位。從二〇〇八年西泠印社主持召開『重振金石學』國際學術研討會開始，關於『金石學』方面的研討内容，廣取不同角度的金石學主題，總計辦了不下十餘場。尤其是二〇二五年作爲『大印學四』的《金石學史與印學學術研討會》的論文徵集範圍，總共劃分五大類，其中第四類即是對『「金石學史」中「銘刻學」「傳拓學」「題跋學」』三個分支學科的清晰劃分。請注意，在高端的理論研討會的學術論文發表過程中，『傳拓學』當然首先是『學』，它包括傳拓類型、傳拓流派、傳拓代表人物、傳拓傳世名作、傳拓史、傳拓技巧描述諸項；但『拓』作爲一個特定的行爲過程，若落脚到實操製作工序的層面，則『傳拓術』作爲『術』的價值，恐怕完全不遜色於『學』的重要地位。而且更重要的是：『學』在很長的歷史時間積累下，由於有一流的文史大家與本行學者的介入，顯得内容豐富、著述豐厚；而『術』則因人而生、及人而成、隨人而亡，處於即時應用、轉瞬即逝的狀態。一旦時過境遷，人亡『術』息，很難會保有一種穩定而永恒的生命力。故爾一提及傳拓術的『術』的代表人物，極少有馳名於社會大衆者。即使在行内也許會獲得專業認可，一出圈即乏人問津、無人知曉，最多也就是匠人層面上的個人式翹楚頂流而無所謂推動進步的社會影響力。但細緻想來，這樣的空白和空隙，却正是我們『重振金石學』所最需要關注并捕捉到的研究機遇——人無我有，人失我得。

二

從『術』出發，於是就有了討論周希丁歷史價值的必要性。

周希丁給我們傳遞出的最有價值的信息，還不是一般的石刻碑碣的平面『傳拓術』，而是更特殊、更創新、更有挑戰性的『全形拓』。一般傳拓師或以此爲職業的工匠，關注的是足以構成傳拓界長年作爲普遍基礎的『碑石拓』和以保存、傳達古代文字文獻爲中心的『墨拓』，又是可以與抄本并列的紙本的『文字拓』，這類拓墨技術，我們可以稱之爲『字拓』。但周希丁最擅長的，恰恰是比『字拓』（平面拓）難度高幾十倍的、以古器物爲中心的取『器物外形』爲上的『器拓』（立體拓）。

關於這兩種『拓』即『字拓』與『器拓』的關係，大致可以作如下最簡要的解讀。『傳拓術』本起於隋唐。王國維、馬衡皆引漢魏石經在隋唐已有『相承傳拓之本』（《隋書·經籍志》）的文獻記載爲據。宋元前承隋唐，施墨拓石的風氣大盛。非唯豐碑大碣，連北宋開始的《淳化閣帖》

《大觀帖》爲代表的小型連續式名帖法書被鎸刻入石，也無不取墨拓爲常態。至少迄今爲止的千年傳拓，之所以能够構成一個明確的歷史脉絡，正是因爲它的發展輪廓十分清晰而完整；而且它還是書法美學式生存形態（審美的字法筆法傳遞）之作爲物質載體的根本且唯一的途徑和方法。

但到了道光、咸豐、同治的陳介祺、吴式芬這一代，再到民國時期周希丁、傅大卣這一代，中間隔了一百多年。從『字拓』（文字拓、書法拓）的世界裏，又延伸出另一種『器拓』。其客觀背景的關鍵點在於：清代乾隆、嘉慶以後，地下出土文物激增而導致學術界考據學盛行。而大量青銅器的頻繁出土面世，導致過去只有皇家有資格收藏的殷商兩周青銅器名品重器，紛紛『飛入尋常百姓家』而爲有功名的士紳大族私家所收藏。過去青銅器的『拓』，多是拓銘文，如石刻碑碣之銘刻文字；青銅器的器物外形，則多是以綫描勾勒而成。這一事實，只要多看宋代金石學著録便知端倪。但有了陳介祺、吴式芬，一主圖譜製作、一重著録證史，咸認爲自家藏或友好藏的青銅器銘文，拓出以證經補史考辨真僞，固然重要；但上古青銅器的器形、紋樣、款制，同樣也存有豐富的歷史信息，且是一個事關古物審美愉悦的特殊存在。既然可以重視銘文之『字拓』，何不因了青銅器不同的形美而作『器拓』？

從道咸時代萌生『全形拓』的這個立場上説，我敢大膽判斷并認定：『器拓』（『全形拓』）得以産生的動機、出發點和基本立場，竟然是美術的、審美視覺的，而不是傳統文史的；是生趣盎然的、雅玩的，而不是枯燥乏味的、學問的。這是我要强調的第一個鮮明觀點。

周希丁的出生年月，正是陳介祺、吴式芬謝世不久之時。陳、吴導夫先路，但那還只是收藏家的古物收藏癖好所致。雖有親友朋好圈頻密切磋，畢竟是閑雲野鶴進退自如；得失去取之間，皆可拂手進退。而到了周希丁的民國初期，時過境遷，情況就大不同了。首先，周希丁（一八九一—一九六一）身處的時代，是一個清末民初政權更叠、維新變法的大翻地覆、動蕩不安的大時代。與陳介祺、吴式芬的優游林下私藏雅玩的時代不同，在二十世紀二十年代以前，年僅三十歲左右的他，是必須先要把『全形拓』『器拓』做成一個專業性很强的獨一無二的領域而以此養家糊口，更還要推動逐漸成爲一種嶄新的專業、行業和職業。當然，借助於時勢積蓄，也就成就了一個技術上足以稱雄於世而獲傳拓界萬衆景仰的『絶學』。

三

周希丁青銅器『全形拓』『器拓』的職業化路徑，有如下六點可供歸納總結。

（一）周氏在北京琉璃廠開『古光閣』古玩店經營古物尤其是青銅器石刻，作爲店主，必然要以誠信和絶詣還有廣交游積聚人脉而求生存發展，故他之對利害得失之切切在心，乃是任何一個企業家的常態選擇。但在這同時，他也有相當的文化品位而不僅僅是商業頭腦。我們查到了在中國近代書畫史、收藏史尤其是篆刻史上最重要的一九二一年成立於北京的『冰社』（當時的盛名久負竟可以比肩南方的『西泠印社』），其活動地點或曰准社址，就在周希丁『古光閣』的後院。史樹青、傅大卣著《冰社小記》有述，冰社設於琉璃廠路北五十四號即周希丁古光閣後院，早期會員四十餘人，知名者有羅振玉、陳寶琛、易大庵、齊宗康、馬衡、柯昌泗、梅蘭芳、尚小雲等，互贈拓本、藏品文物，一如當時的西泠印社孤山風雅。中年以後，容庚、商承祚一批名士更是通過琉璃廠古光閣平臺，彼此之間進行過多次古物交易和散逸的學術討論。周希丁的古光閣，儼然成了京師一流文人經常雅集的聚散地。

令人意外的另一史實，則是爲求『全形拓』在摹拓時所必須新學習西方美術對造型、比例、尺寸、透視、立體感、空間位置等觀察方式，周希丁還專程去北京大學畫法研究會參加活動，從而學會了用西洋静物畫、建築畫之法，化用到中國傳統摹拓技術中來。奇思妙想，創新滿滿，是典型的『中體西用』『洋爲中用』的好例。以一匠藝竟有如此『自覺』而主動去北大高等學府學習而獲得先進的方法，使周希丁在同輩中肯定居於前列，眼光獨具，得占先鞭。

（二）周希丁擅名天下的摹古『全形拓』，竟是先從少年時的篆刻印章開始。他《傳古摹拓技術研究·自叙》開宗明義曰：『余好金石，始自髫齡。八歲侍先伯祖子莊公學習治印，其時雖不解印爲何用，然愛之勝於一切游戲。至光緒庚子春，余年十歲，常至廠肆，見有鐘鼎全形拓本四幀，愛之尤甚。向人詢其拓法，以爲甚屬神奇。……至十五歲，學治印于武清張子青夫子，因辨識秦漢字原，始覺金石文字之可重，於鐘鼎全形拓法是更欲知其究竟。』可見，在周希丁心中，篆刻藝術與摹拓『器拓』『全形拓』互爲表裏，兩者皆屬『器』也。今之篆刻優者雖然也會通過拓邊款來體驗『傳拓術』的技術魅力，但於真正的全盤意義上的金石學，恐怕仍知之未多；如何以今天我們篆刻藝術作品和古璽印古物的古樸拙質或嫵媚動人的各種藝術表達，作爲近親而大力作用於摹拓乃至『全形拓』，乃是一個非常具有挑戰性的話題。又且再作設問曰：今之篆刻家，於篆刻之上，何不效周希丁取『傳拓術』尤其是『全形拓』於將來則爲世之絕學、絶技乎？

（三）當『全形拓』在百年前的陳介祺、吴式芬時代，作爲個人創新趣味實驗而大獲成功之後，周希丁的出現則令『全形拓』從『實驗物』轉而成爲『標識物』。在周希丁以前的青銅器『器拓』名稱，有『器形拓』『整形拓』『全形拓』『立體拓』等等，顯然還處在草創不久、衆説紛紜的階段。而周希丁的成功，使『全形拓』作爲品種被固定下來，成爲傳拓界衆芳争豔中獨樹一幟的新品牌。故宫博物院院長馬衡，正愁大批故宫之青銅器藏器只能密藏於内宫（古物陳列所）而無法傳播於世；於是毅然決然，破例由故宫委托琉璃廠古光閣主人周希丁主持一項長達十餘年的文化大工程——將歸屬於古物陳列所（故宫外院）的寶蘊樓（庫房）、武英殿（陳列室）的青銅器名品，和甲骨、玉片、錢幣、石經、飾器種種，視摹拓对象之不同，大器多作『全形拓』而小器多作普通的平面拓。因其保存獨一無二的大量宫内所藏重器的圖像和銘文資料，尤其以此中『全形拓』的精美絶倫而廣爲世人稱道。就周希丁一個琉璃廠私人古董店老闆的身份而言，本來故宫是絶不會紆尊降貴慎重出手委托的；但正是周氏的身懷絶技，才使得『全形拓』、故宫皇家藏青銅名器、周希丁作爲唯一的名人，三者串聯，從而皆成就一代大名。一個專業的技藝領域、一大批頂級青銅器、一位不世出的傳世大師，這樣珠聯璧合的傳拓界的輝煌業績，可能是前無古人後無來者的。

（四）第一次著書立説，以爲學問，建立起學識基礎大致的理論範圍。試想想，如果純是熟練的匠作，千錘百煉，日復一日，要的當然是得心應手，佝僂承蜩、庖丁解牛；一般不會去用文字著書立説。但今天看上海書畫出版社將出版的《素志傳古：周希丁全形拓資料全編》，内分六大部分：

一是歷年所拓青銅器名器『全形拓』集粹；

二是《匋齋舊藏古禁全器》；

三是《傳古摹拓技術研究初稿》的稿本墨迹；

四是《摹拓古器物形底稿附簡略説明》；

五是《澂秋館吉金圖》；

六還有全面收集類似總目録的《石言館集拓各家所藏吉金圖目》并冠有周希丁自序，及其他相關資料各種。

世傳周希丁有《古器物傳拓術》一著，但一直未見廬山真面目，我推測它應該就是《傳古摹拓技術研究初稿》的别名。本名讀來拗口，友朋間口耳相傳，爲圖簡便，遂以六字『古器物傳拓術』歸之。但重要的是：『古器物傳拓』指立體拓『器拓』是個特例，是傳拓術裏一個獨立的單項；與通常的碑碣平面拓『字拓』迥异，於此題名即能看出周希丁清晰扼要的專業認知。

倘若讀過經他親手拓出的青銅器金石拓尤其是『全形拓』的匯目編集面世的成果，細檢涉及當時著名的藏家或委托者，就有《澂秋館吉金圖》（陳寶琛）、《上虞羅氏雪堂所藏吉金》（羅振玉）、《寶蘊樓彝器圖録》（故宫）、《尊古齋金石集》（黄濬）、《頌齋彝器圖録》（容庚）等十餘部，皆是當時的名宦碩學，身份既高，且具有巨大的社會文化影響力。有此交往，雖他僅是以匠作的『傳拓術』技藝呼應之，要之也是朝夕置身於當時的頂流士大夫圈中，如缺少從談吐到處事的風雅誠信底色，怕也是很難有如此長時間的交往默契的。

（五）如前所述，周希丁是從學篆刻起家的，他又有自編《石言館印存》收自刻印千餘方，而其精通古法，所表現出來的功力和審美，擬之同時代京津印壇名家，絶對算是上乘水準而毫無愧色。與當時民國前期北方印界許多人自我作古、肆心恣意而遇『野狐禪』之譏相比，周希丁的篆刻作派，有類於馬衡的印風，是絶不故作驚人之語、不張揚狂顛，拒絶以飛揚跋扈來追求自己的風格；而是中規中矩，於不顯山、不露水中見出沉著冷静與理性，講究無一字無來歷，是一種『學者篆刻』的派頭。

由此推論，周希丁恐怕與同在北京的齊白石的篆刻顯然不同調，事實上也未見兩人有什麽交往。再者，與琉璃廠掛單鬻印的庸俗匠人似乎也不同調。在他看來，琉璃廠刻字匠的審美太俗，而學者馬衡的規行矩步倒是與他十分合拍——儘管從嚴格意義上講，『傳拓術』與『全形拓』本來也都是匠藝，與刻字匠的俗未必分得開。但當周希丁把『全形拓』當作修養背景而再視篆刻刻印，則青銅器器形、紋樣之高古與迴腸蕩氣的依墨韻捶打得以延展四方，使他的篆刻正是據朝夕摩挲的金石學趣味爲底子，而必不可能走向俗。這是一種相互映襯、相互托舉的關係。故爾綜上所列舉，已足可見出他的本色、底色：先是篆刻家印人，而後以『傳拓術』聞世，再從平面拓『字拓』到全形拓『器拓』，移步换影三連環，從而成就了獨樹一幟的曠世功績。

（六）以篆刻學習始，至創『全形拓』形成品牌終——作爲獨立的以『全形拓』『器拓』品牌遽得大名，而不涉一般平庸流行的碑拓『平面拓』『字拓』的代表人物來進行比較和衡量，周希丁顯然是一個成功者。他的成功，不僅僅是在民國時期萬馬齊喑的寂寞中重振『全形拓』，更重要的是，他還上接清朝道咸時代的陳介祺、吴式芬等以私家藏古器而發明的『全形拓』後，更上層樓，推動本行技術有更長足的發展。陳介祺雖多藏上古青銅器，但在創立『全形拓』時，因爲本人缺少寫實繪圖能力訓練和立體觀察表現視角，不得已而采取的方法步驟：分紙拓形完成後再整體拼接。百年之後的周希丁，却因時勢變遷而認識到『分紙拓』可能存在的不足。他在陳介祺『分紙拓』成功而陳又嘗試『整紙拓』取得初始體驗而尚見幼稚不足之際，以深入追究的姿態完整定調『整紙拓』。成熟完善的『整紙拓』標準的建立，其難度不亞于陳介祺從零到一的首創『全形拓』的卓越貢獻，而有後來居上、能爲『全形拓』作徹底定位的更大的優勢。

他的各種成功之上，還有一個巨大的成功，是文脉賡續、綿延不斷，盡一生努力，成功培養出了嫡傳弟子傅大卣。作爲親傳弟子的傅大卣，一直跟隨周希丁鑽研奔波，完整地介入了『全形拓』項目各個重大工程，還奔走各處拜訪青銅器藏家。許多今傳周希丁的『周拓』，其實都有傅大卣作爲徒弟和主要助手的影子在。而傅大卣的功績則是在於：一是全面繼承了周希丁精湛絶倫的摹拓技術功力，師徒互相輝映，使『全形拓』不滅；二是作爲傳人保存了周希丁的全部拓譜和手稿，文脉不致中斷；三是同樣繼承了周希丁擅印的師門傳統，工治印而頗有成就。故周、傅師弟相承相銜，足稱『傳拓界』一代佳話，更是『全形拓』斯文不墜之佳話也！

幾百年來，以『全形拓』集大成者，周希丁一人而已！

二〇二五年七月二十二日

傳拓篆刻名家周希丁與先父傅大卣

傅萬里

目前各地圖書館和文博單位所收藏的商周金文精善拓本，包括許多精美的全形拓，常鈐有『希丁手拓』的印章。這是傳拓篆刻名家周希丁先生的印記。他是先父傅大卣的恩師。

周希丁先生（一八九一—一九六一）原名家瑞，又名康元，以字行（又作『西丁』），江西省金溪縣人。周先生早年在北京琉璃廠開設經營書畫篆刻的『古光閣』；一九四九年以後，曾在北京市文化局文物調查研究組、首都歷史與建設博物館（分別爲北京市文物研究所和首都博物館的前身）從事古代文物的鑒定和傳拓工作。

周希丁的主要業績有二：一是對金文傳拓技藝有重要的發展，并對篆刻藝術有很高的造詣；二是組織民間學術團體『冰社』，爲傳播金石拓本和推進古文字研究作出可貴的貢獻。

周希丁所作商周銅器銘文拓本在繼承清代陳介祺、僧達受（六舟）技法的基礎上而有所發展，因而濃淡適宜、層次分明、神韵盡顯，具有很高的學術價值和藝術價值。更爲突出的是，他努力學習透視原理，將全形拓技藝推進到嶄新的境地。陳邦懷先生曾評論其全形拓技法是『審其向背，辨其陰陽，以定墨氣之淺深；觀其遠近，準其尺度，以符算理之吻合。君所拓者，器之立體也，非平面也，前此所未有也』。這是一種與照片有异曲同工之妙的藝術作品，而日後某些人士所作『全形拓』，則是先拍攝銅器照片，再依照片製作，二者不可同日而語。

周希丁活動的年代，正值北平古物陳列所和故宮博物院先後成立，大批深藏清宮的珍貴銅器公諸於世，周氏躬逢其盛，參與精拓。而著名的收藏家，競相購藏新出土的許多銅器，也相繼約請周希丁爲他們拓墨。例如羅振玉的『雪堂』藏器、陳寶琛的『澂秋館』藏器、馮恕的『玉敦閣』藏器、溥倫的『延鴻閣』藏器等。於是『希丁手拓』的金文拓本盛行一時，受到金石學家的珍視。當時諸家藏器，均各拓數十份至百份不等，社友按原收藏者爲單位預訂，酌收工本費，社外愛好者也可選購，因而流傳甚廣。最具代表性的『周拓』，是清宫舊藏散氏盤、天水新出秦公簋等器，以及集中著録全形拓的《澂秋館吉金圖》一書。

一九二一年端午節成立的民間學術團體『冰社』（取《荀子・勸學篇》『冰，水爲之，而寒於水』之義），社址便設在周希丁古光閣的後院。名義上，社長爲曾任暨南大學教授的易大庵，副社長爲曾任北平國劇陳列館館長的齊如山和周希丁，秘書爲北平商務印書館經理孫壯和柯昌泗（《新元史》作者柯劭忞之子），但周希丁始終承擔該社的諸多實際事務。該社成立之初幾年，每逢周六和周日均有聚會，社友携其所藏或新得金石文物到場，交流资訊，互贈拓本，共同切磋，考釋文字，判定年代。先後參與活動的社友多達四十人。除前述著名收藏家外，曾經入社的知名人士還有柯劭忞、樊增祥、袁勵準、丁佛言、林白水、邵章、姚華、馬衡、徐森玉、梅蘭芳、尚小雲等。社友聚會，增加了金石文字的信息交流和拓本流傳，從而促進了古文字學的發展。同時，由於許多社友都是篆刻名家，對北方篆刻之學的發展，也發揮了重要作用。或謂冰社的篆刻可與南方的西泠印社媲美，其説庶非過譽。一九三〇年以後，因社友先後謝世和星散，僅有少数人留在北平，活動漸少。一九四一年完全停止活動。

先父傅大卣（一九一七—一九九四），曾用名『大佑』，河北省三河縣人。一九三一年十五歲時到周希丁的古光閣學徒，直到古光閣停業，追隨周希丁有二十餘年時間。二十世紀五六十年代在北京市文物商店工作。六十年代末調往北京市文物工作隊（後改管理局）從事文物資料整理和出口工藝品驗關等專案工作。

先父是周希丁弟子中最年輕的一位，也是周氏正宗全形拓技藝的最後傳人，被譽爲周氏高足。先父早年屢隨周先生拜訪外地藏家，長途跋涉，備極辛苦。當年許多的拓本，實際是在周先生指導下，由包括先父在内的弟子代拓，經周先生過目認定，然後加蓋『希丁手拓』等印章的。周先生的許多印章，後來一直保存在先父手中。現在遺留在我這裏的周先生印章仍達三十方，印文有『希丁拓』『希丁手拓』『西丁手拓』『希丁金石文字』『希丁手拓散盤』『西丁手拓楚器』『金谿周康元所拓吉金文字』等等。先父在篆刻方面，也深得周希丁的真傳，朱文上追古璽，白文摹仿漢印，既典雅又古樸，曾爲唐蘭、容庚、于省吾等學術大師和知名人士治印。

二十世紀五六十年代，先父正當盛年，河南、陝西、安徽等地新出土的商周銅器，各地藏家捐獻國家的重要銅器，不時運到北京展出，常有機會參與精拓。一九七六年，中國社會科學院考古研究所在安陽殷墟發掘婦好墓，出土大量商代有銘銅器，先父曾應邀前往該所月餘，對其中的重點器物進行墨拓。至於歷年經見的流散銅器，隨手墨拓更不待言。但因時間所限，全形拓僅偶而爲之，拓製不算太多。

先父長期保持注意積累資料的良好習慣，出門携帶的提包裏總是備有墨拓工具、拓片用紙、印泥和筆記本，以便隨時將經眼各類文物的銘文、花紋墨拓下来（璽印則鈐印印痕，墨拓邊款），認真記録所知出土、流傳等有關情況。但是，先父對自己辛勤積累的各種拓本，却從未秘不示人，經常無私地公諸同好，商承祚、陳邦懷、馬國權等先生便不時從先父手中獲取金文新拓。中國社會科學院歷史研究所的胡厚宣先生編纂《甲骨文合集》，考古研究所的王世民先生編纂《殷周金文集成》，都曾得到先父的支持。現在保存在我手中的先父各類遺拓，計有近二萬張，其中最具特色的是金文（特別是古兵）、玉器、銅鏡、古代璽印，以及明清和現代篆刻，都在千件左右，許多拓片留有先父以蠅頭小楷書寫的題記，現正分門別類進行整理，擬陸續交付出版。

這對於保存和弘揚全形拓這種非物質文化遺產，具有十分重要的意義。本人作爲周希丁門生傅大卣之子，并且粗通全形拓技藝，謹將所知情況簡述如上，以饗同好。

二〇二五年五月九日

凡例

一、是書彙集周希丁傳拓資料，傳拓之外，《石言館印存》已有出版，篆刻不與焉。

二、全形拓圖版部分，按器物用途分爲食器、酒器、水器、樂器、兵器、雜器，每類下再按器形分爲若干小類。同一器類按時期排列，同一時期者按銘文字數由少到多順序排列，僞器、僞銘隨附，另加編者按説明。

三、釋文部分，原文引用有誤者，依原文徑改。其他舊習致誤者，以（）改正。

四、金石目部分，僅以原狀排印，因舊時習稱，器物名與今稱或有不同，不作統改。

目録

周希丁全形拓

戈鼎

商後期

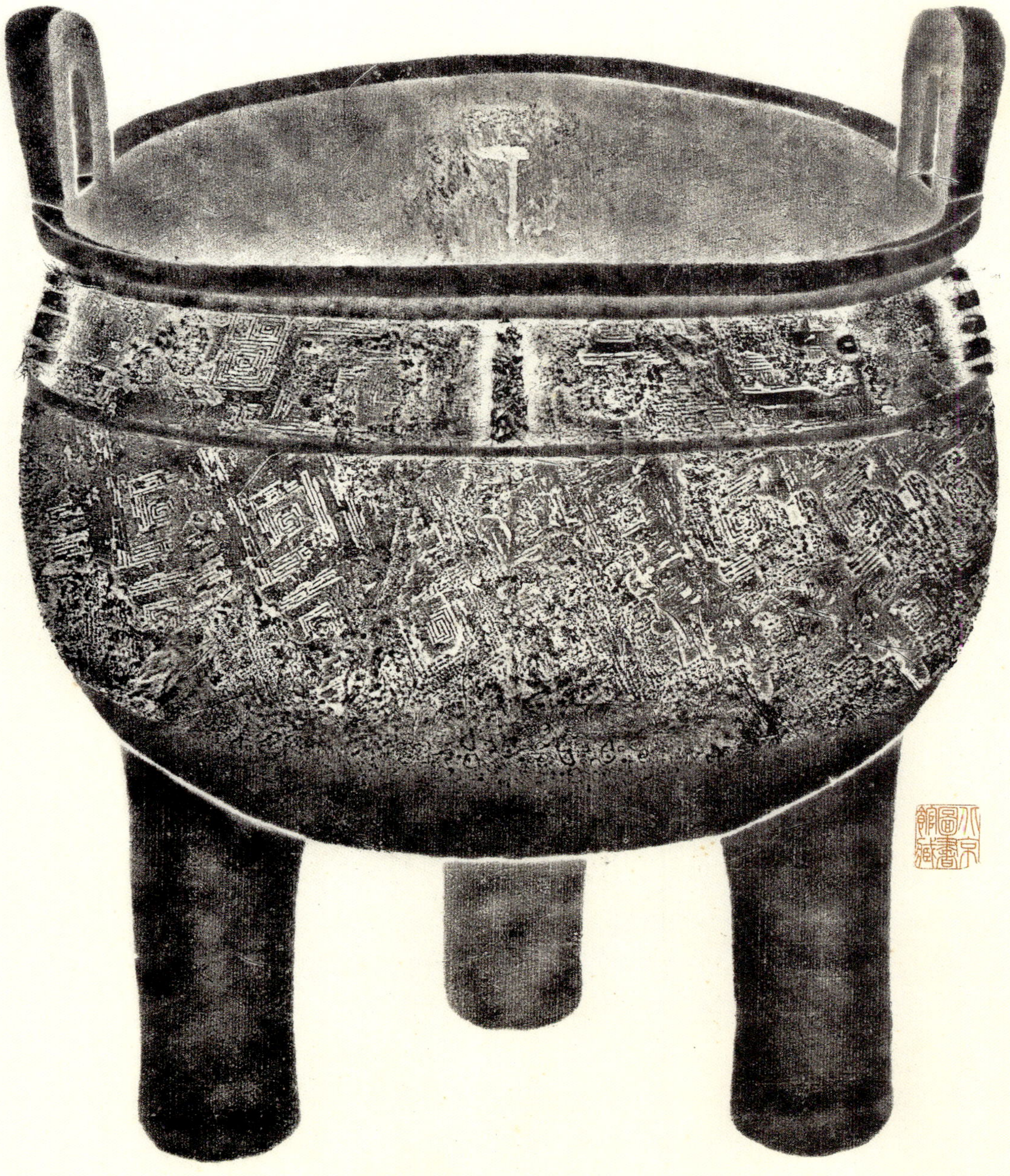

銘文：戈。

鈐印：北京圖書館藏

鳥父癸鼎

商後期

銘　文：鳥父癸。

鈐　印：北京圖書館藏

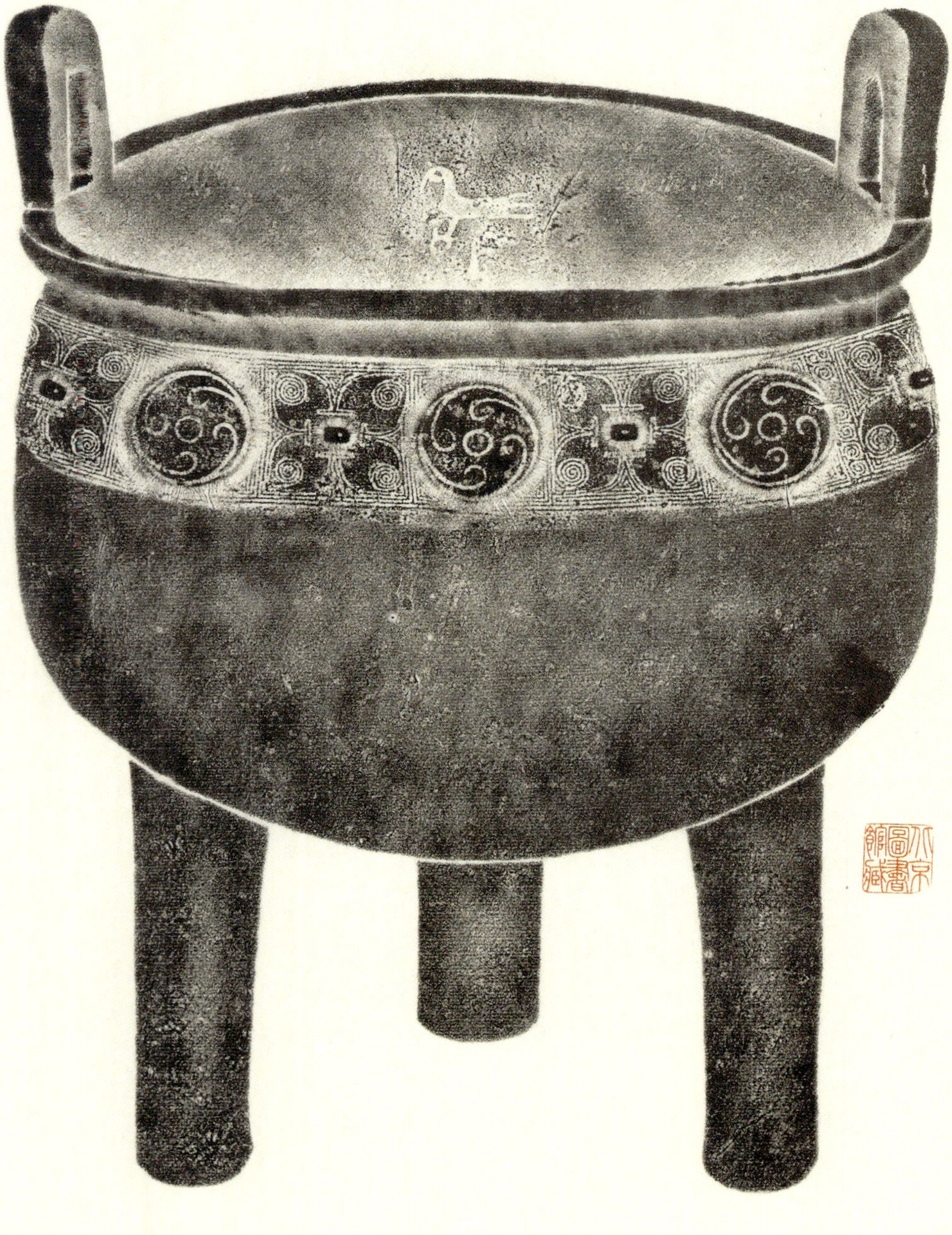

父癸鼎

商後期

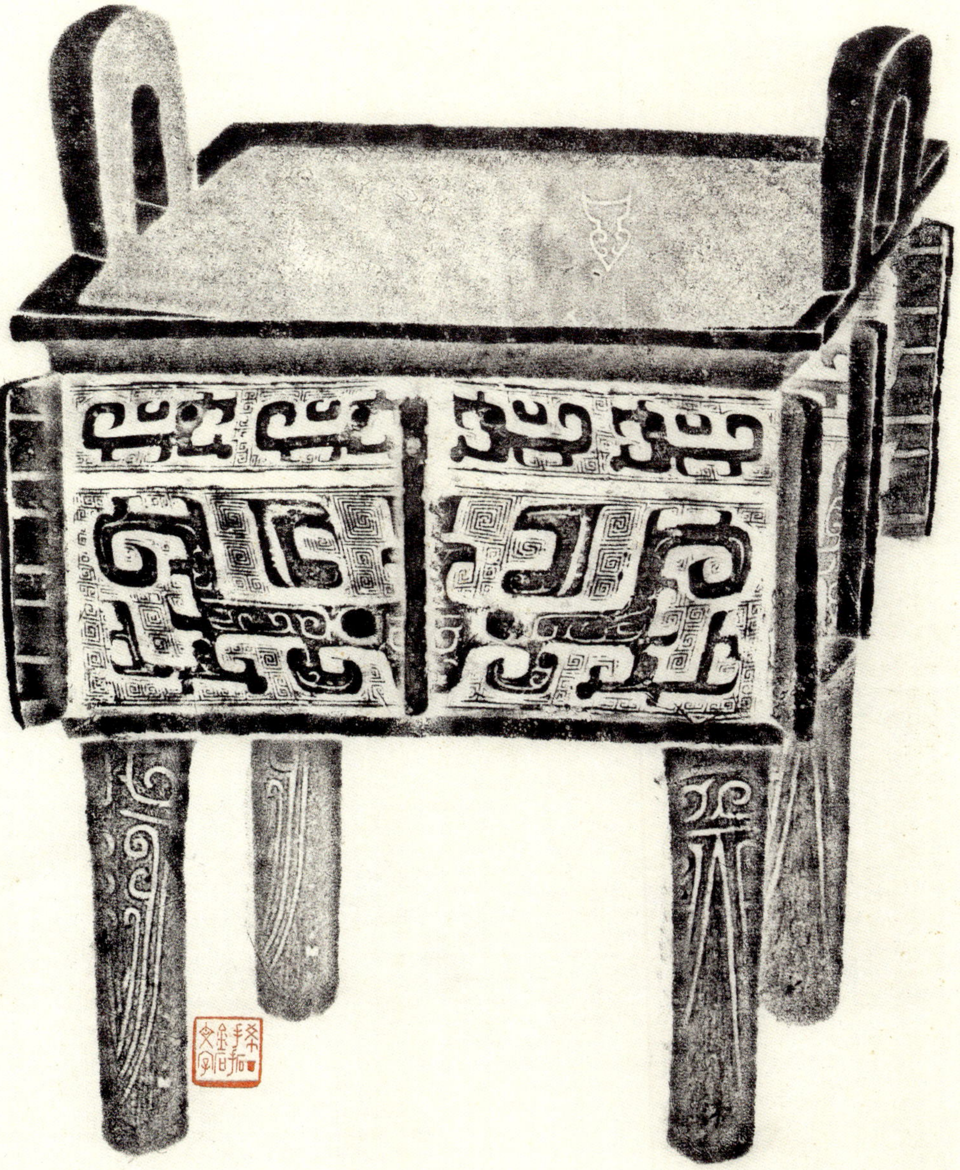

銘　文：父癸。

鈐　印：希丁手拓　希丁手拓金石文字　北京圖書館藏　雪堂藏三代器

魚父乙鼎

商後期

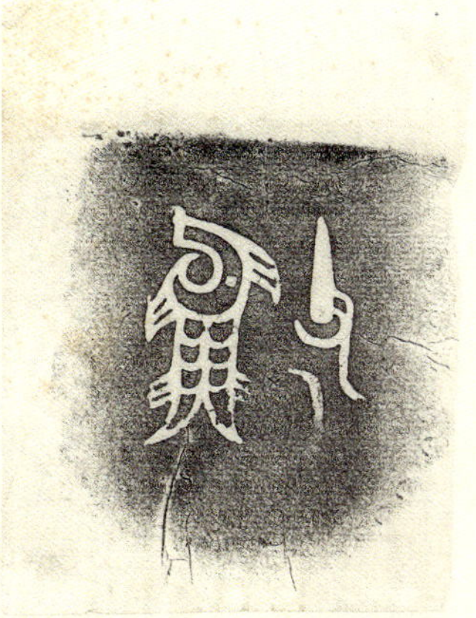

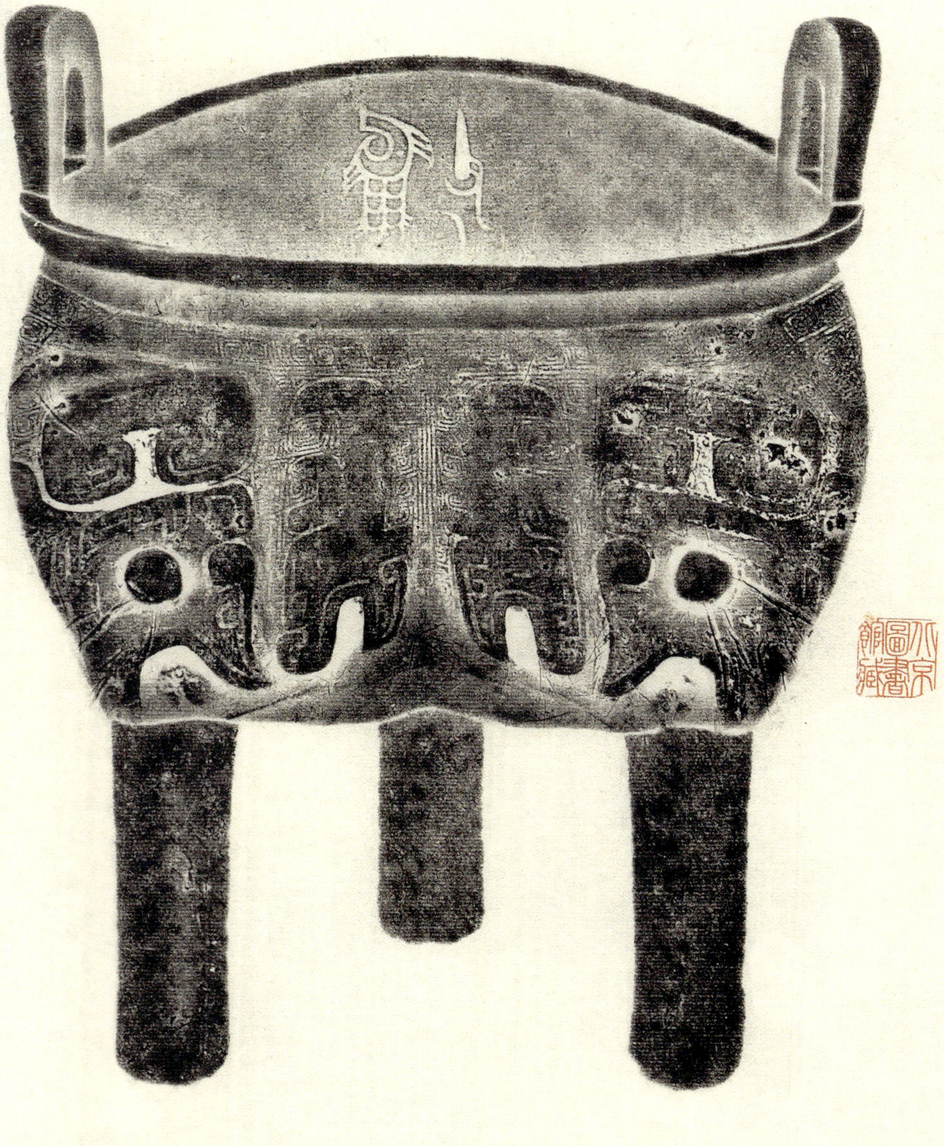

銘　文：魚父乙。

鈐　印：北京圖書館藏

弓𦎫父丁鼎

商後期

銘文：弓𦎫父丁。

鈐印：希丁手拓彝器　北京圖書館藏　瀓秋館所藏器　閩縣陳寶琛嗣守　甲子孟冬希丁拓于閩縣贏江

耳衍天父乙鼎

商後期

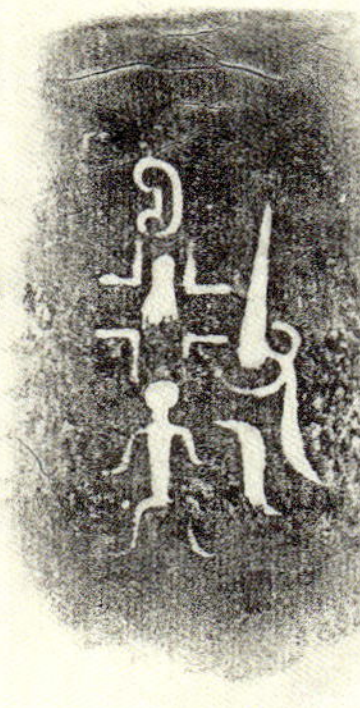

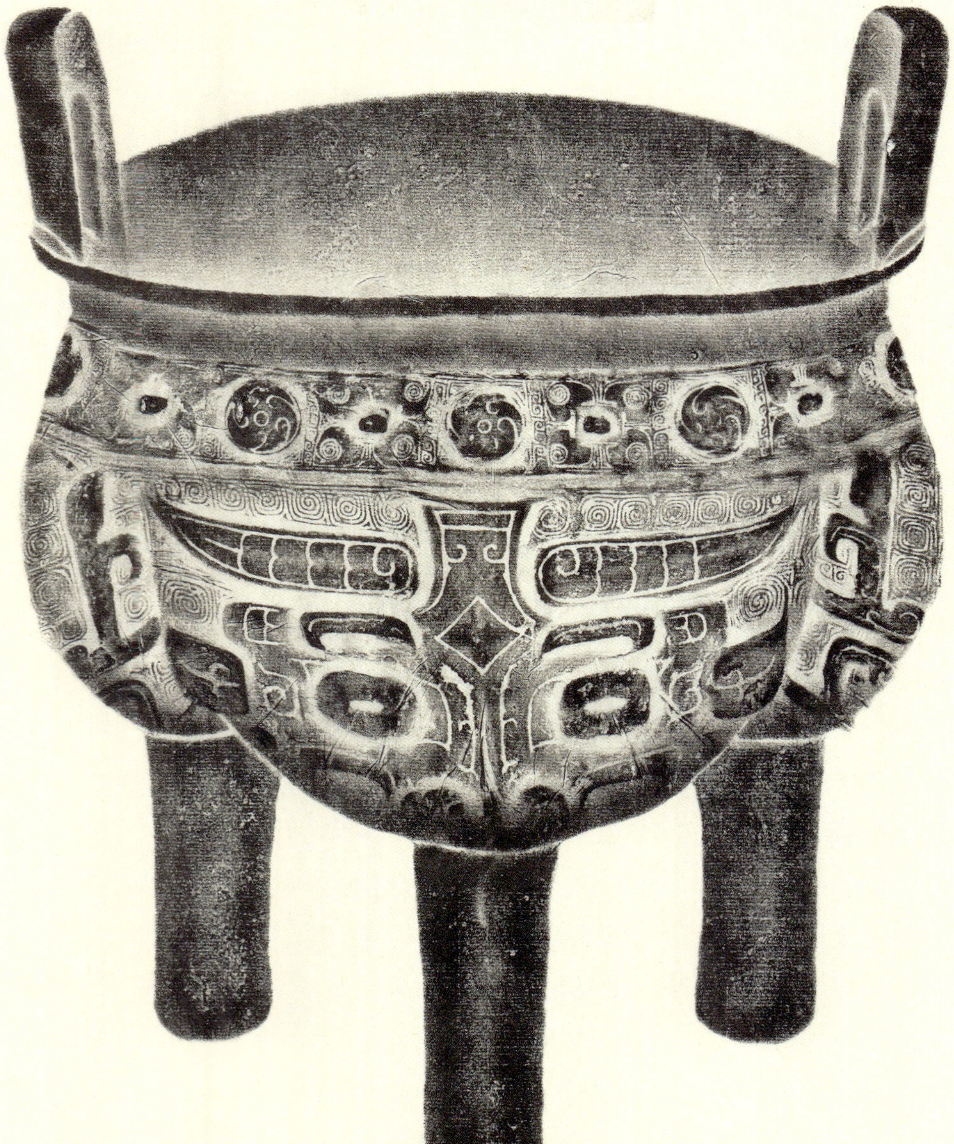

銘　文：耳衍天父乙。

鈐　印：北京圖書館藏

子□剢父癸鼎

商後期

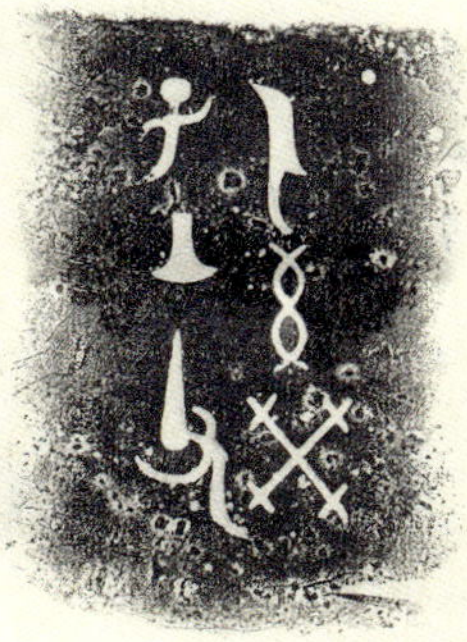

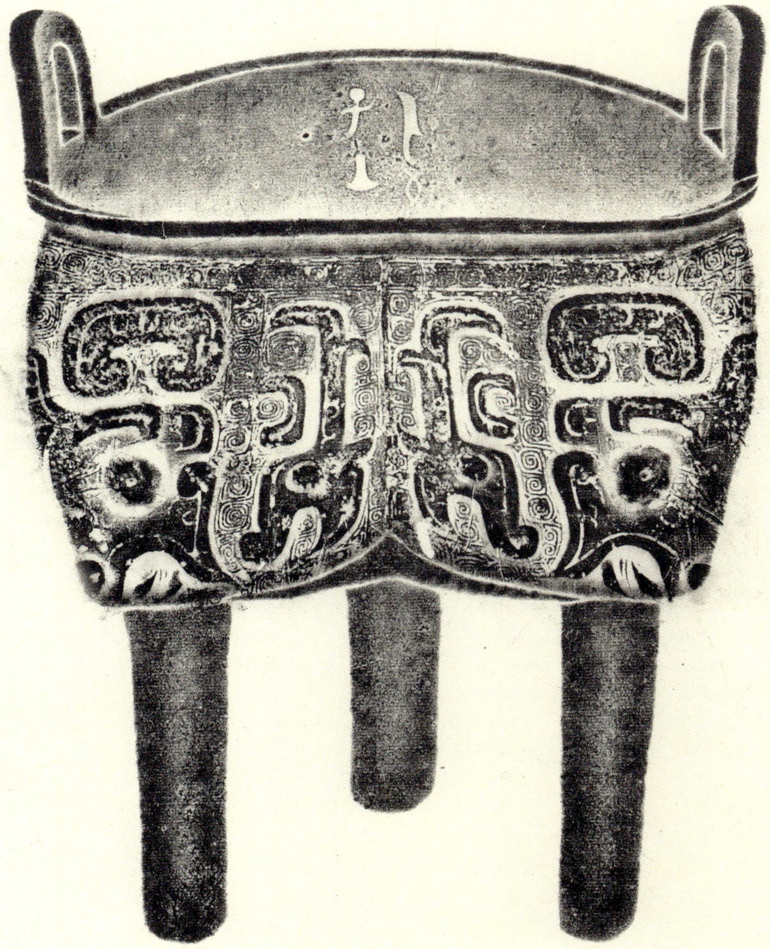

銘　文：剢子□父癸。

鈐　印：北京圖書館藏　讀雪齋藏　孫壯得來　希丁手拓彝器

寔鼎

商後期

鈐　印：北京圖書館藏　金谿周康元所拓吉金文字印　康元傳古

編者按：僞銘。

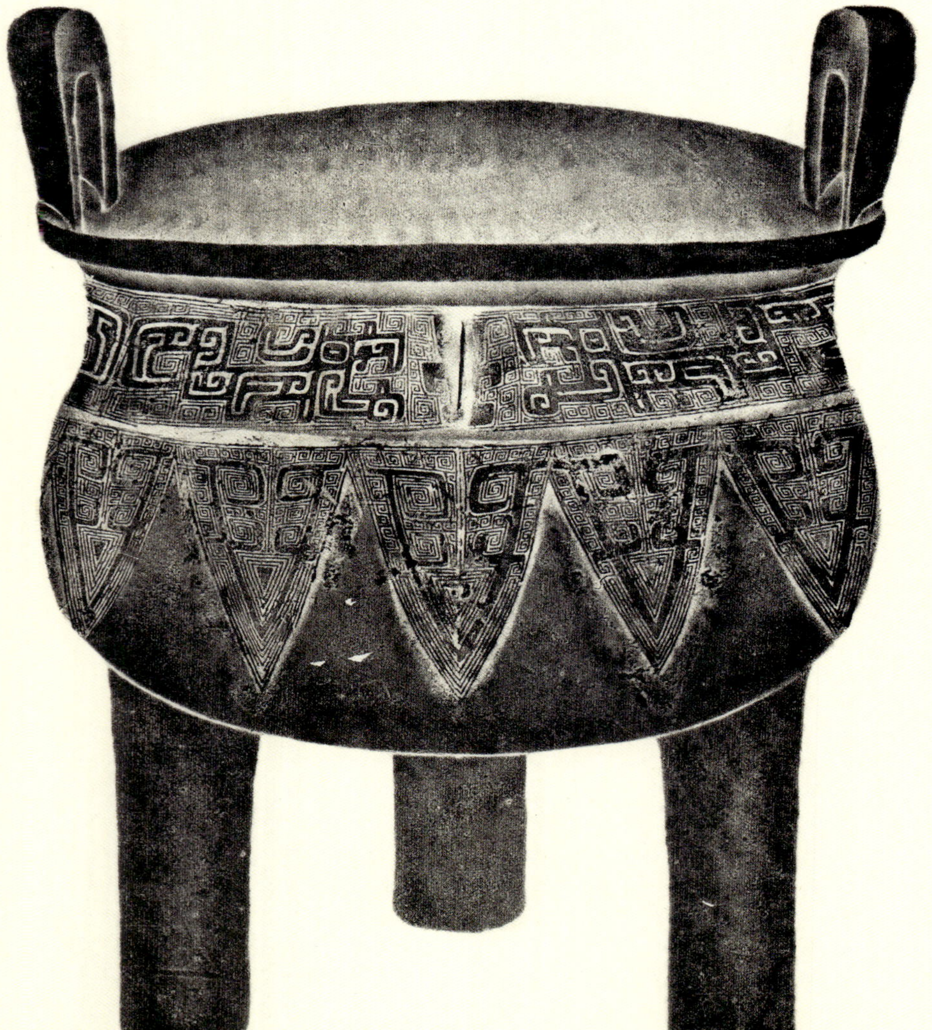

甫母丁鼎

西周早期

銘文：甫母丁。

鈐印：希丁手拓

鮮父鼎

西周早期

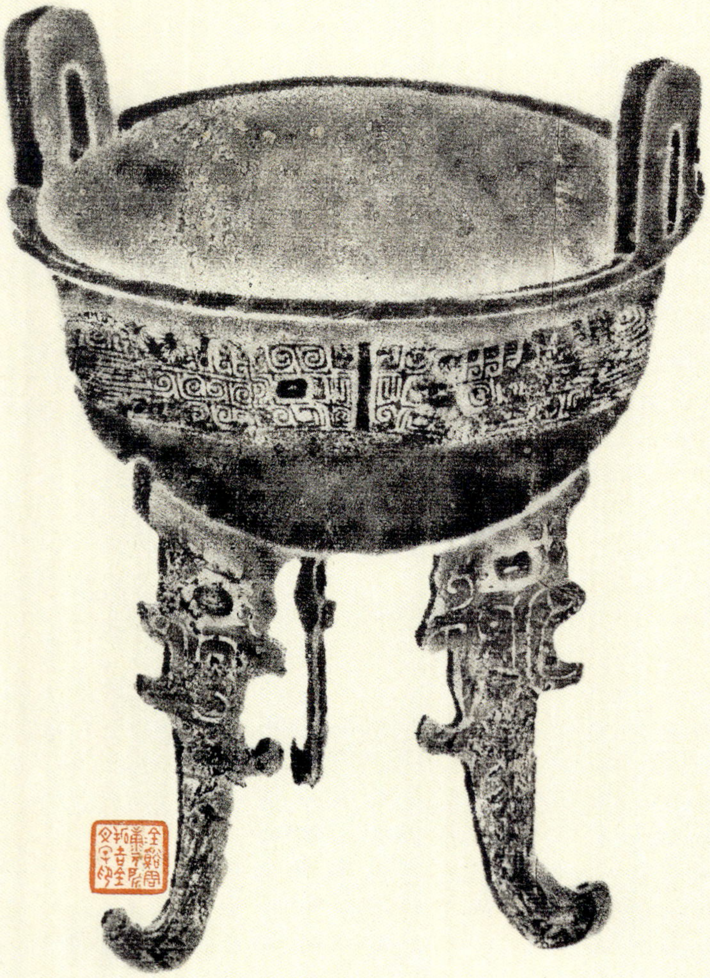

銘　文：羴（鮮）父乍（作）寶障（尊）彝。

鈐　印：希丁手拓　北京圖書館藏　延鴻閣　金谿周康元所拓吉金文字印

鮮父鼎

西周早期

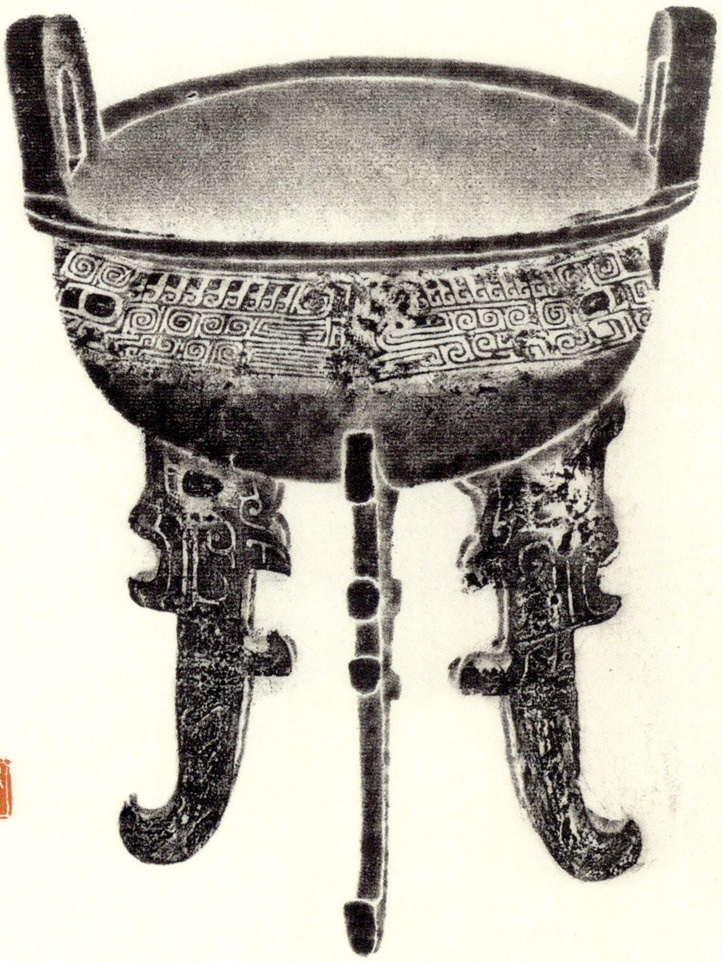

銘　文：羴（鮮）父乍（作）寶隮（尊）彝。

鈐　印：北京圖書館藏　孫氏家藏　希丁手拓彝器

鳥宁父丁鼎

西周早期

銘　文：鳥宁。父丁。乍（作）寶彝。

鈐　印：希丁手拓彝器　北京圖書館藏　蕭山陸氏藏器　慎齋集古　金谿周康元所拓吉金文字印　康元傳古

嫠鼎

西周早期

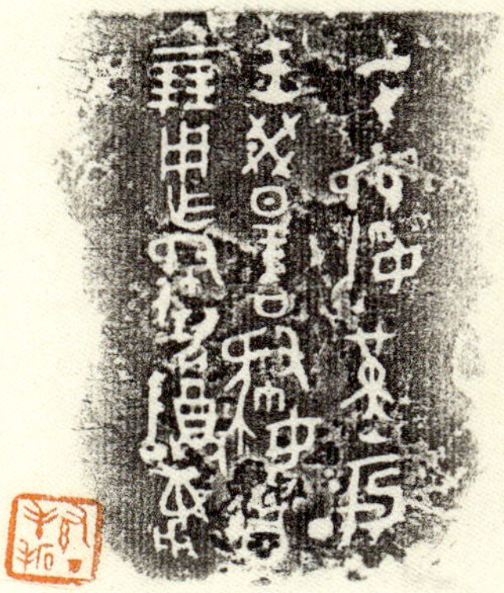

銘　文：┛◆。嫠堇（覲）玗（于）王，癸日，商（賞）嫠貝二朋，用乍（作）嫠障（尊）彝。

鈐　印：希丁手拓　北京圖書館藏　延鴻閣　金谿周康元所拓吉金文字印

臣卿鼎

西周早期

銘　文：公違眚（省）自東，才（在）新邑。臣卿易（錫）金，用乍（作）父乙寶彝。

鈐　印：北京圖書館藏　希丁手拓彝器

[illegible]建鼎

西周中期

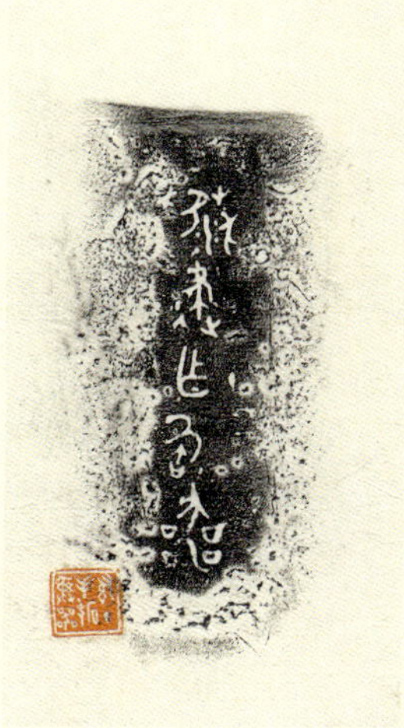

銘　文：[illegible]建乍（作）匋（寶）器。

鈐　印：希丁手拓彝器　北京圖書館藏　蕭山陸氏藏器　慎齋集古　金谿周康元所拓吉金文字印　康元傳古

叔旃鼎

西周中期

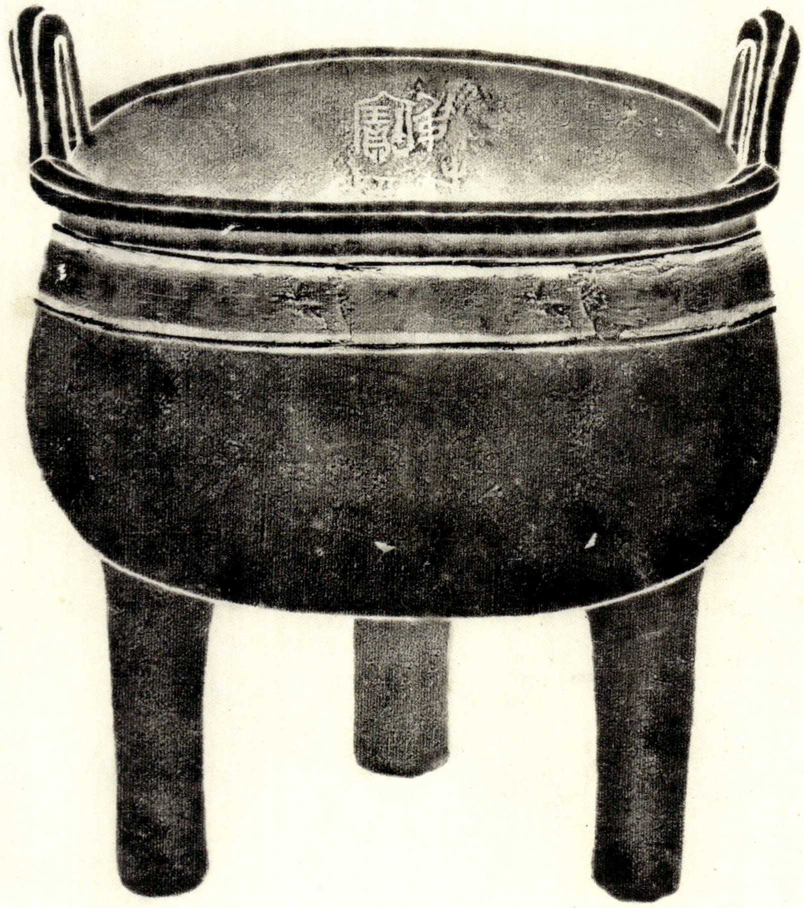

銘　文：弔（叔）旃（旅）乍（作）寶隮（尊）鼎。

鈐　印：北京圖書館藏　孫伯恒之藏金文　希丁手拓彝器

吕鼎

西周中期

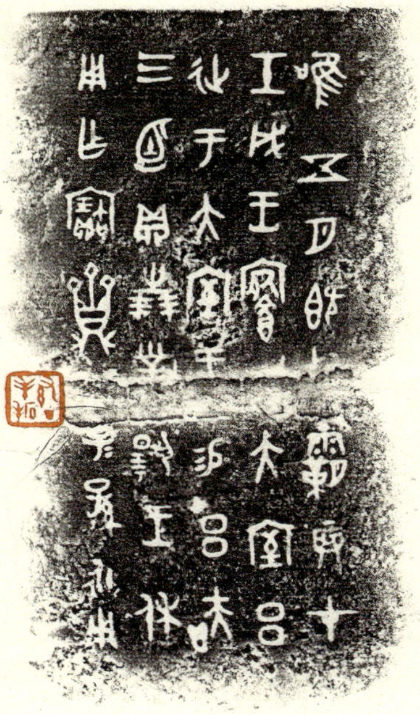

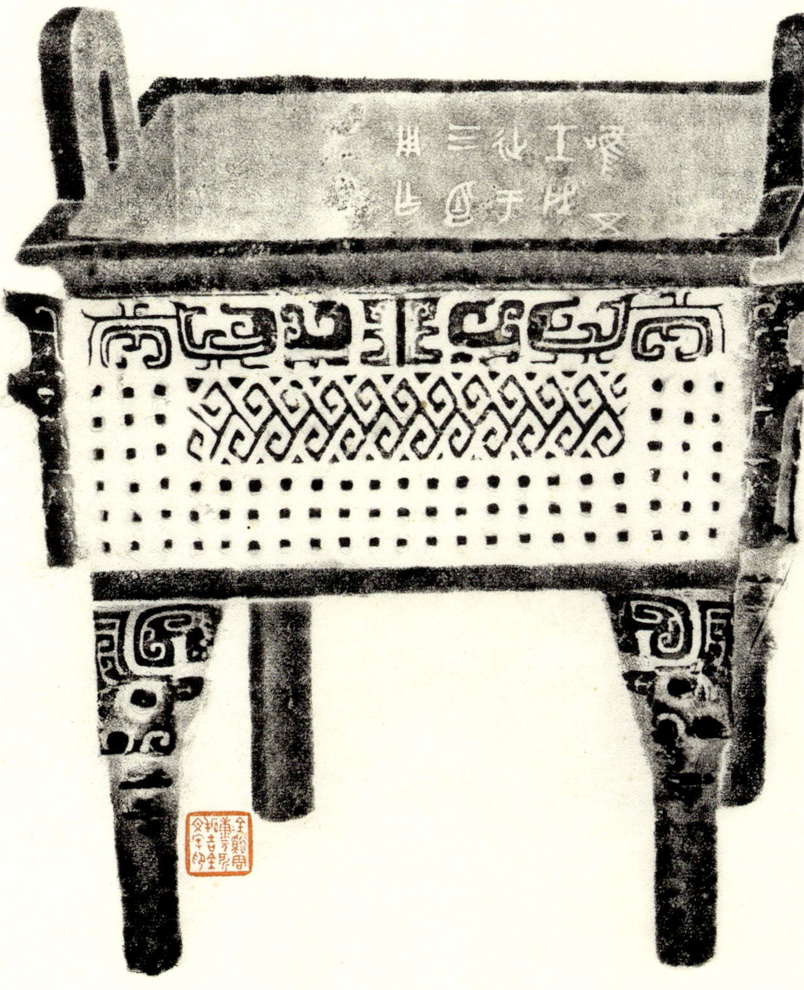

銘文：唯五月既死霸，辰才（在）壬戌，王饔□大（太）室，吕祉（延）于大（太）室。王易（錫）吕𩰪（秬）三卣、貝卅（三十）朋。對揚王休，用乍（作）寶齋，其子＝（子子）孫＝（孫孫）永用。

鈐印：希丁手拓　金谿周康元所拓吉金文字印　北京圖書館藏　雪堂藏三代器

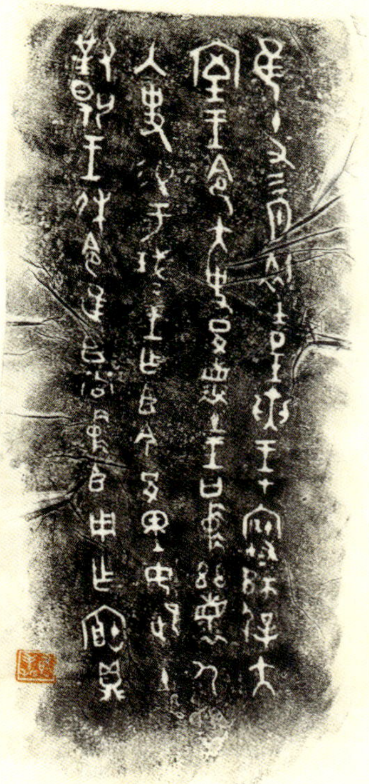

大史鼎

西周中期

鈐　印：希丁手拓　北京圖書館藏　希丁手拓金石文字

編者按：僞銘。

子鼎

西周中期末至西周晚期

鈐　印：北京圖書館藏　孫壯得來　金谿周康元所拓吉金文字印

編者按：僞銘。

蘇衛改鼎

西周晚期

銘　文：穌（蘇）衛改乍（作）旅鼎，其永用。

鈐　印：北京圖書館藏　金谿周康元所拓吉金文字印

赤史小子叕鼎

西周晚期

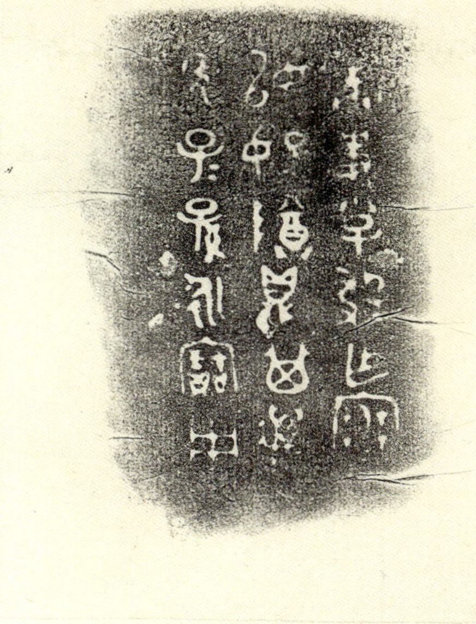

銘　文：赤史小子叕乍（作）寒娼（姒）好障（尊）鼎，其萬年子＝（子子）孫＝（孫孫）永寶用。

鈐　印：北京圖書館藏　希丁手拓彝器

虢文公子𫗧鼎

西周晚期

銘文：虢文公子𫗧乍（作）弔（叔）改鼎，其萬年無彊（疆），子孫永寶用亯（享）。

鈐印：希丁手拓　希丁手拓金石文字　北京圖書館藏　雪堂藏三代器

姬鼎

西周晚期

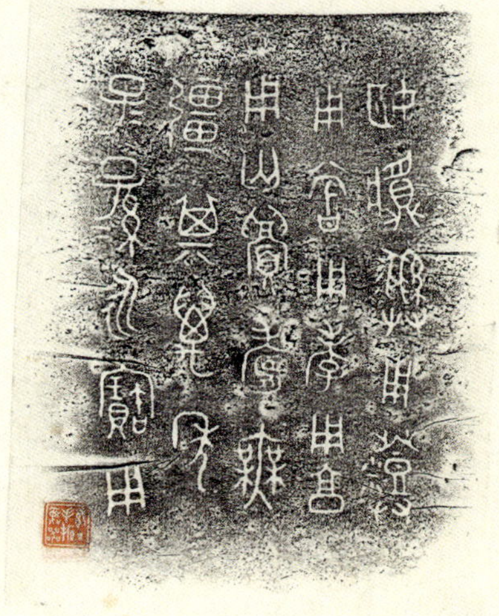

銘　文：姬𪔂彝，用䊜（烝）用嘗，用孝用亯（享），用匄𧹐（眉）壽無彊（疆），其萬年子＝（子子）孫＝（孫孫）永寶用。

鈐　印：希丁手拓彝器　北京圖書館藏　澂秋館所藏器　閩縣陳寶琛嗣守　甲子孟冬希丁拓于閩縣贏江

編者按：銘文前或有缺文。

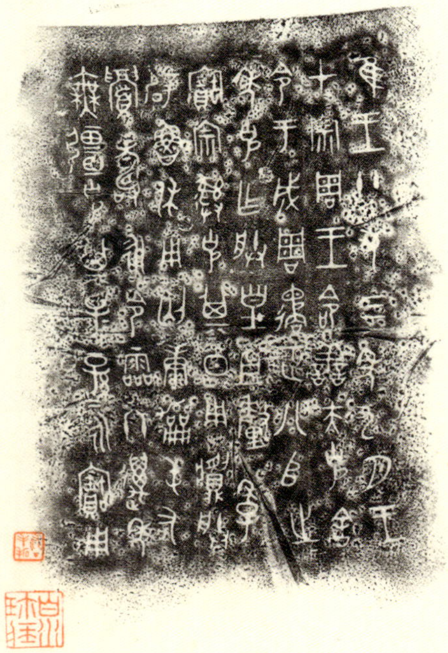

小克鼎

西周晚期

銘文：隹（唯）王廿（二十）又三年九月，王才（在）宗周，王命譱（膳）大克舍令（命）于成周，遹正八自（師）之年。克乍（作）朕皇且（祖）釐季寶宗彝，克其日用䵼朕辟魯休，用匄康勵屯（純）右（祐）釁（眉）壽，永令（命）霝（靈）冬（終），邁（萬）年無彊（疆）。克其子＝（子子）孫＝（孫孫）永寶用。

鈐印：希丁手拓　白水珍藏　公度藏三代器　希丁手拓金石文字　冰社弟子所存社師藏器拓本　三邑傳大卣所寶金石墨本

鵲叔鼎

西周晚期

鈐印：檢禁齋　陳承修　陳承修印　淮生　淮生所寶　希丁手拓彝器　猗文閣　左海人家　北京圖書館藏

編者按：僞銘。

鄭戚句父鼎

春秋早期

銘　文：奠（鄭）戚句父自乍（作）飤鼒（鼐），其子＝（子子）孫＝（孫孫）永寶用。

鈐　印：希丁手拓　陳氏淮生藏器　三邑傳大自所寶金石墨本　金谿周康元所拓吉金文字印

陳侯鼎

春秋早期

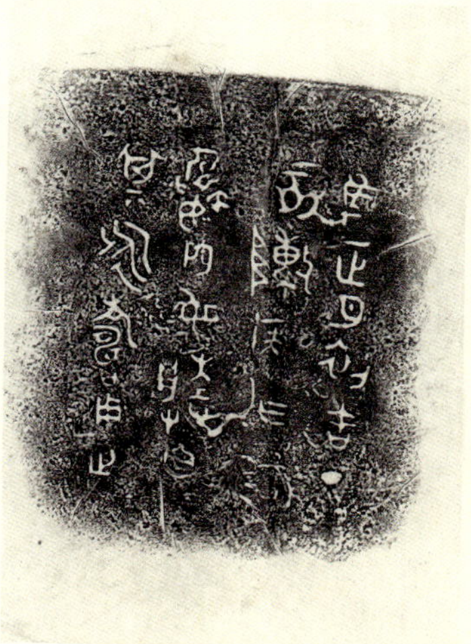

銘　文：隹（唯）正月初吉丁亥，敶（陳）侯乍（作）鑄嬀囧母塍（媵）鼎，其永壽用之。

鈐　印：北京圖書館藏　曾藏孫伯恒處　希丁手拓金石文字

編者按：僞器。

杞白每亡鼎

春秋早期

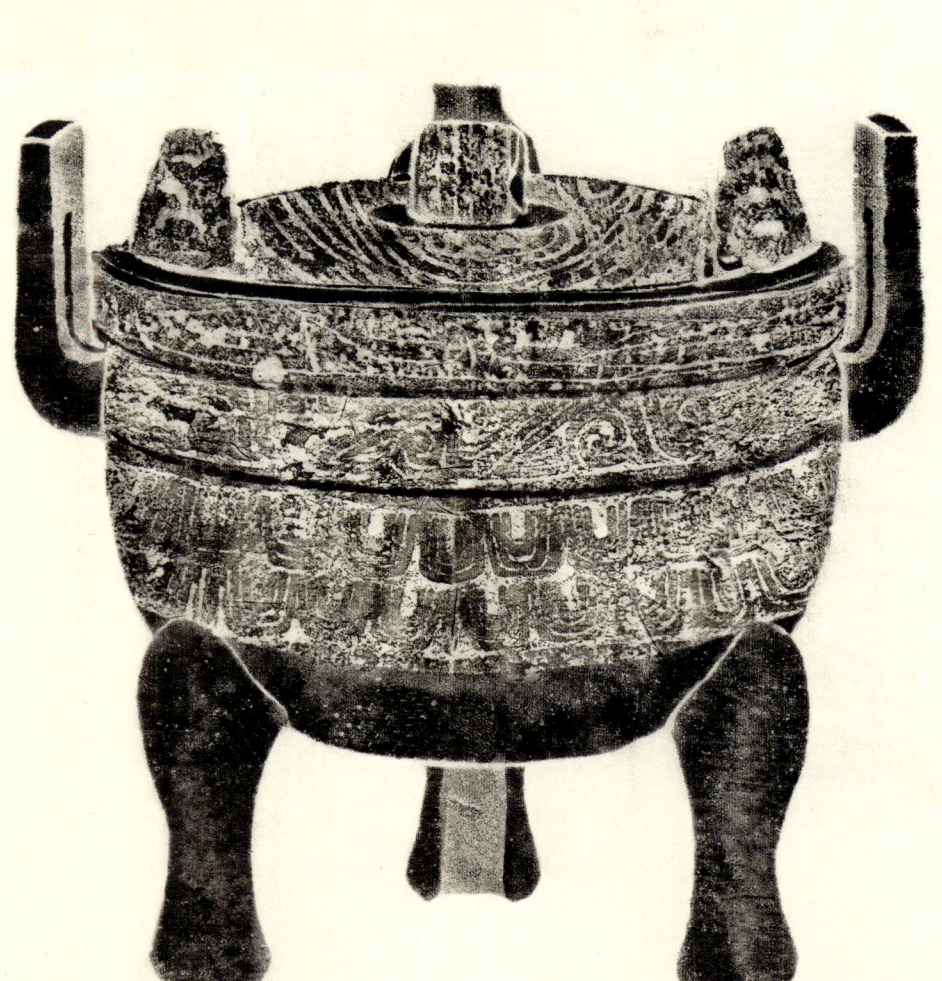

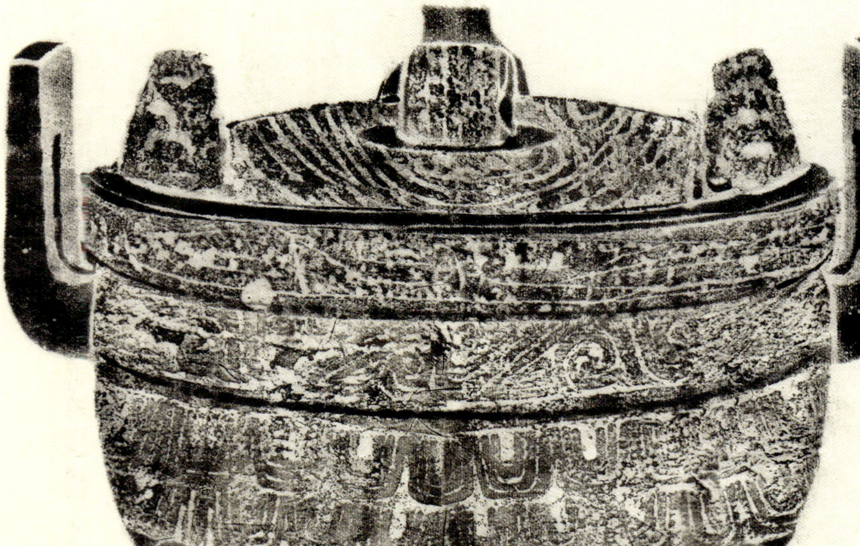

銘　文：【器、蓋同銘】杞白（伯）每（悔）刃（亡）乍（作）殺（竈）嫀（曹）寶鼎，子＝（子子）孫＝（孫孫）永寶。

鈐　印：希丁手拓彝器　希丁手拓　北京圖書館藏　澂秋館所藏器　閩縣陳寶琛嗣守　甲子孟冬希丁拓于閩縣贏江

昜兒鼎

戰國晚期

銘　文：兼（？）明。昜兒。

鈐　印：北京圖書館藏　希丁手拓

昜兒鼎

戰國晚期

銘　文：兼（？）明。昜兒。

鈐　印：北京圖書館藏　希丁手拓

楚王酓忎鼎

戰國晚期

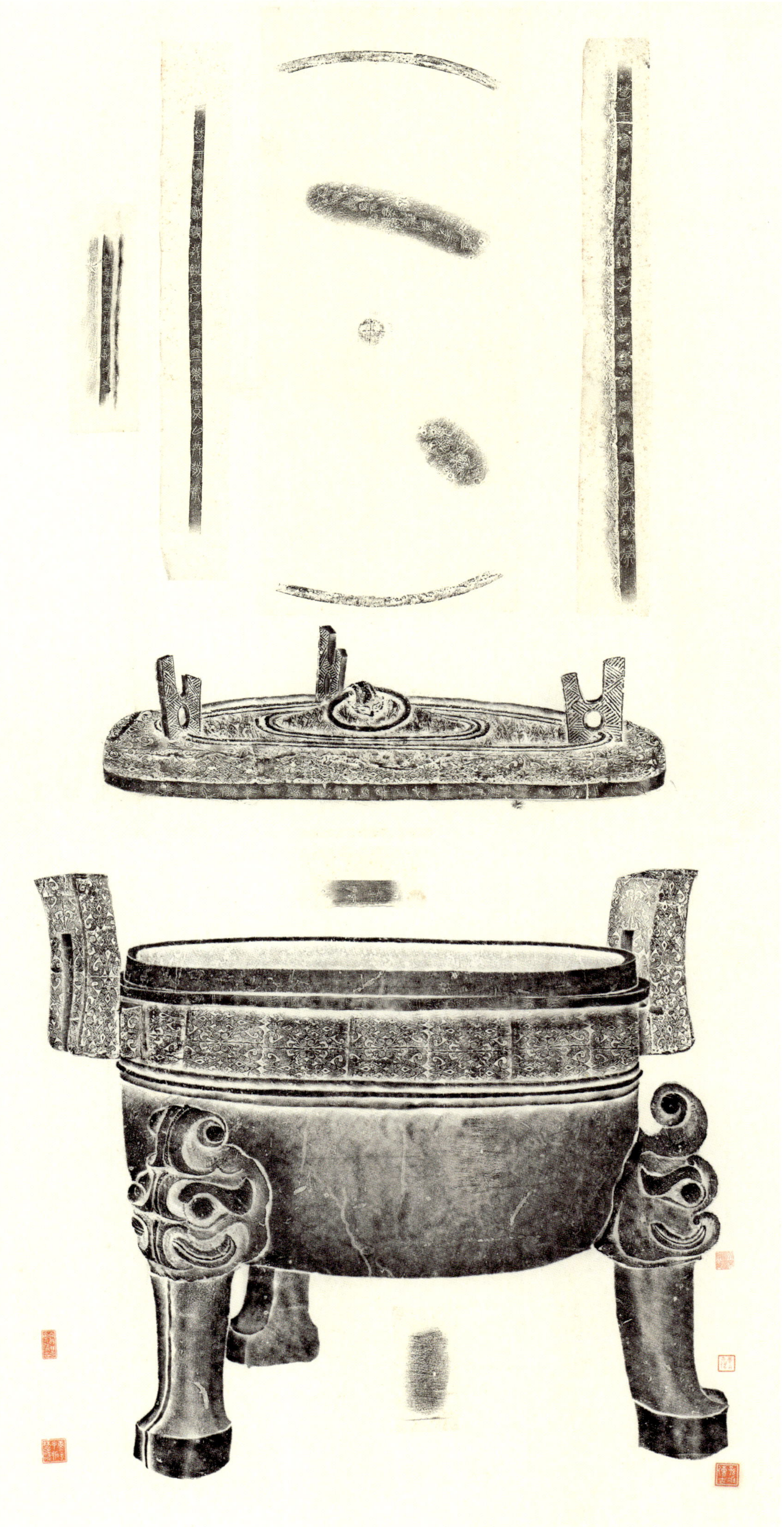

銘　文：【器銘】楚王酓（熊）忎（悍）戰隻（獲）兵銅。正月吉日，窒（令）鑄喬鼎，以共（供）戠（歲）棠（嘗）。佀（治）帀（師）盤埜，差（佐）秦忑爲之，集脰（廚），三楚。【蓋銘】楚王酓（熊）忎（悍）戰隻（獲）兵銅。正月吉日，窒（令）鑄喬鼎之蓋，以共（供）戠（歲）棠（嘗）。佀（治）帀（師）史秦、差（佐）苛膗爲之。集脰（廚）。

鈐　印：北京圖書館藏　希伯古緣　孫壯傳古　寶楚齋集古　康元手拓楚器

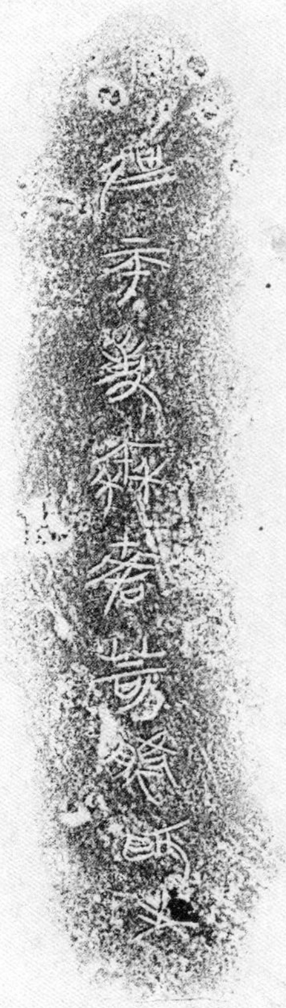
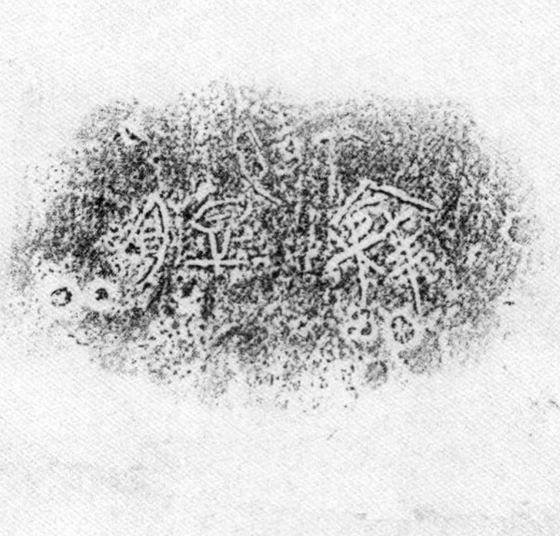

楚王酓忎鼎

戰國晚期

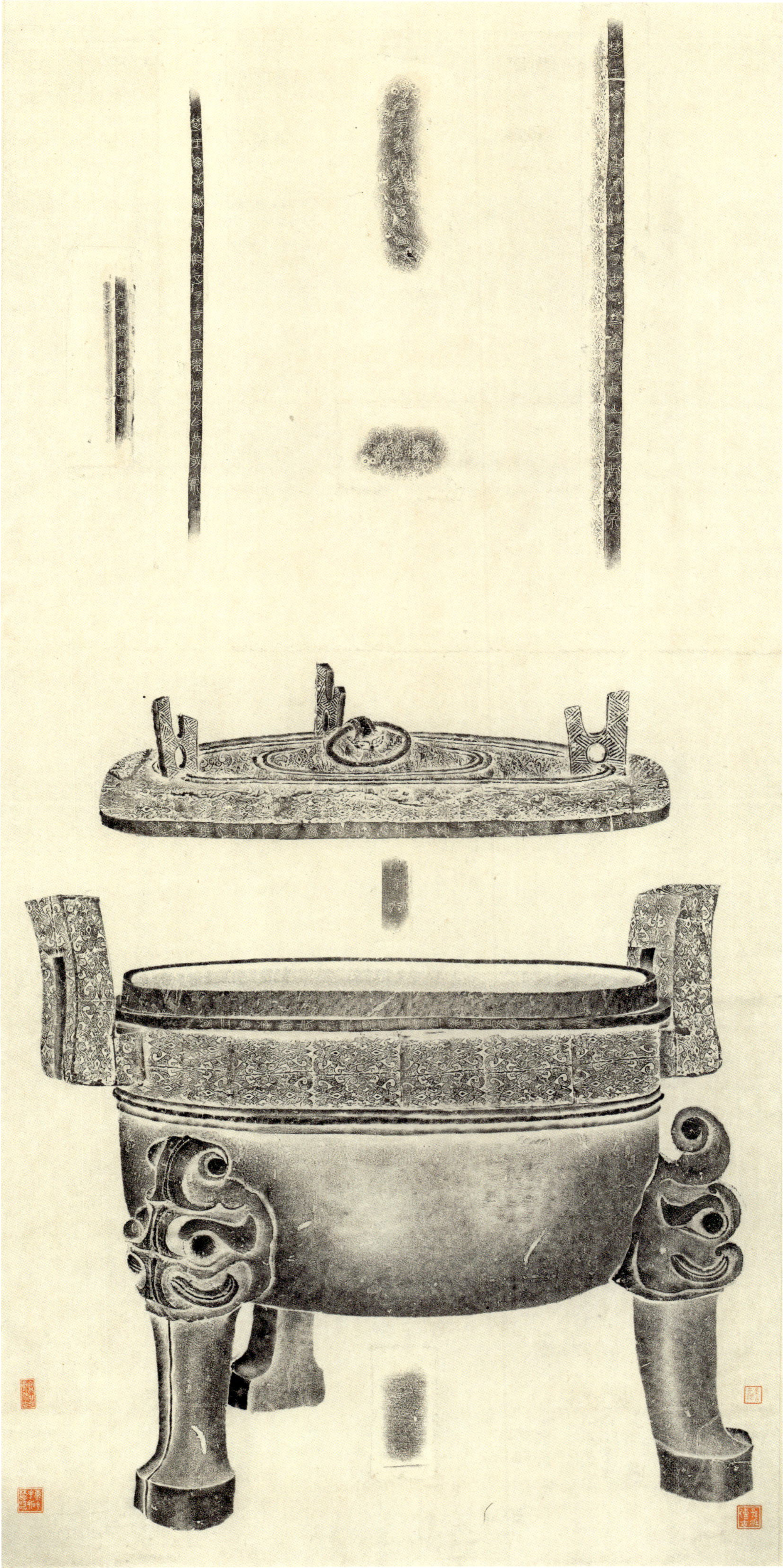

銘　文：【器銘】楚王酓（熊）忎（悍）戰隻（獲）兵銅。正月吉日，窒（令）鑄喬鼎，以共（供）㦰（歲）棠（嘗）。倡（冶）帀（師）盤埜，差（佐）秦忑爲之，集脰（廚），三楚。【蓋銘】楚王酓（熊）忎（悍）戰隻（獲）兵銅。正月吉日，窒（令）鑄喬鼎之蓋，以共（供）㦰（歲）棠（嘗）。倡（冶）帀（師）史秦、差（佐）苛膽爲之。集脰（廚）。

鈐　印：希伯古緣　孫壯傳古　寶楚齋集古　康元手拓楚器

長楊共鼎

西漢

銘　文：【器、蓋同銘】長楊共鼎，容一斗。

鈐　印：金谿周康元所拓吉金文字印　北京圖書館藏　延鴻閣　希丁手拓金石文字

銷鼎

西漢

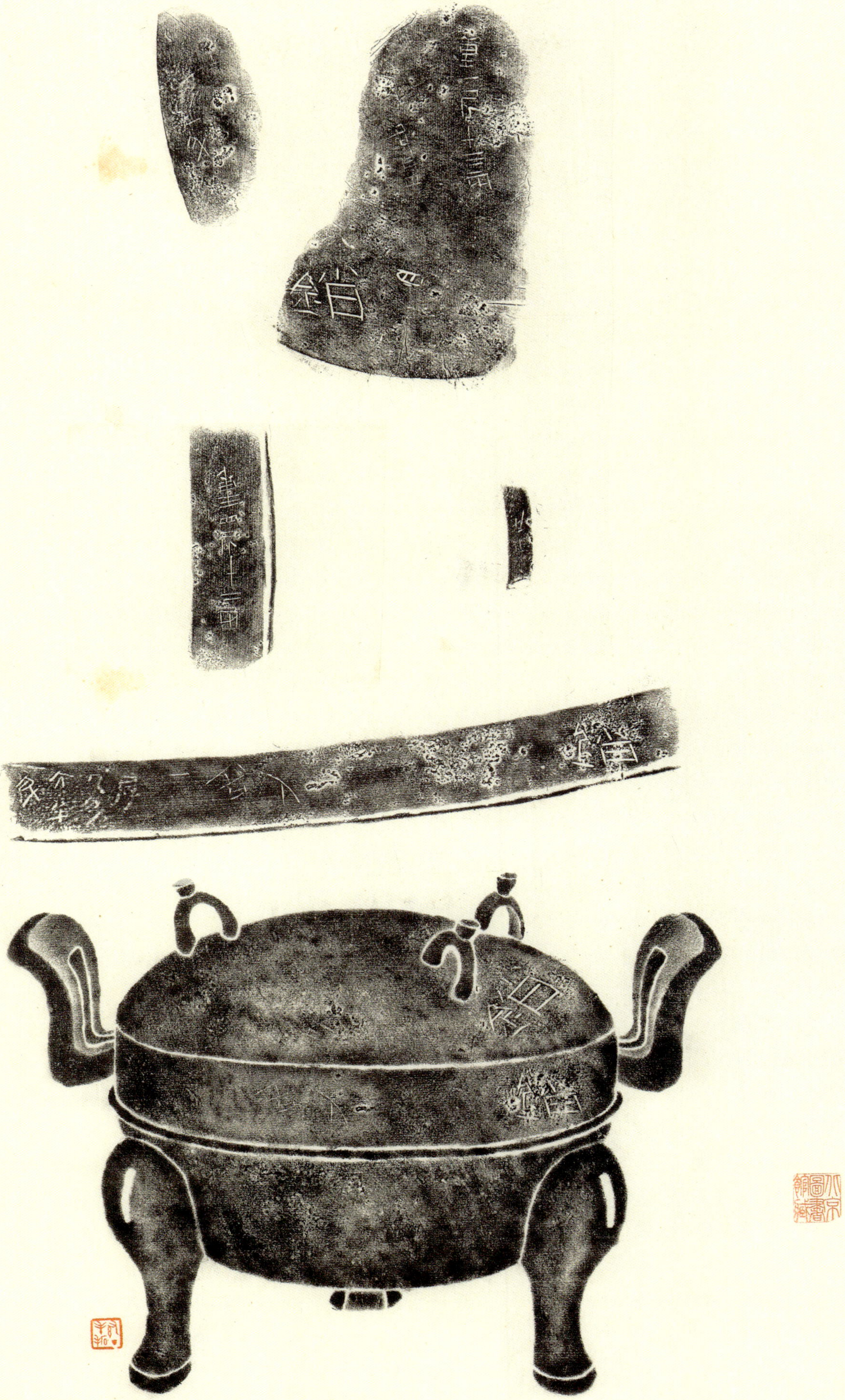

銘　文：【器銘】銷人名一□□九升大半升。重四斤十二兩。【蓋銘】重一斤十三兩，名曰四，四銷一斗。

鈐　印：北京圖書館藏　希丁手拓

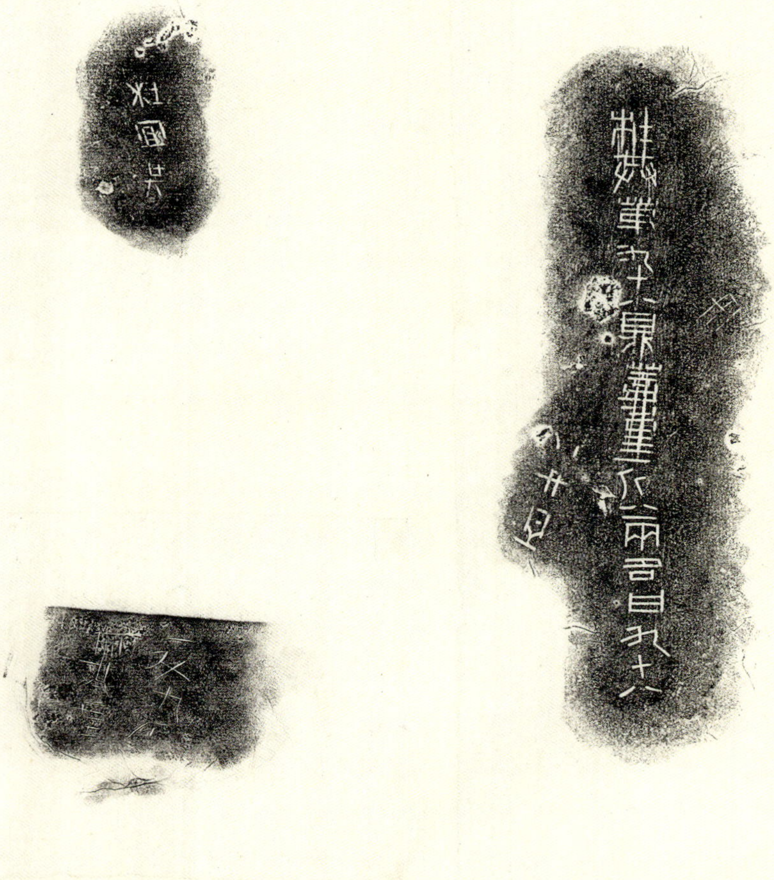

杜共鼎

西漢

銘文：【器銘】一斗九斤，西共左。【蓋銘】杜共，第九十八鼎，蓋重一斤八兩，名曰九十八。百廿八。杜宜共。

鈐印：北京圖書館藏　希丁手拓

巽踊簋

商後期

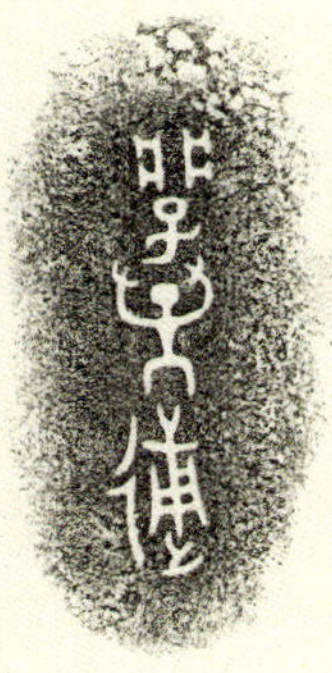

銘　文：巽（舉）徸（踊）。

鈐　印：北京圖書館藏　埍室藏　金谿周康元所拓吉金文字印

冎祖丁簋

商後期

銘　文：冎且（祖）丁。

鈐　印：希丁手拓　北京圖書館藏　延鴻閣　金谿周康元所拓吉金文字印

又敎父己簋

商後期

銘　文：又（右）敎（牧）父己。

鈐　印：北京圖書館藏　北平王氏鐵广藏三代器

㓷函簋

商後期

銘　文：㓷（徹）函乍（作）且（祖）戊寶隫（尊）彝。爽。

鈐　印：希丁手拓　北京圖書館藏　雪堂藏三代器　金谿周康元所拓吉金文字印

□婦簋

商後期

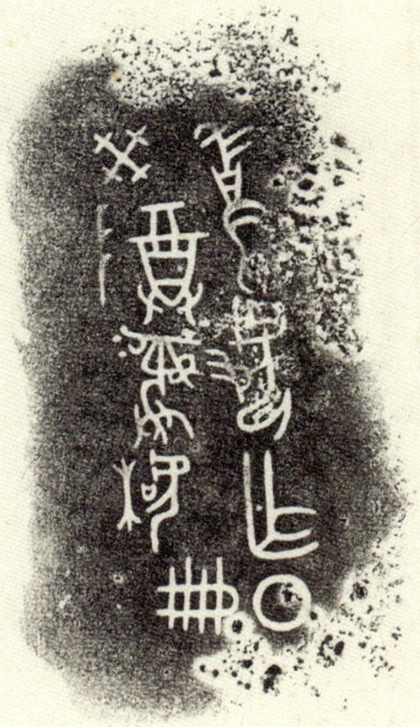

銘　文：□婦乍（作）日癸隮（尊）彝。杴冊。

鈐　印：北京圖書館藏　希丁手拓彝器

獸面紋簋

西周早期

銘　文：無

鈐　印：北京圖書館藏　澂秋館所藏器　閩縣陳寶琛嗣守　甲子孟冬希丁拓于閩縣贏江

子刀簋

西周早期

銘文：子刀。

鈐印：希丁手拓　北京圖書館藏　澂秋館所藏器　金谿周康元所拓吉金文字印

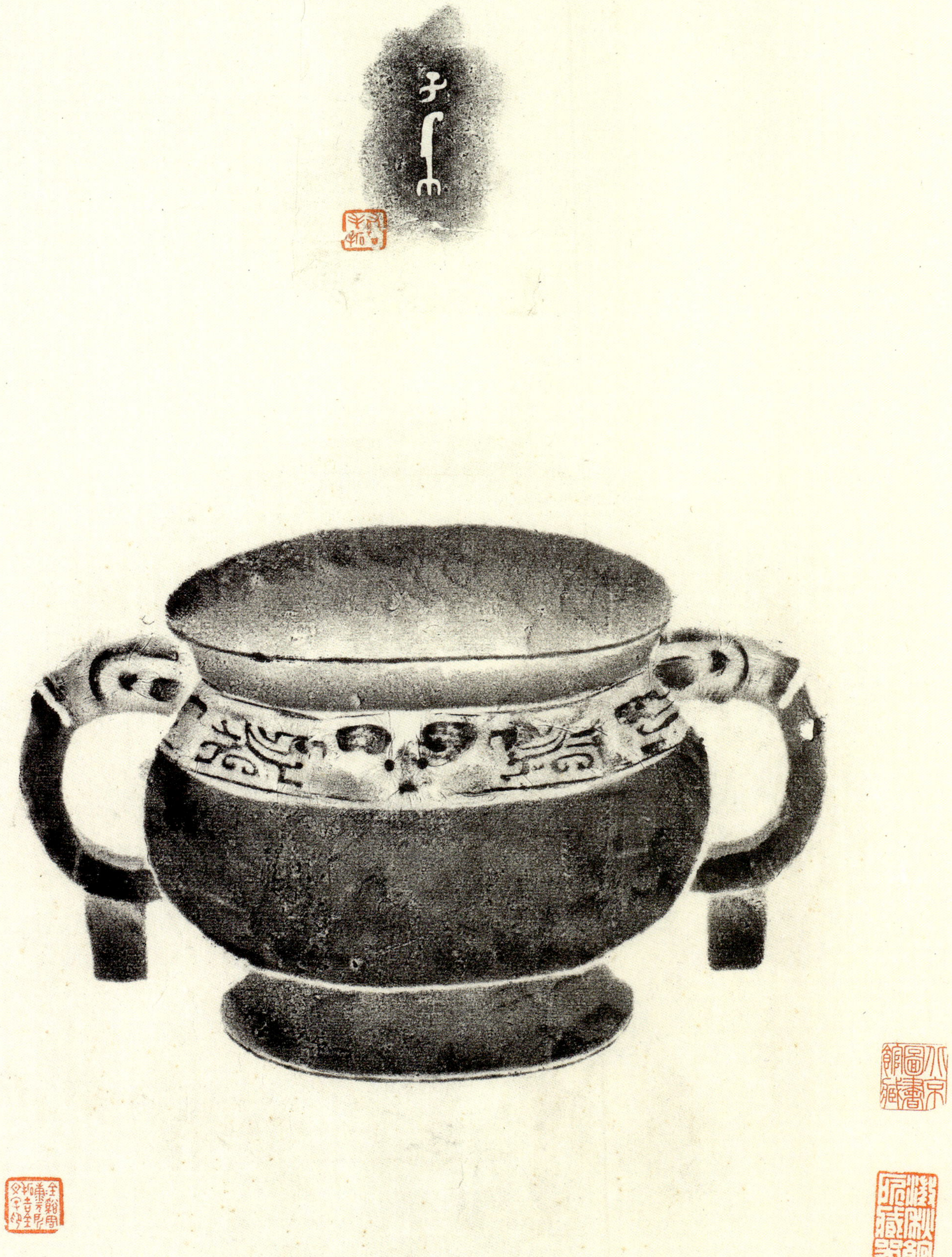

□父乙簋

西周早期

銘　文：□父乙。

鈐　印：北京圖書館藏　孫伯恒之藏金文　希丁手拓彝器

伯簋

西周早期

銘　文：白（伯）乍（作）寶彝。

鈐　印：希丁手拓彝器　澂秋館所藏器　閩縣陳寶琛嗣守　三邑傳大卣所寶金石墨本　甲子孟冬希丁拓于閩縣贏江

伯簋

西周早期

銘　文：白（伯）乍（作）寶毁（簋）。

鈐　印：希丁手拓　北京圖書館藏　雪堂藏三代器　金谿周康元所拓吉金文字印

叔㫚簋

西周早期

銘　文：弔（叔）㫚乍（作）寶𣪘（簋）。

鈐　印：北京圖書館藏　孫伯恒之藏金文　希丁手拓彝器

䖴簋

西周早期

銘　文：䖴乍（作）寶障（尊）彝。

鈐　印：北京圖書館藏　希丁手拓彝器

伯簋

西周早期

銘　文：白（伯）乍（作）寶用蹲（尊）毁（簋）。

鈐　印：希丁手拓　北京圖書館藏　延鴻閣　希丁手拓金石文字

亞疑㠱侯父乙簋

西周早期

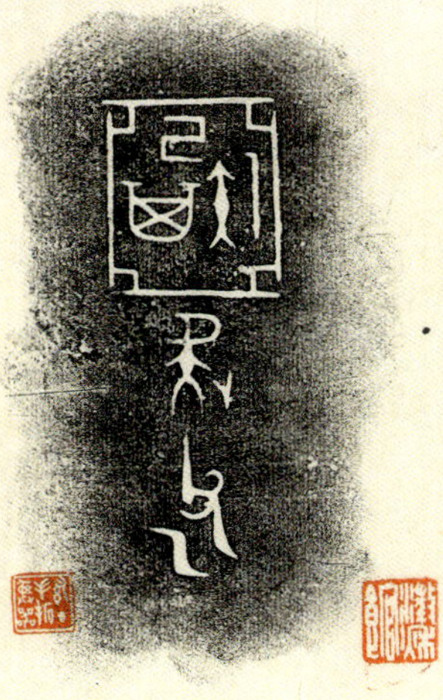

銘　文：亞吴（疑）㠱侯，父乙。

鈐　印：澂秋館　希丁手拓彝器　北京圖書館藏　澂秋館所藏器　希丁手拓金石文字

雍姒簋

西周早期

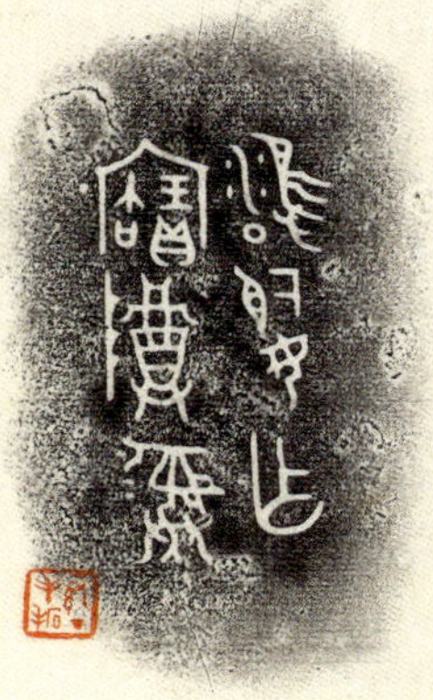

銘文：雒（雍）㚸（姒）乍（作）寶隮（尊）彝。

鈐印：希丁手拓　北京圖書館藏　延鴻閣　希丁手拓金石文字

畢簋

西周早期

銘　文：畢□□□父□肈（旅）𣪕（簋）。

鈐　印：北京圖書館藏　讀雪齋藏　孫壯得來　金谿周康元所拓吉金文字印

臣卿簋

西周早期

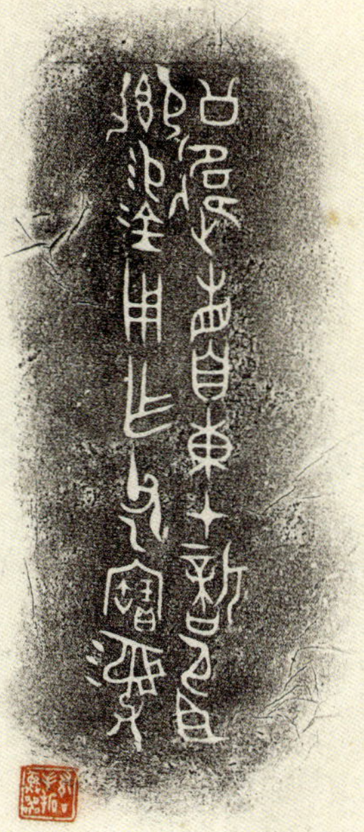

銘文：公違眚（省）自東，才（在）新邑。臣卿易（錫）金，用乍（作）父乙寶彝。

鈐印：希丁手拓彝器　北京圖書館藏　澂秋館所藏器　閩縣陳寶琛嗣守　甲子孟冬希丁拓于閩縣贏江

獻簋

西周早期

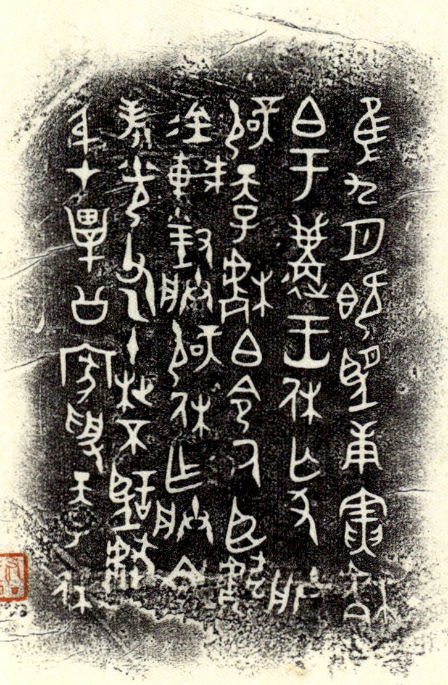

銘文：隹（唯）九月既朢（望）庚寅，楄（楷-黎）白（伯）于遘王，休亡文（慜），朕辟天子、楄白（伯）令（命）氒（厥）臣獻金車，對朕辟休，乍（作）朕文考光父乙，十枻（世）不諲（忘），獻身才（在）畢公家，受天子休。

鈐印：希丁手拓　金谿周康元所拓吉金文字印　北京圖書館藏　雪堂藏三代器

縢虎簋

西周中期

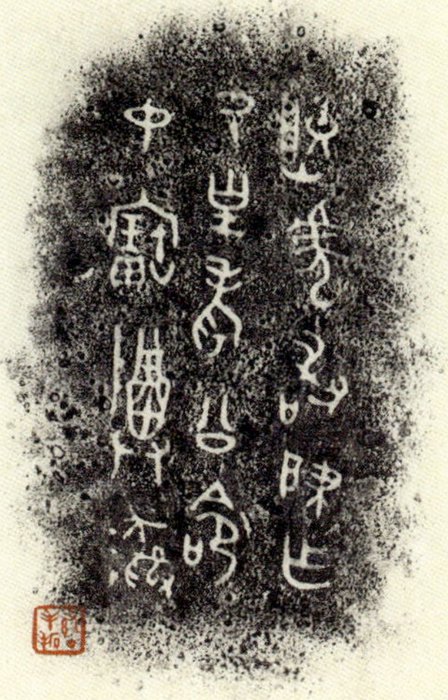

銘文：縢（滕）虎敢肁（肇）乍（作）氒（厥）皇考公命中（仲）寶障（尊）彝。

鈐印：希丁手拓　北京圖書館藏　雪堂藏三代器　希丁手拓金石文字

吕白簋

西周中期

銘　文：【器、蓋同銘】吕白（師）乍（作）旅毁（簋），其萬年用。

鈐　印：寶蘊樓　北京圖書館藏　寶蘊樓藏器

蓋

器

格伯簋

西周中期

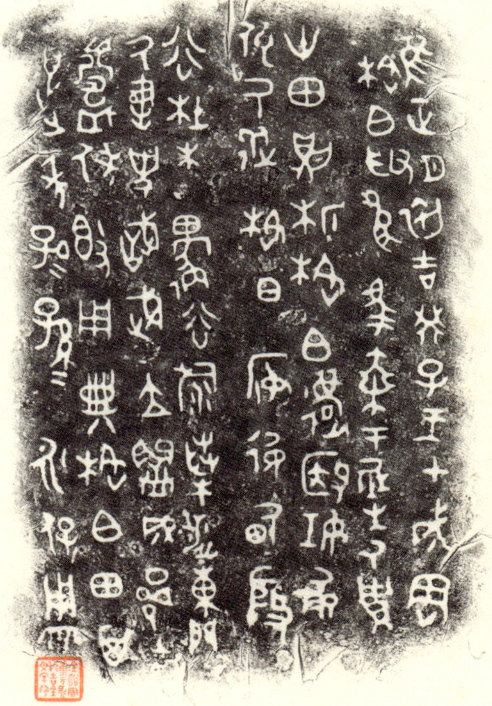

銘文：隹（唯）正月初吉癸子（巳），王才（在）成周，格白（伯）叏良馬乘于倗生，氒（厥）賓（價）卅（三十）田，則析。格白（伯）遫（履），殹妊彶（及）𢓊氒（厥）從格白（伯）㕦（按），彶甸殷，氒（厥）㓞（割）雩谷杜木、邍谷𢓊桑，涉東門。氒（厥）書史戠武立盉（臿）成＝（成，成）壘，鑄保（寶）𣪕（簋），用典格白（伯）田，其邁（萬）年子＝（子子）孫＝（孫孫）永保用。冏。

鈐印：金谿周康元所拓吉金文字印　雪堂藏三代器　三邑傳大卣所寶金石墨本　希丁手拓金石文字

静簋

西周中期

銘　文：隹（唯）六月初吉，王才（在）葊京，丁卯，王令（命）静嗣（司）射學宫，小子眔服、眔小臣、眔尸（夷）僕學射。雩八月初吉庚寅，王吕（以）吴朿、吕犅卿（會）𤞷（豳）、蓋𠂤（師）、邦周射于大池，静學無旻（斁），王易（錫）静鞞剢，静敢拜䭫（稽）首，對揚天子不（丕）顯休，用乍（作）文母外姞障（尊）段（簋），子＝（子子）孫＝（孫孫）其萬年用。

鈐　印：金谿周康元所拓吉金文字印　雪堂藏三代器　冰社弟子所存社師藏器拓本　三邑傳大卣所寶金石墨本　希丁手拓金石文字　膠西柯昌泗燕舲藏集經籍款識碑刻書畫之印記

豆閉簋

西周中期

銘文：唯王二月既眚（生）霸，辰才（在）戊寅，王各于師戲大（太）室，井（邢）白（伯）入右豆閉，王乎（呼）内史册命豆閉，王曰：『閉，易（錫）女（汝）戠（織）衣、□（雍）市、䜌（鑾）旂，用倂（纘）乃且（祖）考事，𤔲（司）□俞邦君、𤔲（司）馬、弓矢。閉拜䭫（稽）首，敢對揚天子不（丕）顯休命，用乍（作）朕文考□弔（叔）寶毀（簋），用易（錫）𠶷（禱）壽萬年永寶，用于宗室。』

鈐印：金谿周康元所拓吉金文字印　北京圖書館藏　蕭山陸氏藏器　慎齋集古　康元傳古

仲簋

西周晚期

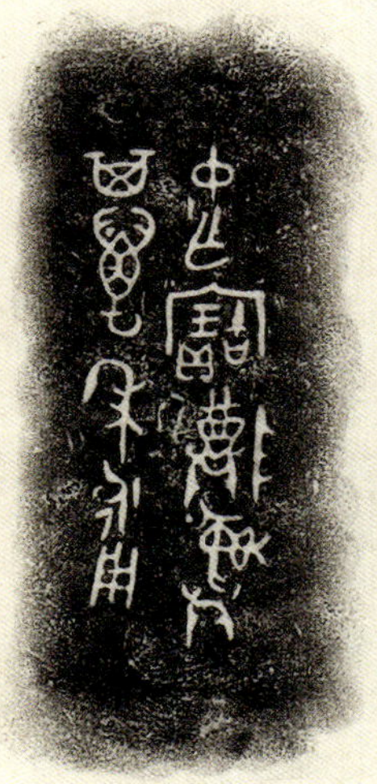

銘　文：中（仲）乍（作）寶隮（尊）彝，其萬年永用。

鈐　印：北京圖書館藏　塤室藏　希丁手拓金石文字

官交父簋

西周晚期

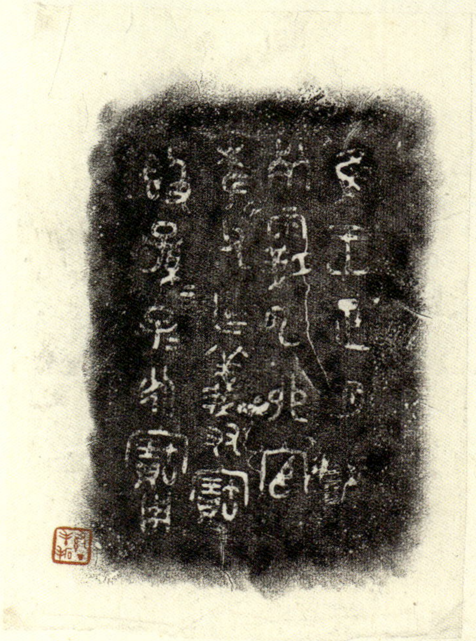

銘文：隹（唯）王正月既死霸乙卯，官交父乍（作）義友寶𣪘（簋），孫＝（孫孫）子＝（子子）永寶用。

鈐印：希丁手拓　北京圖書館藏　金谿周康元所拓吉金文字印

吴㣇父簋

西周晚期

銘　文：【器、蓋同銘】吴㣇父乍（作）皇且（祖）考康孟隮（尊）段（簋），其萬年子＝（子子）孫＝（孫孫）永寶用。

鈐　印：希丁手拓彝器　希丁手拓　北京圖書館藏　澂秋館所藏器　閩縣陳寶琛嗣守　甲子孟冬希丁拓于閩縣嬴江

吴彩父簋

西周晚期

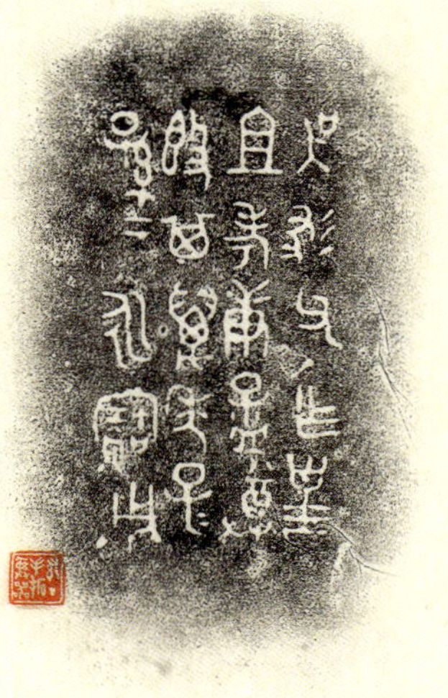

銘　文：【器、蓋同銘】吴彩父乍（作）皇且（祖）考庚孟隮（尊）𣪕（簋），其萬年子＝（子子）孫＝（孫孫）永寶用。

鈐　印：希丁手拓彝器　希丁手拓　北京圖書館藏　澂秋館所藏器　閩縣陳寶琛嗣守　甲子孟冬希丁拓于閩縣贏江

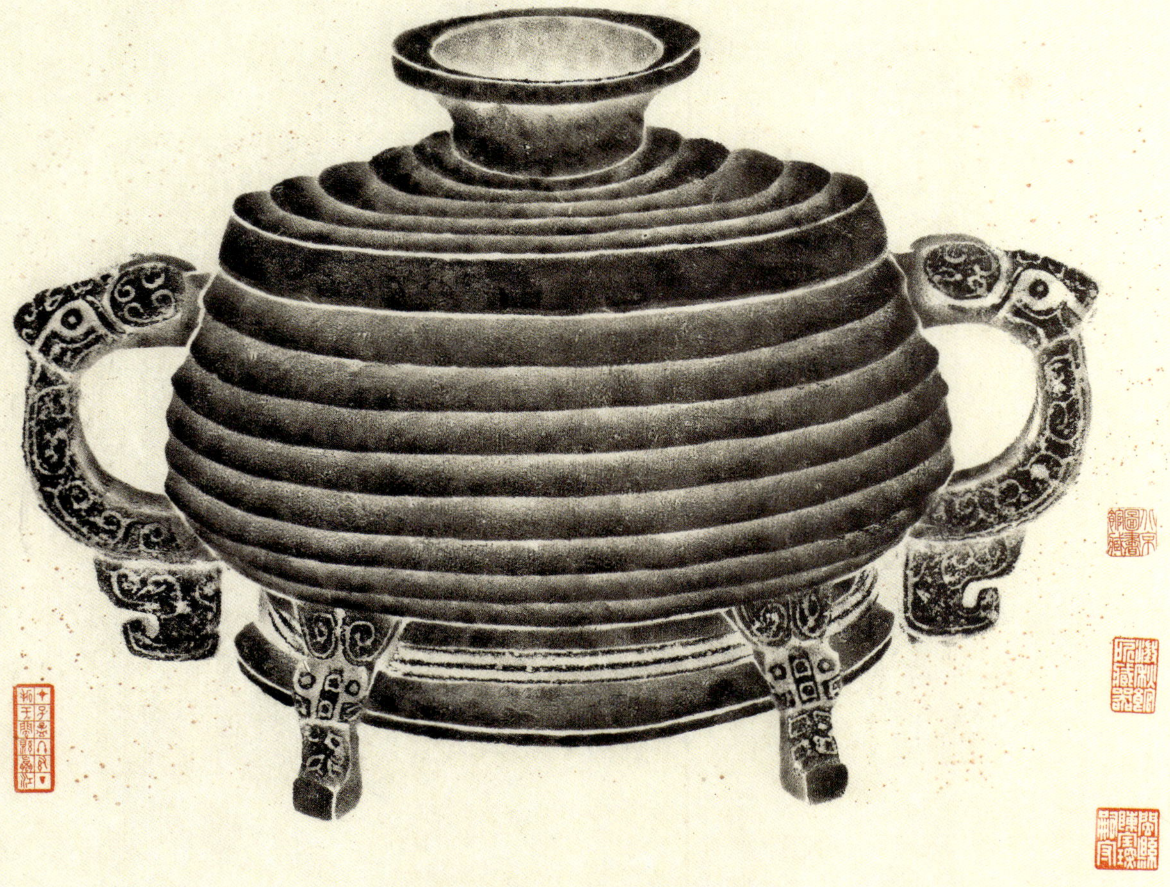

仲殷父簋

西周晚期

銘　文：【器、蓋同銘】中（仲）殷父盥（鑄）段（簋），用朝夕亯（享）考（孝）宗室，其子＝（子子）孫＝（孫孫）永寶用。

鈐　印：希丁手拓　北京圖書館藏　延鴻閣　金谿周康元所拓吉金文字印

史頌簋蓋

西周晚期

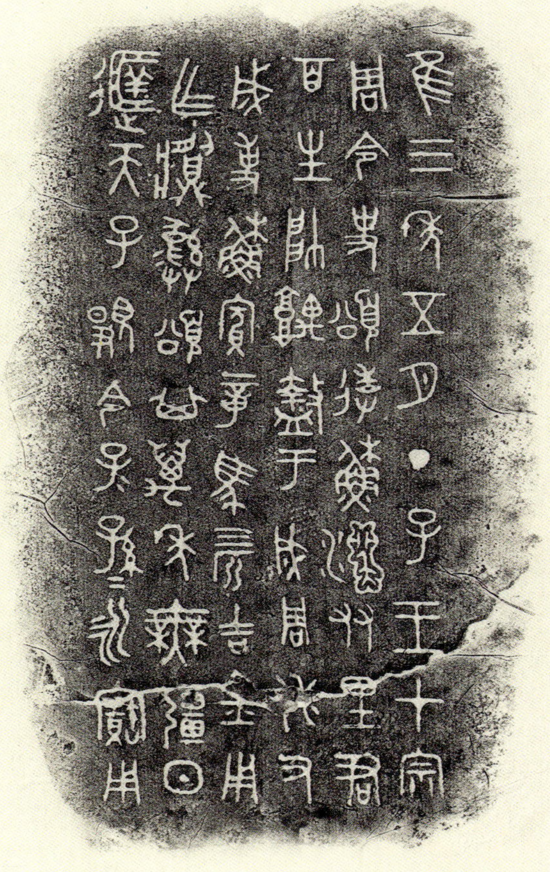

銘文：隹（唯）三年五月丁子（巳），王才（在）宗周，令（命）史頌德（遺）穌（蘇）灋友、里君、百生（姓），帥䍙盩于成周，休又（有）成事，穌（蘇）賓章（璋）、馬三（四）匹、吉金，用乍（作）𩰫彝。頌其萬年無彊（疆），日遅（將）天子覭令（命），子＝（子子）孫＝（孫孫）永寶用。

鈐印：北京圖書館藏　希丁手拓

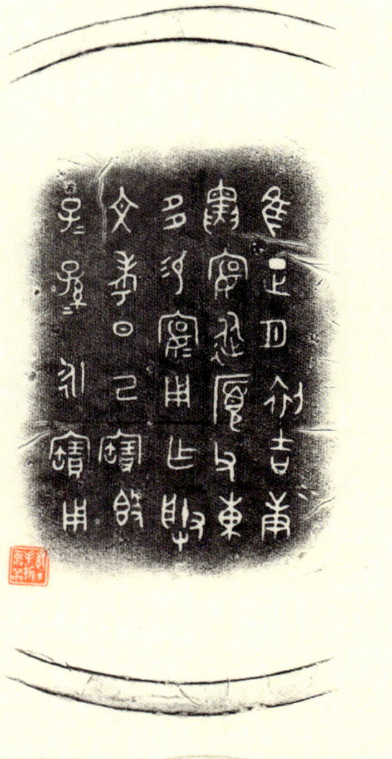

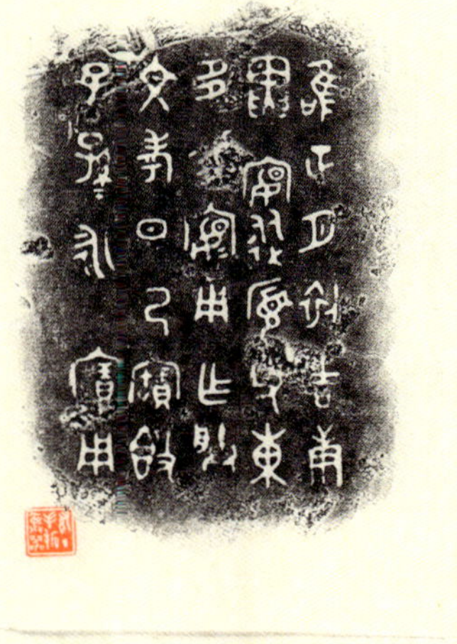

宴簋

西周晚期

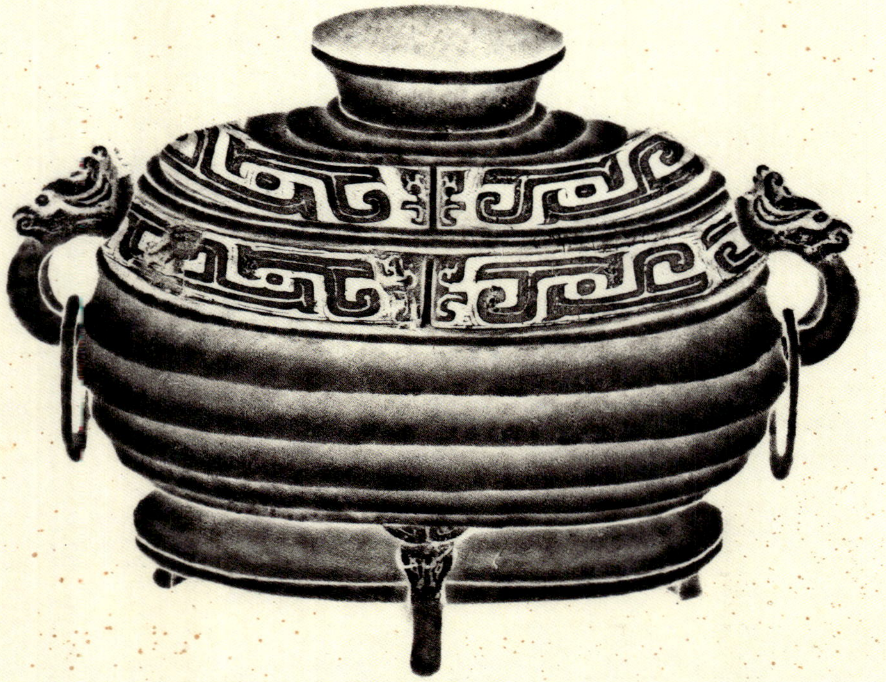

銘　文：【器、蓋同銘】隹（唯）正月初吉庚寅，宴從厧父東，多易（錫）宴＝（宴，宴）用乍（作）朕文考日己寶𣪘（簋），子＝（子子）孫＝（孫孫）永寶用。

鈐　印：希丁手拓彝器　蕭山陸氏藏器　慎齋集古　三邑傳大卣所寶金石墨本　金谿周康元所拓吉金文字印　康元傳古

害簋

西周晚期

鈐　印：北京圖書館藏　希丁手拓金石文字

編者按：僞銘。

頌簋

西周晚期

銘文：隹（唯）三年五月既死霸甲戌，王（在）周康卲宮。旦，王各大室，即立（位）。宰引右頌入門，立中廷，尹氏受王令（命）書，王乎（呼）史虢生册令（命）頌。王曰：『頌，令女（汝）官𤔲（司）成周賁（賈）廿（二十）家，監𤔲（司）新寤（造）賁（賈），用宮迎（御），易（錫）女（汝）玄衣黹屯（純）、赤市朱黄、䜌（鑾）旂、攸（鋚）勒，用事。』頌拜䭫（稽）首，受令（命）册，佩㠯（以）出，反（返）入（納）堇（瑾）章（璋）。頌敢對揚天子不（丕）顯魯休，用乍（作）朕皇考龏（恭）弔、皇母龏（恭）始（姒）寶隩（尊）𣪘（簋），用追孝𬹝（祈）匄康𧻚屯（純）右（祐）、通彔（禄）永令（命）。頌其萬年釁（眉）壽，畯（畯）臣天子霝（靈）冬（終），子＝（子子）孫＝（孫孫）寶用。

鈐印：金谿周康元所拓吉金文字印　北京圖書館藏　希丁手拓金石文字

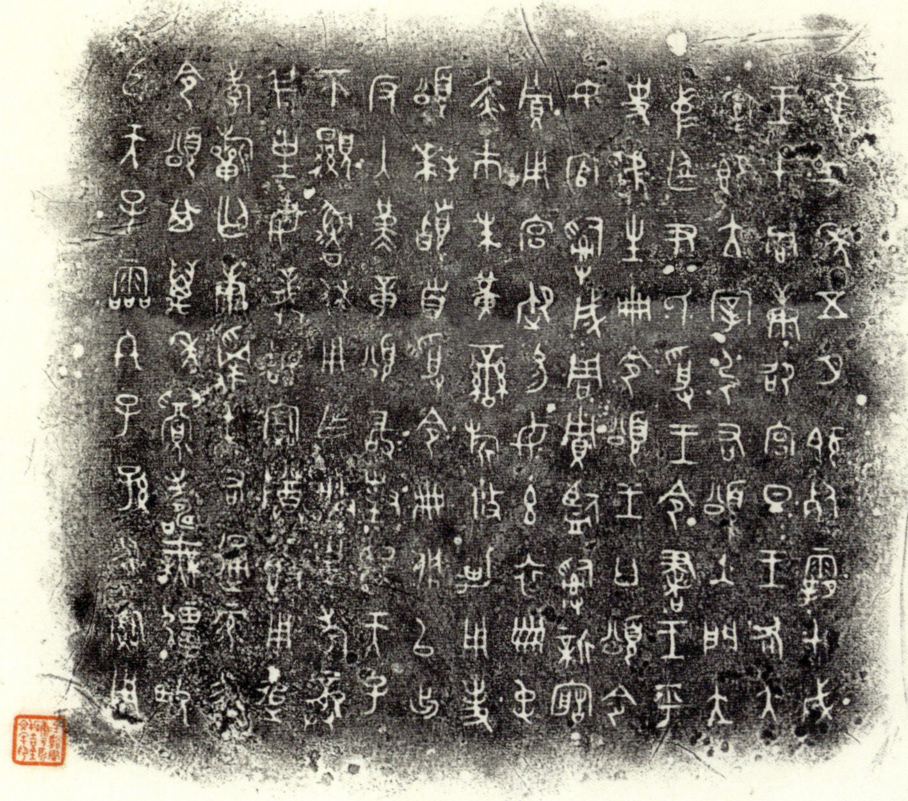

□林父簋蓋

春秋早期

銘　文：□林父乍（作）寶殷（簋），用亯（享）用孝，旂（祈）眉（眉）壽，其子＝（子子）孫＝（孫孫）永寶用。□。

鈐　印：北京圖書館藏

秦公簋

春秋中期

銘　文：【器銘】𥢌(秦)公曰：不(丕)顯(朕)皇且(祖)受天命，鼏宅禹賁(蹟)，十又二公，才(在)帝之矿，嚴龏(恭)夤天命，保𤔲氒(厥)𥢌(秦)，虩事䜌(蠻)夏，余雖小子，穆=(穆穆)帥秉明德，刺=(刺刺-烈烈)𨒅=(𨒅𨒅-桓桓)，邁(萬)民是敕(敕)。【蓋銘】咸畜胤士，䀉=(䀉䀉-藹藹)文武，鋘(鎮)静不廷，虔敬朕祀，乍(作)𠭰(尋-覃)宗彝，㠯(以)卲皇且(祖)，𣪕(其)嚴𢌳各，㠯(以)受屯(純)魯多釐，釁(眉)壽無疆，畯(畯)疐才(在)天，高引又(有)慶(麐-令)，竈囿三(四)方，宜。【器刻銘】西元器，一斗七升小拳(賸)，𣪘(簋)。【蓋刻銘】西，一斗七升大半升，蓋。

鈐　印：希丁手拓　北京圖書館藏　希丁手拓金石文字

鄬侯少子簋

春秋晚期

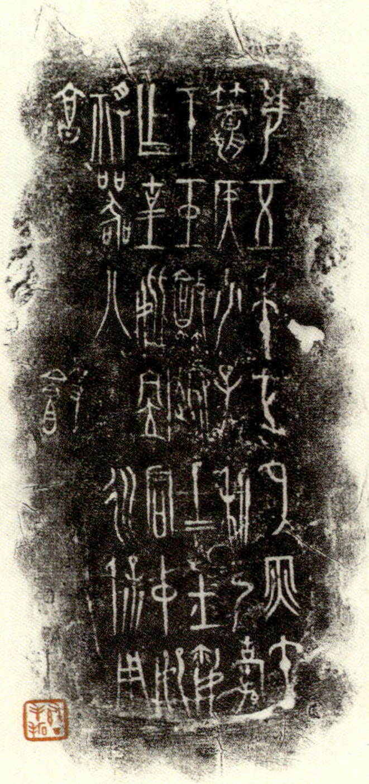

銘　文：隹（唯）五年正月丙午，鄬（莒）侯少子析、乃孝孫不巨，𨥯（會）趣（取）吉金，妳乍（作）皇妣[illegible]君中（仲）妃祭器八𣪘（簋），永保用亯（享）。

鈐　印：希丁手拓　北京圖書館藏　雪堂藏三代器　希丁手拓金石文字

羽翅紋簋

戰國晚期

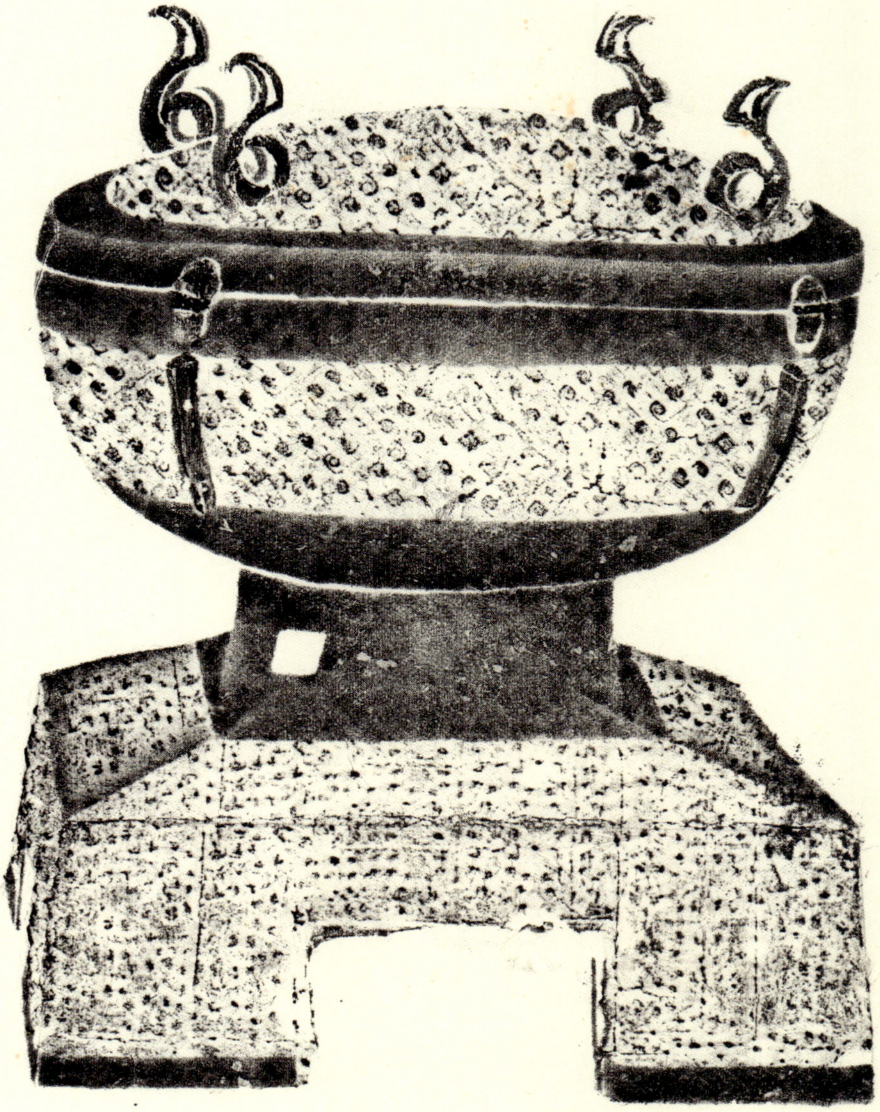

銘文：無

鈐印：喬龕所寶彝器　周西丁手治圖　三邑傳大卣所寶金石墨本

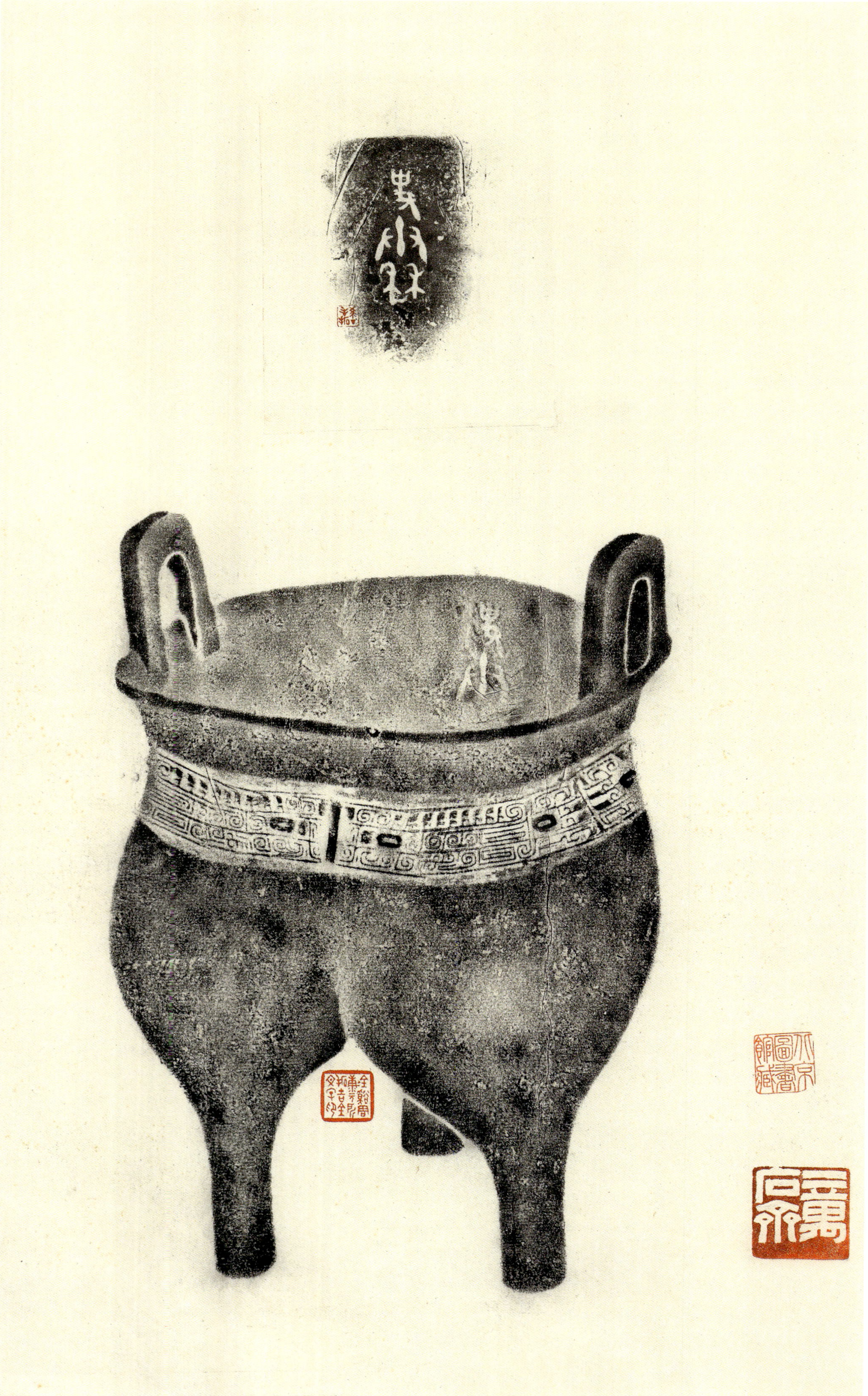

史秦鬲

西周早期

銘文：史𣡕（秦）。

鈐印：希丁手拓　北京圖書館藏　二萬石齋　金谿周康元所拓吉金文字印

作寶彝鬲

西周早期

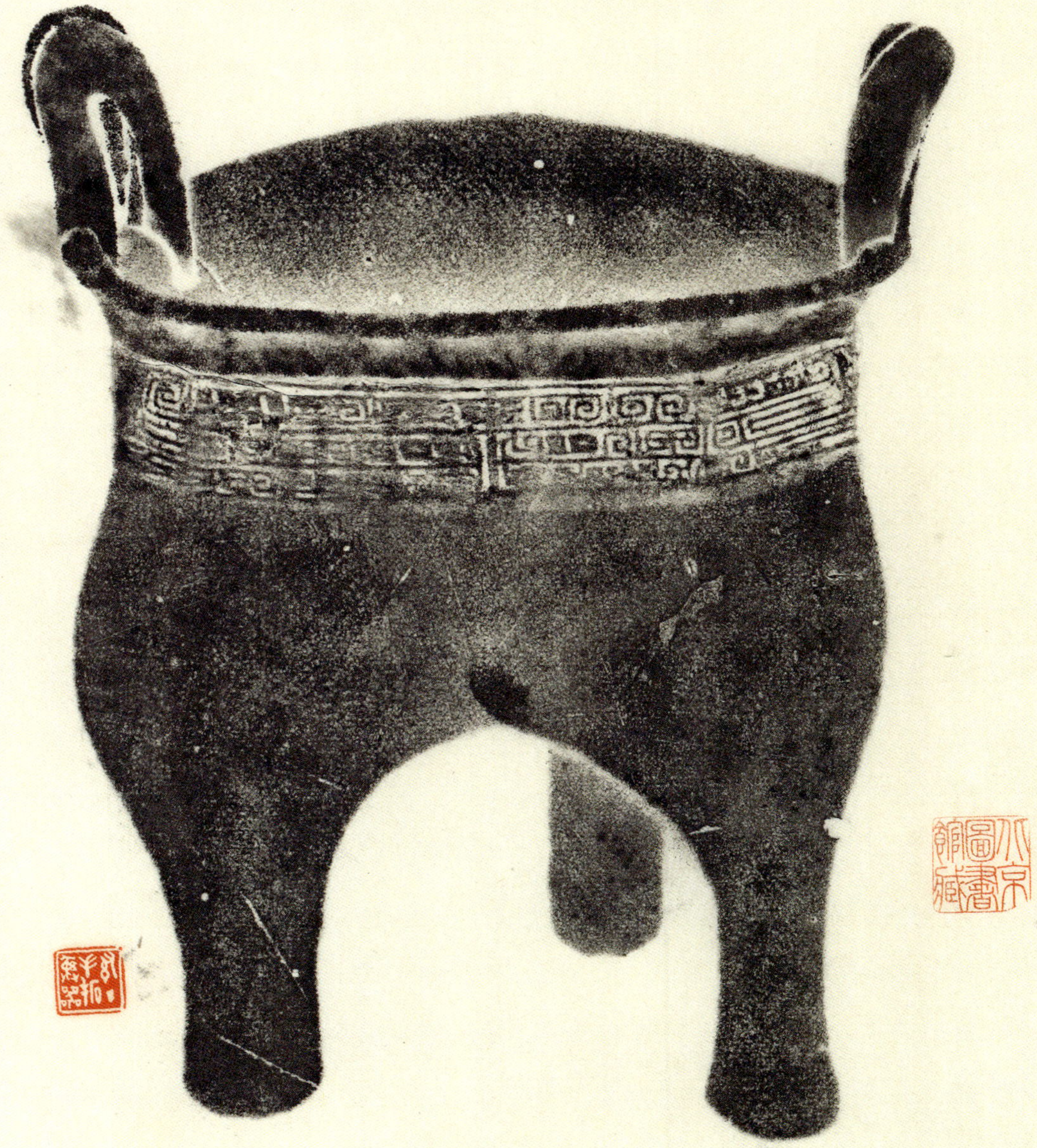

銘　文：乍（作）寶彝。

鈐　印：北京圖書館藏　希丁手拓彝器

作尊彝鬲

西周早期

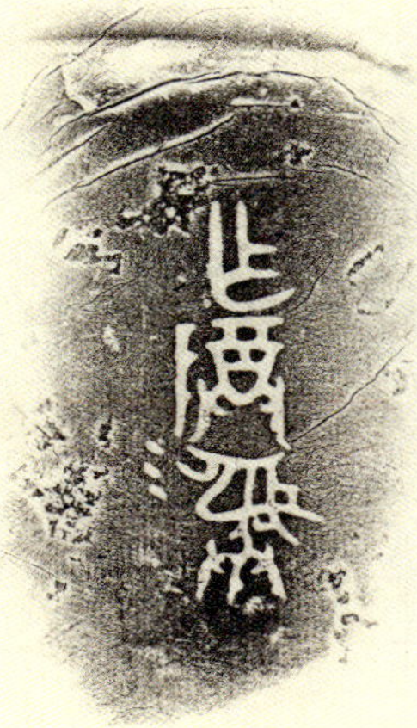

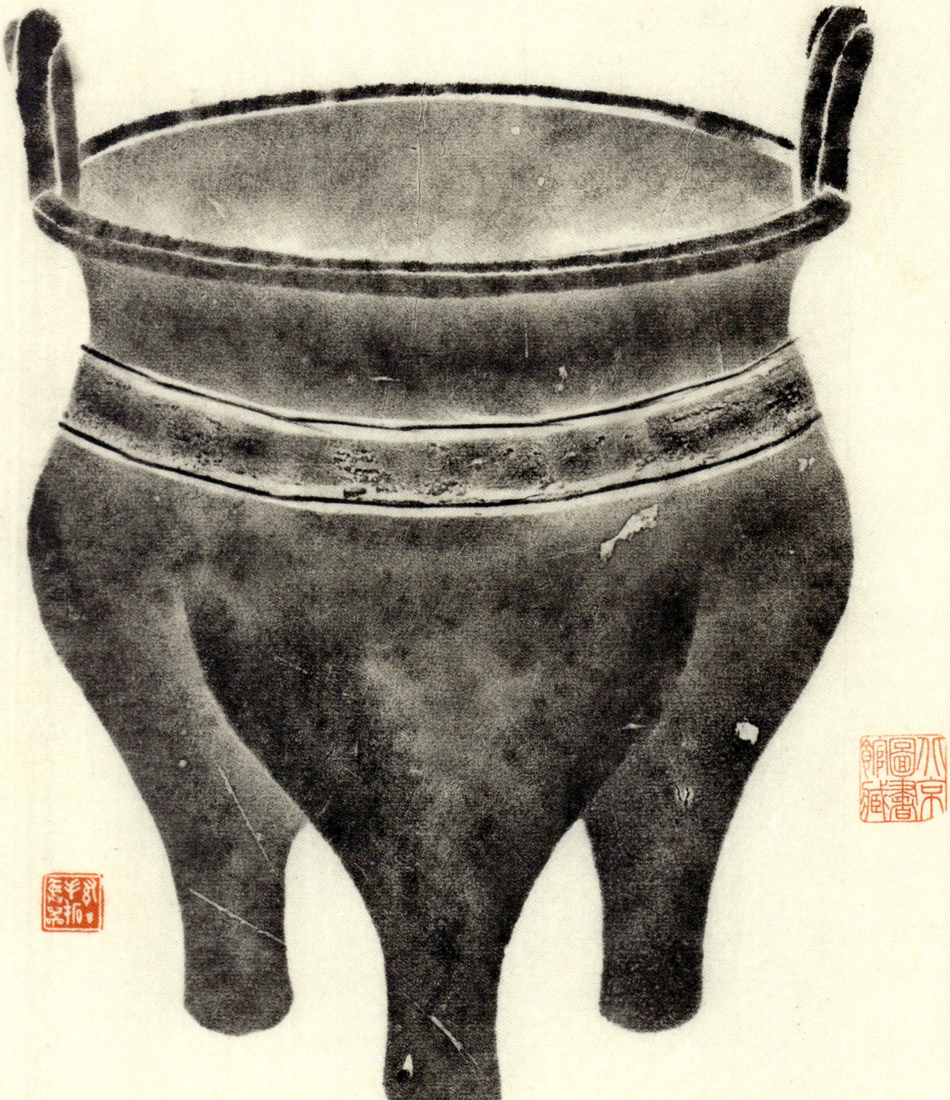

銘　文：乍（作）障（尊）彝。

鈐　印：北京圖書館藏　希丁手拓彝器

雯人守鬲

西周早期

銘　文：雯人守乍（作）寶。

鈐　印：北京圖書館藏

仲扨父鬲

西周中期

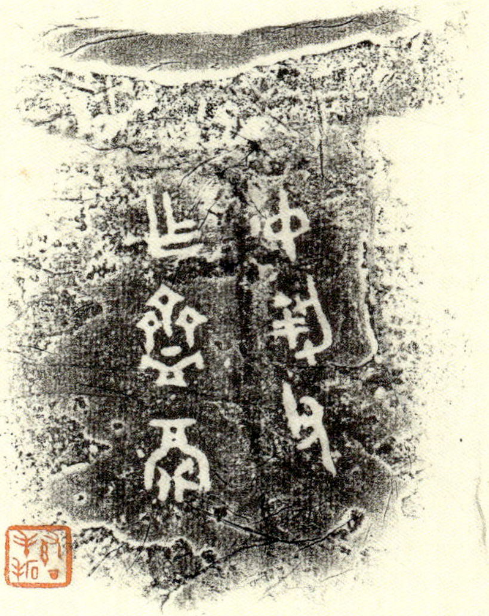

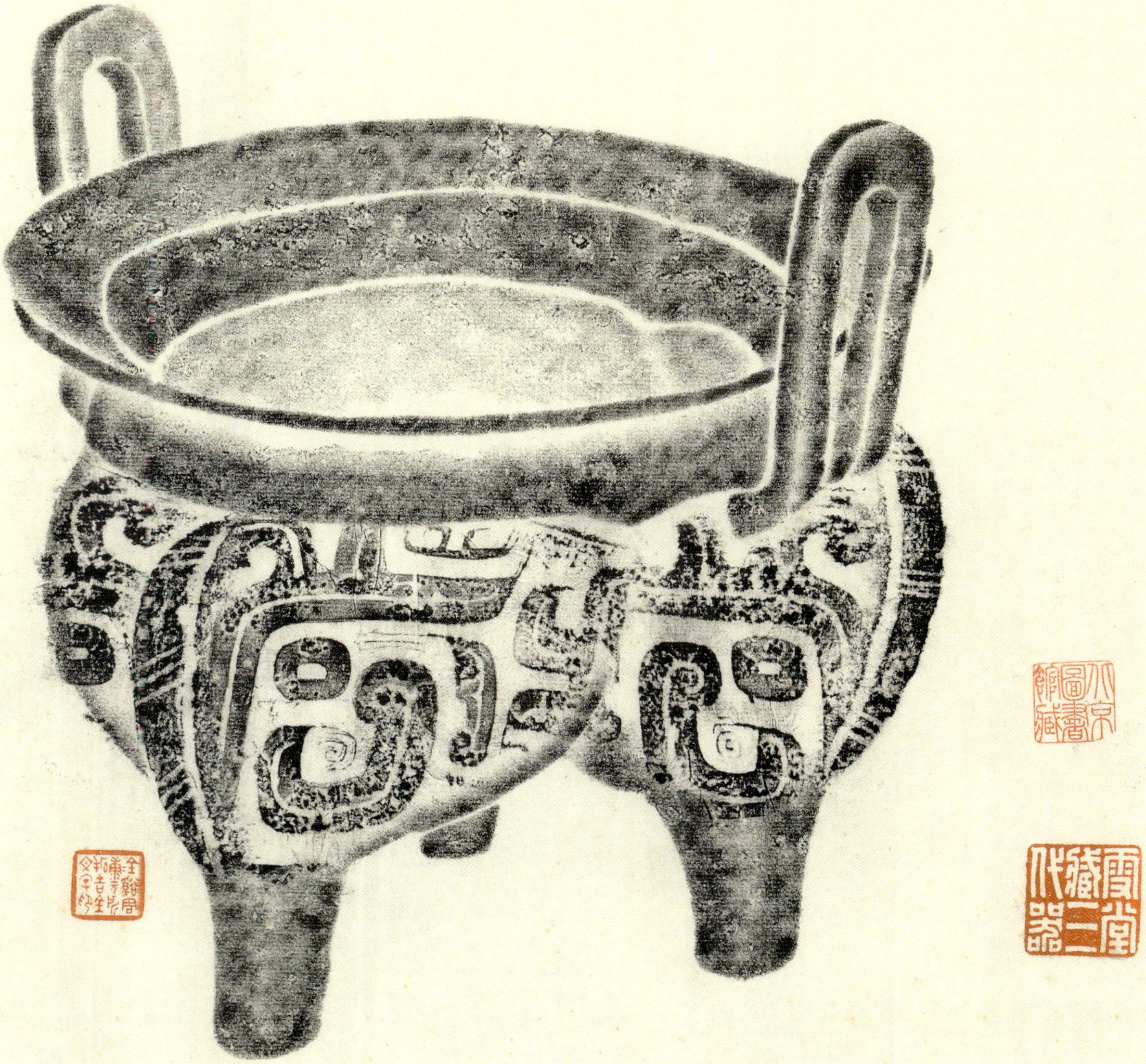

銘　文：中（仲）扨父乍（作）齋鬲。

鈐　印：希丁手拓　北京圖書館藏　雪堂藏三代器　金谿周康元所拓吉金文字印

季右父鬲

西周晚期

銘　文：季右父乍（作）障（尊）鬲。

鈐　印：北京圖書館藏　孫氏家藏　希丁手拓

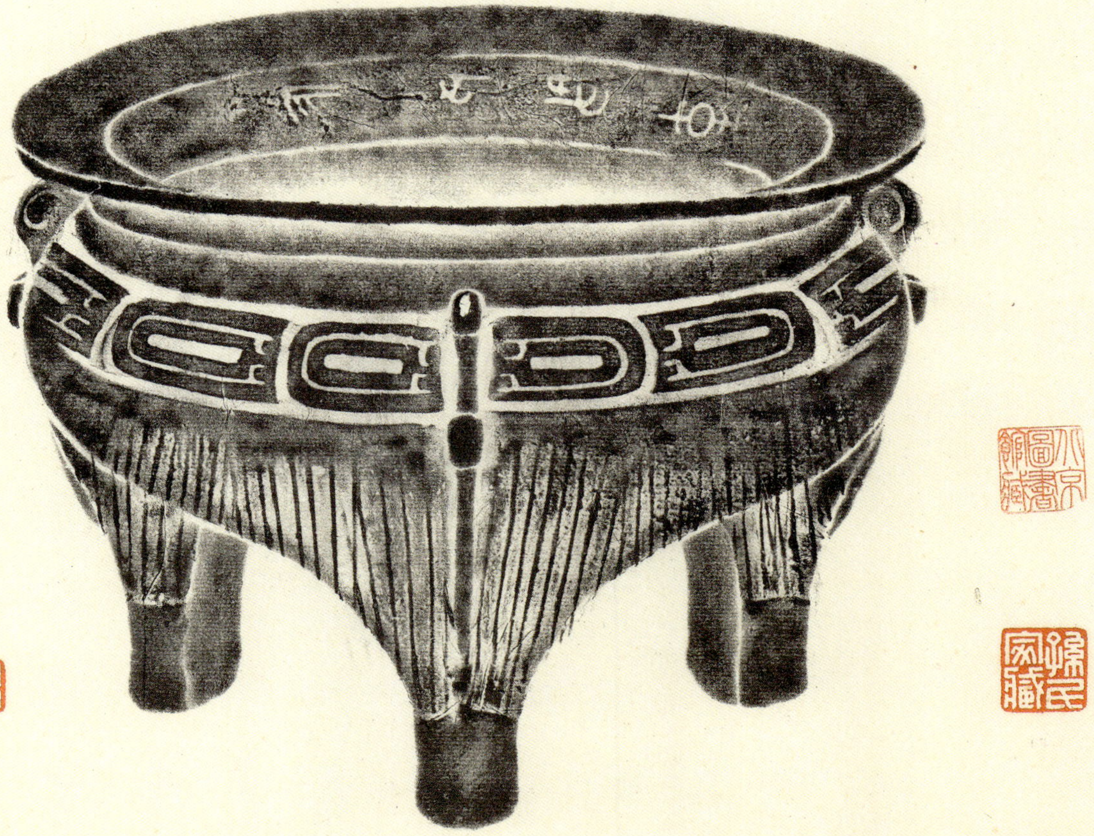

單伯原父鬲

西周晚期

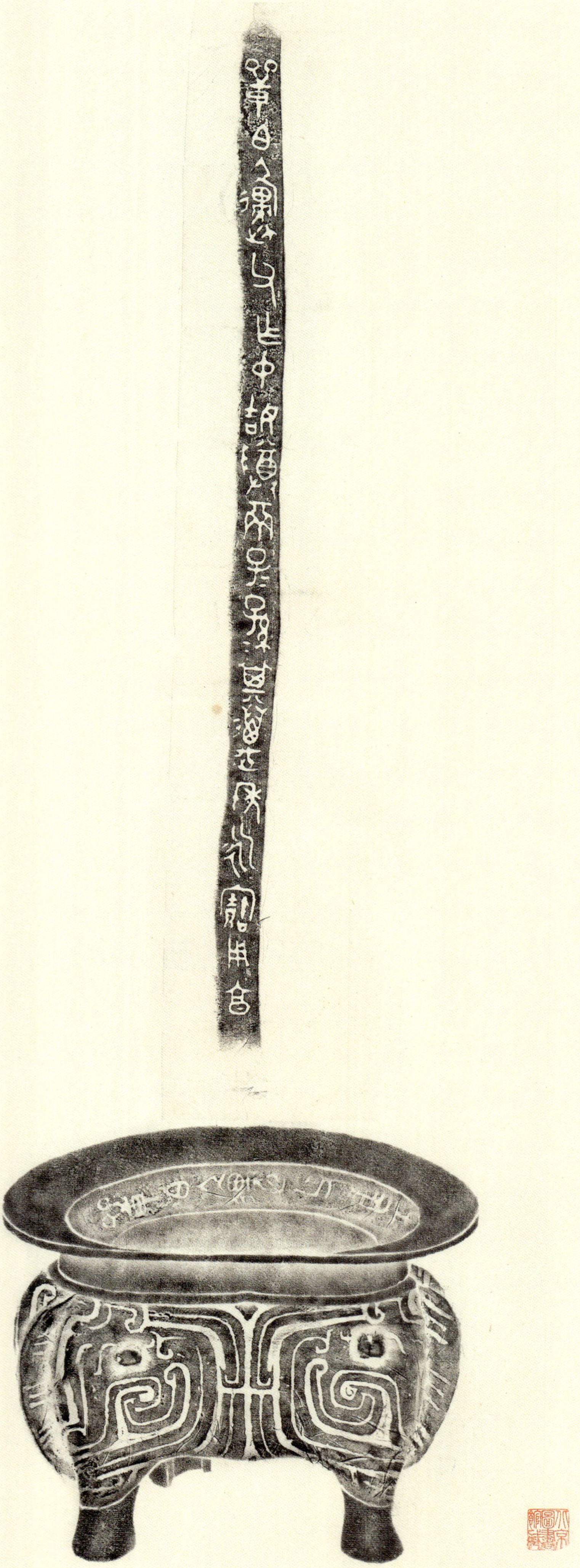

銘　文：單白（伯）邍（原）父乍（作）中（仲）姞隮（尊）鬲，子＝（子子）孫＝（孫孫）其邁（萬）年永寶用亯（享）。

鈐　印：北京圖書館藏

袒仲無龍鬲

春秋早期

銘　文：袒（養）中（仲）無龍乍（作）寶鼎，其萬年子〓（子子）孫〓（孫孫）永寶用亯（享）。

鈐　印：希丁手拓　北京圖書館藏　二萬石齋　金谿周康元所拓吉金文字印

氺幽甗

商後期

銘　文：氺幽。

鈐　印：希丁手拓　北京圖書館藏　延鴻閣　希丁手拓金石文字

作册般甗

商後期

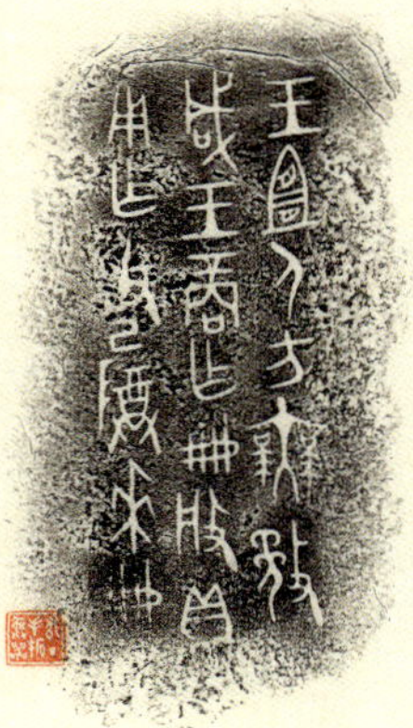

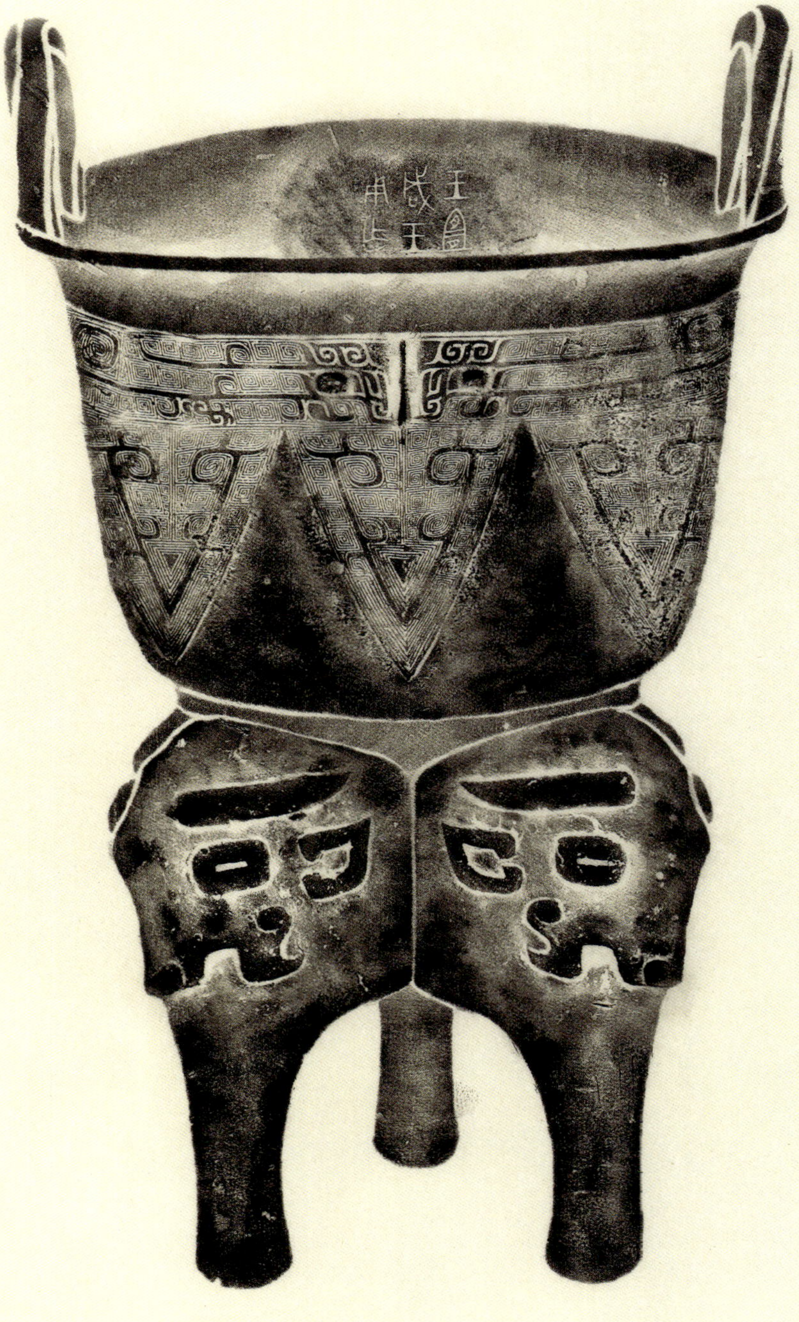

銘　文：王圂（宜）尸（夷）方，無敄，咸。王商（賞）乍（作）册般貝，用乍（作）父己隮（尊）。來册。

鈐　印：希丁手拓彝器　北京圖書館藏　澂秋館所藏器　閩縣陳寶琛嗣守　甲子孟冬希丁拓于閩縣嬴江

戈父戊甗

西周早期

銘　文：父戊戈。

鈐　印：希丁手拓　北京圖書館藏　公度藏三代器　希丁手拓金石文字

門射甗

西周早期

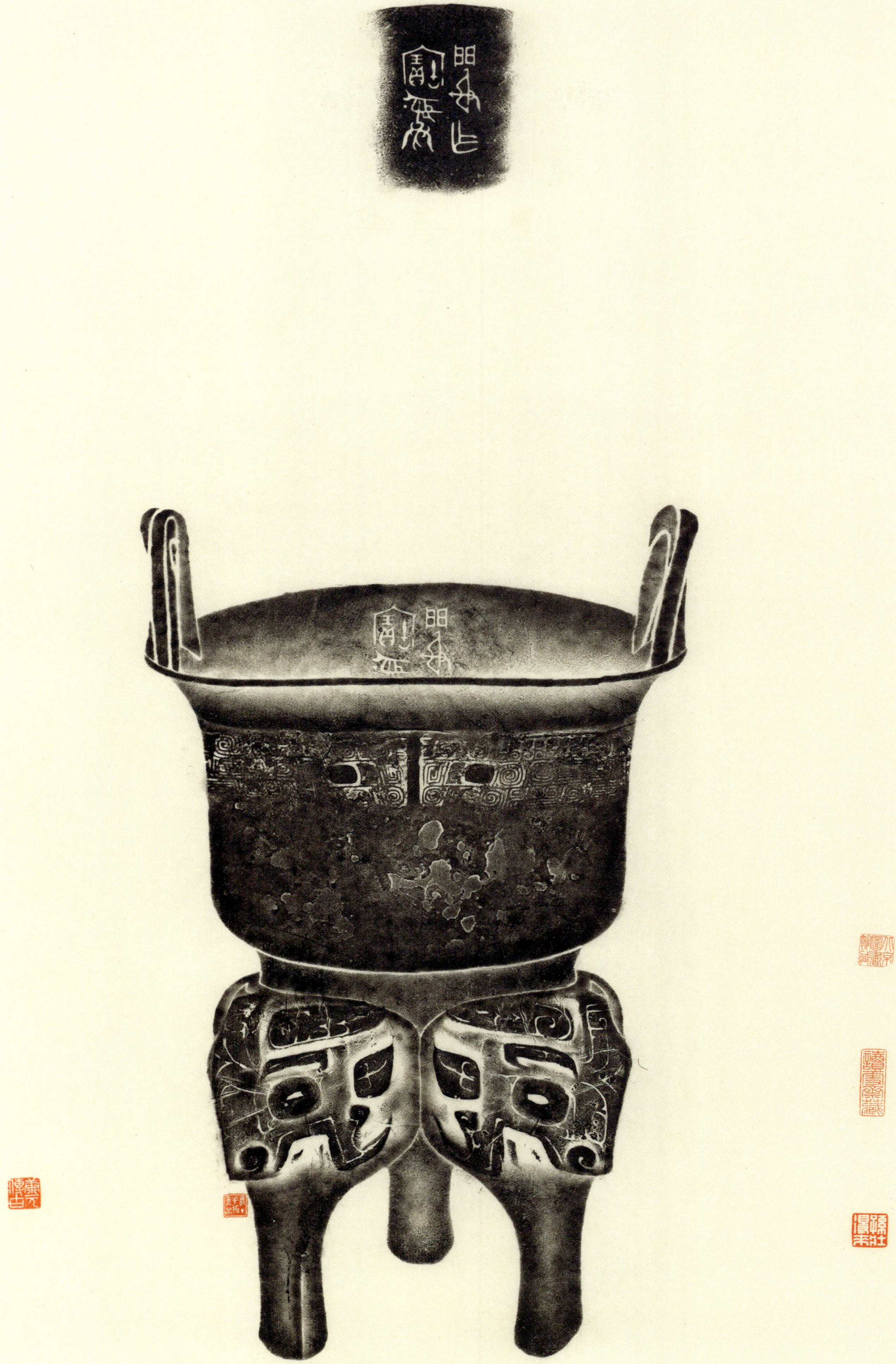

銘　文：門射乍（作）寶彝。

鈐　印：北京圖書館藏　讀雪齋藏　孫壯得來　希丁手拓彝器　康元傳古

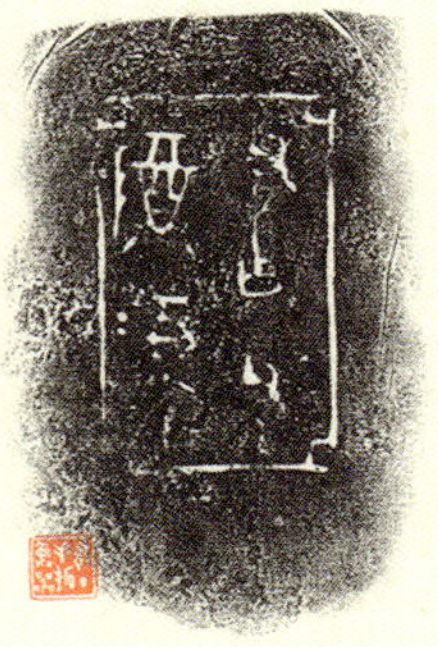

又甗

西周早期

銘文：又乍（作）父乙隮（尊）彝。亞。

鈐印：希丁手拓彝器　金谿周康元所拓吉金文字印

平陽共鏖甗

西漢

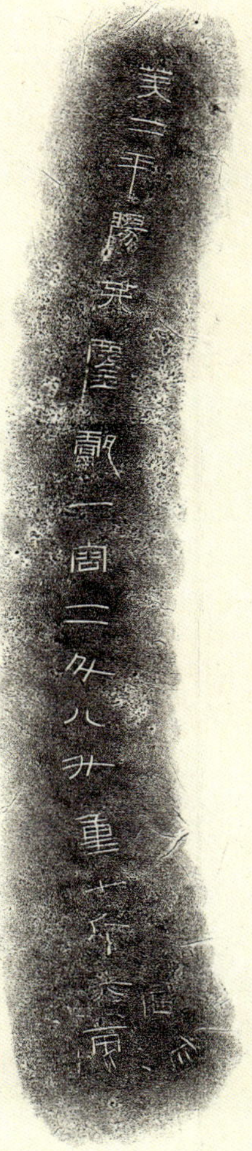

銘文：第二。平陽共鏖甗一，容二斗八升，重七斤六兩。

鈐印：希丁手拓　北京圖書館藏　蕭山陸氏藏器　慎齋集古　金谿周康元所拓吉金文字印　康元傳古

共姜甗

鈐　印：黄葆戉印　淮生　修　陳　淮生藏器　金谿周康元所拓吉金文字印　北京圖書館藏

編者按：僞器。

虢仲盨蓋

西周晚期

銘　文：虢中（仲）㠯（以）王南征伐南淮尸（夷），才（在）成周，乍（作）旅盨，丝（兹）盨友（有）十又二。

鈐　印：北京圖書館藏　讀雪齋藏　孫壯得來　希丁手拓

𤼈比盨（鬲从盨）

西周晚期

銘　文：隹（唯）王廿（二十）又五年□□□，□□永師田宮，令（命）小臣成友逆□□、内史無䫉、大（太）史旟，曰：『章（賞）氒（厥）䍜夫[illegible]𤼈比田，其邑[illegible]、[illegible]、䍐，复友𤼈比其田，其邑复𧮫、言二挹（邑）。畀𤼈比复氒（厥）小宫[illegible]𤼈比田，其邑彶眔句商兒眔讎𢦏（哉）。復[illegible]余𤼈比田，其邑[illegible]、楙、甲三邑，州、瀘二邑，凡復友，復友𤼈比田十又三邑。』氒（厥）右𤼈比善（膳）夫克。𤼈比乍（作）朕皇且（祖）丁公、文考叀（惠）公盨，其子＝（子子）孫＝（孫孫）永寶用。[illegible]。

鈐　印：金谿周康元所拓吉金文字印　北京圖書館藏　濳秋館所藏器　希丁手拓金石文字

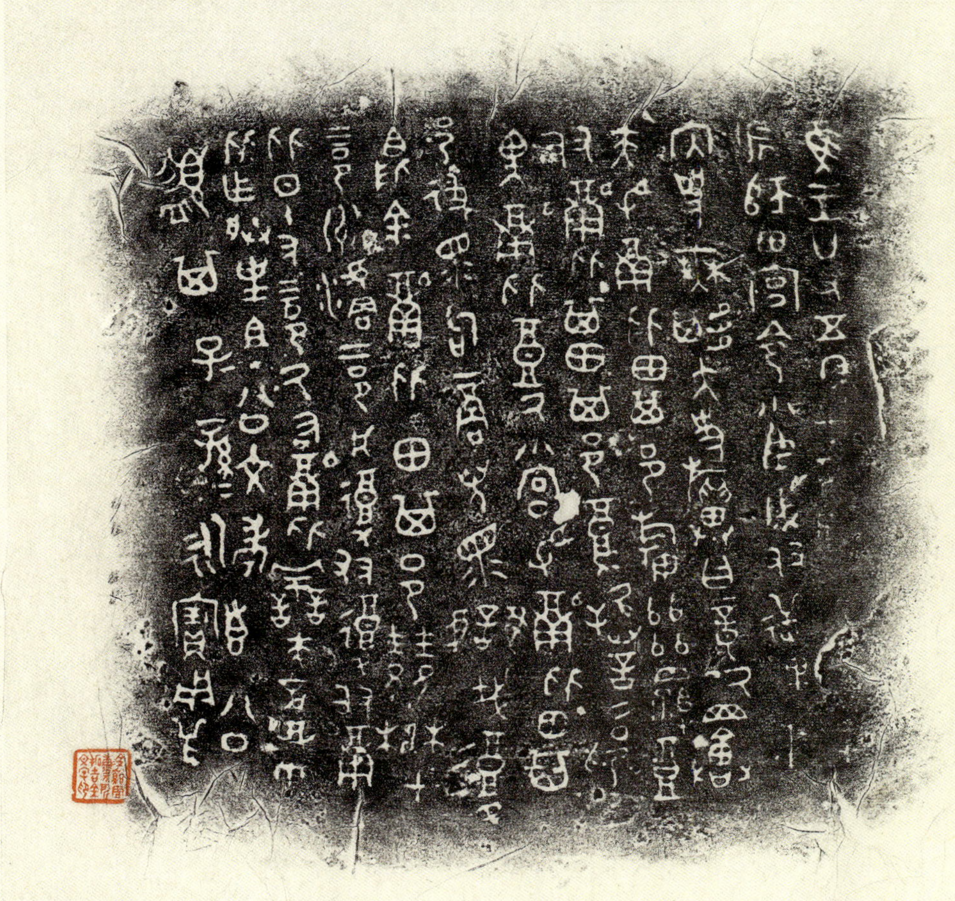

史頌簠

西周晚期

銘　文：史頌乍（作）匿（瑚），永寶。

鈐　印：北京圖書館藏　希丁手拓彝器

鑄子叔黑臣簠

春秋早期

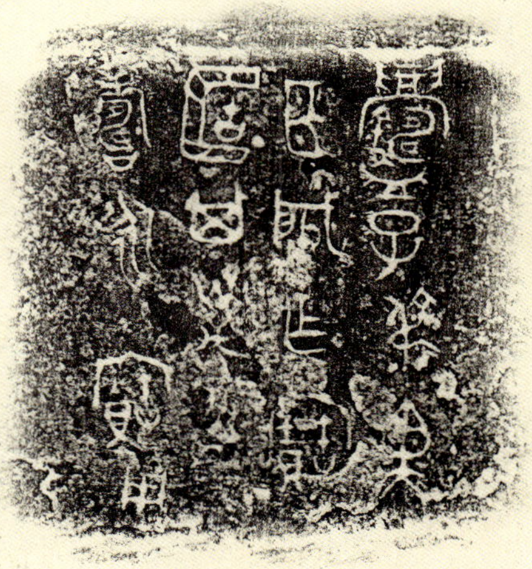

銘　文：【器、蓋同銘】鑄（鑄）子弔（叔）黑臣肈乍（作）寶匿（瑚），其萬年賈（眉）壽，永寶用。

鈐　印：北京圖書館藏　孫伯恒之藏金文　金谿周康元所拓吉金文字印

榰侯遐簠

春秋中期

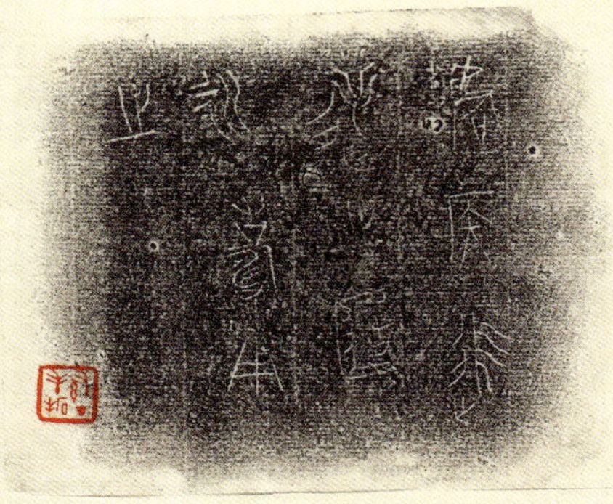

銘文：榰（楷－黎）侯遐逆乍（作）匠（瑚），永壽用之。

鈐印：希丁手拓　北京圖書館藏　雪堂藏三代器　金谿周康元所拓吉金文字印

伯其父慶簠

春秋中期

銘　文：唯白（伯）其父慶乍（作）旅祜（瑚），用易（錫）𥃩（眉）壽萬年，子＝（子子）孫＝（孫孫）永寶用之。

鈐　印：希丁手拓　北京圖書館藏　雪堂藏三代器　金谿周康元所拓吉金文字印

鑄客簠

戰國晚期

銘　文：盥（鑄）客爲王句（后）六室爲之。

鈐　印：喬盦所寶彝器　周西丁手治圖

鑄客簠

戰國晚期

銘　文：盥（鑄）客爲王句（后）六室爲之。

鈐　印：喬盦所藏吉金　康元手拓楚器

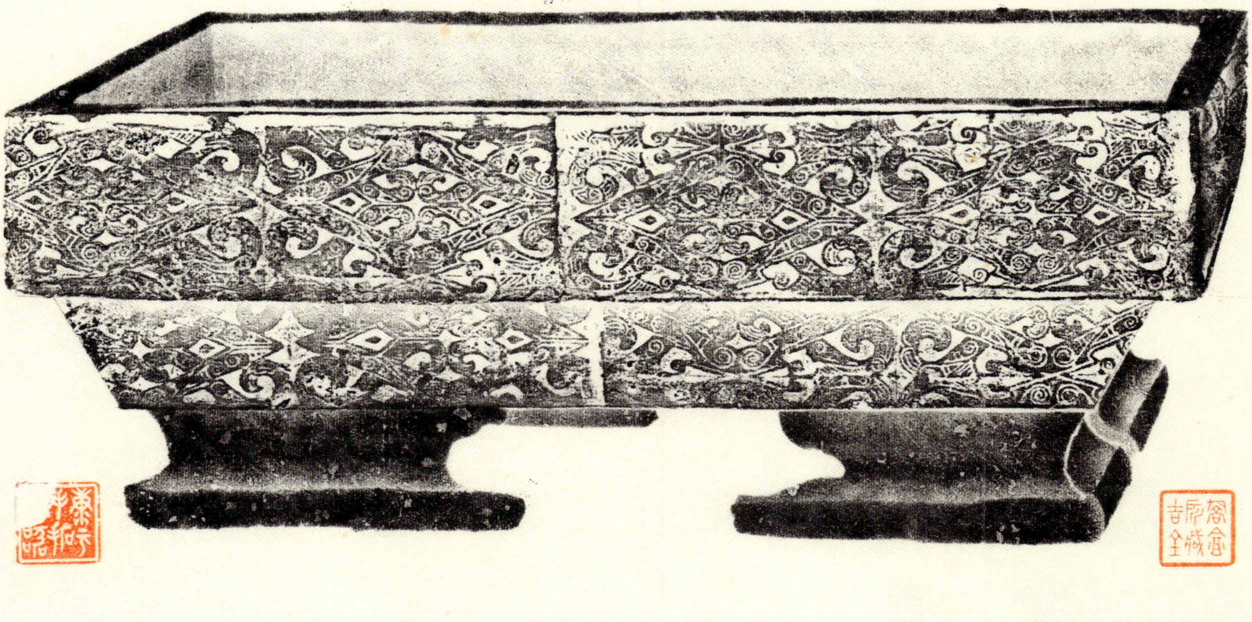

鑄客簠

戰國晚期

銘　文：盤（鑄）客爲王句（后）六室爲之。

鈐　印：寶楚齋集古　康元手拓楚器

編者按：此器銘文拓本與前器相同，應有一拓誤裝。

鑄客簠

戰國晚期

銘文：盤（鑄）客爲王句（后）六室爲之。

鈐印：寶楚齋集古　康元手拓楚器

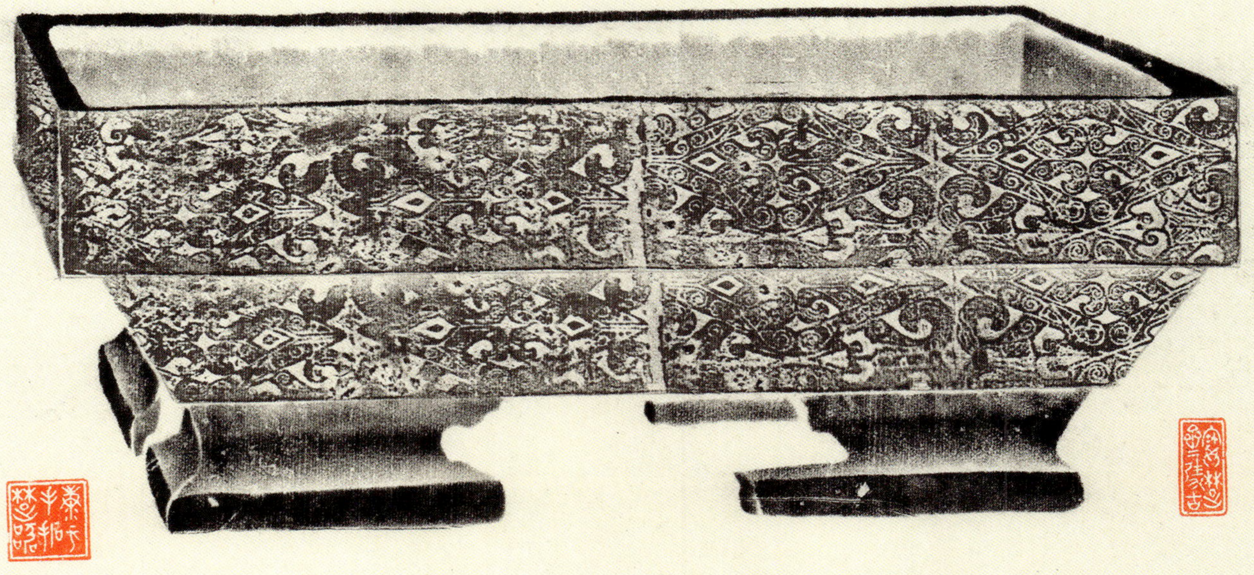

鑄客豆

戰國晚期

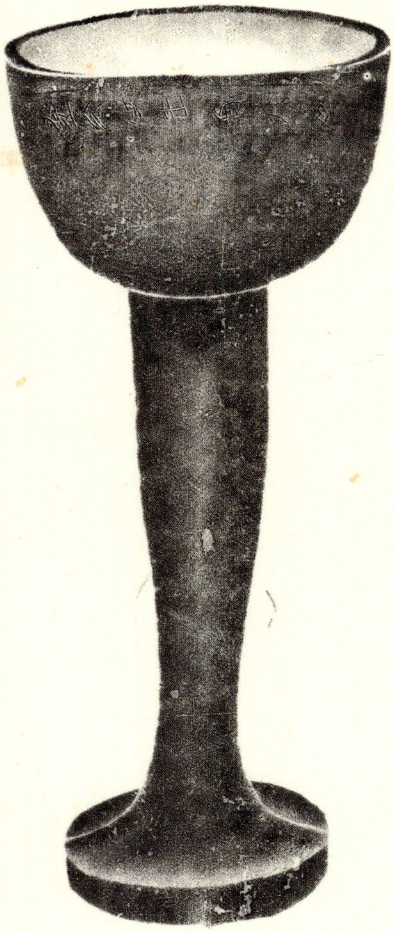

銘　文：盥（鑄）客爲王句（后）六室爲之。

鈐　印：喬盦所寶彝器　周西丁手治圖　三邑傅大卣所寶金石墨本

鑄客豆

戰國晚期

銘文：盥（鑄）客爲王句（后）六室爲之。

鈐印：喬盦所藏吉金　康元手拓楚器　三邑傅大卣所寶金石墨本

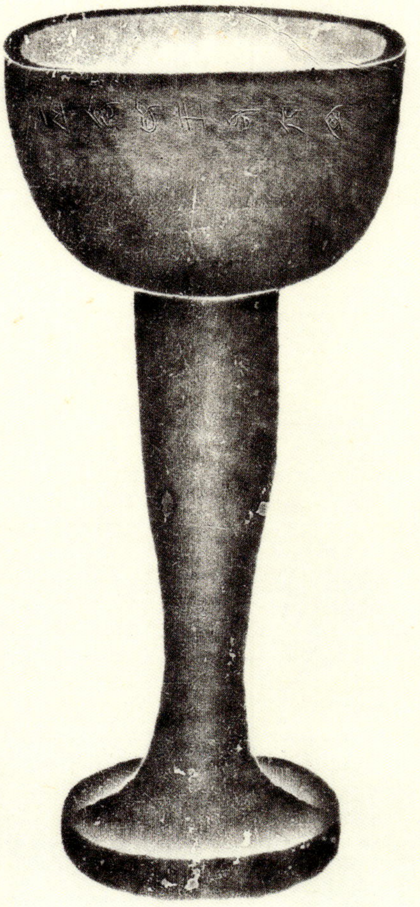

蟠螭紋盆

春秋

銘文：無

鈐印：希丁手拓

□爵

商後期

銘文：□。

鈐印：北京圖書館藏　希丁手拓彝器

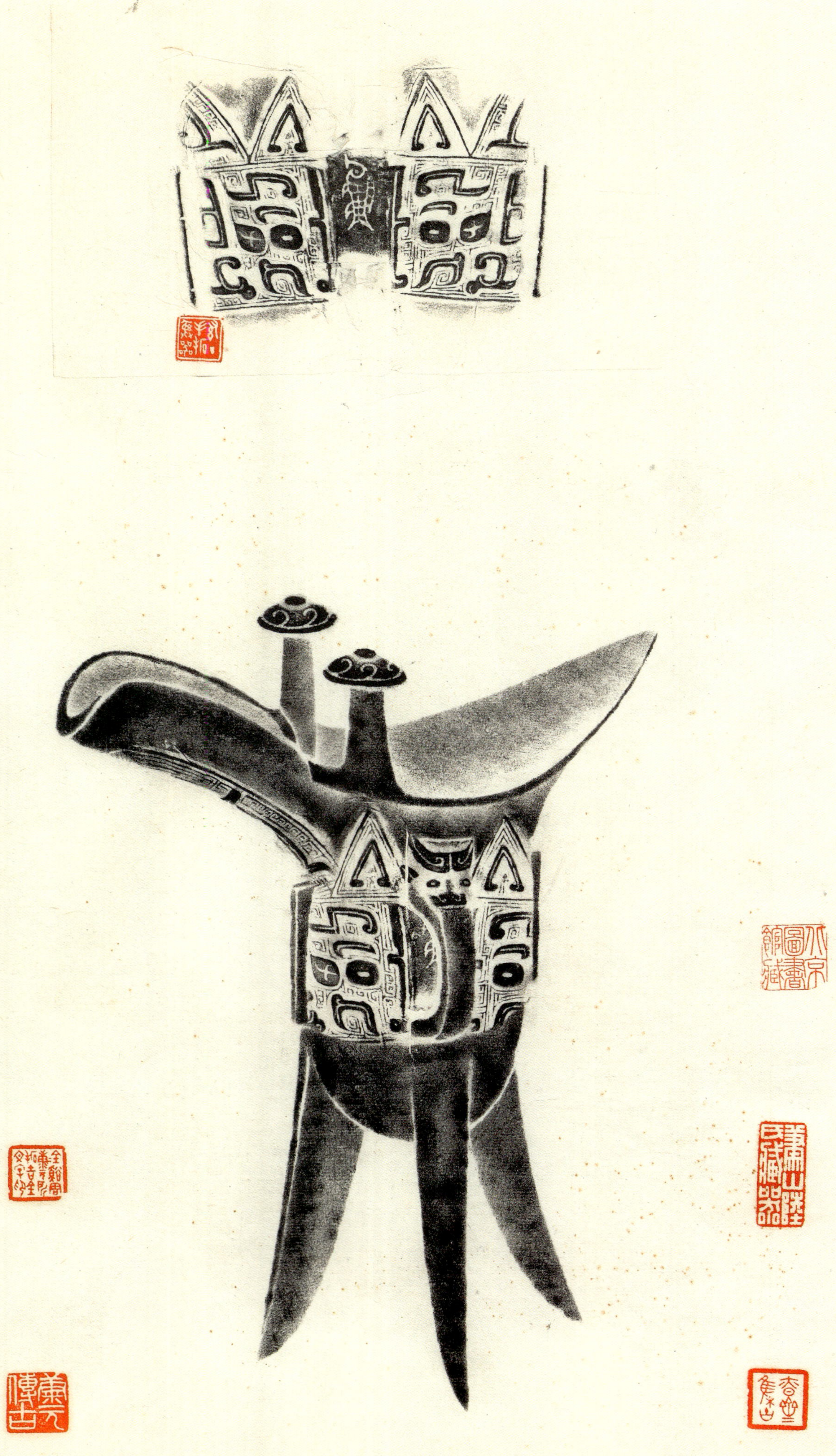

魚爵

商後期

銘文：魚。

鈐印：希丁手拓彝器　北京圖書館藏　蕭山陸氏藏器　慎齋集古　金谿周康元所拓吉金文字印　康元傳古

戈爵

春秋

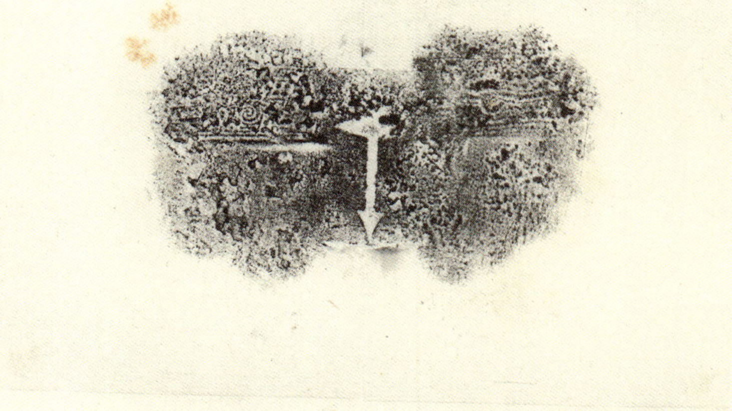

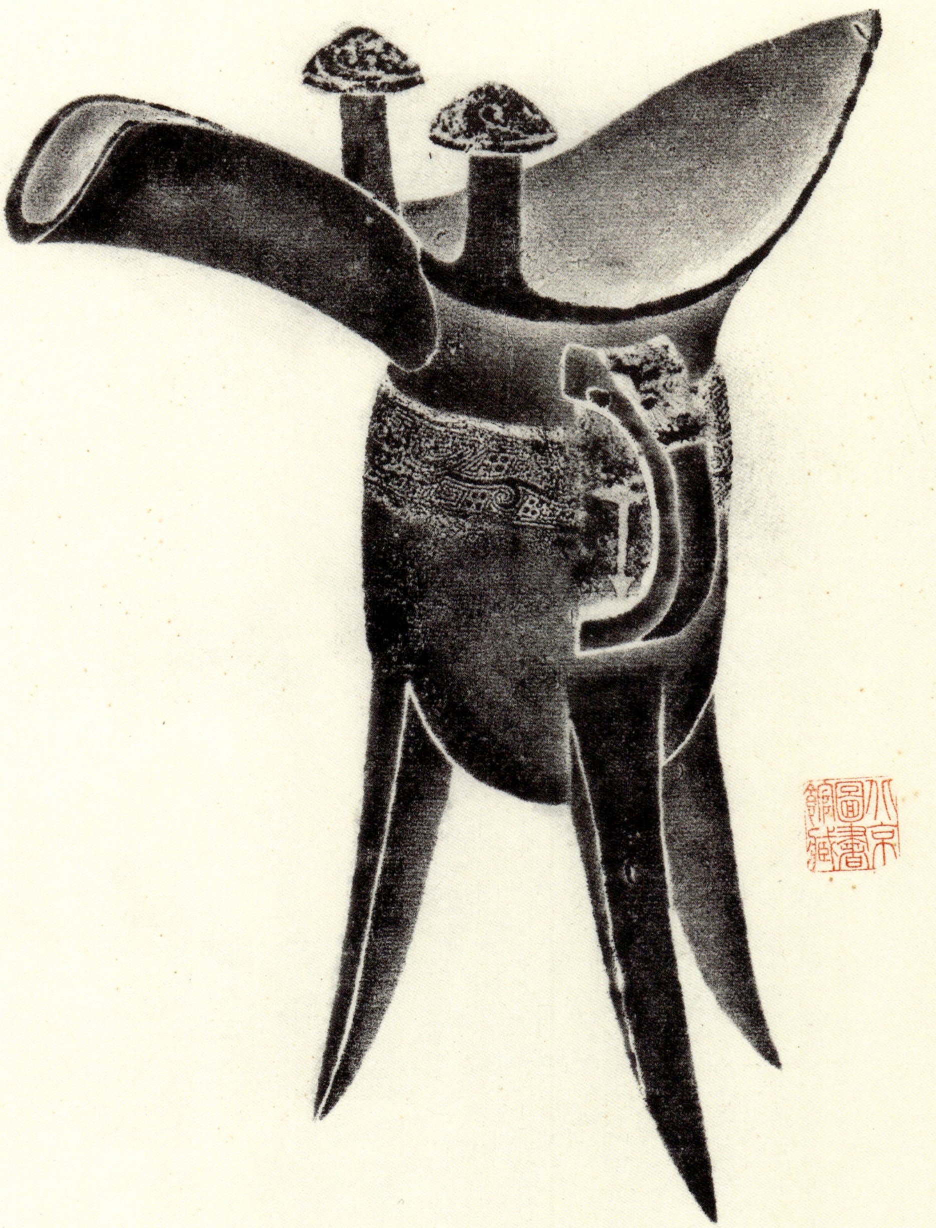

銘文：戈。

鈐印：北京圖書館藏

父丁爵

商後期

銘　文：父丁。

鈐　印：希丁手拓彝器　北京圖書館藏　張致和補蘿盦藏器　金谿周康元所拓吉金文字印　康元傳古

糸父丁爵

商後期

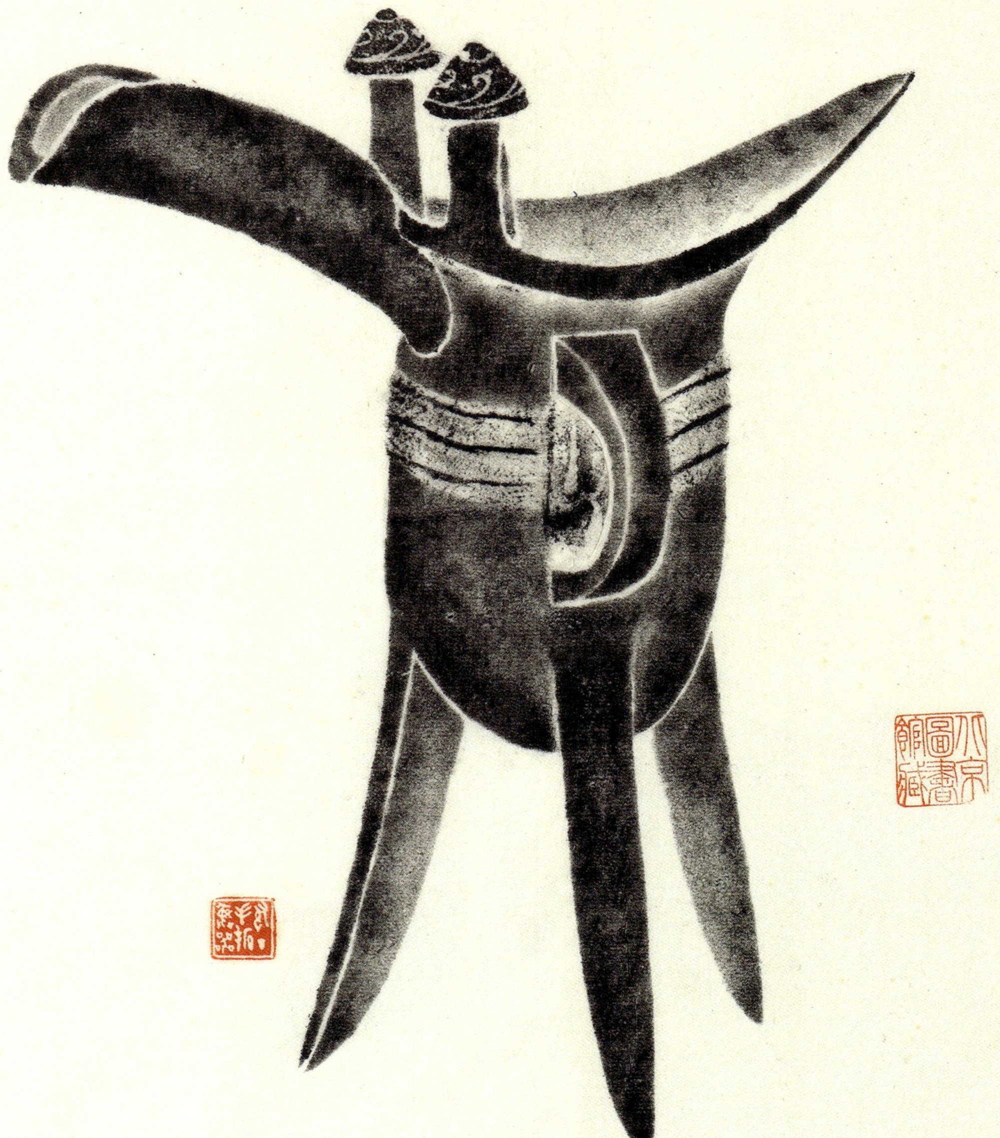

銘　文：糸父丁。

鈐　印：北京圖書館藏　希丁手拓彝器

亞父辛爵

商後期

銘文：亞父辛。

鈐印：希丁手拓彝器　北京圖書館藏　張致和補蘿盦藏器　金谿周康元所拓吉金文字印　康元傳古

□父丁爵

商後期

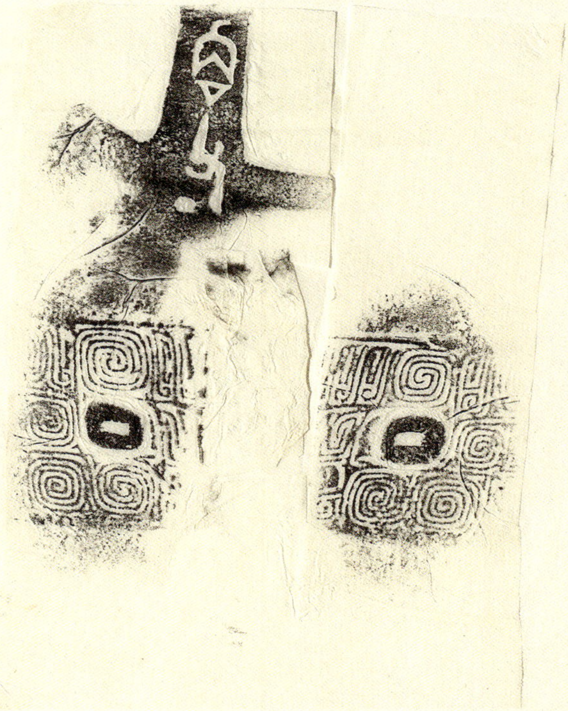

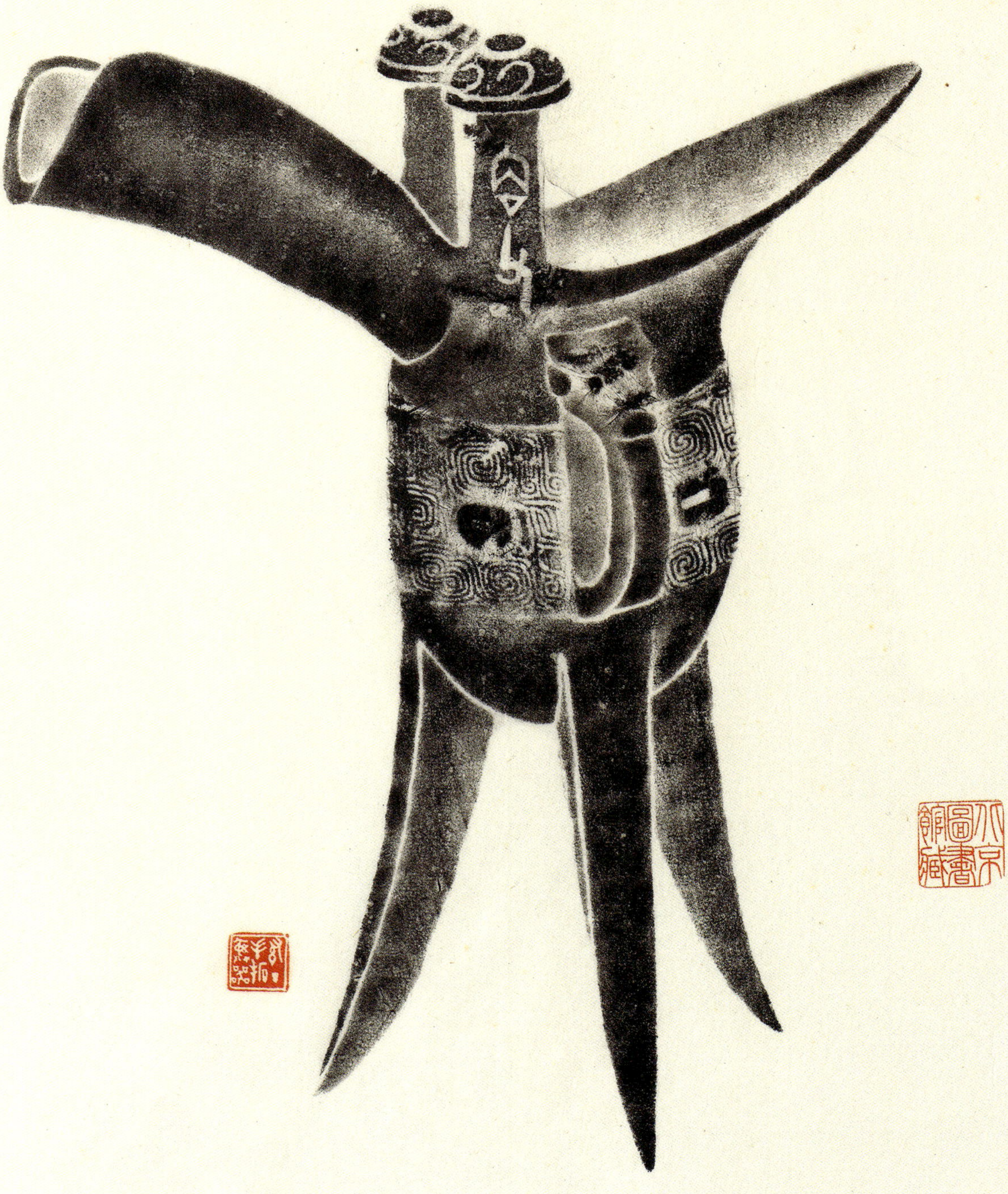

銘文：□父丁。

鈐印：北京圖書館藏　希丁手拓彝器

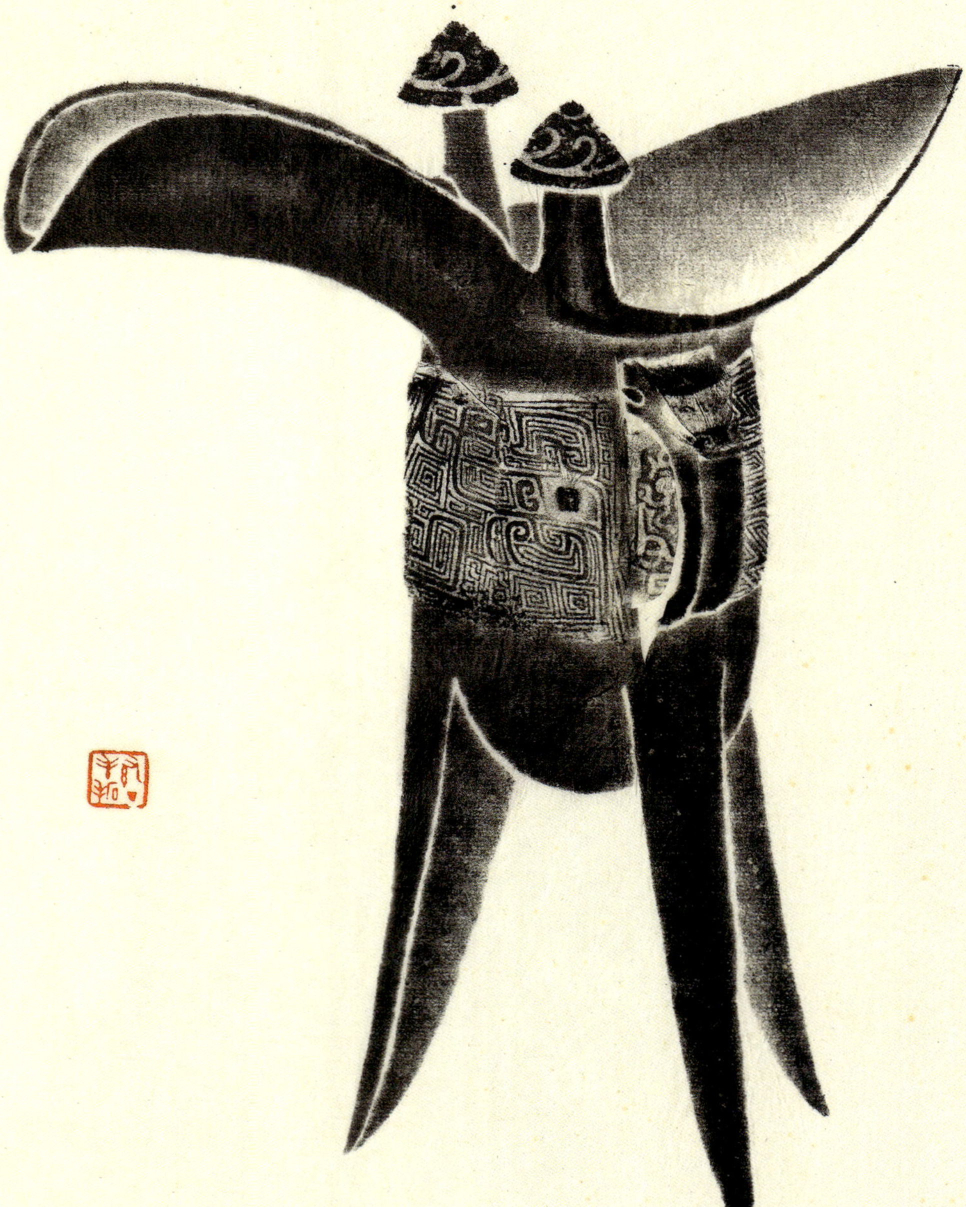

旂父己爵

商後期

銘　文：旂父己。

鈐　印：北京圖書館藏　雪園所藏　希丁手拓

尹舟父己爵

商後期

銘　文：尹舟父己。

鈐　印：北京圖書館藏　希丁手拓彝器

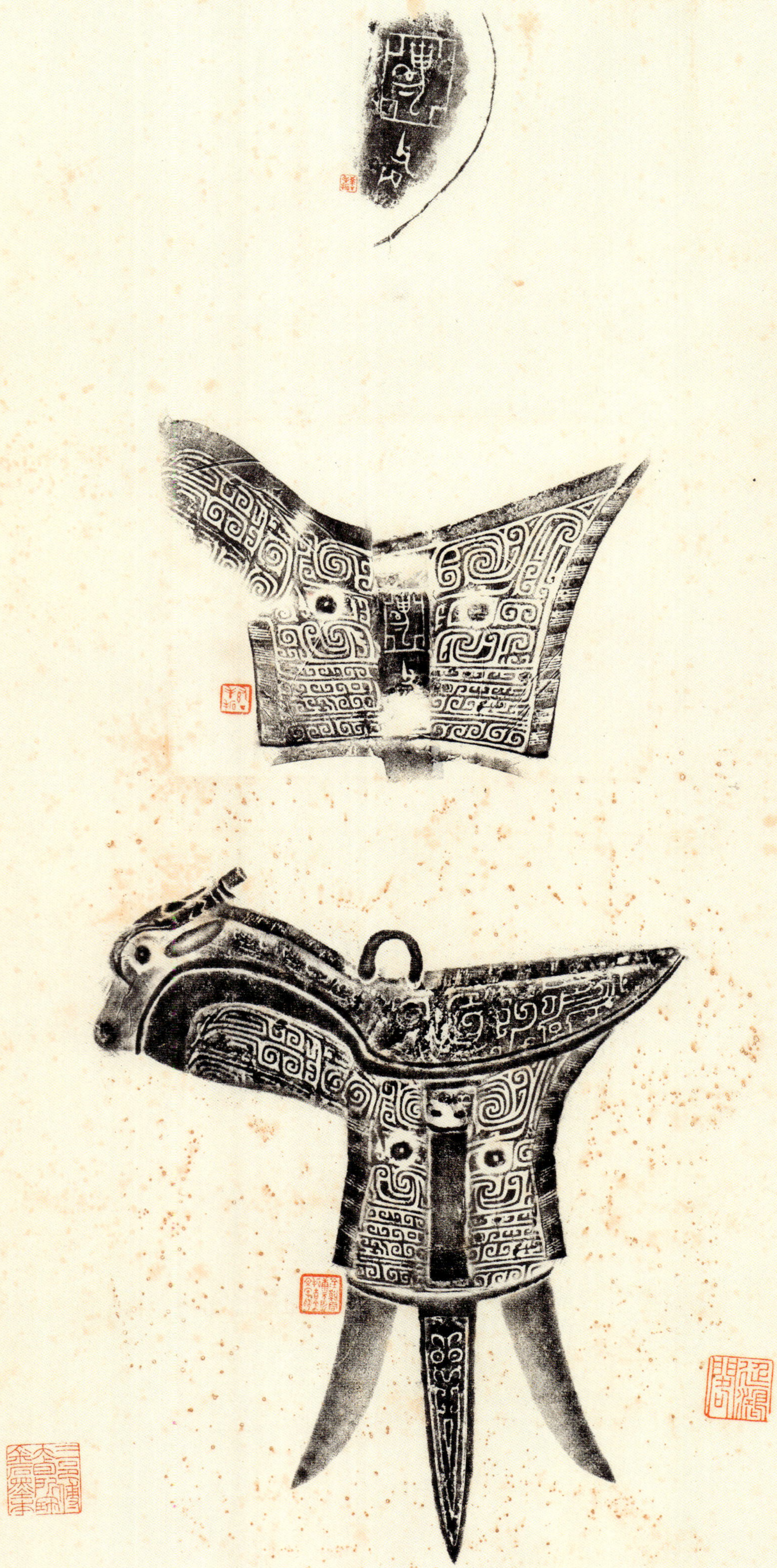

亞醜父丙爵

商後期

銘　文：【器、蓋同銘】亞醜父丙。

鈐　印：希丁手拓　延鴻閣　金谿周康元所拓吉金文字印　三邑傳大卣所寳金石墨本

父乙爵

西周早期

銘文：父乙。

鈐印：希丁手拓彝器　北京圖書館藏　張致和補蘿盦藏器　金谿周康元所拓吉金文字印　康元傳古

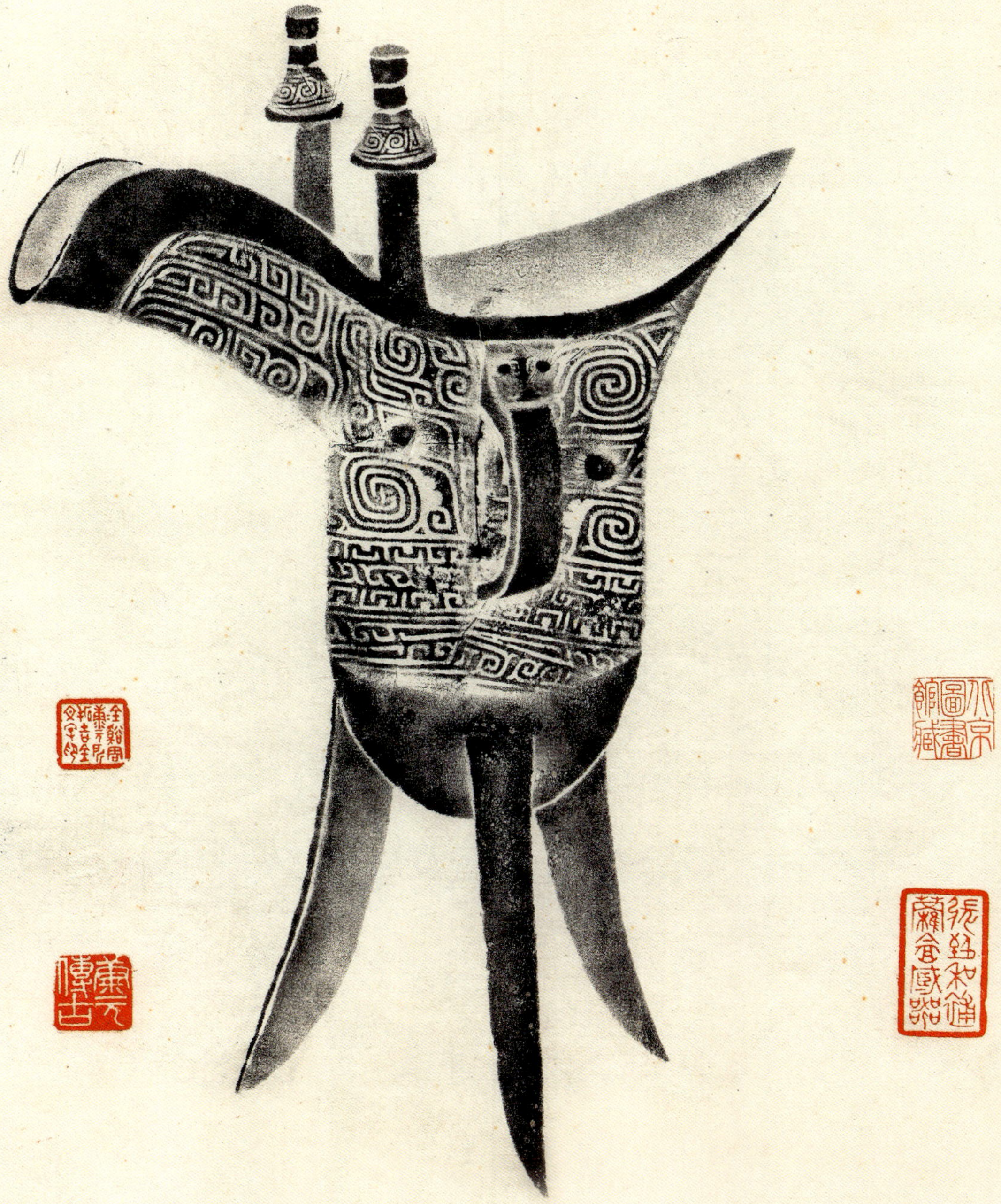

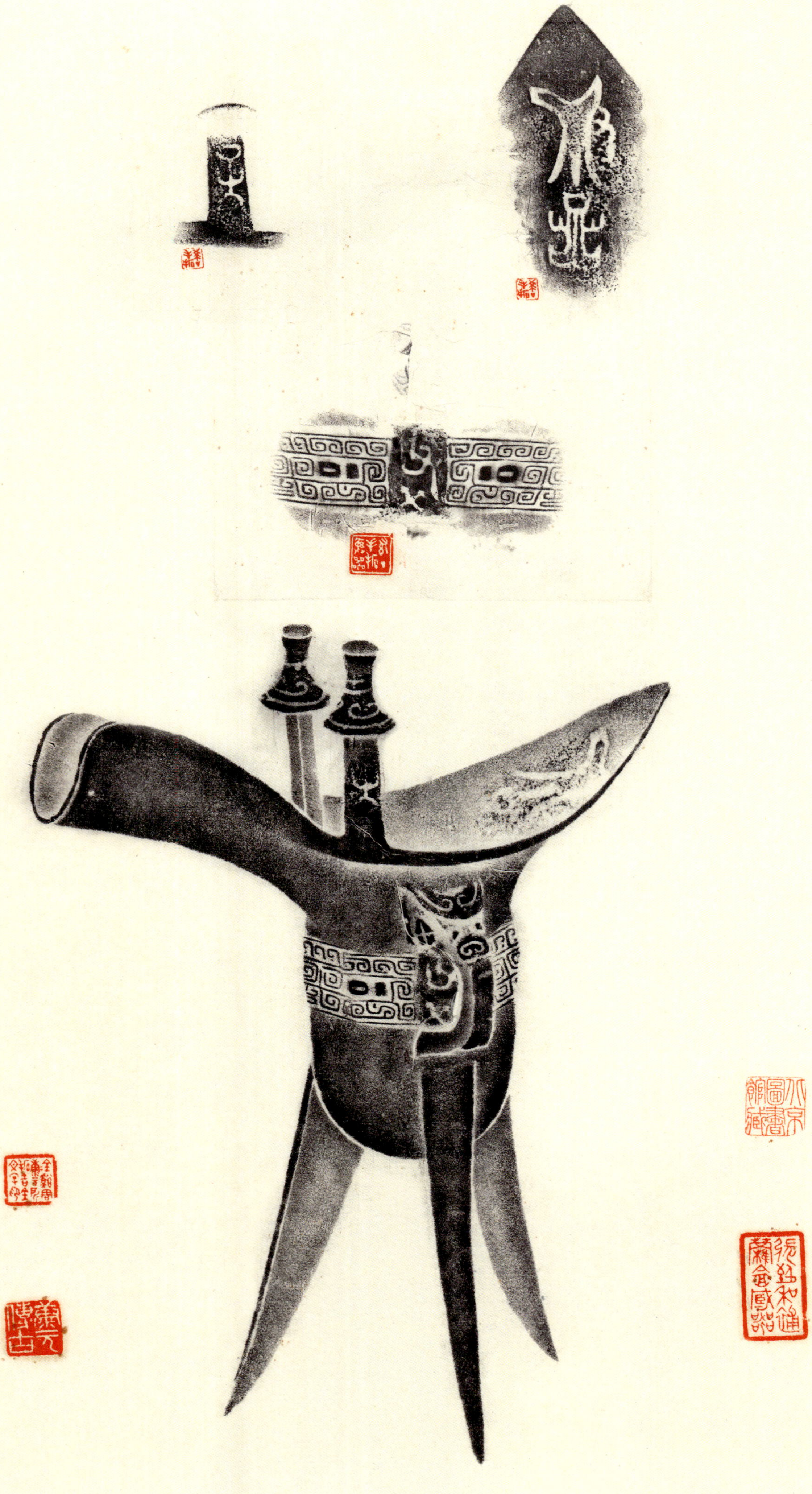

父癸爵

西周早期

銘　文：【鋬下銘】父癸。【柱銘】□。【尾銘】爵□。

鈐　印：希丁手拓　希丁手拓彝器　北京圖書館藏　張致和補蘿盦藏器　金谿周康元所拓吉金文字印　康元傳古

祖癸爵

西周早期

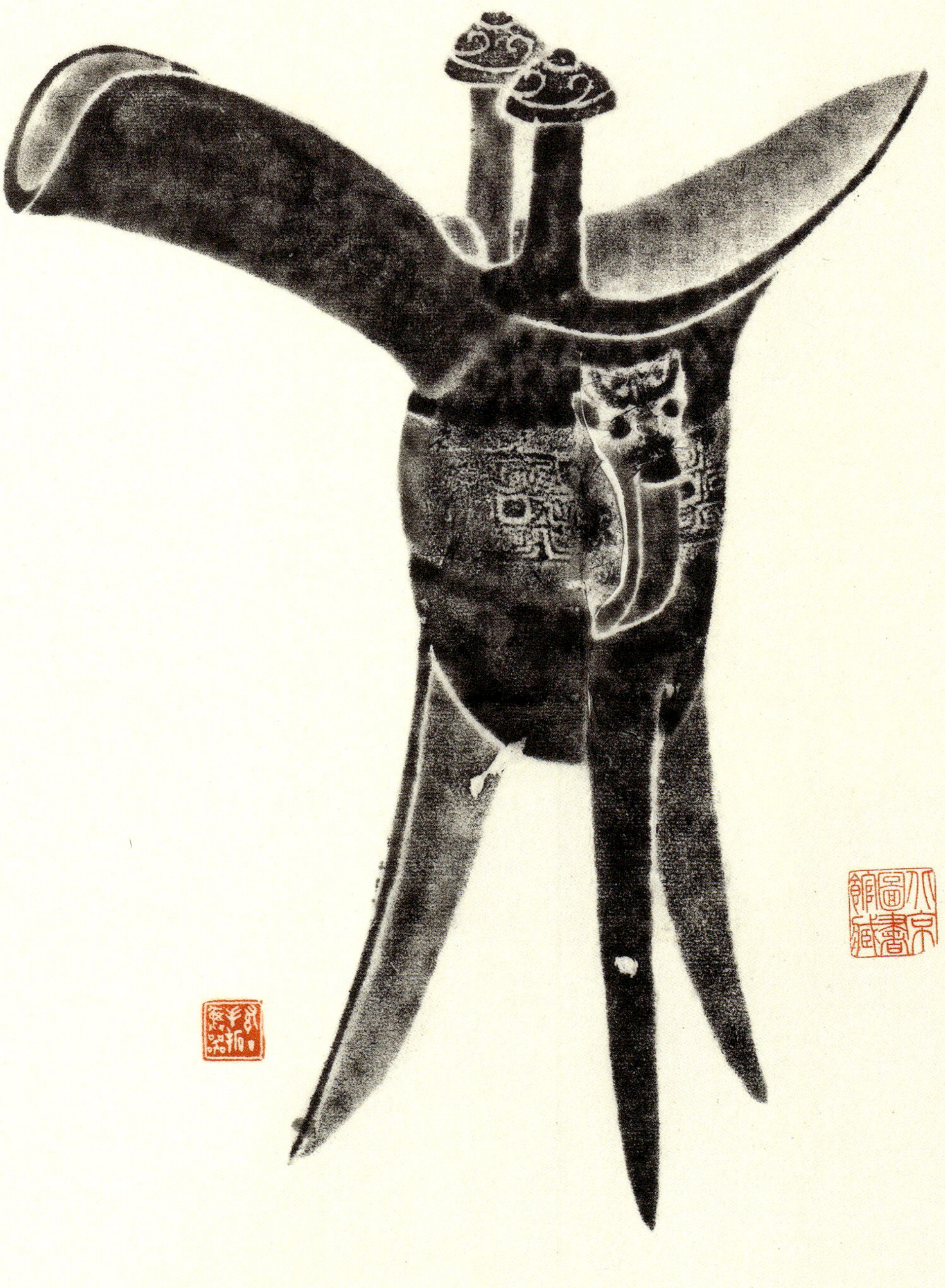

銘　文：且（祖）癸。

鈐　印：北京圖書館藏　希丁手拓彝器

中父辛爵

西周早期

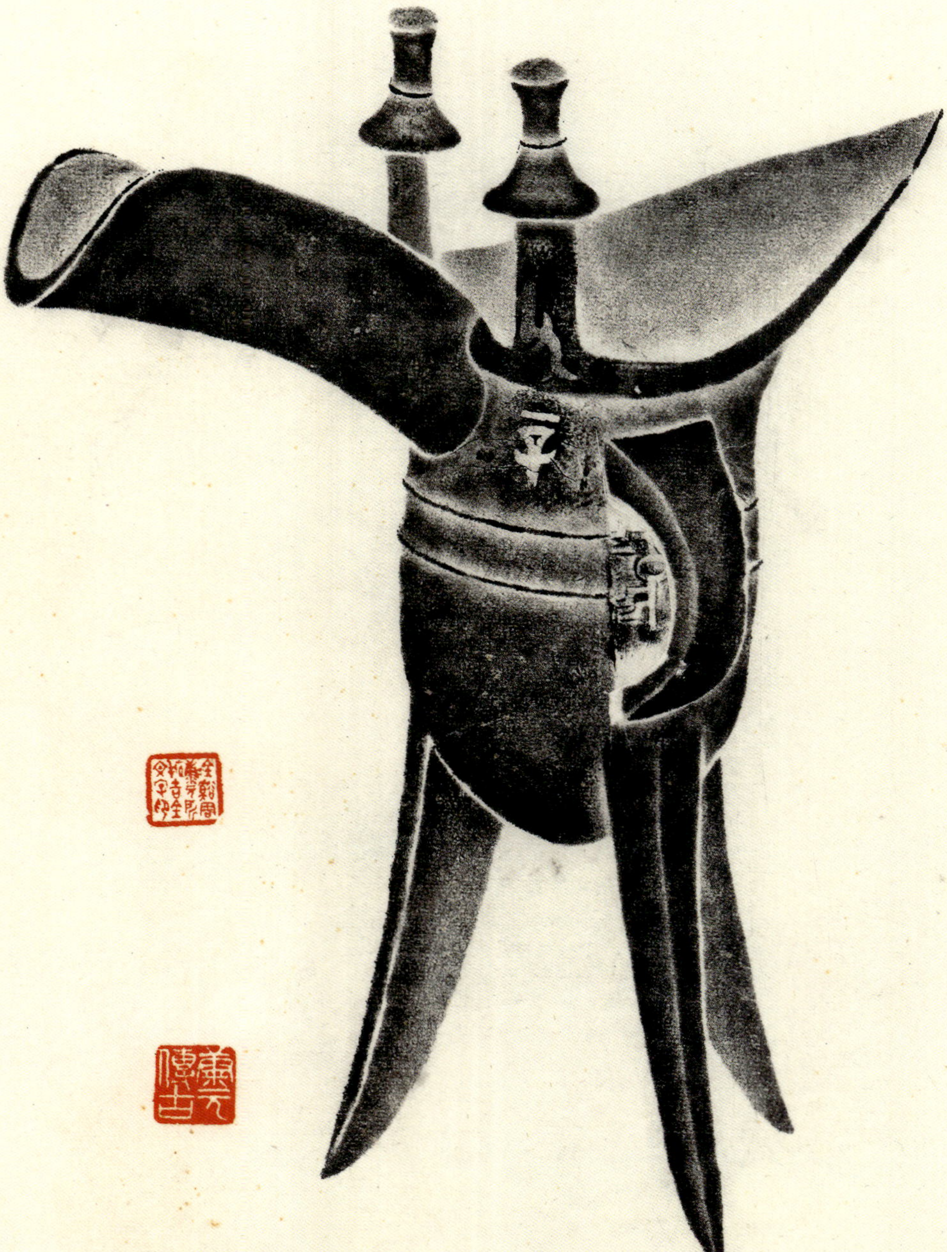

銘　文：【鋬下銘】中。【柱銘】父辛。

鈐　印：希丁手拓彝器　北京圖書館藏　張致和補蘿盦藏器　金谿周康元所拓吉金文字印　康元傳古

□父丁爵

西周早期

銘　文：□父丁。

鈐　印：希丁手拓彝器　北京圖書館藏　張致和補蘿盦藏器　金谿周康元所拓吉金文字印　康元傳古

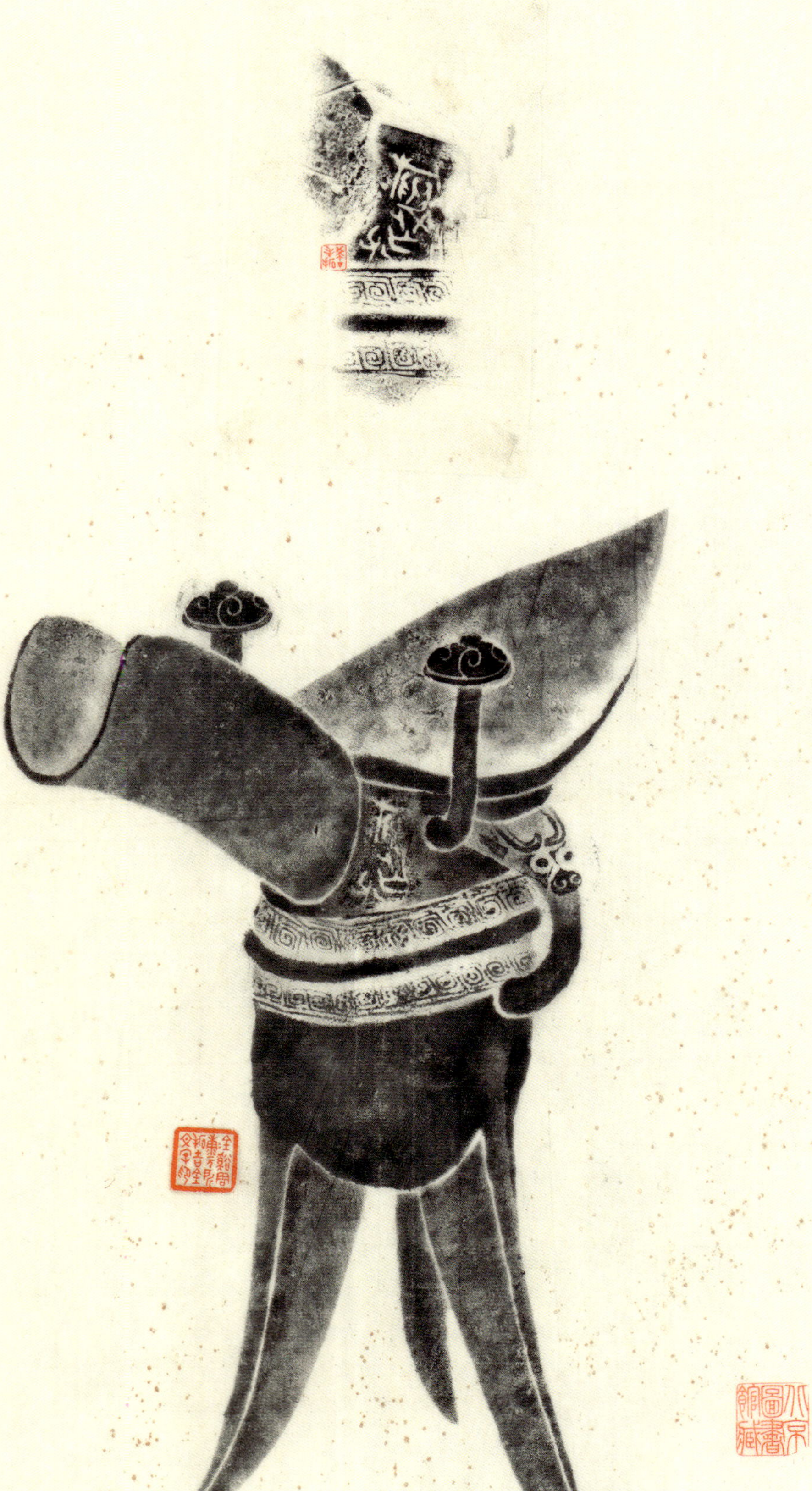

旟爵

西周早期

銘　文：旟乍（作）父乙。

鈐　印：希丁手拓　北京圖書館藏　金谿周康元所拓吉金文字印石文字　希丁手拓金石文字

亞共叙父丁角

商後期

銘　文：【器、蓋同銘】亞异（共）叙父丁。

鈐　印：希丁手拓　北京圖書館藏　延鴻閣　金谿周康元所拓吉金文字印

遽從角

西周早期

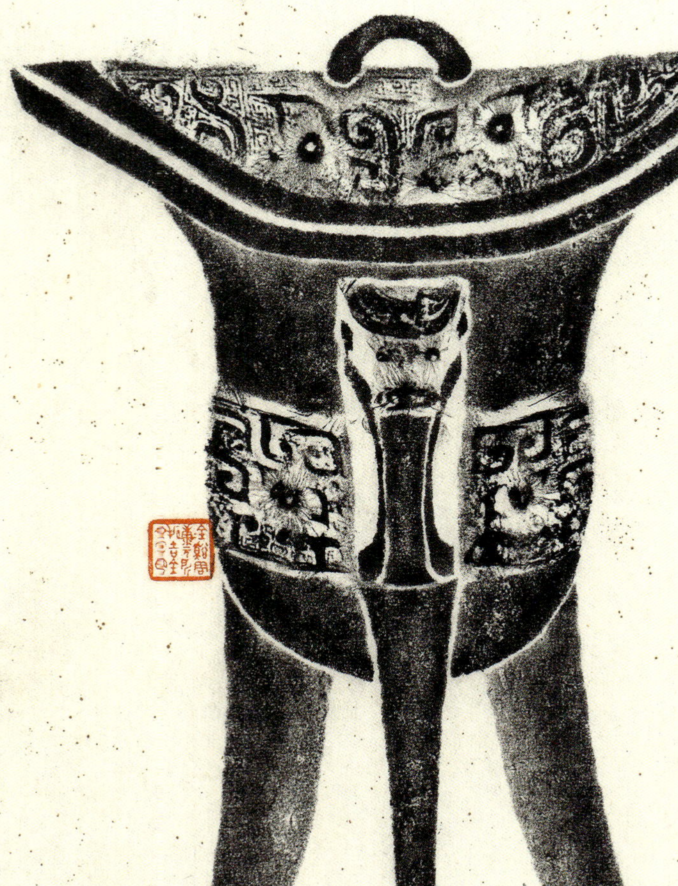

銘文：遽從。

鈐印：希丁手拓　北京圖書館藏　延鴻閣　金谿周康元所拓吉金文字印

天父戊角

西周早期

銘　文：天父戊。

鈐　印：希丁手拓　北京圖書館藏　延鴻閣　金谿周康元所拓吉金文字印

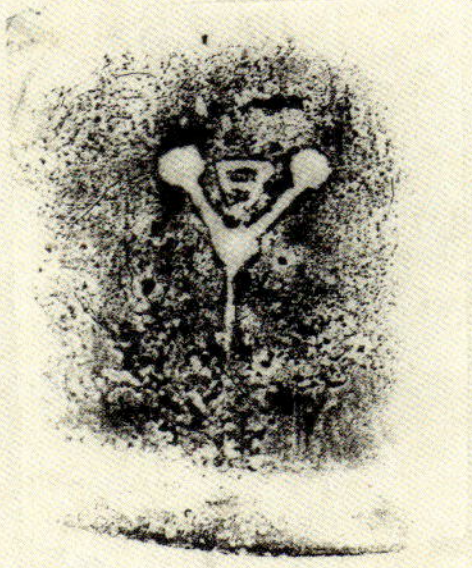

□觚

商後期

銘文：□。

鈐印：北京圖書館藏　希丁手拓彝器

子嬉觚

商後期

銘文：子嬉。

鈐印：北京圖書館藏　澂秋館所藏器　閩縣陳寶琛嗣守　希丁手拓彝器　甲子孟冬希丁拓于閩縣瀛江

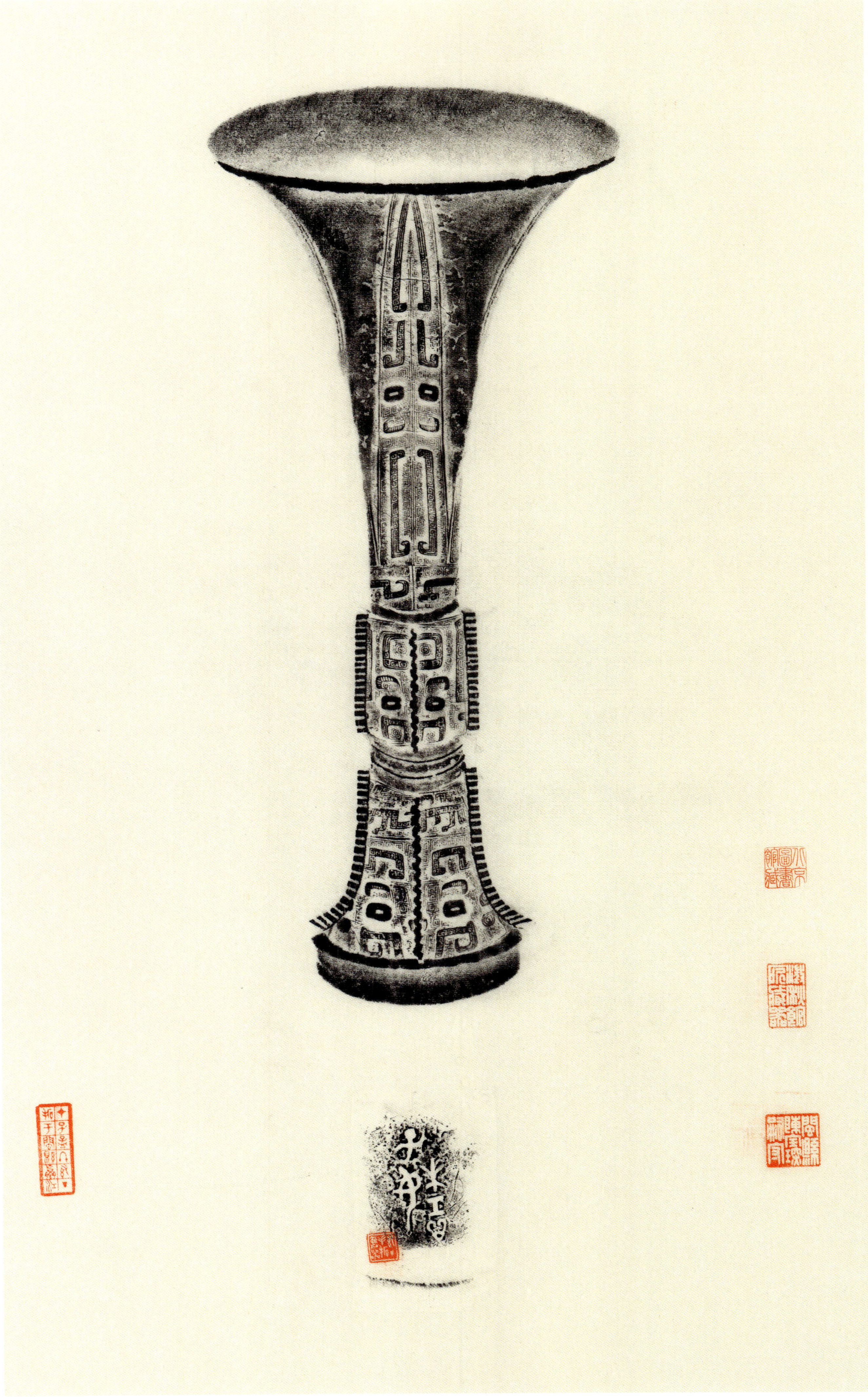

□父丙觚

商後期

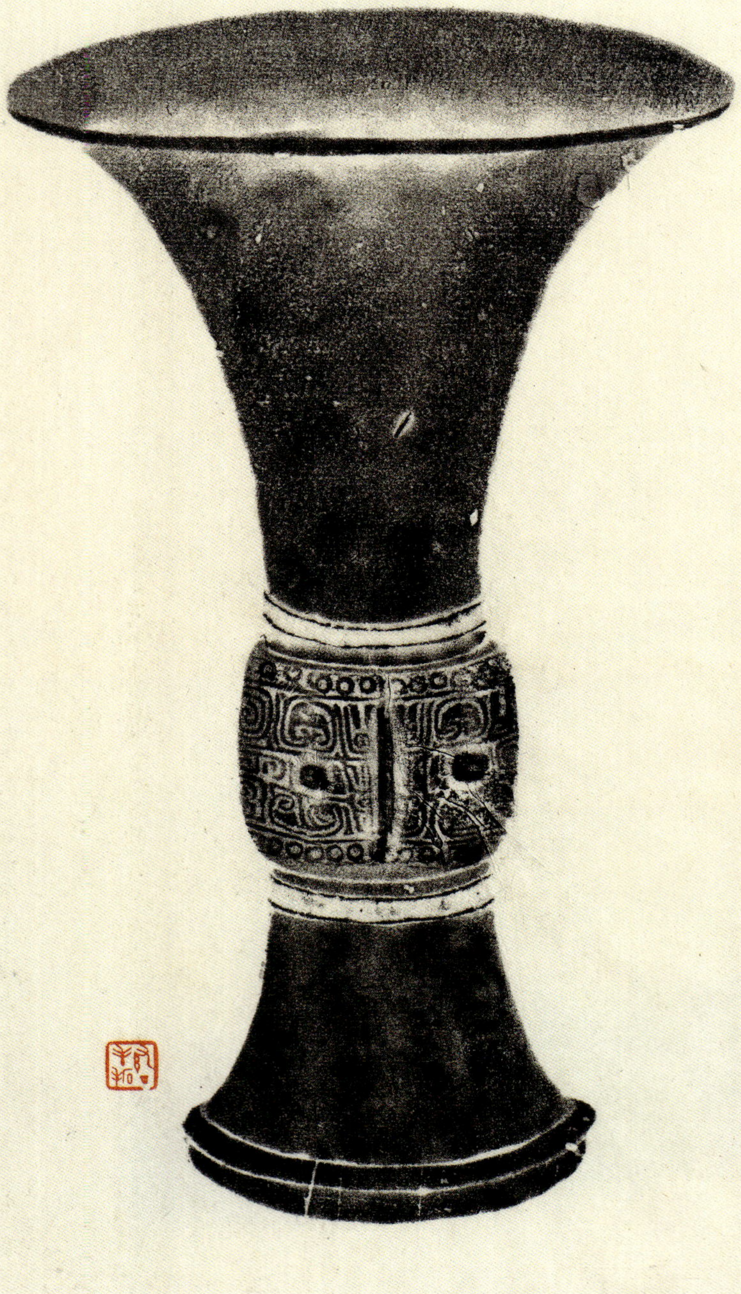

銘　文：□父丙。

鈐　印：北京圖書館藏　希丁手拓

亞夫觚

商後期

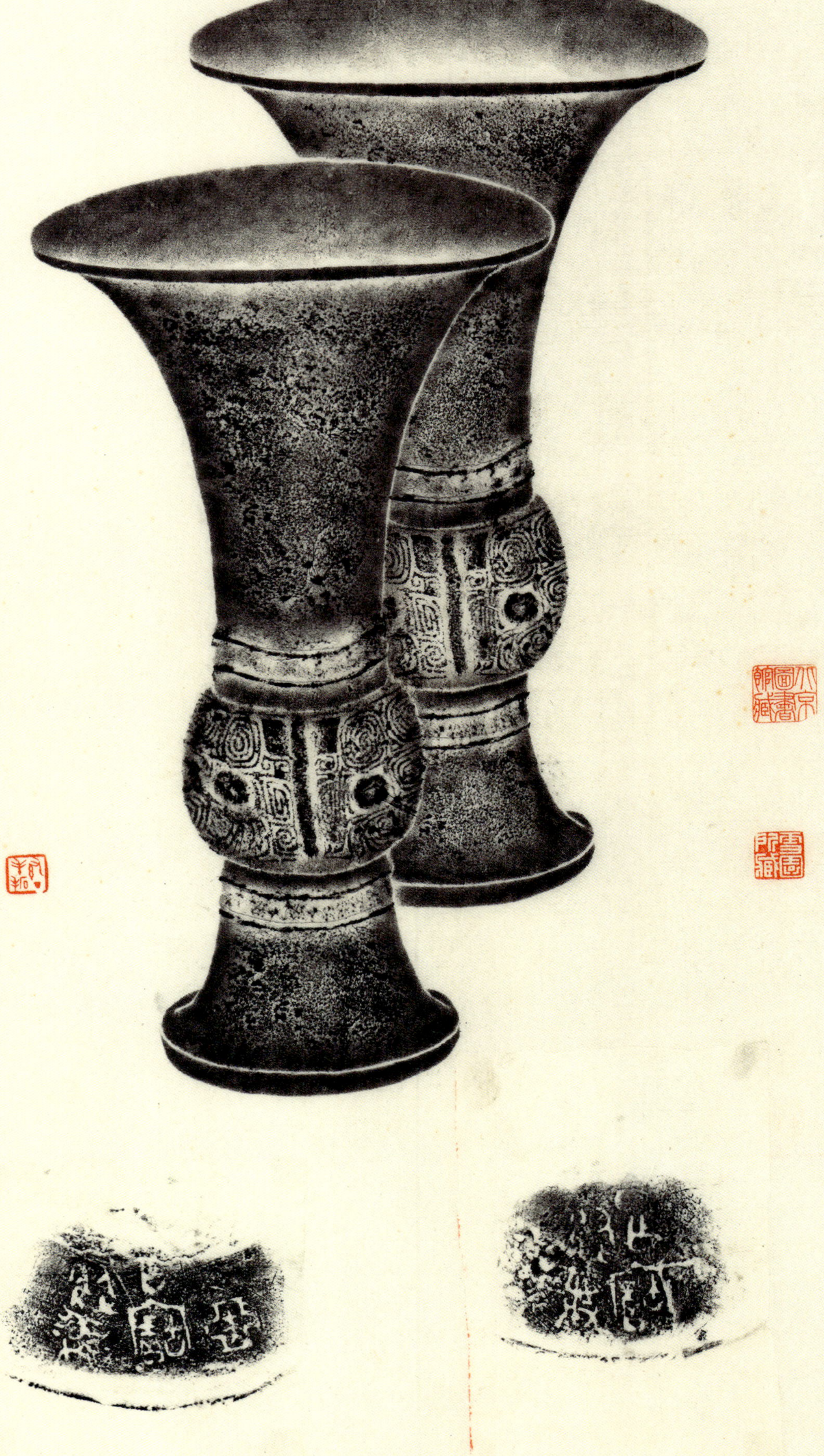

銘文：亞夫，乍（作）寶從彝。

鈐印：北京圖書館藏　雪園所藏　希丁手拓

卿觚

商後期

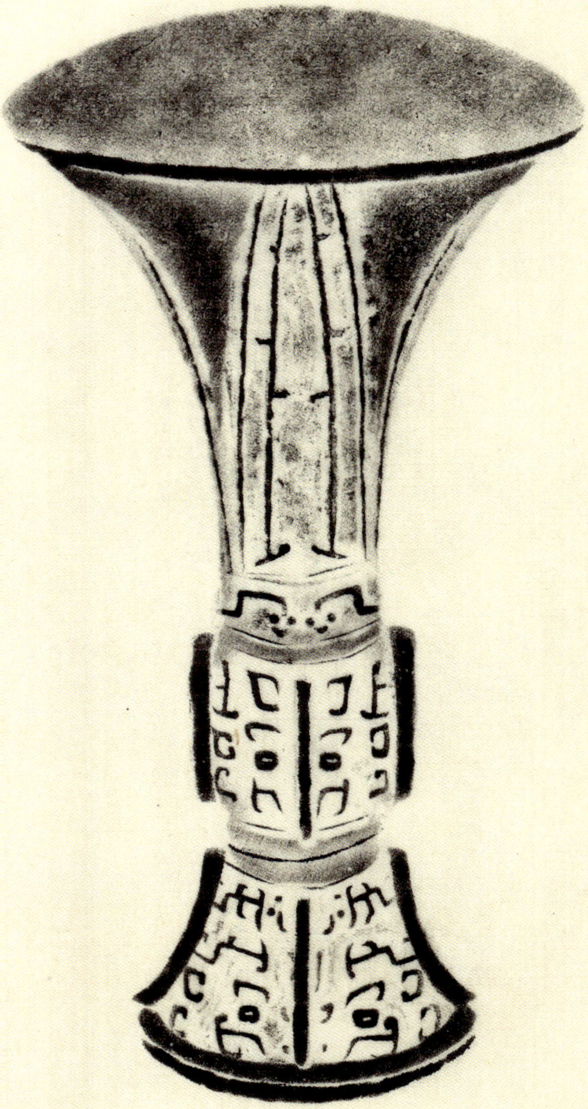

銘　文：卿乍（作）父乙寶隮（尊）彝。

鈐　印：北京圖書館藏　澂秋館所藏器　閩縣陳寶琛嗣守　希丁手拓彝器　甲子孟冬希丁拓于閩縣贏江

⿰羊攵父癸觶

商後期

銘　文：⿰羊攵父癸。

鈐　印：北京圖書館藏　王辰私印　王氏鐵盦藏三代器

亞𢓊觶

商後期

銘　文：【器、蓋同銘】亞𢓊（牧）。

鈐　印：北京圖書館藏　北平王氏鐵广藏三代器

亞大父乙觶

商後期至西周早期

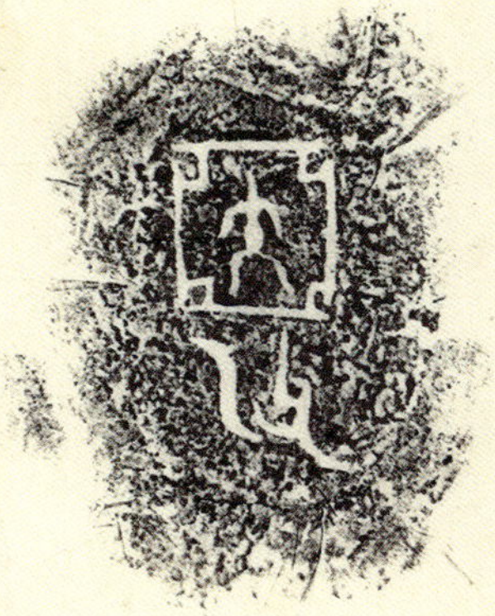

銘　文：亞大父乙。

鈐　印：北京圖書館藏　雪園所藏　希丁手拓

[illegible]祖丙觶

西周早期

銘　文：[illegible]且（祖）丙。

鈐　印：北京圖書館藏　希丁手拓

作姑彝觶

西周早期

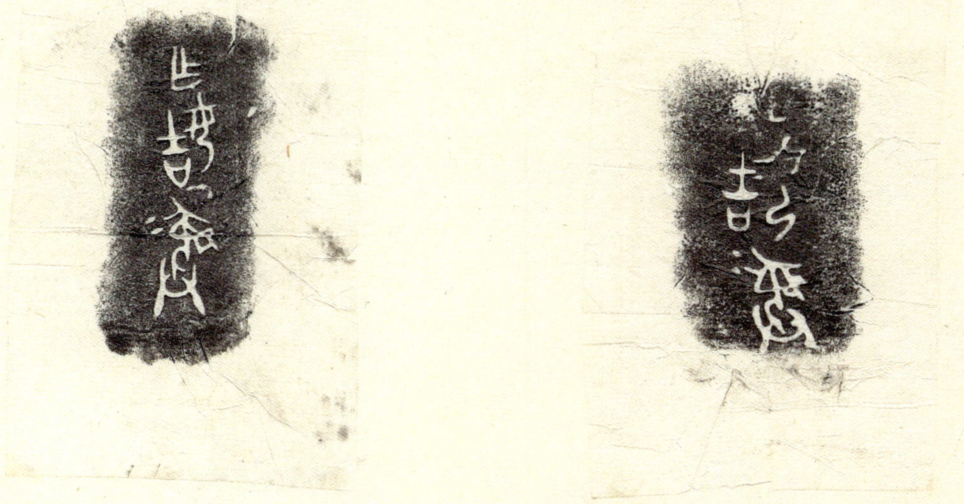

銘　文：【器、蓋同銘】乍（作）姑彝。

鈐　印：北京圖書館藏　希丁手拓彝器

仲鑵蓋

西周早期

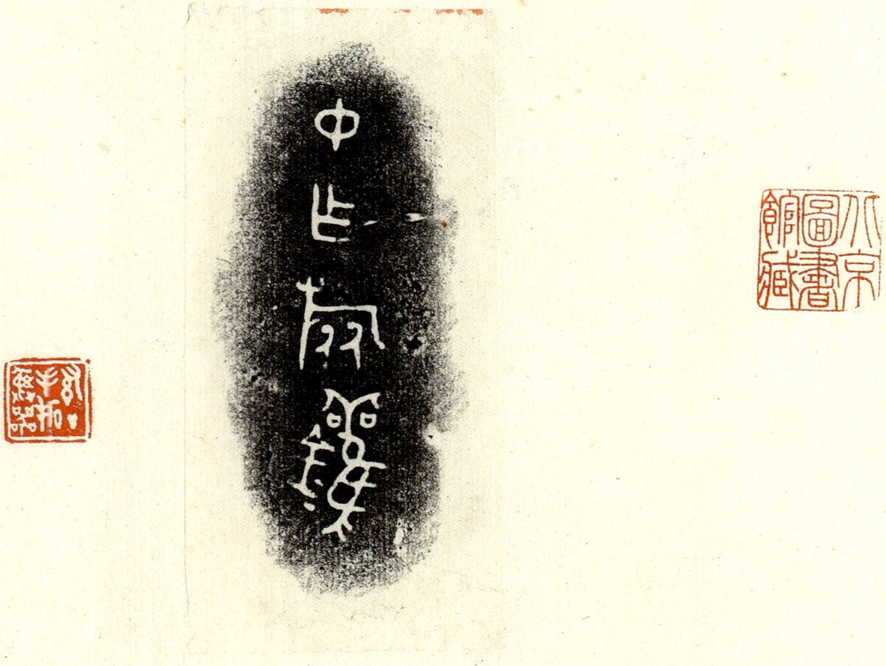

銘　文：中（仲）乍（作）旅鑵。

鈐　印：北京圖書館藏　希丁手拓彝器

□作父己觶

西周中期

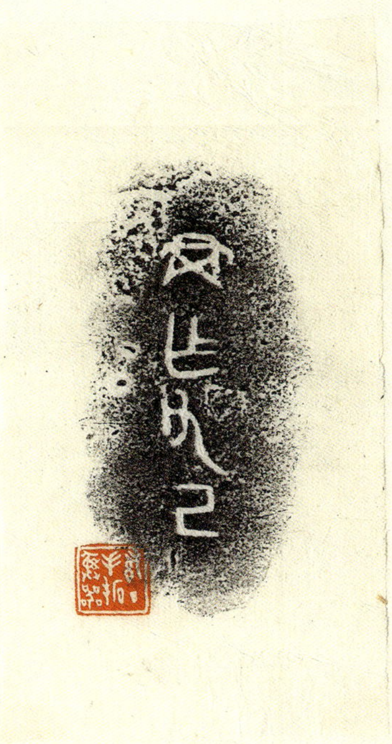

銘　文：□乍（作）父己。

鈐　印：希丁手拓彝器　北京圖書館藏　蕭山陸氏藏器　慎齋集古　金谿周康元所拓吉金文字印　康元傳古

冀父乙觶

銘　文：冀（舉）父乙。
鈐　印：北京圖書館藏　希丁手拓金石文字
編者按：僞器。

作伯叔乙斝

商前期

鈐　印：北京圖書館藏　孫壯所藏　希丁手拓

編者按：僞銘。

斝

商中期

銘文：無

鈐印：北京圖書館藏　澂秋館所藏器　閩縣陳寶琛嗣守　甲子孟冬希丁拓于閩縣瀛江

亞矦斝

商後期

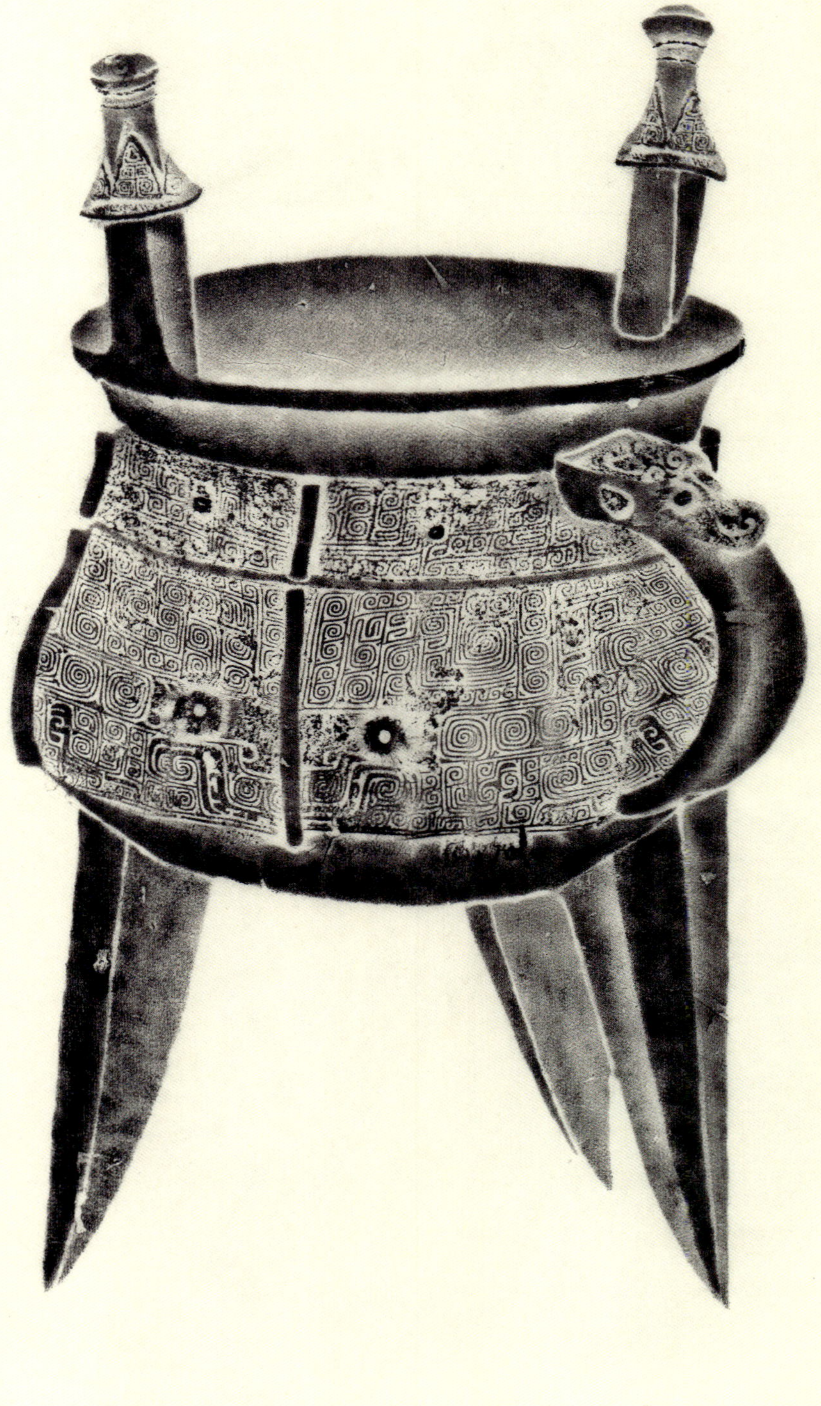

銘　文：亞矦（疑）。

鈐　印：希丁手拓彝器　北京圖書館藏　澂秋館所藏器　閩縣陳寶琛嗣守　甲子孟冬希丁拓于閩縣嬴江

□田斝

商後期

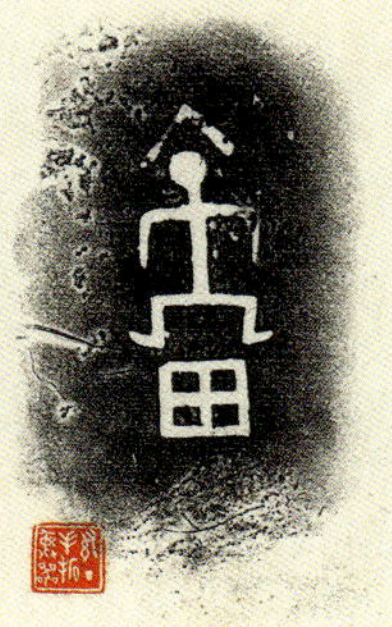

銘文：□田。

鈐印：希丁手拓彝器　北京圖書館藏　希丁手拓

亞隻示辛斝

商後期

銘　文：亞隻示辛。

鈐　印：希丁手拓　北京圖書館藏　希丁手拓金石文字

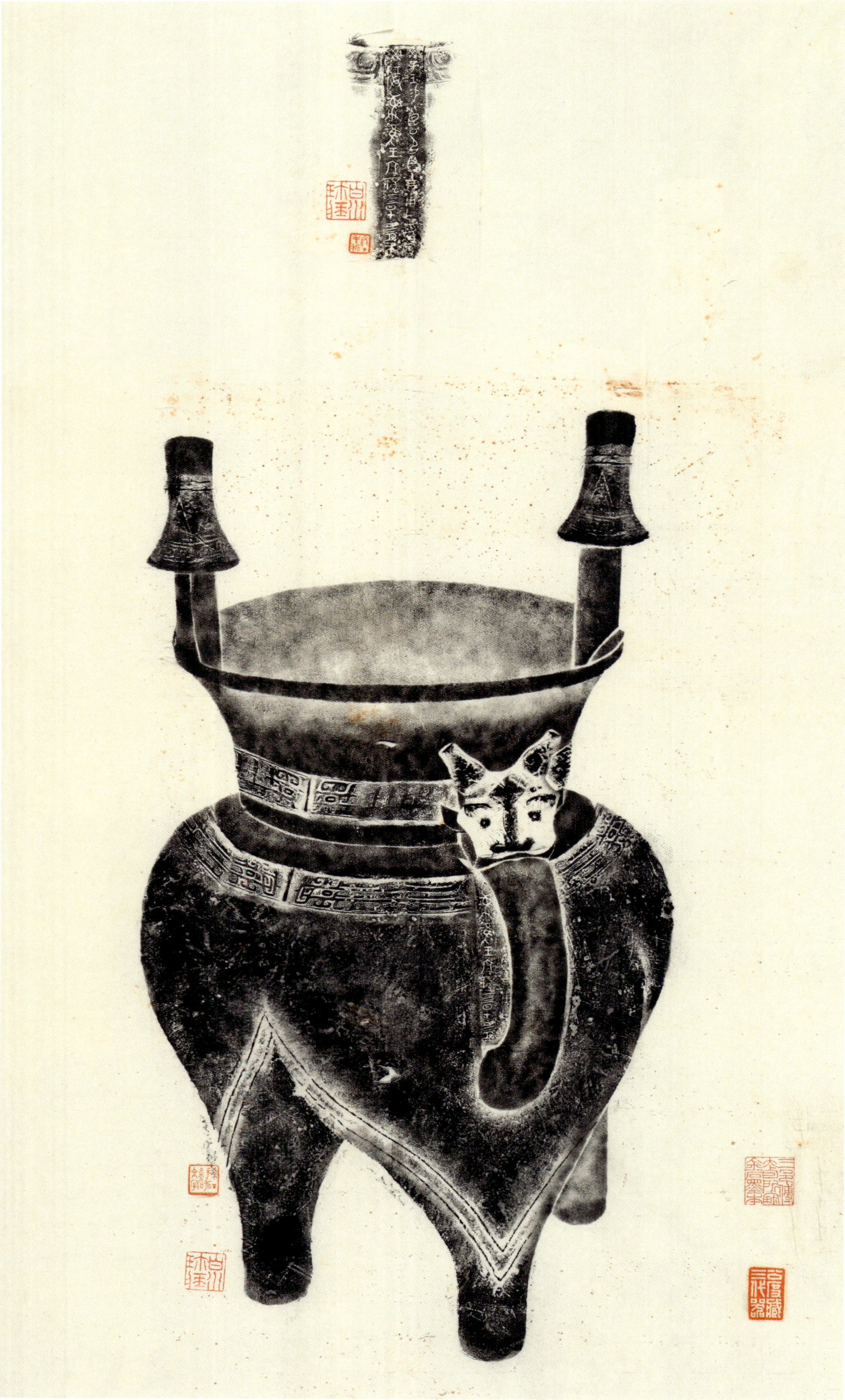

小臣邑斝

商後期

銘　文：癸子（巳），王易（錫）小臣邑貝十朋，用乍（作）母癸隫（尊）彝，隹（唯）王六祀彡（肜）日，才（在）三（四）月。亞吴（疑）。

鈐　印：希丁手拓　白水珍藏　三邑傳大卣所寶金石墨本　公度藏三代器　希丁手拓金石文字

□父乙尊

商後期

銘　文：□父乙。

鈐　印：希丁手拓彝器　北京圖書館藏　澂秋館所藏器　閩縣陳寶琛嗣守　甲子孟冬希丁拓于閩縣瀛江

□受祖丁尊

商後期

銘　文：□受且（祖）丁。

鈐　印：希丁手拓彝器　北京圖書館藏　瀓秋館所藏器　閩縣陳寶琛嗣守　甲子孟冬希丁拓于閩縣瀛江

小子啓尊

商後期

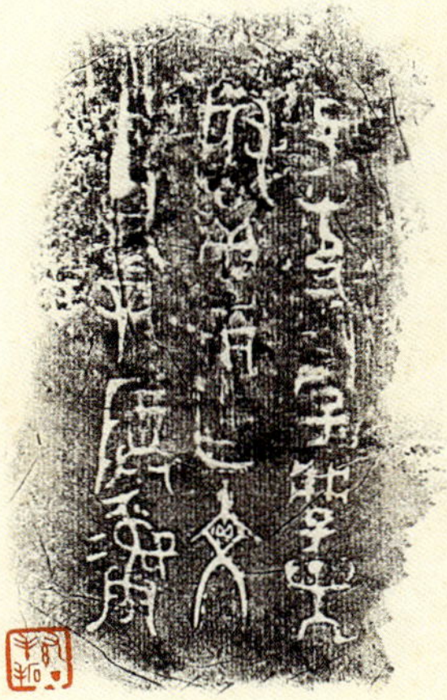

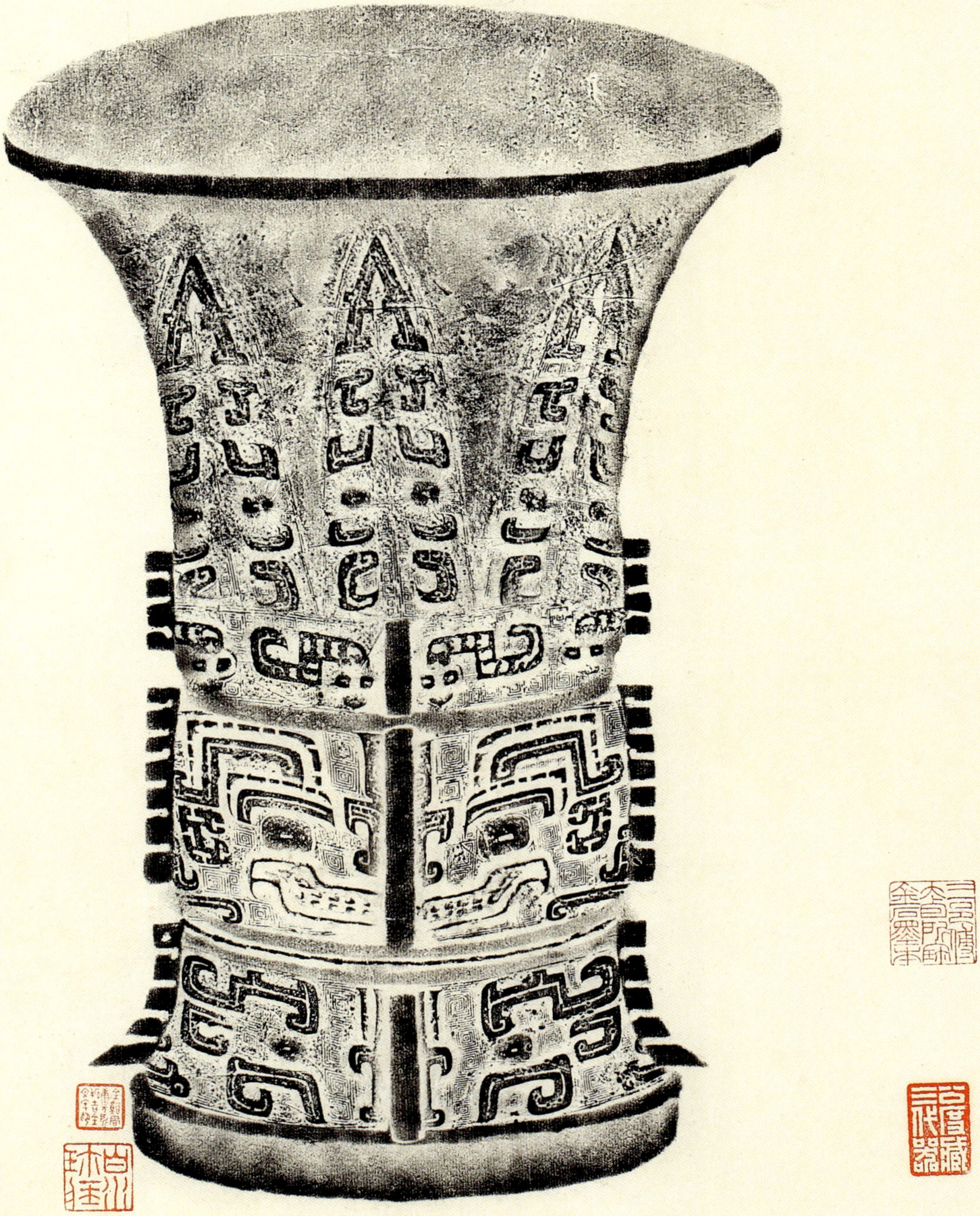

銘文：子光商（賞）子啓貝，用乍（作）文父辛障（尊）彝，粪（舉）。

鈐印：希丁手拓　三邑傳大卣所寶金石墨本　公度藏三代器　金谿周康元所拓吉金文字印　白水珍藏

作寶尊彝尊

西周早期

銘　文：乍（作）寶隮（尊）彝。

鈐　印：希丁手拓　白水珍藏　公度藏三代器　三邑傅大卣所寶金石墨本　金谿周康元所拓吉金文字印

卿尊

西周早期

銘　文：卿乍（作）氒（厥）考寶隮（尊）彝。

鈐　印：希丁手拓彝器　北京圖書館藏　澂秋館所藏器　閩縣陳寶琛嗣守　甲子孟冬希丁拓于閩縣嬴江

屖尊

西周早期

銘　文：屖乍（作）父癸寶障（尊）彝，用肇（旅）。

鈐　印：希丁手拓彝器　北京圖書館藏　讀雪齋藏　孫壯得來

尹父丁尊

西周早期

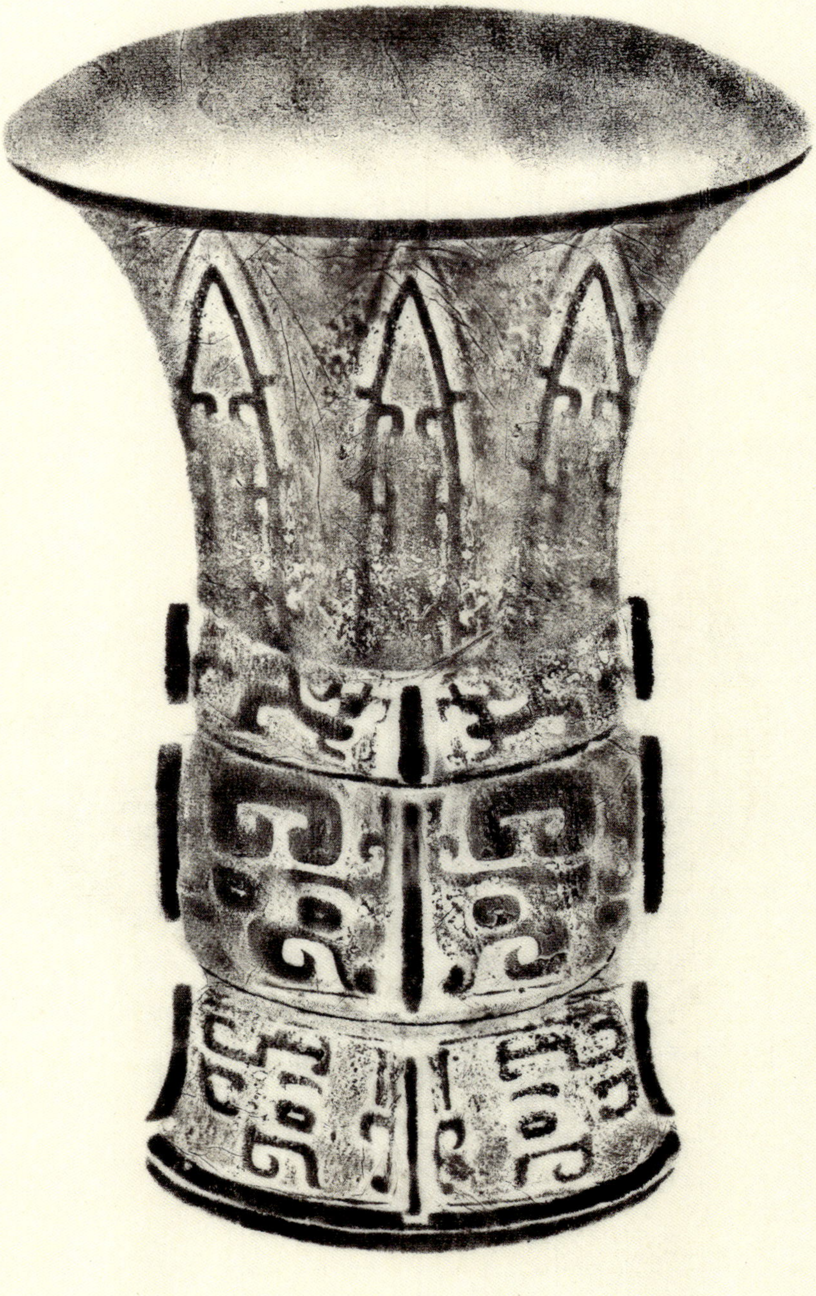

銘　文：尹父丁。

鈐　印：北京圖書館藏　澂秋館所藏器　閩縣陳寶琛嗣守　希丁手拓彝器　甲子孟冬希丁拓于閩縣瀛江

編者按：『尹父丁』三字外僞刻。

伯尊

西周中期

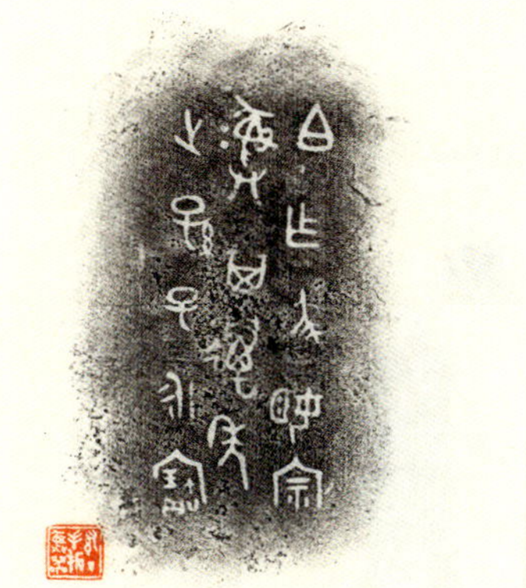

銘　文：白（伯）乍（作）帍（蔡）姬宗彝，其萬年世孫子永寶。

鈐　印：希丁手拓彝器　北京圖書館藏　澂秋館所藏器　閩縣陳寶琛嗣守　甲子孟冬希丁拓于閩縣嬴江

作尊陶尊

商

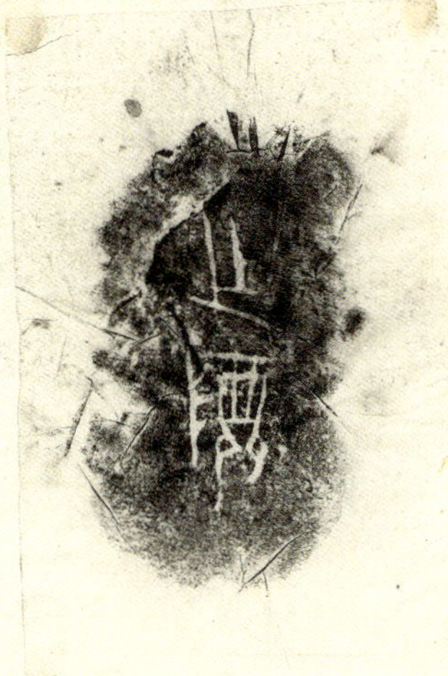

鈐　印：北京圖書館藏　希丁手拓

編者按：國圖藏周希丁拓作尊尊全形，館方疑僞，集成定僞，實則原器爲印紋硬陶尊。民國十八年，容頌齋五元得於琉璃廠大泉山房，腹内有『作尊』二字，後爲商承祚原價索讓去。銘文則僞刻。

⿳丠子丠父乙尊

鈐　印：希丁手拓彝器　北京圖書館藏　金谿周康元所拓吉金文字印

編者按：僞器。

婦紇尊

婦女尊

淮生金石家藏器

青山農

歲乙丑予役大梁初見此器於市肆議價未諧值懷寧馬桂府將軍吉芽於途桂府強我返肆作緣而得婦女之文據古著錄一鼎二解均与此同

戊辰春仲承修補記

鈐印：葆戉　猗文閣吉金　希丁手拓彝器　淮　北京圖書館藏

編者按：僞器。

戈車尊

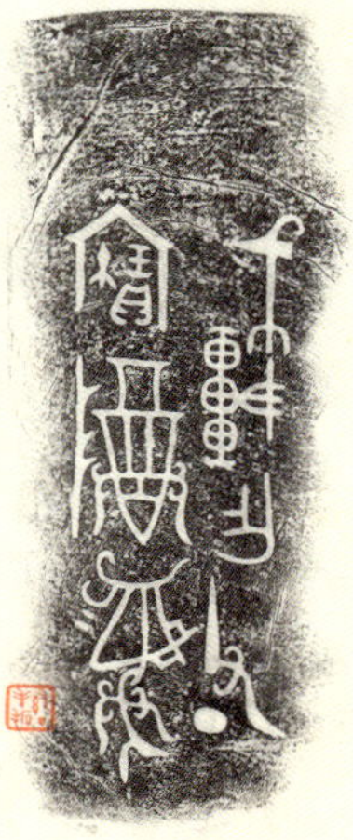

鈐　印：希丁手拓　北京圖書館藏　雪堂藏三代器　三邑傳大卣所寶金石墨本　希丁手拓金石文字

編者按：僞銘。

亞[illegible]壺

商後期

銘文：亞[illegible]。

鈐印：北京圖書館藏　希丁手拓彝器

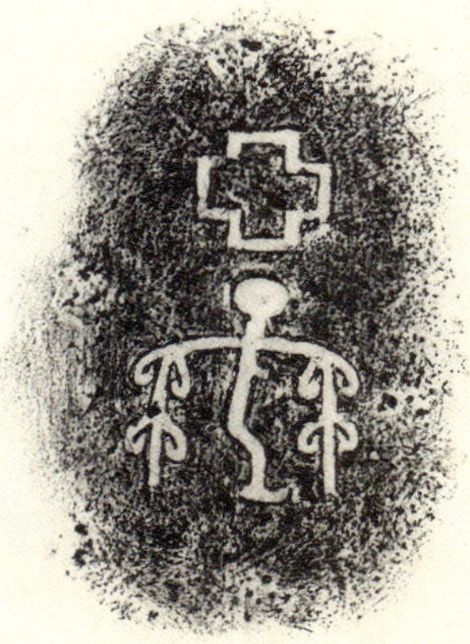

䀠父辛壺蓋

商後期

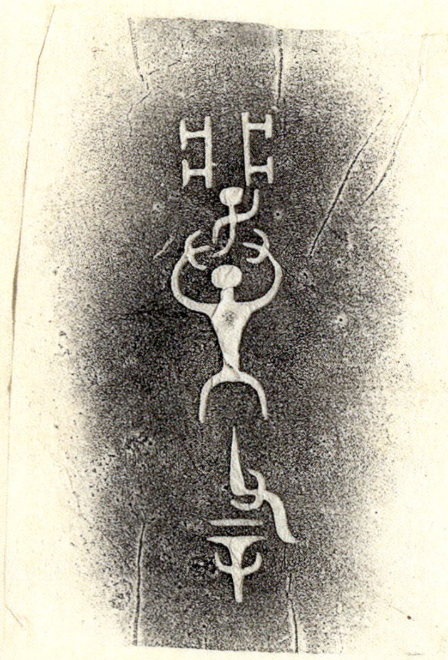

銘　文：䀠（舉）父辛。

鈐　印：北京圖書館藏　希丁手拓

矩叔壺

西周晚期

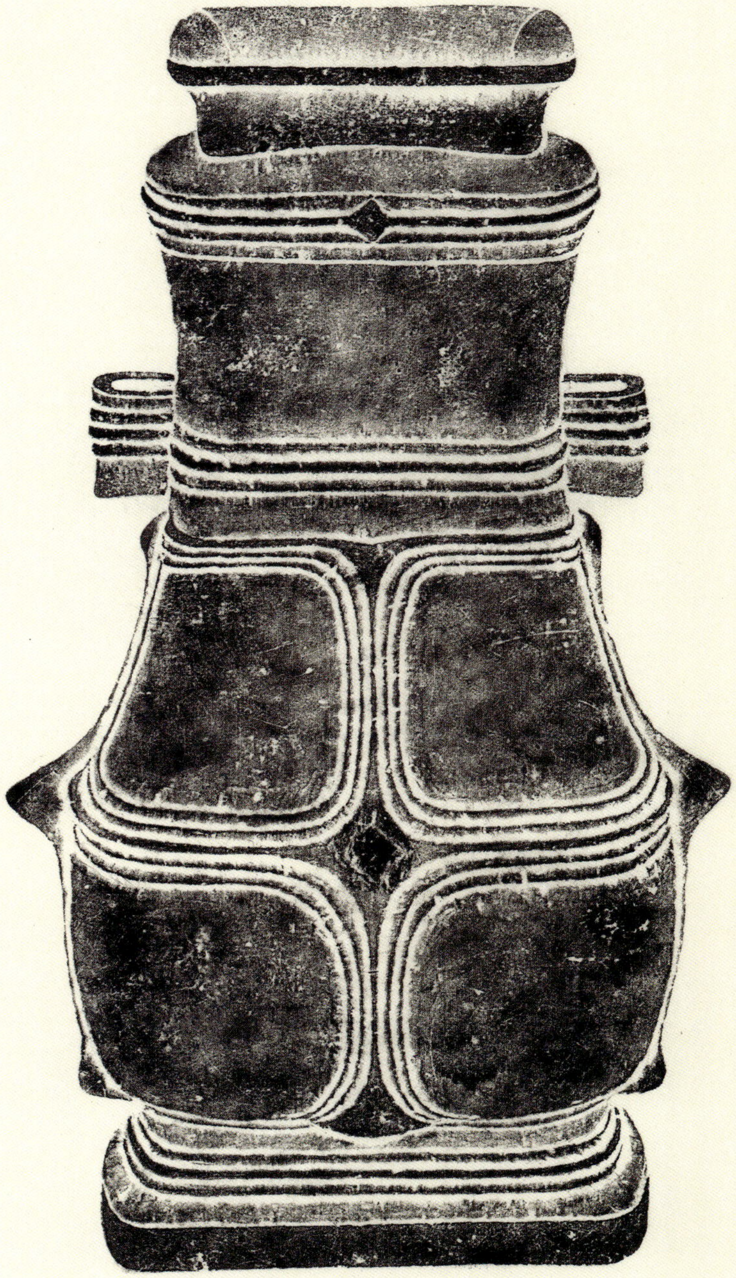

銘文：矩弔（叔）乍（作）中（仲）姜寶隢（尊）壺，其萬年子＝（子子）孫＝（孫孫）永用。

鈐印：希丁手拓　北京圖書館藏　澂秋館所藏器　閩縣陳寶琛嗣守　甲子孟冬希丁拓于閩縣嬴江

頌壺　西周晚期

銘文：【器、蓋同銘】隹（唯）三年五月既死霸甲戌，王才（在）周康卲（昭）宮。旦，王各大室，即立（位）。宰引右頌入門，立中廷，尹氏受（授）王令（命）書，王乎（呼）史虢生册令（命）頌。王曰：『頌，令女（汝）官嗣（司）成周賓（賈）廿家，監嗣（司）新寤（造），賓（賈）用宮御，易（錫）女（汝）幺（玄）衣、黹屯（純）、赤市、朱黄（衡）、䜌（鑾）旂、攸（鋚）勒，用事。』頌拜䭫（稽）首，受令（命）册，佩㠯（以）出，反（返）入（納）堇（瑾）章（璋）。頌敢對揚天子不（丕）顯魯休，用乍（作）朕皇考龏（恭）弔（叔）、皇母龏（恭）始（姒）寶隮（尊）壺，用追孝，旛（祈）匄康𪒠，屯（純）右（祐）、通录（禄）、永令（命）。頌其萬年釁（眉）壽，吮（畯）臣天子，霝（令）冬（終），子子孫孫寶用。

鈐印：北京圖書館藏　寶蘊樓藏器　康元手拓頌壺

矩叔壺

西周晚期

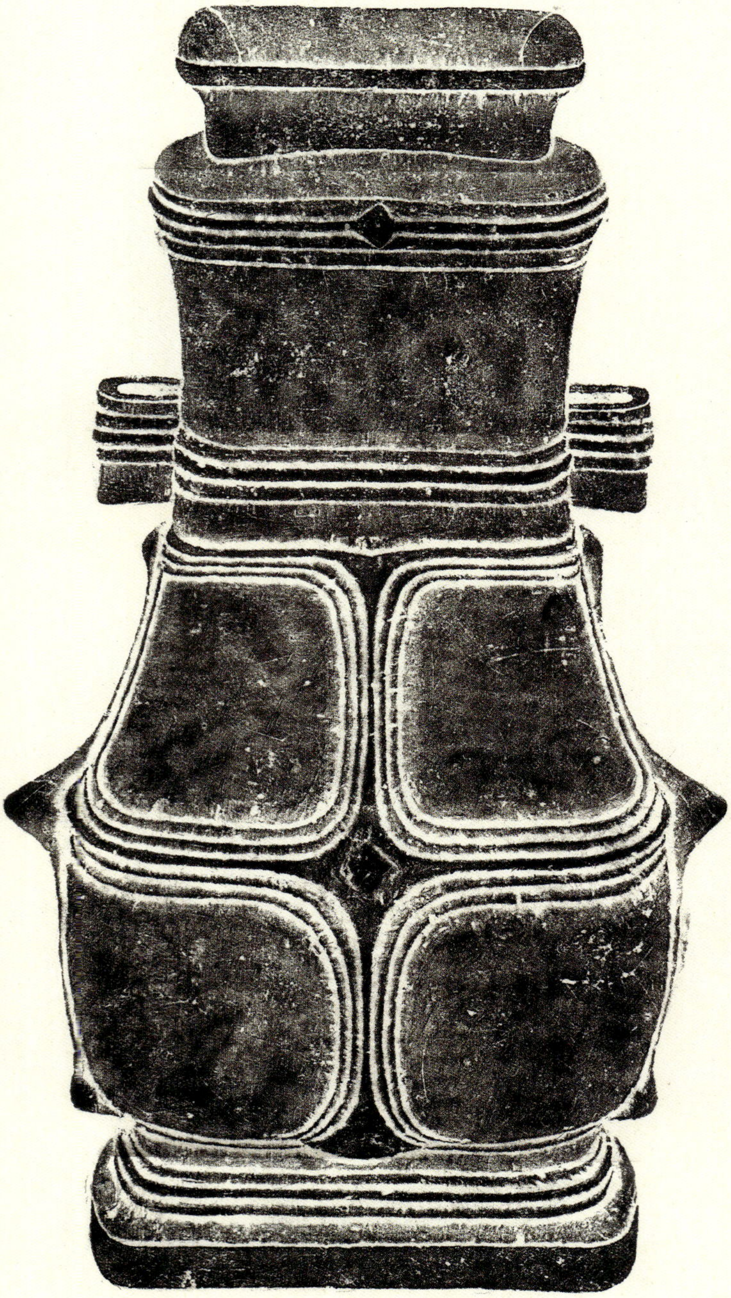

銘　文：矩弔（叔）乍（作）中（仲）姜寶障（尊）壺，其萬年子＝（子子）孫＝（孫孫）永用。

鈐　印：希丁手拓　北京圖書館藏　澂秋館所藏器　閩縣陳寶琛嗣守　甲子孟冬希丁拓于閩縣贏江

方壺

春秋

銘文：無

鈐印：北京圖書館藏　金谿周康元所拓吉金文字印

水陸攻戰紋壺

戰國

銘　文：無

鈐　印：三邑傅大卣所寶金石墨本

編者按：此拓本自傅大卣收藏檢出，就風格言，應爲周希丁拓本。

劉氏壺

西漢

銘文：劉氏，容二斗，重十九斤十兩。

鈐印：希丁手拓　北京圖書館藏　澂秋館所藏器　閩縣陳寶琛嗣守　甲子孟冬希丁拓于閩縣嬴江

奚卣

商後期

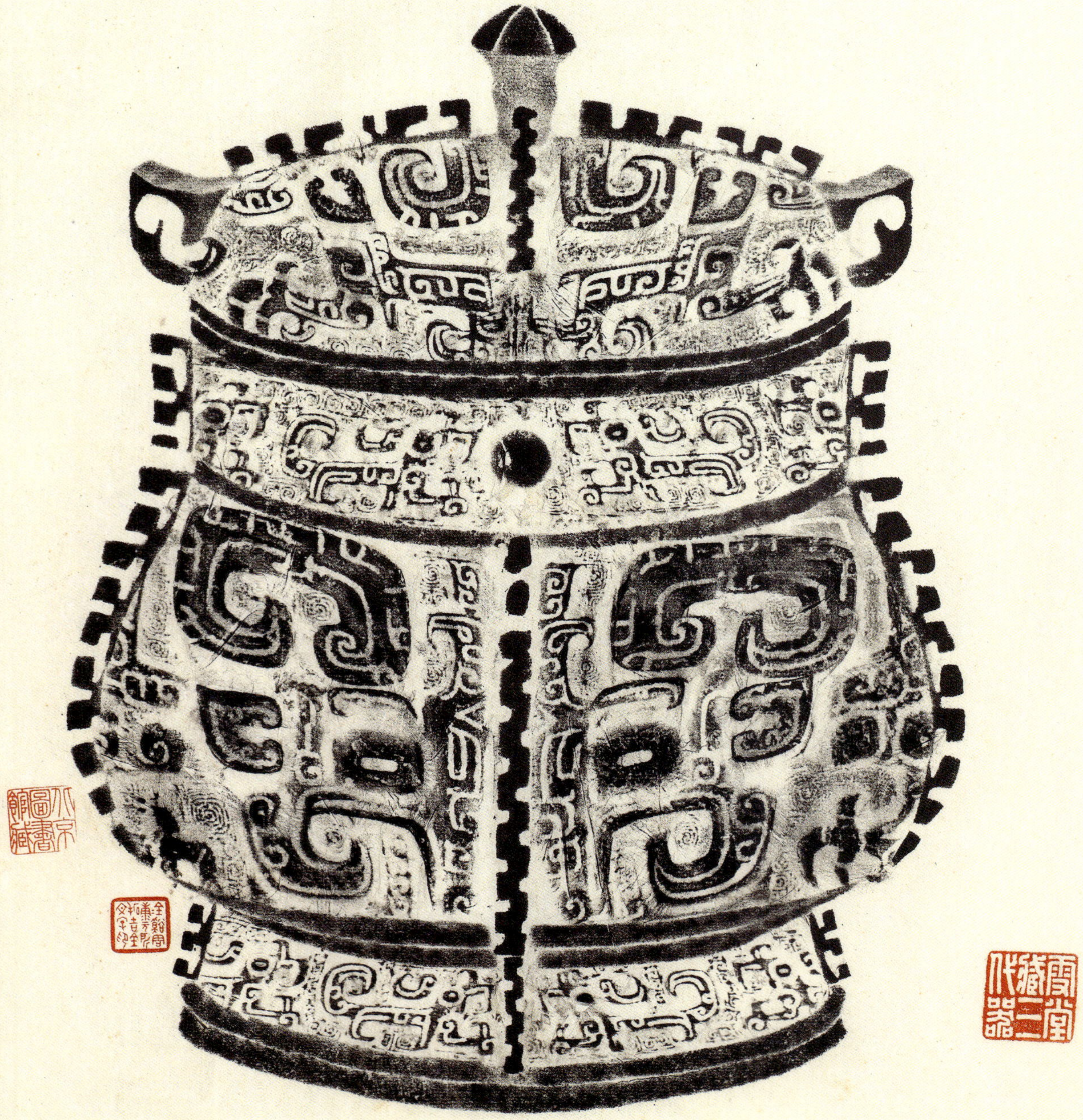

銘　文：【器、蓋同銘】奚（奚）。

鈐　印：希丁手拓　雪堂藏三代器　北京圖書館藏　金谿周康元所拓吉金文字印

戈卣

商後期

銘　文：【器、蓋同銘】戈。

鈐　印：北京圖書館藏

何父乙卣

商後期

銘　文：㱙（何）父乙。

鈐　印：北京圖書館藏　惲廬獲存　希丁手拓

析父丙卣

商後期至西周早期

銘文：析父丙。

鈐印：北京圖書館藏　金谿周康元所拓吉金文字印

翼父辛卣

西周早期

銘文：【器、蓋同銘】翼父辛。

鈐印：希丁手拓彝器　希丁手拓　北京圖書館藏　澂秋館所藏器　金谿周康元所拓吉金文字印

冀父丁卣

西周早期

銘　文：【器、蓋同銘】冀（舉）父丁。

鈐　印：希丁手拓彝器　希丁手拓　北京圖書館藏　澂秋館所藏器　金谿周康元所拓吉金文字印

冀父丁卣

西周早期

銘　文：【器、蓋同銘】冀（舉）父丁。

鈐　印：北京圖書館藏　希丁手拓彝器

令□父辛卣

西周早期

銘文：【器、蓋同銘】令□父辛。

鈐印：希丁手拓彝器　希丁手拓　北京圖書館藏　澂秋館所藏器　閩縣陳寶琛嗣守

㐱卣蓋

西周早期

銘　文：㐱乍（作）甲考宗彝，其永寶。

鈐　印：北京圖書館藏　孫氏家藏　希丁手拓彝器

卿卣

西周早期

銘　文：【器、蓋同銘】卿乍（作）氒（厥）考障（尊）彝。

鈐　印：希丁手拓彝器　希丁手拓　北京圖書館藏　澂秋館所藏器　閩縣陳寶琛嗣守　甲子孟冬希丁拓于閩縣嬴江

卿卣

西周早期

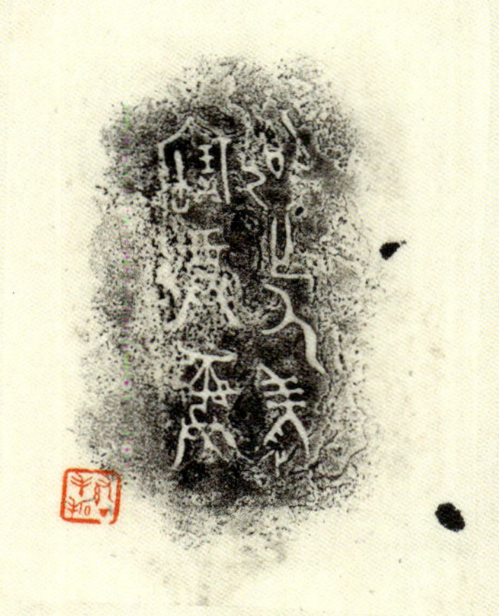

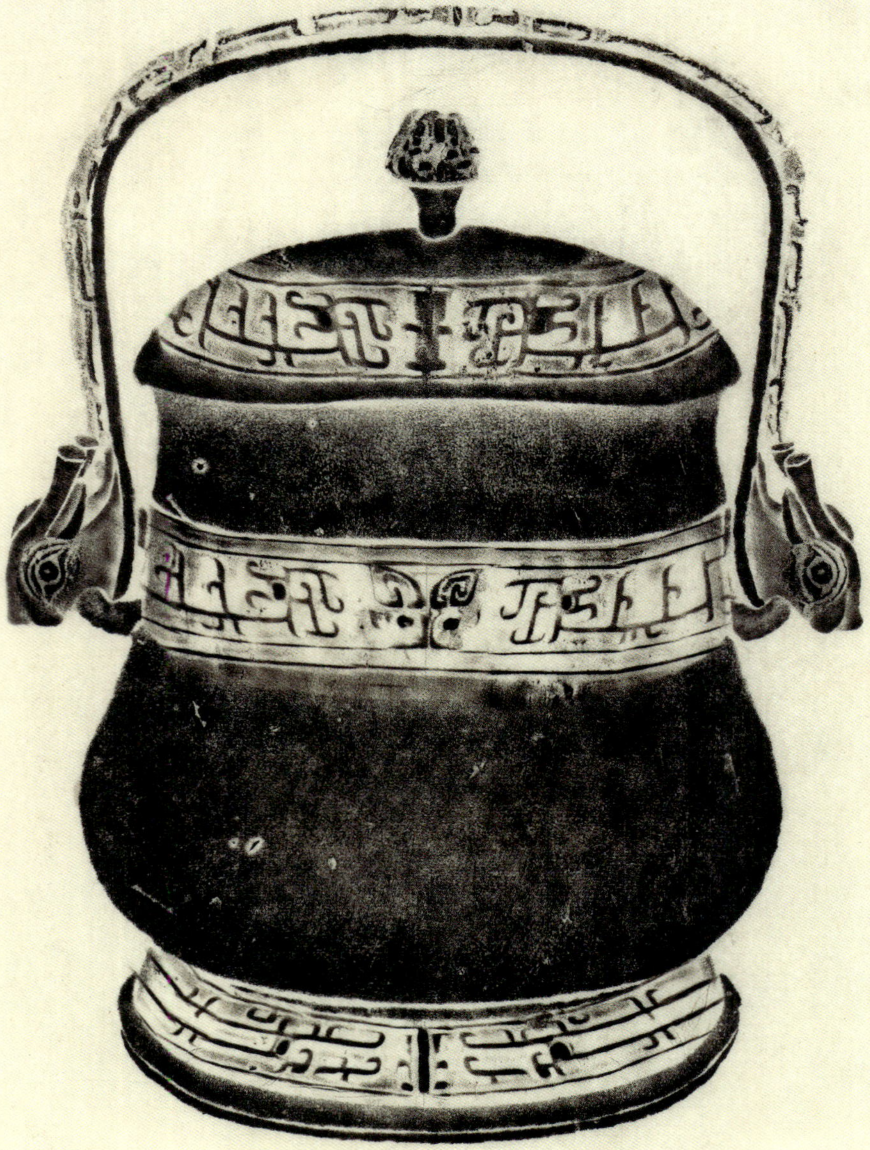

銘　文：【器、蓋同銘】卿乍（作）氒（厥）考隮（尊）彝。

鈐　印：希丁手拓彝器　希丁手拓　北京圖書館藏　澂秋館所藏器　閩縣陳寶琛嗣守　甲子孟冬希丁拓于閩縣瀛江

召圜器（召卣）

西周早期

銘文：隹（唯）十又二月初吉丁卯，𨰫（召）啓（肇）進事，旋（奔）走事皇辟君，休，王自𣪕事（使）賞畢土，方五十里，𨰫（召）弗敢䵍（忘）王休异，用乍（作）㪔宮旅彝。

鈐印：希丁手拓彝器　北京圖書館藏　澂秋館所藏器　金谿周康元所拓吉金文字印

仲卣

西周中期

器

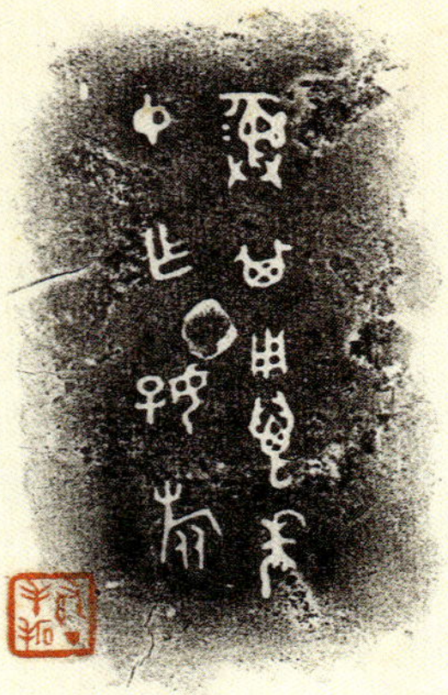

蓋

銘　文：【器、蓋同銘】中（仲）乍（作）好旅彝，其用萬年。

鈐　印：希丁手拓　北京圖書館藏　公度藏三代器　金谿周康元所拓吉金文字印

肰卣

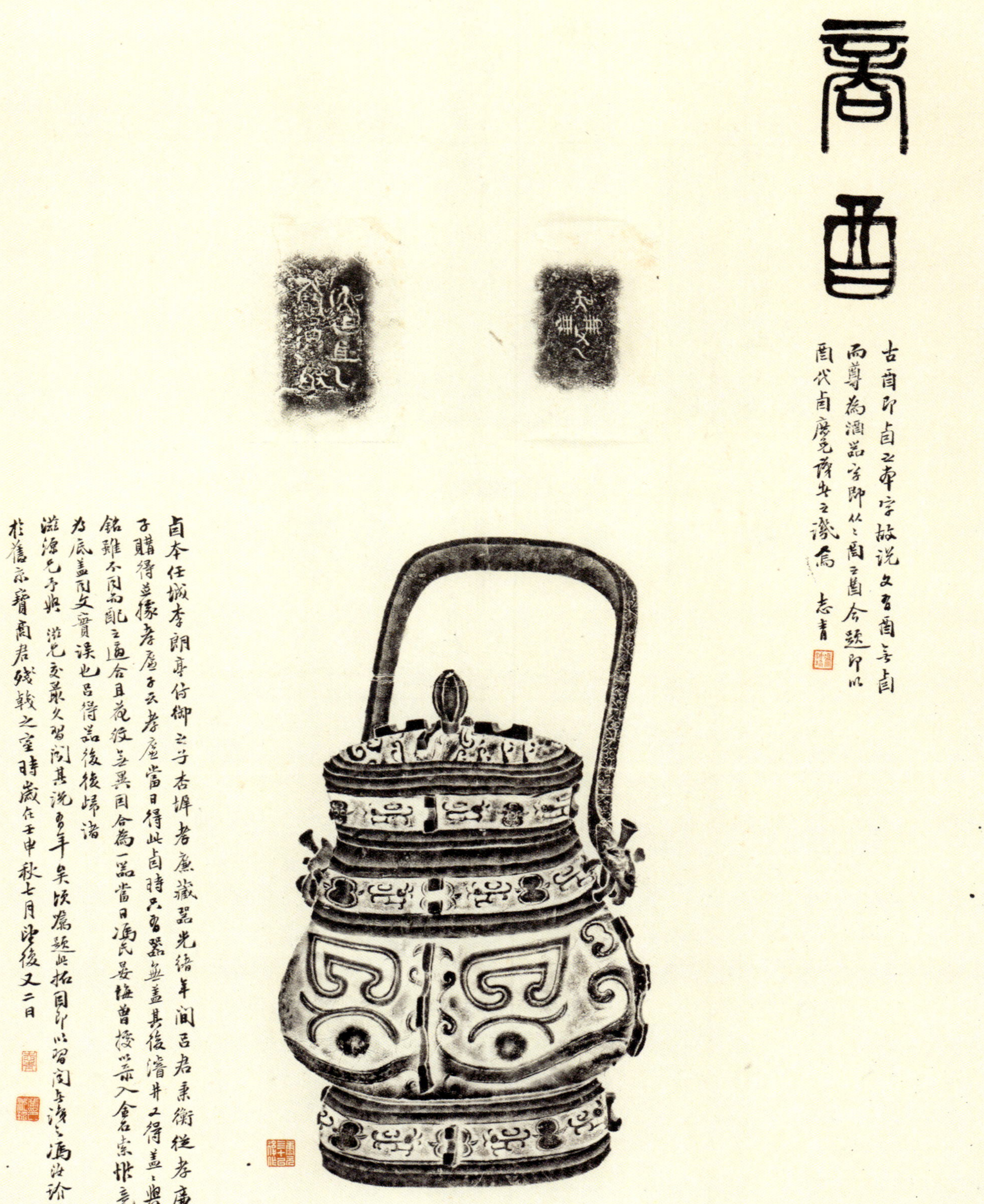

鈐　印：馮汝玠　康元四十以後作　志青　馮汝玠印

編者按：僞器。

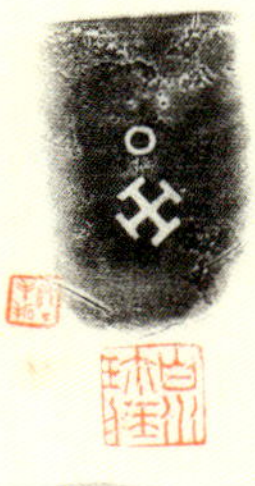

日癸罍

商後期

銘文：日癸。

鈐印：希丁手拓　白水珍藏　公度藏三代器　希丁手拓金石文字　三邑傅大卣所寶金石墨本

□父己罍

商後期

銘文：□父己。

鈐印：北京圖書館藏

亞䰙罍

商後期

銘　文：【器、蓋同銘】亞䰙。

鈐　印：希丁手拓彝器　希丁手拓　北京圖書館藏　澂秋館所藏器　金谿周康元所拓吉金文字印

蟠螭紋罍

春秋中期

銘文：無

鈐印：北京圖書館藏　希丁手拓金石文字

侯氏鏳

春秋中期

銘　文：國差（佐）立（涖）事歲，咸（弌日）丁亥，攻（工）帀（師）㑘（何）盥（鑄）西亭（郭）寶鏳三（四）秉，用實旨酉（酒），侯氏受福鬢（眉）壽，卑（俾）旨卑（俾）瀞，侯氏母（毋）瘩（咎）母（毋）痏，齊邦鼏（謐）静安寍（寧），子＝（子子）孫＝（孫孫）永𠈇（保）用之。䜭。

鈐　印：北京圖書館藏　寶蘊樓藏器　寶蘊樓印　金谿周康元所拓吉金文字印

二十七年寧鈿

戰國

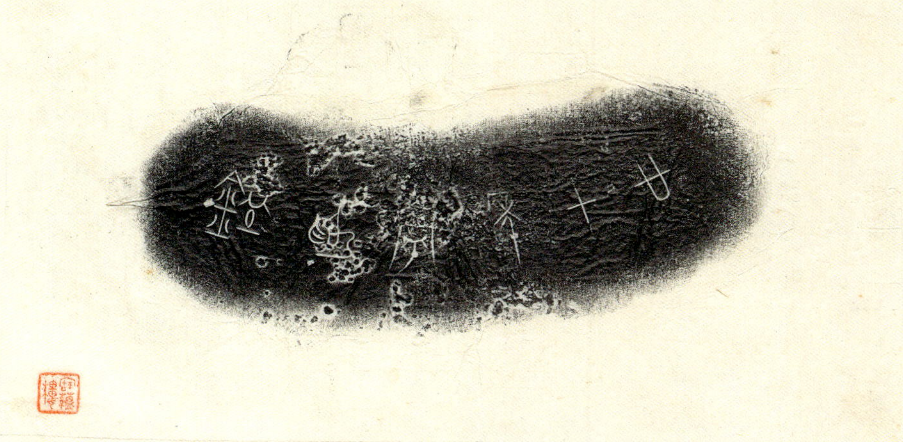

銘　文：廿（二十）七年寍（寧）爲鈿。

鈐　印：北京圖書館藏　寶藴樓藏器　希丁手拓

重十六僨杯

戰國晚期

銘文：冢（重）十六傎（僨）。

鈐印：北京圖書館藏　伯恒集古　希丁手拓

銅鉚

東周

銘　文：綏和元年八月，公孫家造，工李本。

鈐　印：北京圖書館藏　伯恒集古　希丁手拓

編者按：此器銘文僞刻。

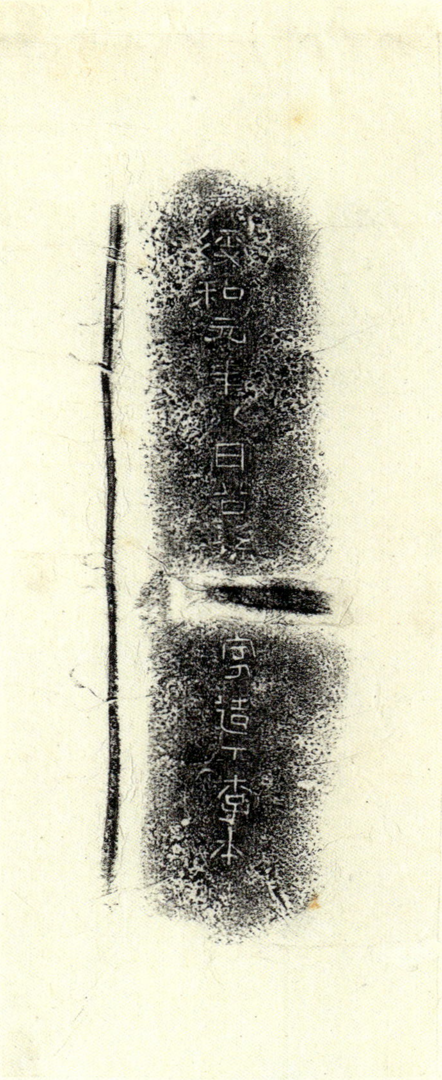

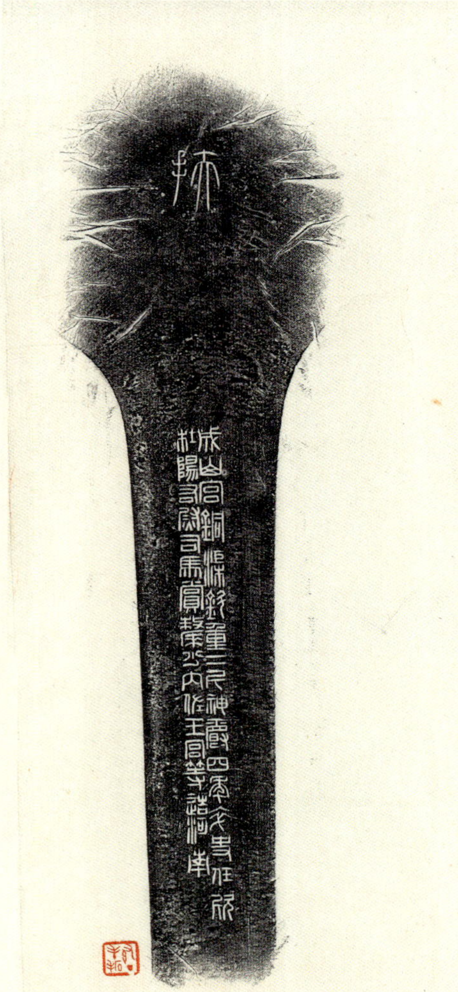

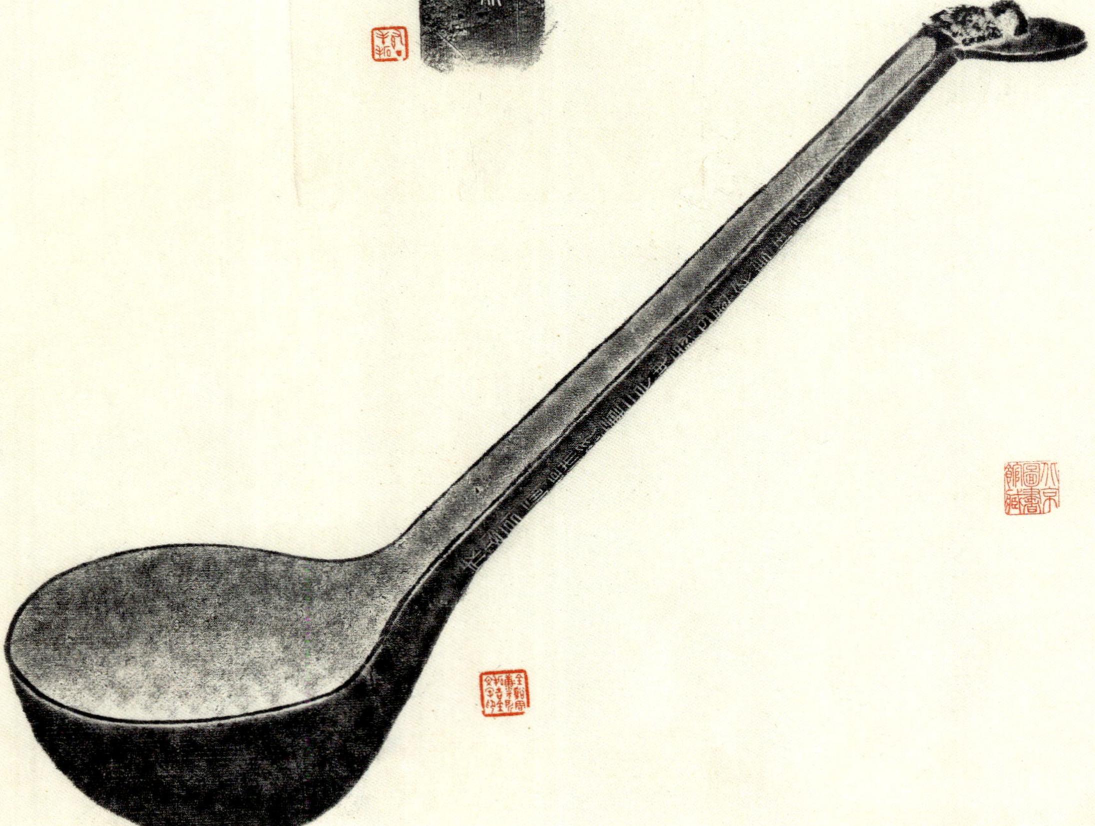

成山宮渠斗

西漢神爵四年（前五八年）

銘　文：扶。成山宮銅渠枓，重二斤，神爵四年卒史任欣，杜陽右尉司馬賞㯳，少内佐王宮等造，河南。

鈐　印：希丁手拓　北京圖書館藏　金谿周康元所拓吉金文字印

鳥紋盤

西周早期

銘文：無

鈐印：北京圖書館藏　澂秋館所藏器　閩縣陳寶琛嗣守　甲子孟冬希丁拓于閩縣嬴江

八一六盤

西周早期

銘　文：八一六。

鈐　印：希丁手拓　希丁手拓金石文字

師寏父盤

西周晚期

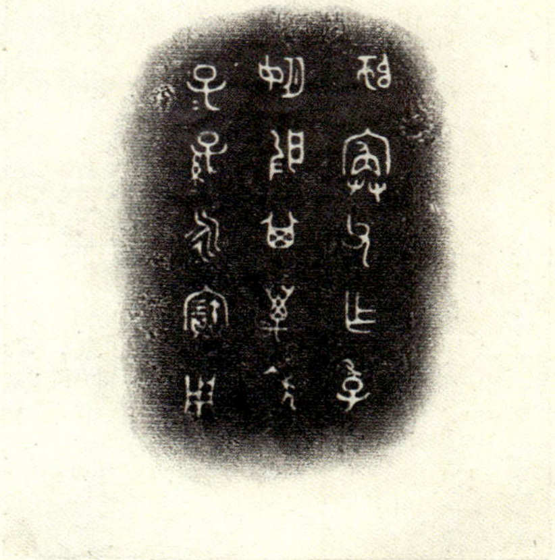

銘　文：師寏父乍（作）季姬般（盤），其萬年子=（子子）孫=（孫孫）永寶用。

鈐　印：北京圖書館藏　寶蘊樓藏器　寶藴樓藏　希丁手拓彝器

散氏盤

西周晚期

銘文：用夨𢓜（踐）𢿏（散）邑，廼即𢿏（散）用田。𡓸（履）：自瀗（濾）涉，㠯（以）南，至于大沽（湖），一弄（封）；㠯（以）陟，二弄（封）；至于邊柳；復涉瀗（濾），陟，雩𠭯（徂）𩁹（邍）㒒，㠯（以）西，弄（封）于𢑭𨽻（城），楮木；弄（封）于芻逨，弄（封）于芻衜（道），内（入），陟芻，登于厂湶，弄（封）剖，柝（柝）；陵陵剛（崗），柝（柝）；弄（封）于𦉢衜（道），弄（封）于原衜（道），弄（封）于周衜（道），㠯（以）東，弄（封）于𩰫東彊（疆）；右還，弄（封）于𡓸（履）衜（道），㠯（以）南，弄（封）于遾衜（道）；㠯（以）西，至于𨿧莫。𡓸（履）丼邑田，自根木衜（道）𠂇（左）至于丼邑，弄（封）；衜（道）㠯（以）東一弄（封），還㠯（以）西一弄（封）；陟，剛（崗）三弄（封）；降，㠯（以）南，弄（封）于同衜（道）；陟州剛（崗），登，柝（柝），降，棫，二弄（封）。夨人有𤔲（司）𡓸（履）田：鮮、且、散、武父、西宮襄、豆人虞丂、彔貞、師氏右眚（省）、小門人䌛、原人虞艿、淮𤔲（司）工虎、孝䶂、豐父、𨿧人有𤔲（司）荆（荊）丂，凡十又五夫；正𡓸（履）夨舍（捨）𢿏（散）田：𤔲（司）土岕[illegible]、𤔲（司）馬嘼𩁹、䚄人𤔲（司）工騵君、宰德父。𢿏（散）人小子𡓸（履）田：戎，散父、效（教）果父、襄之有𤔲（司）橐、州豪（就）、焂選[illegible]，凡𢿏（散）有𤔲（司）十夫。唯王九月，辰才（在）乙卯，夨卑（俾）鮮、且、𢓊（注）、旅誓（誓）曰：『我兓（既）付𢿏（散）氏田器，有爽實，余有𢿏（散）氏心賊（賊），則𡘇（鞭）千罰千，傳棄出。』鮮、且、𢓊（注）、旅則誓（誓），廼卑（俾）西宮襄、武父誓（誓）曰：『我兓付𢿏（𢿏）氏𣸈（隰）田、𤱶田，余又爽𤔲（變），𡘇（鞭）千罰二。』西宮襄、武父則誓（誓）。氒（厥）為圖，夨王于豆新宮東廷，氒（厥）左執䌛（要-約），史正中（仲）農（農）。

鈐印：希丁手拓散盤　北京圖書館藏　金谿周康元所拓吉金文字印

律石衡藺承水盤

新莽始建國元年（八）正月一日

銘　文：律石衡藺承水槃（盤），容六升。始建國元年正月癸酉朔日制。

鈐　印：金谿周康元所拓吉金文字印　北京圖書館藏　二萬石齋　希丁手拓

亞享从父丁盉

商後期

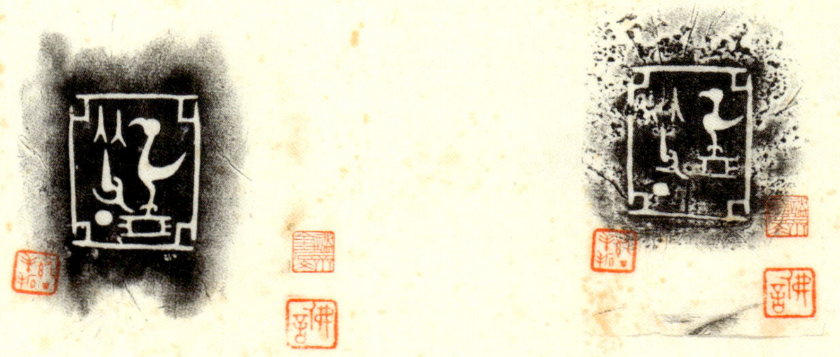

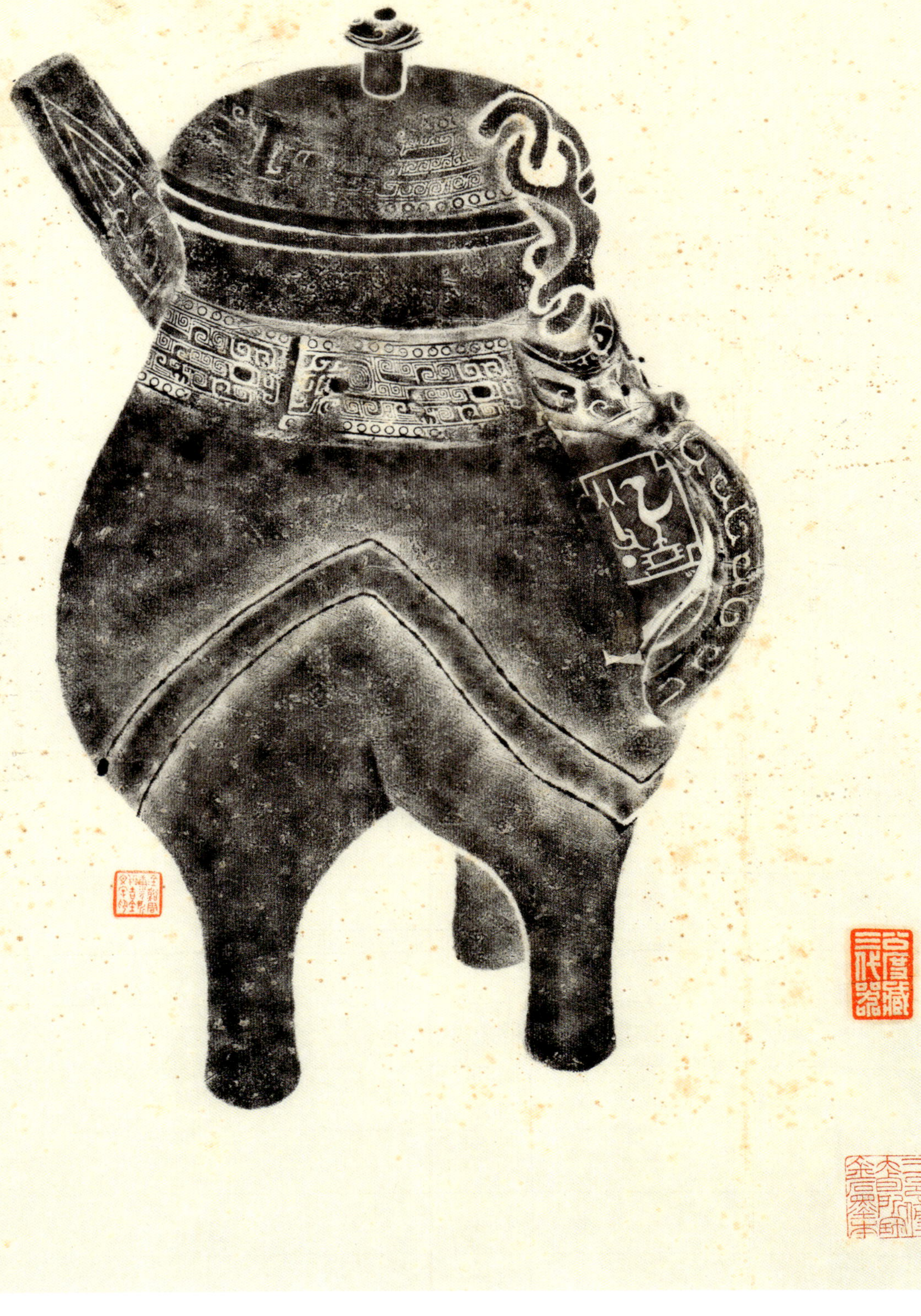

銘　文：【器、蓋同銘】亞享从父丁。

鈐　印：希丁手拓　謐齋金石文　佛言　公度藏三代器　三邑傳大卣所寶金石墨本　金谿周康元所拓吉金文字印

亞夫盉

西周早期

銘　文：【鋬內銘】乍（作）從彝。【蓋銘】亞夫。

鈐　印：北京圖書館藏　孫伯恒之藏金文　金谿周康元所拓吉金文字印

盉

春秋中期

銘文：無

鈐印：北京圖書館藏　澂秋館所藏器　閩縣陳寶琛嗣守　甲子孟冬希丁拓于閩縣瀛江

史頌匜

西周晚期

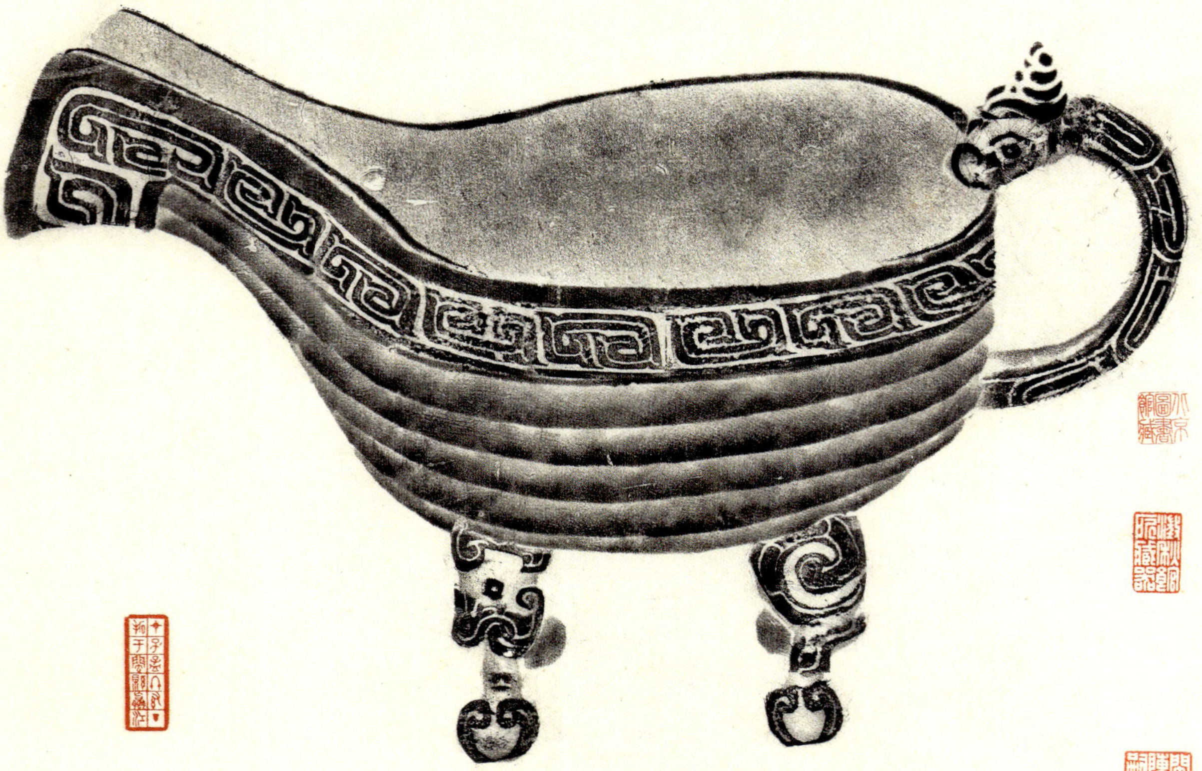

銘　文：史頌乍（作）鉈（匜），其萬年子＝（子子）孫＝（孫孫）永寶用。

鈐　印：希丁手拓彝器　北京圖書館藏　澂秋館所藏器　閩縣陳寶琛嗣守　甲子孟冬希丁拓于閩縣瀛江

鳧叔匜

春秋早期

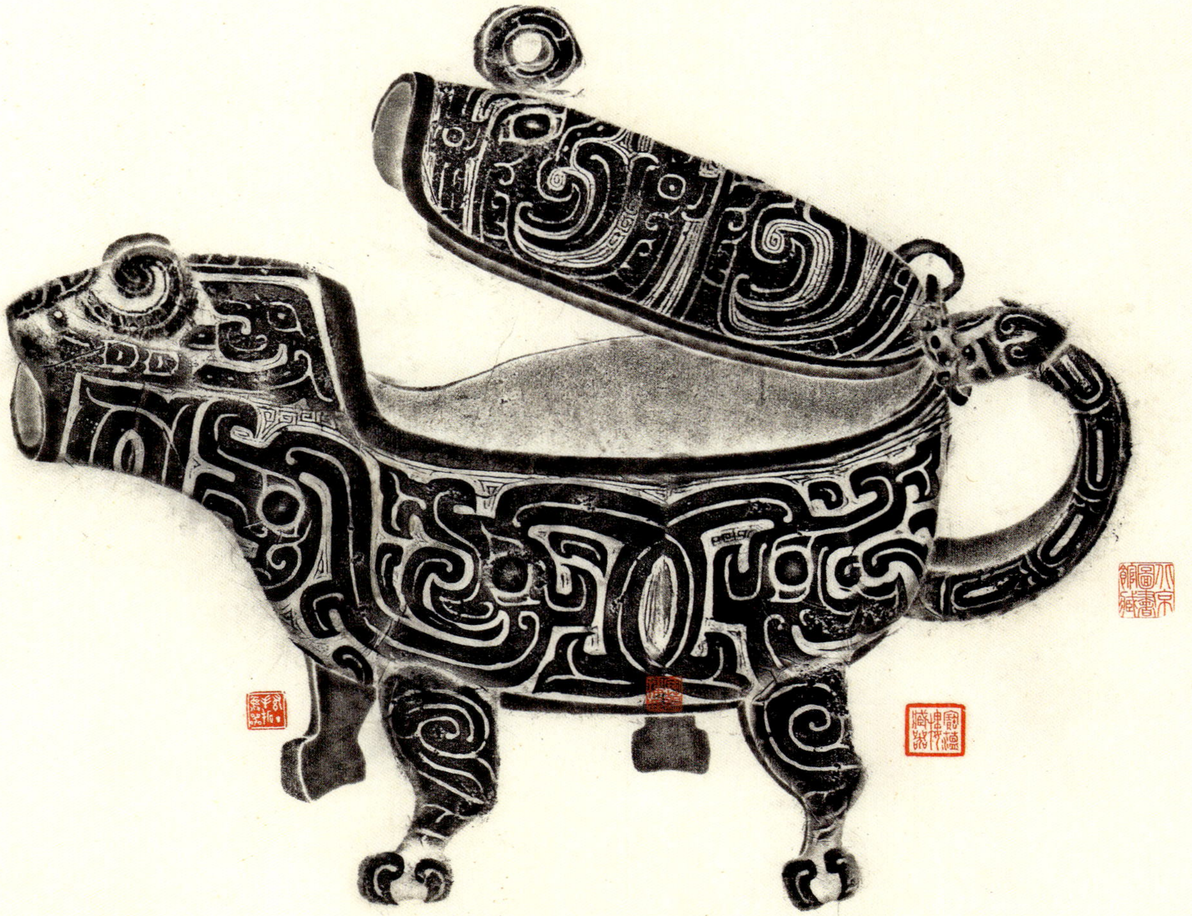

銘　文：【器、蓋同銘】鳧弔（叔）乍（作）旅它（匜）。

鈐　印：北京圖書館藏　寶蘊樓藏器　寶蘊樓藏　希丁手拓彝器

蔡子𫢗匜

春秋晚期

銘　文：𦬁（蔡）子𫢗自乍（作）會（沫）㔰（匜）。

鈐　印：北京圖書館藏　孫壯所藏　金谿周康元所拓吉金文字印

夆叔匜

春秋晚期

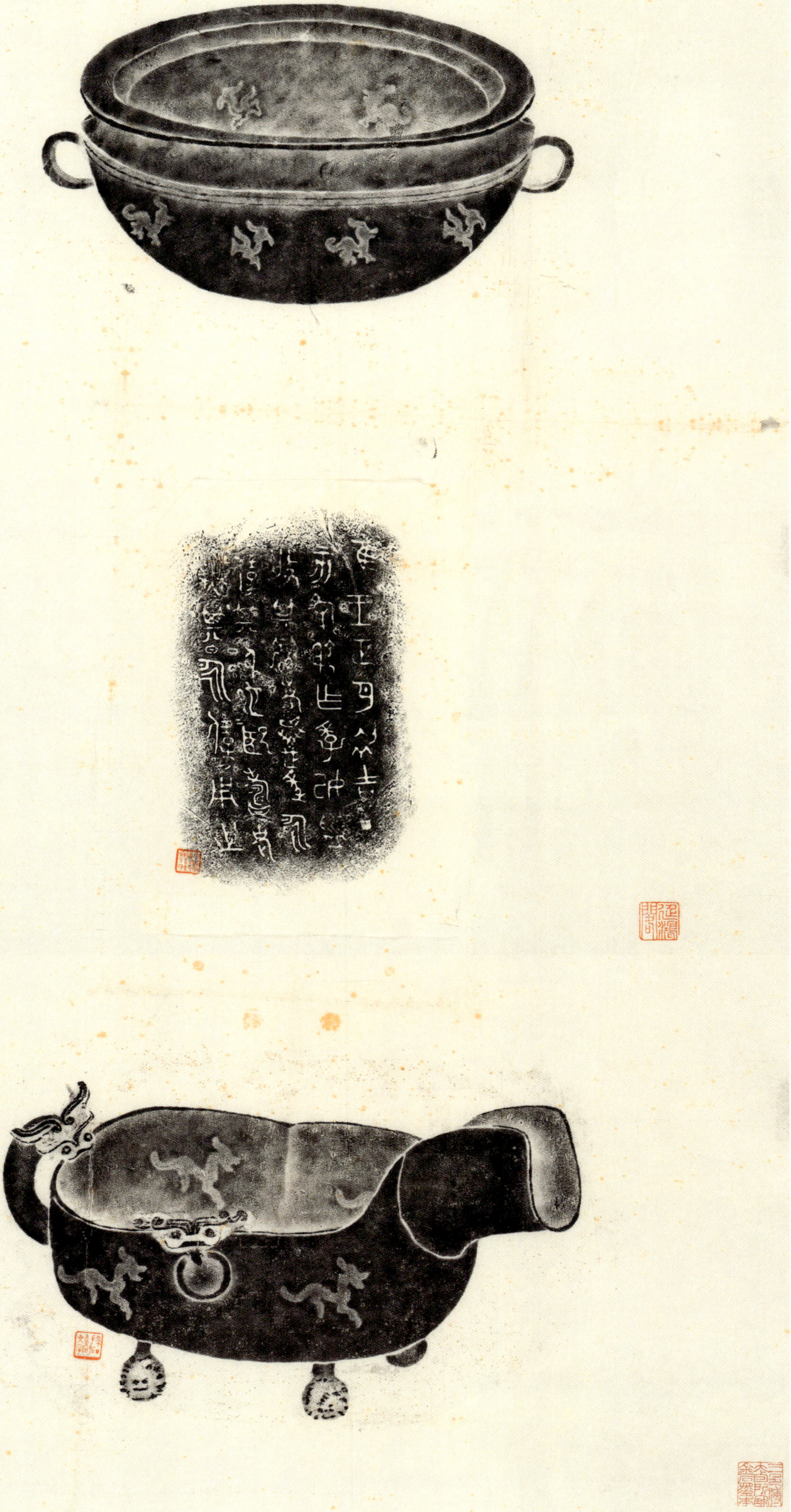

銘文：隹（唯）王正月初吉丁亥，夆弔（叔）乍（作）季改盥般（盤），其眉（眉）壽邁（萬）年，永保其身，也＝（也-也-施施）巸＝（巸巸-熙熙），壽老無（期），永保用之。

鈐印：金谿周康元所拓吉金文字印　延鴻閣　三邑傅大卣所寶金石墨本　希丁手拓金石文字

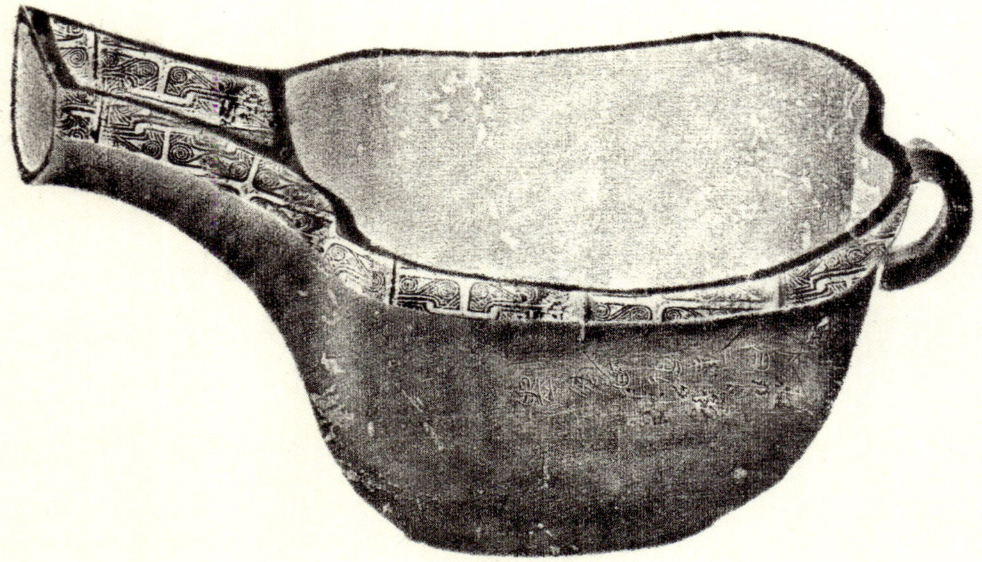

鑄客匜

戰國晚期

銘　文：盥（鑄）客爲御令爲之。

鈐　印：寶楚齋集古　康元手拓楚器　國立北平圖書館珍藏

陳倉成山匜

漢

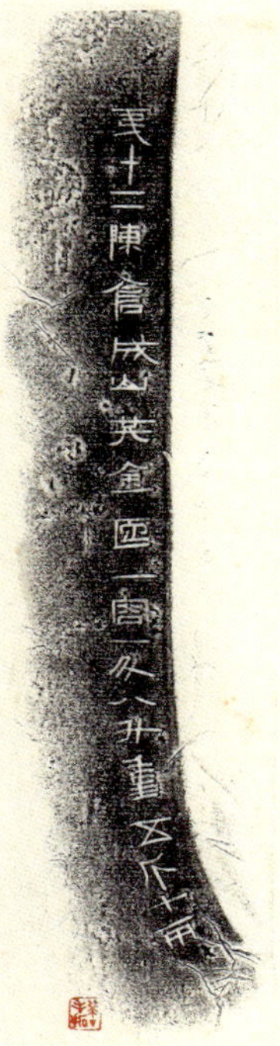

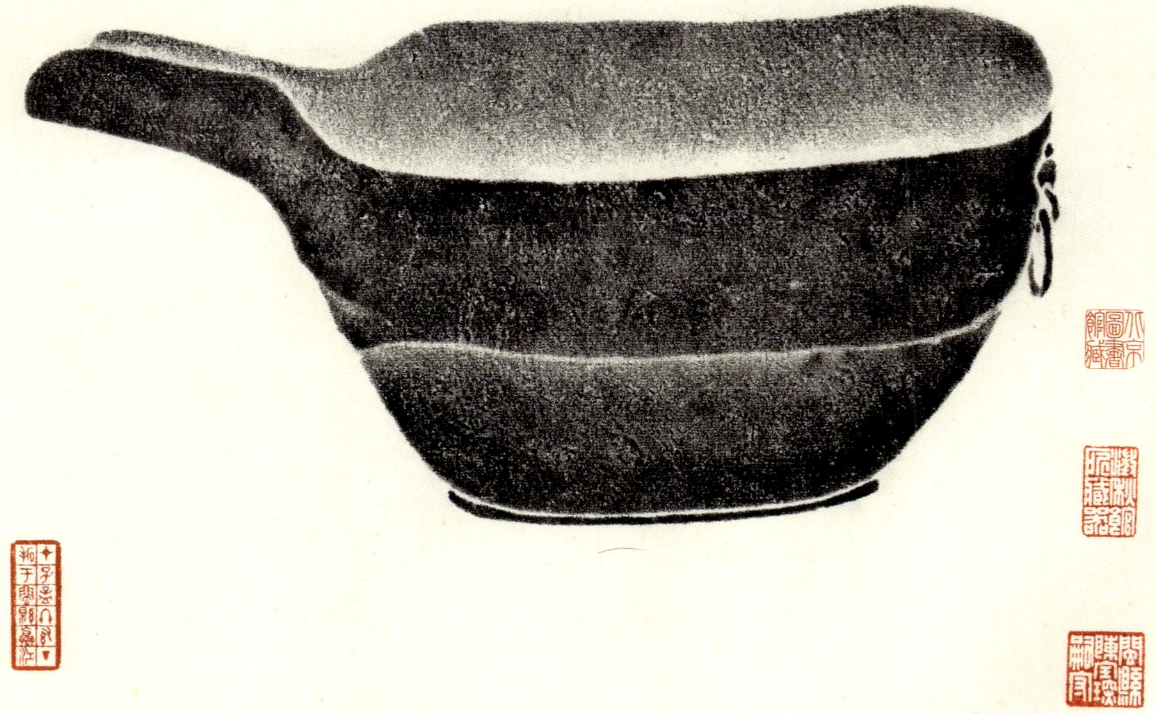

銘　文：□成。斗重五斤七兩，名曰□。第十二，陳倉成山共金匜一，容一斗八升，重五斤七兩。

鈐　印：希丁手拓　北京圖書館藏　澂秋館所藏器　閩縣陳寶琛嗣守　甲子孟冬希丁拓于閩縣贏江

富貴昌宜侯王洗

漢

銘　文：富貴昌宜侯王。

鈐　印：北京圖書館藏　希丁手拓

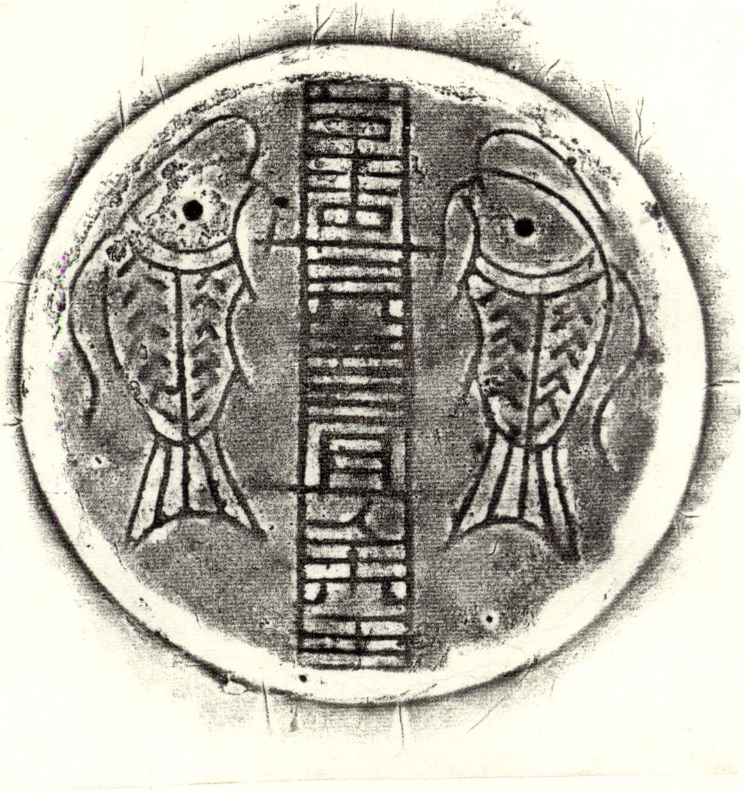

𠭰鐘

西周中期

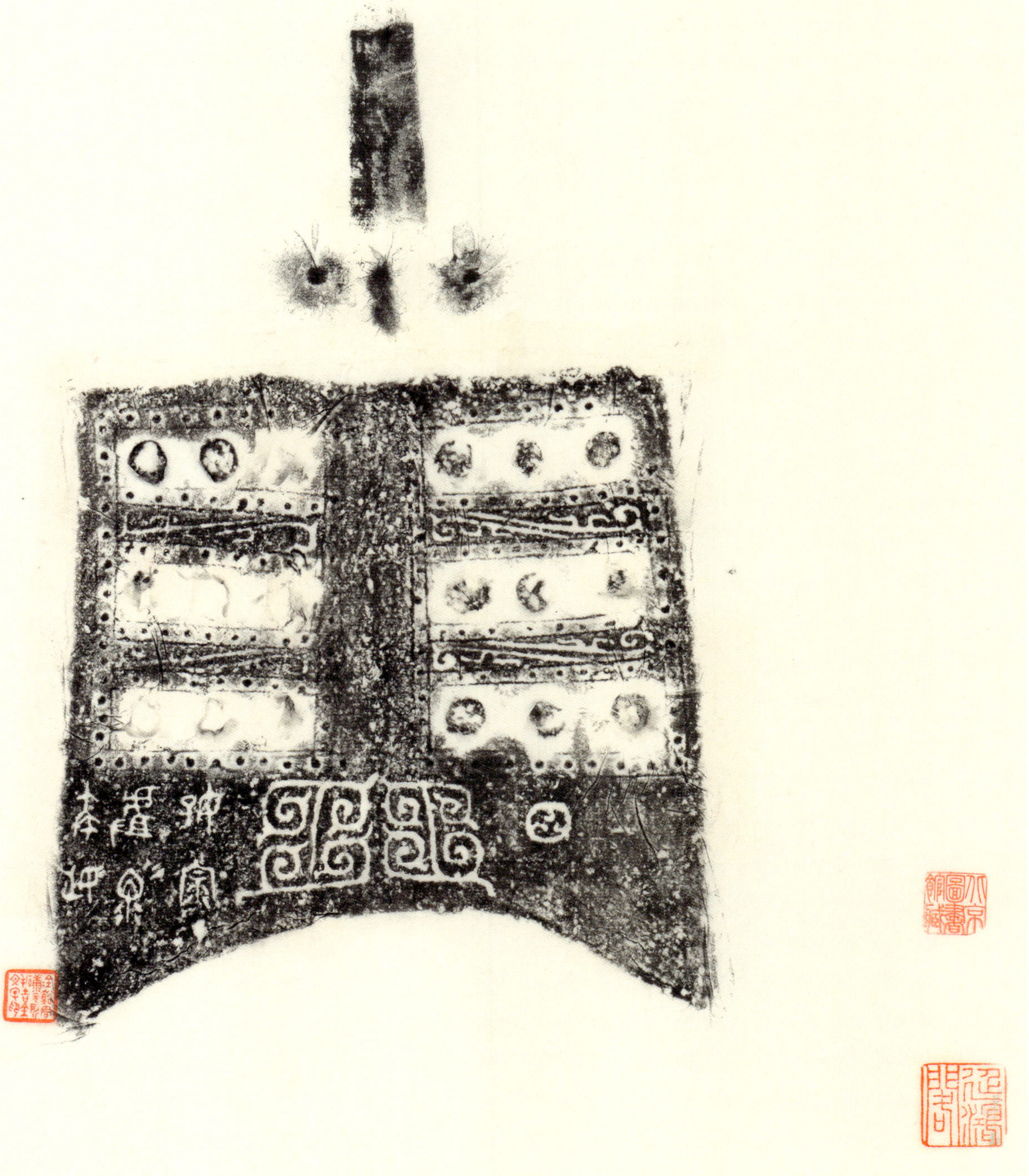

銘　文：……好穷（賓），𠭰眔𢁎（蔡）姬……

鈐　印：北京圖書館藏　延鴻閣　金谿周康元所拓吉金文字印

昆疕王鐘

西周晚期

銘　文：昆疕王賈乍（作）龢鐘，其萬年子孫永寶。

鈐　印：北京圖書館藏　雪堂藏三代器　金谿周康元所拓吉金文字印

楚公逆鐘

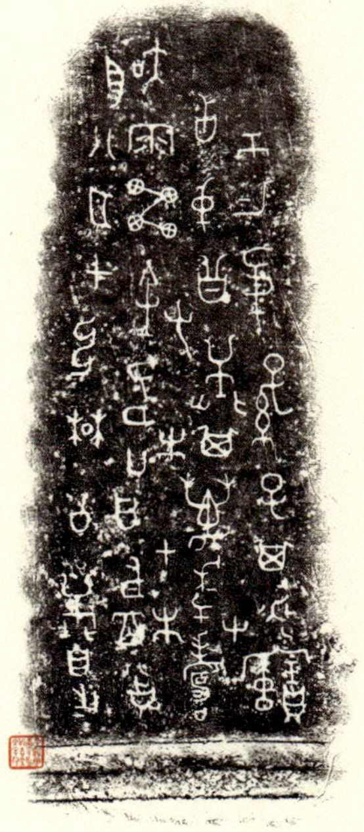

銘文：唯八月甲申，楚公逆自乍（作）大靁（雷）鐘，氒（厥）名曰□□□□。楚公逆其萬年壽□□亡□，
孫子其永寶。

鈐印：北京圖書館藏　雪堂藏三代器　金谿周康元所拓吉金文字印　希丁手拓金石文字

編者按：此器銘文僞刻。

鑄侯求鐘

春秋早期

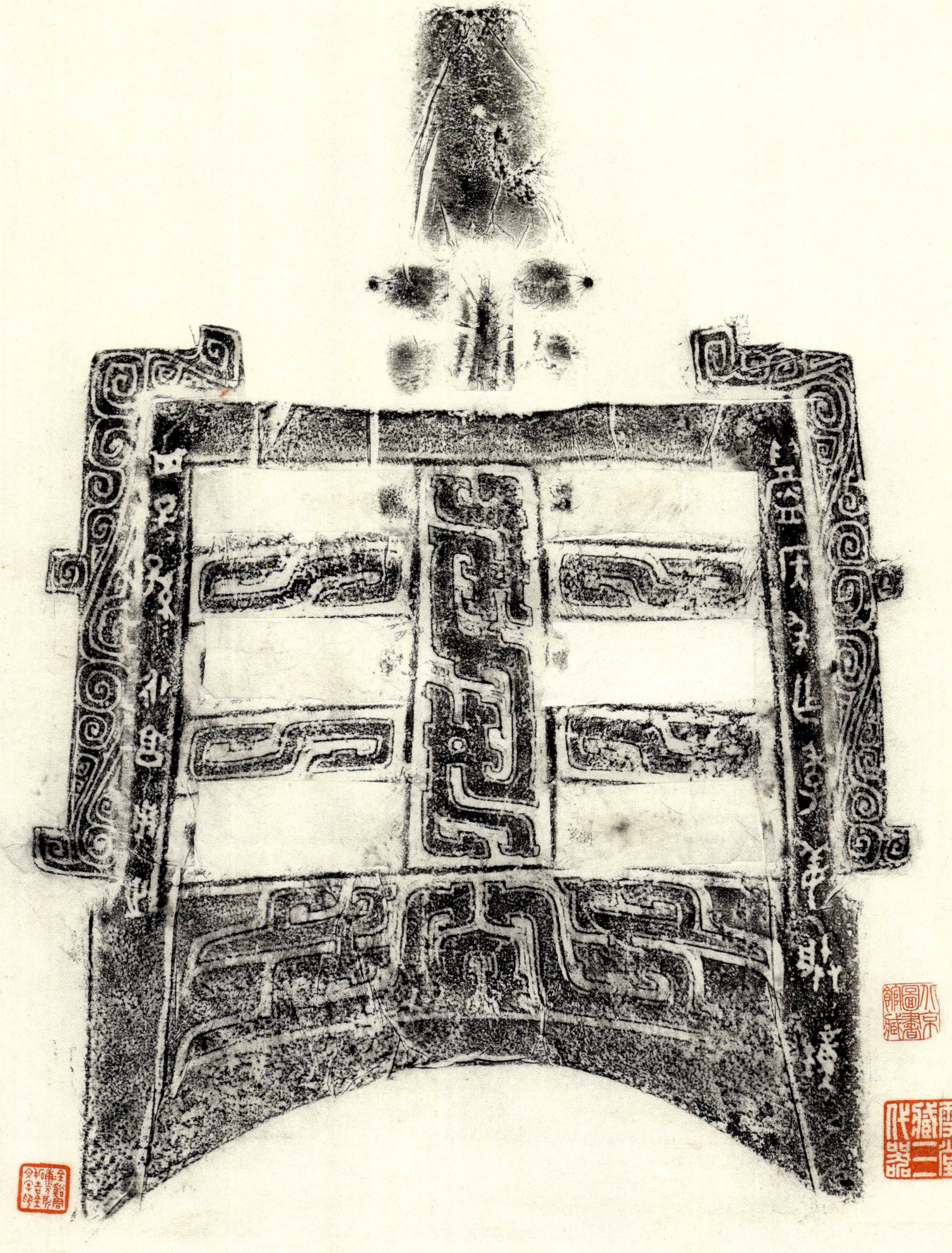

銘　文：盟（鑄－祝）侯求乍（作）季姜朕（媵）鐘，其子＝（子子）孫＝（孫孫）永亯（享）用之。

鈐　印：北京圖書館藏　雪堂藏三代器　金谿周康元所拓吉金文字印

鐘

銘文：□。

鈐印：北京圖書館藏　澂秋館所藏器　閩縣陳寶琛嗣守　甲子孟冬希丁拓于閩縣贏江　金谿周康元所拓吉金文字印

星伯鐘

鈐　印：北京圖書館藏　金谿周康元所拓吉金文字印

編者按：僞銘。

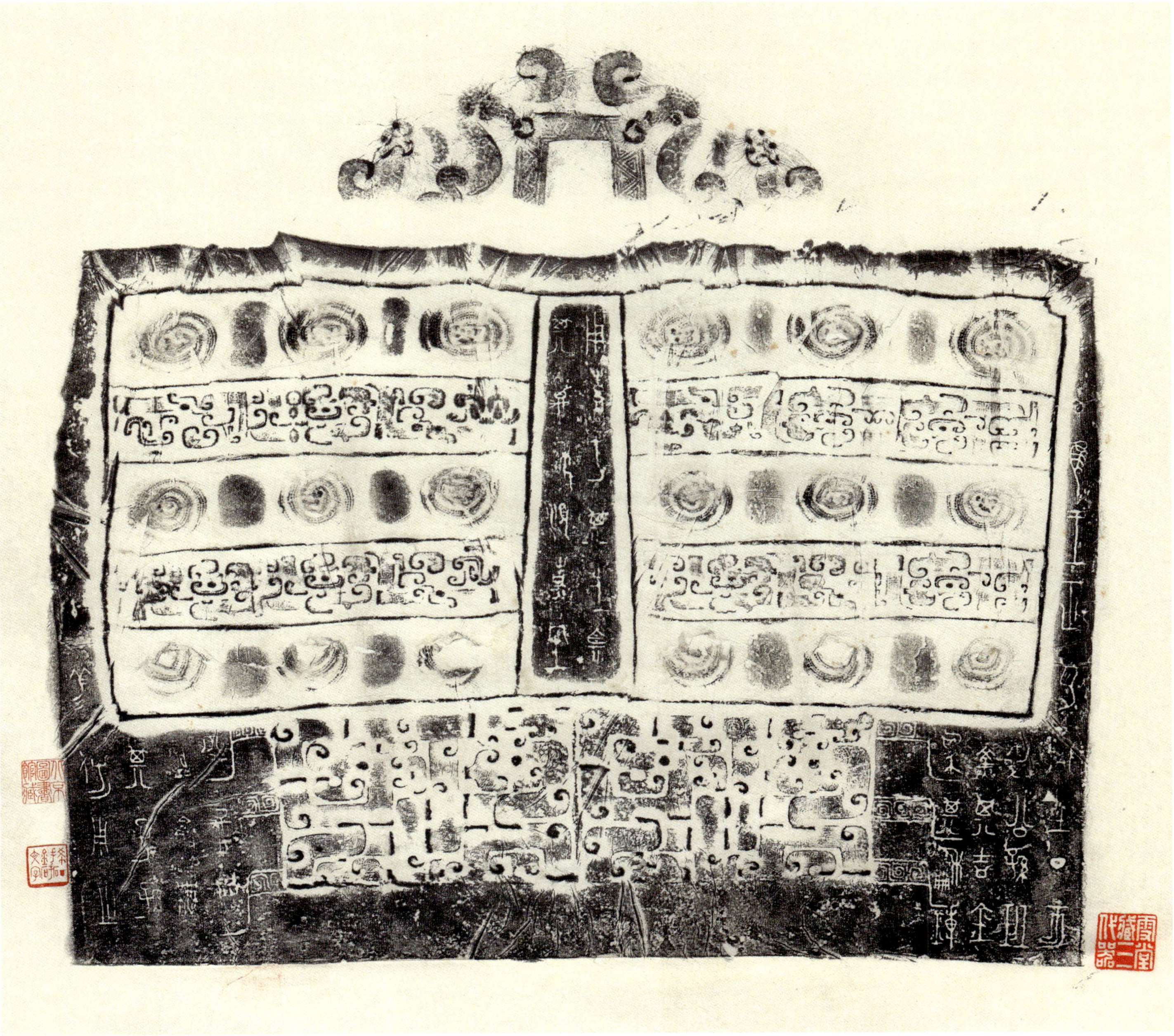

郳公孫班鎛

春秋晚期

銘　文：隹（唯）王正月，辰在丁亥，鼄（邾）公孫班罜（擇）其吉金，爲其龢鎛，用喜于其皇祖，其萬年湏（眉）壽，室家是保，霝（靈）命無其（期），子＝（子子）孫＝（孫孫）羕（永）保用之。

鈐　印：雪堂藏三代器　北京圖書館藏　希丁手拓金石文字

亞䀁左鐃

商後期

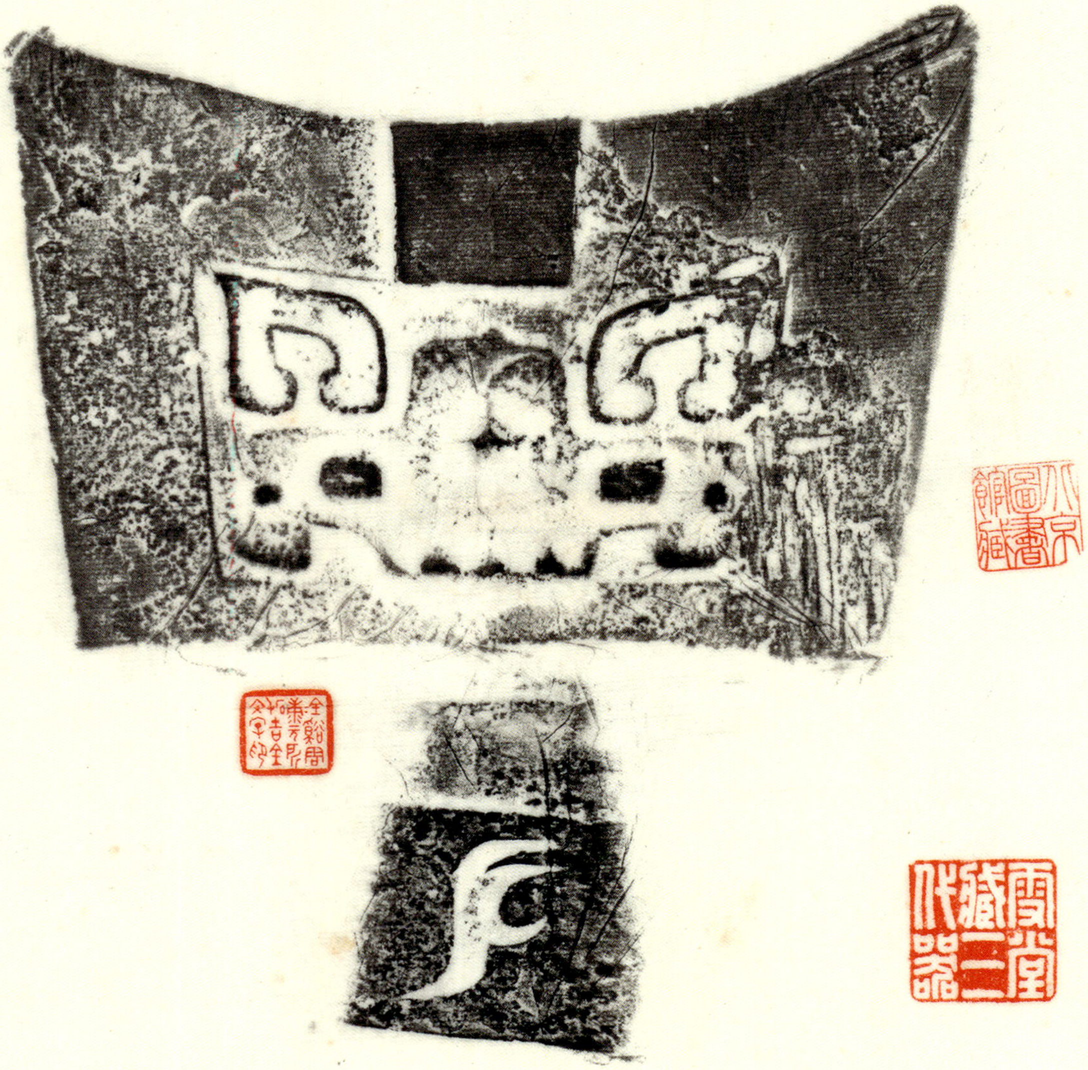

銘　文：亞䀁，𠂇（左）。

鈐　印：北京圖書館藏　雪堂藏三代器　金谿周康元所拓吉金文字印

銅鼓

漢

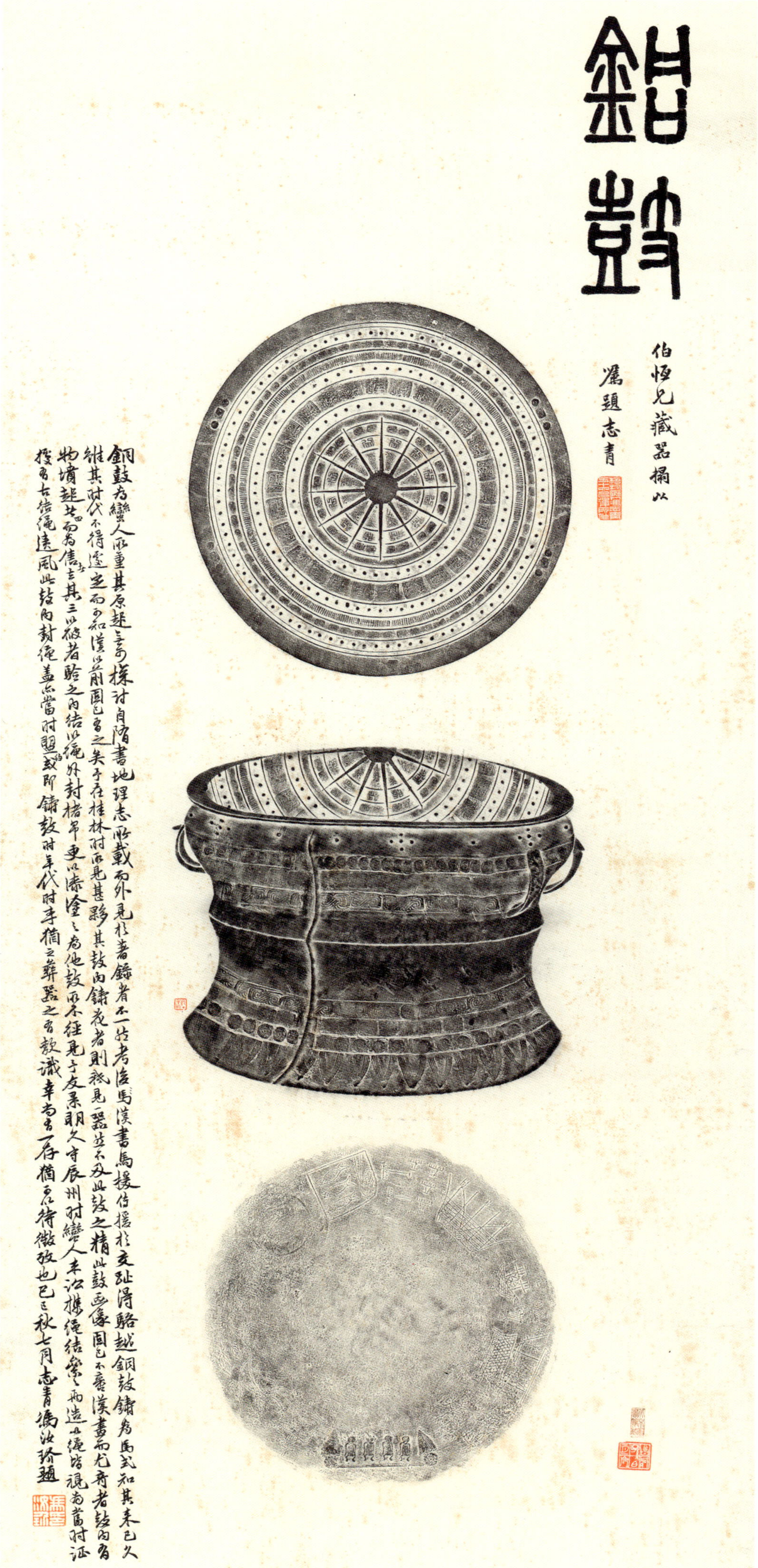

銘文：無

鈐印：梧桐鄉人馮志青五十四以後所作　希丁手拓　北京圖書館藏　曾藏孫伯恒處　馮汝玠印

史戈

商後期

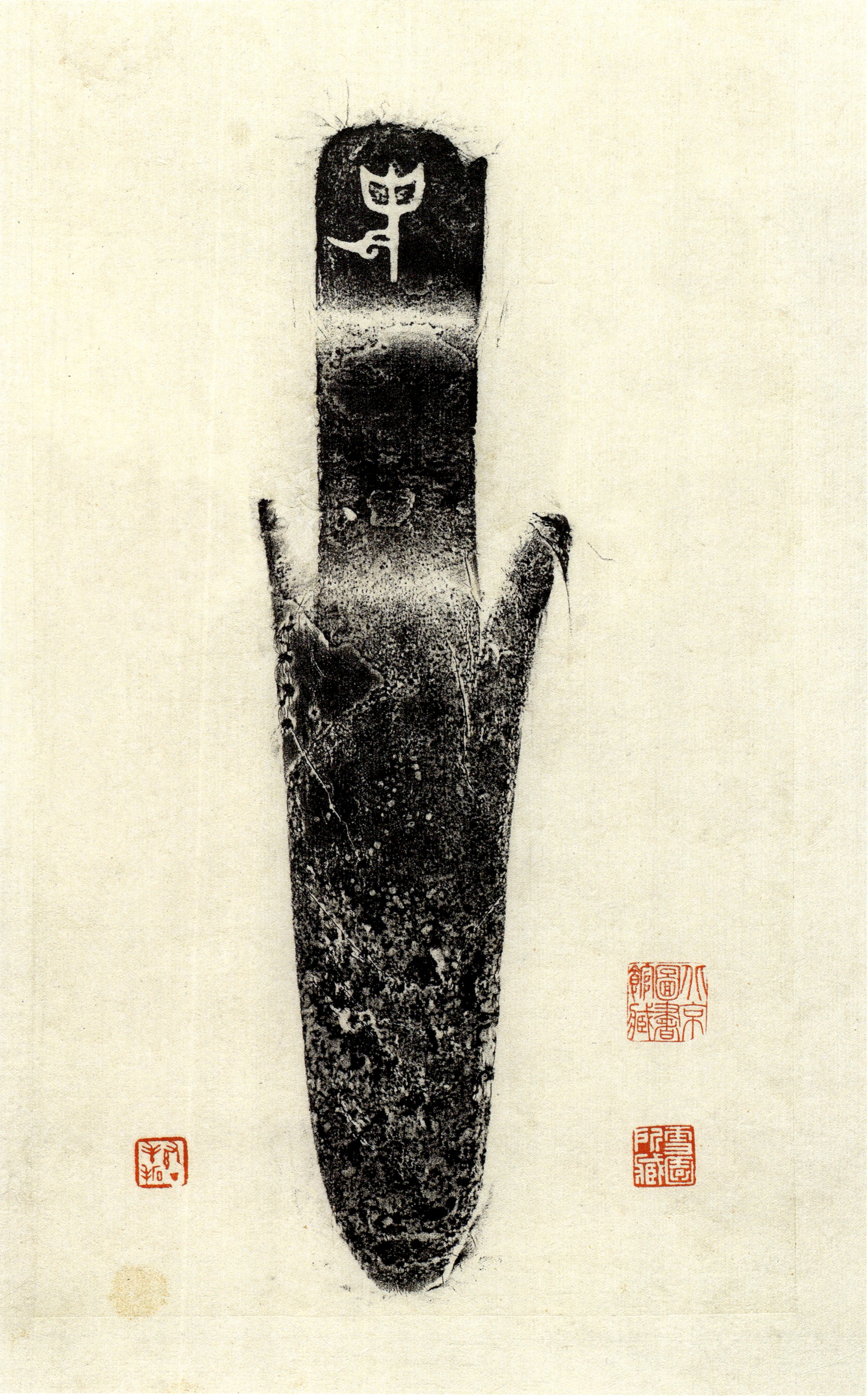

銘文：史。

鈐印：北京圖書館藏　雪園所藏　希丁手拓

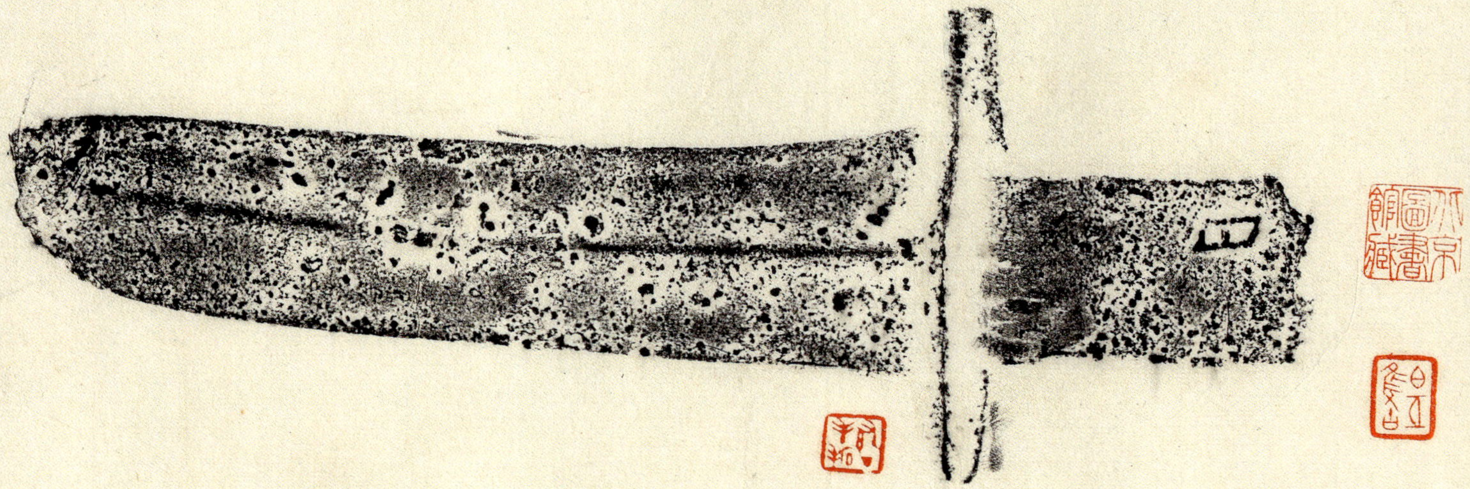

□戈　商後期

銘　文：□。

鈐　印：北京圖書館藏　伯恒集古　希丁手拓

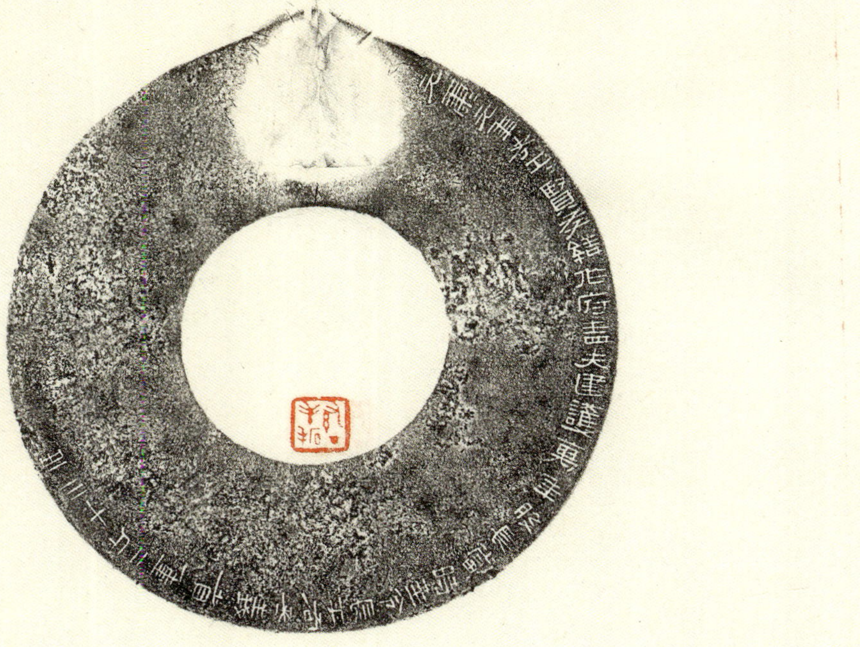

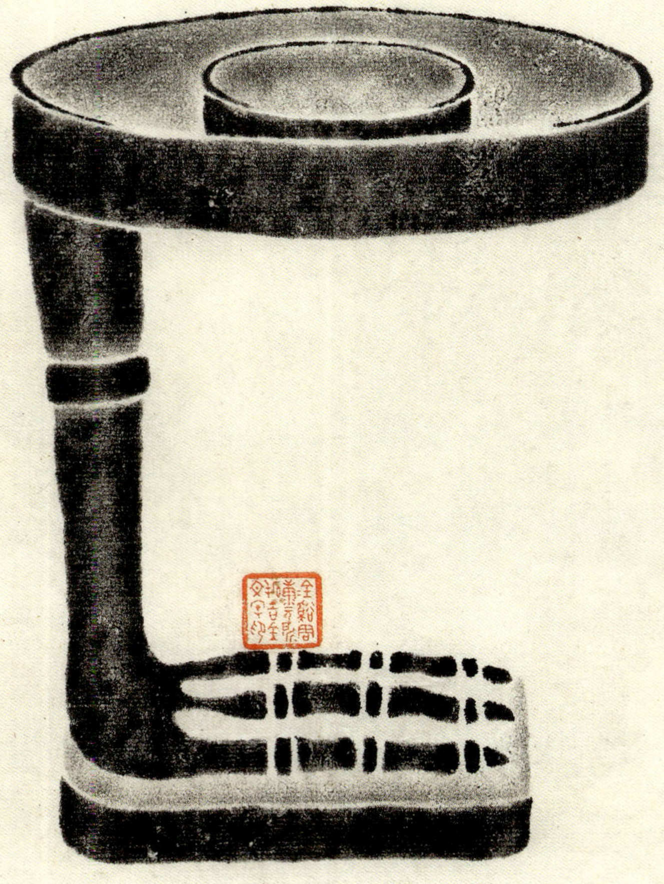

元康元年雁足鐙

西漢元康元年（前六五年）

銘文：元康元年考工＝（工工）賢友繕作，府嗇夫建護萬年般長當時主令長平右丞義省，重二斤十三兩。

鈐印：希丁手拓　北京圖書館藏　延鴻閣　金谿周康元所拓吉金文字印

桂宮雁足鐙

西漢竟寧元年（前三三年）

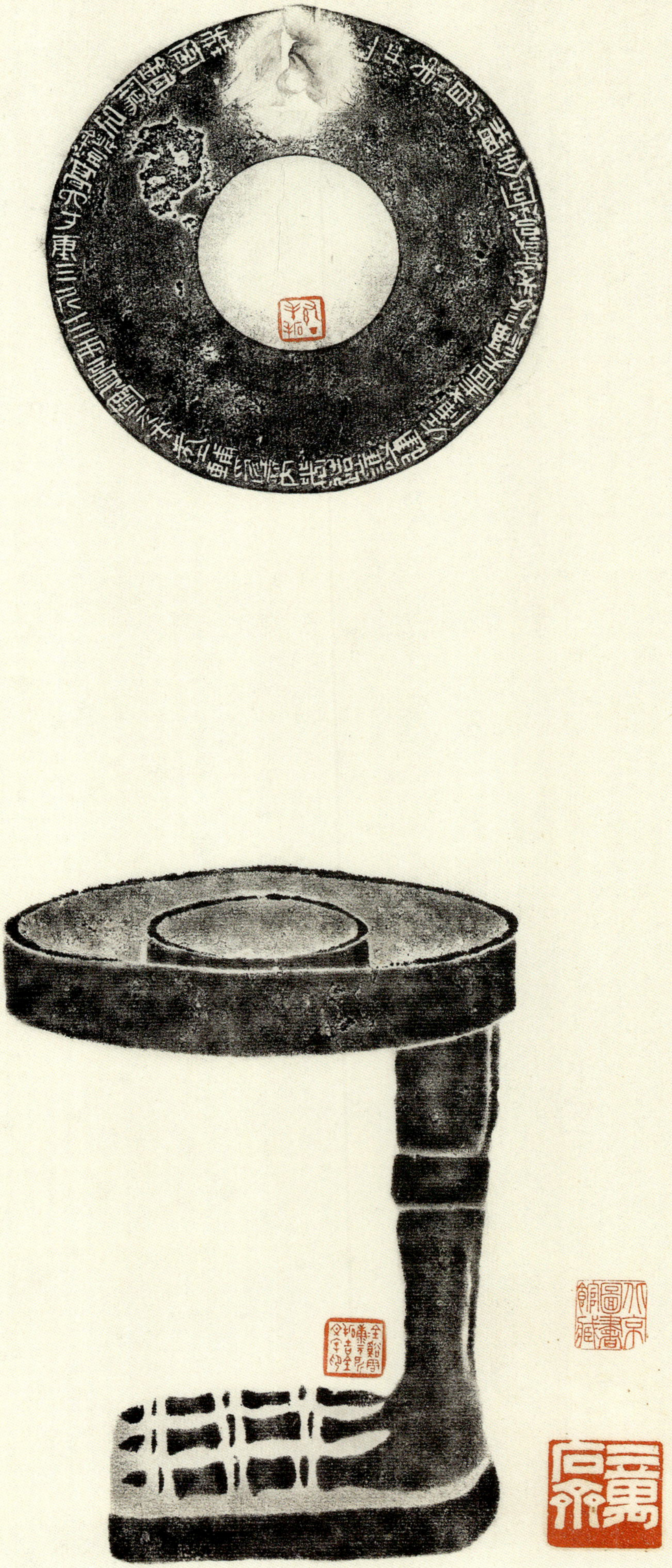

銘　文：桂宮銅雁足鐙，高六寸，重三斤三兩，竟寧元年考工=（工工）輔爲內者造，護建佐博、嗇夫福、掾光，主右丞宮令相省，第卅（三十）一。

鈐　印：希丁手拓　北京圖書館藏　二萬石齋　金谿周康元所拓吉金文字印

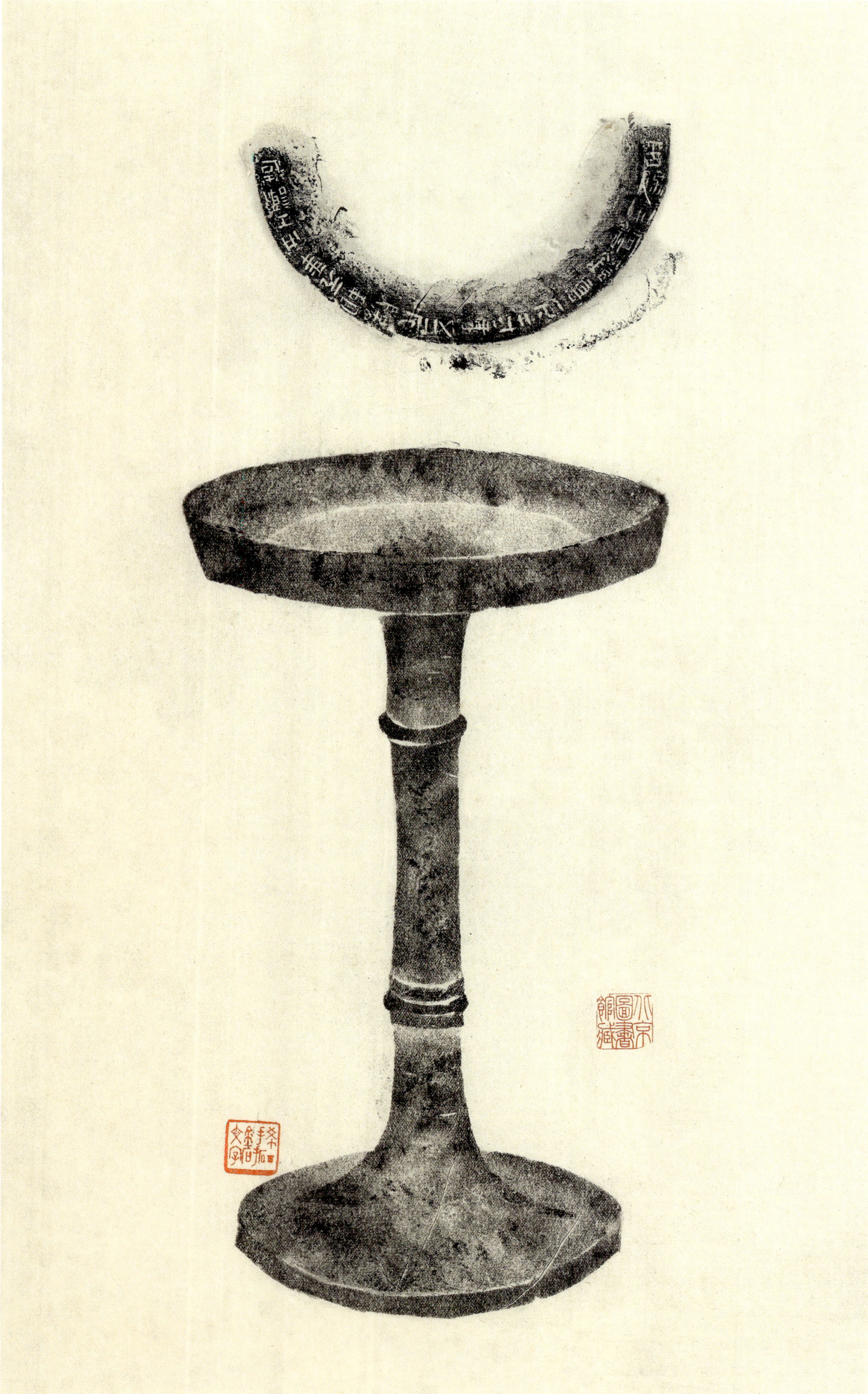

平陽家鐙

西漢陽朔元年（前二四年）

銘　文：平陽家銅鐙，高一尺二寸，重五斤。陽朔元年併工謝造。

鈐　印：北京圖書館藏　希丁手拓金石文字

宜子孫鹿盧鐙

西漢

銘文：宜子孫，吉。

鈐印：希丁手拓　北京圖書館藏　雪園所藏

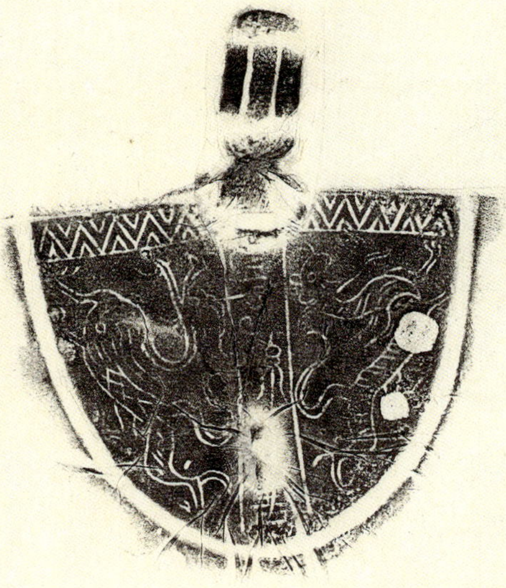

宜子孫行鐙

新莽時期

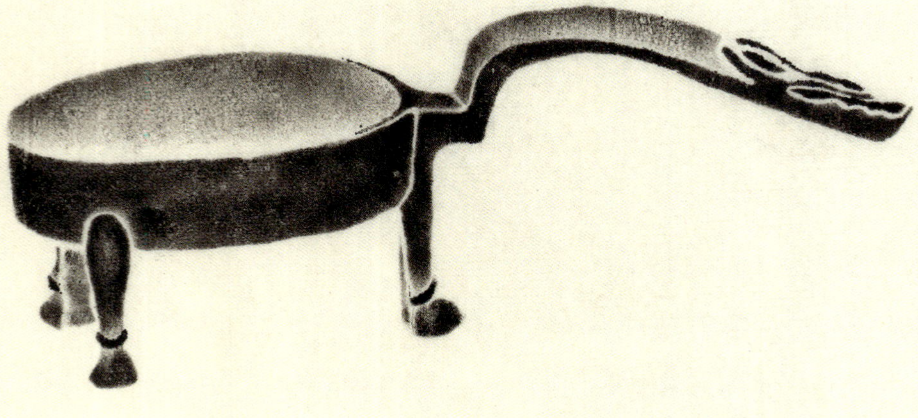

銘文：宜子孫。

鈐印：希丁手拓　北京圖書館藏　澂秋館所藏器　閩縣陳寶琛嗣守　甲子孟冬希丁拓于閩縣瀛江

上林銅鐙

漢

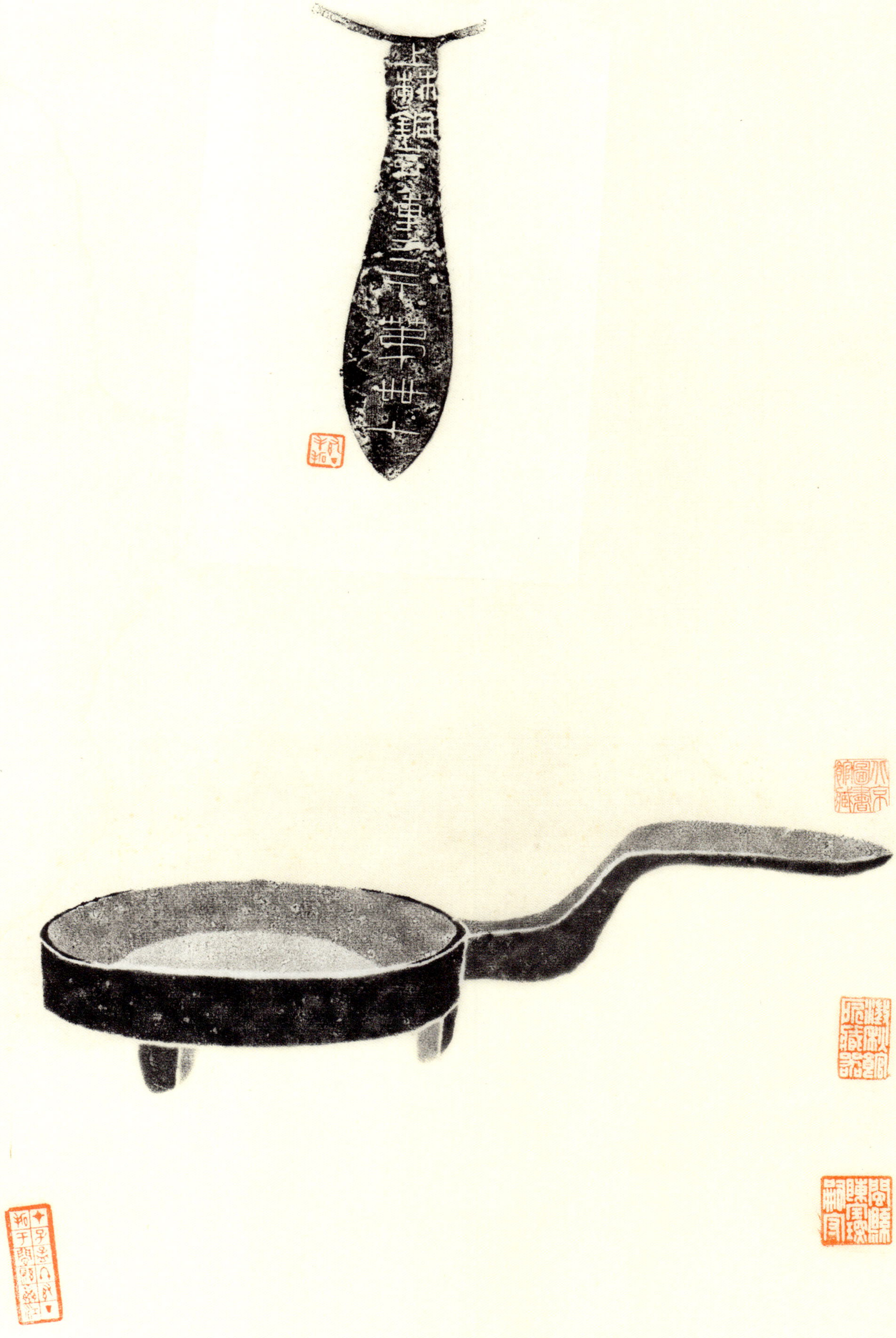

銘文：上林銅登（鐙），重三斤，第卌（四十）七。

鈐印：希丁手拓　北京圖書館藏　澂秋館所藏器　閩縣陳寶琛嗣守　甲子孟冬希丁拓于閩縣嬴江

平安侯家染爐

漢

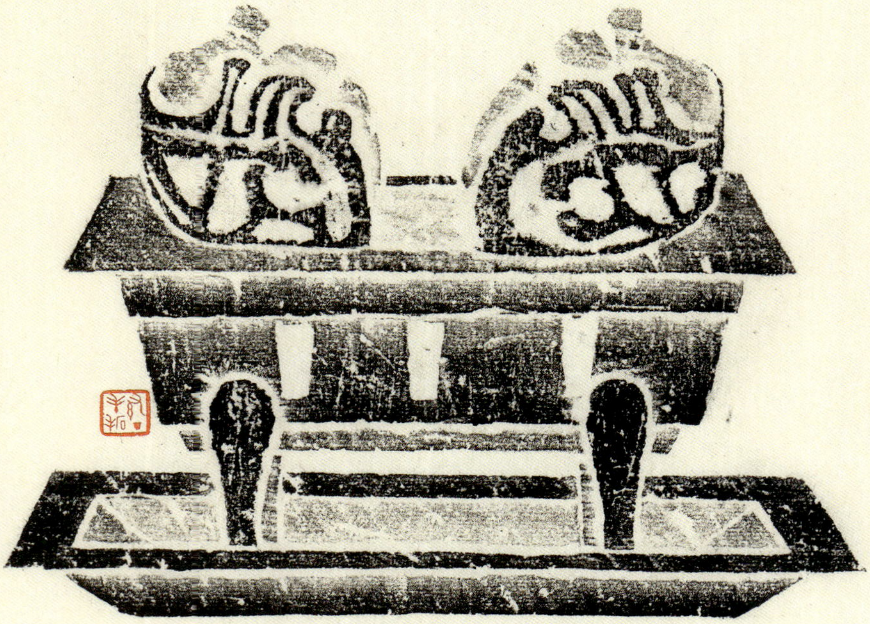

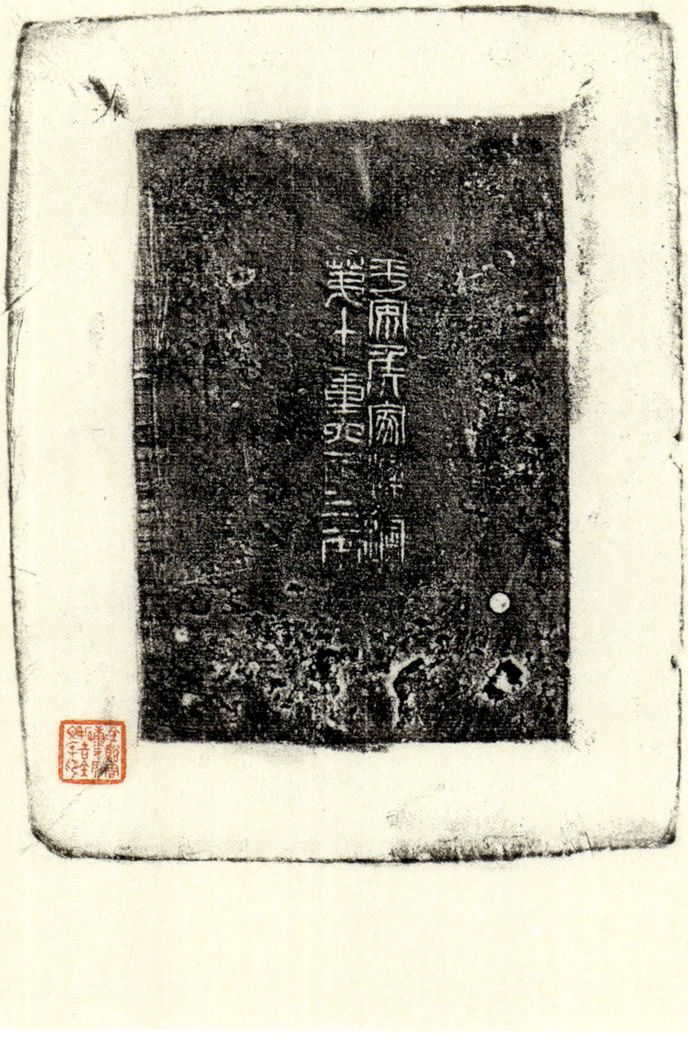

銘　文：平安侯家染鑪，第十，重六斤三兩。

鈐　印：希丁手拓　北京圖書館藏　延鴻閣　金谿周康元所拓吉金文字印

獅子香爐

唐

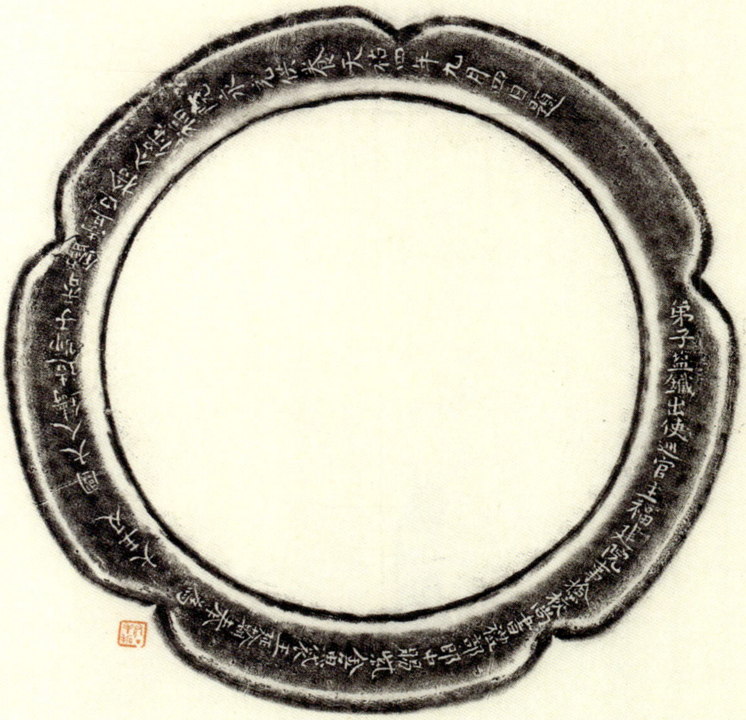

銘文：弟子鹽鐵出使巡官，主福建院事、檢校尚書、禮部郎中、賜紫金魚袋王延翰奉爲大王及。國天人鑄造師子香爐壹口，捨入保福院永充供養。天祐四年九月四日題。

鈐印：希丁手拓　北京圖書館藏　澂秋館所藏器　閩縣陳寶琛嗣守　甲子孟冬希丁拓于閩縣瀛江

潞國鼎式爐

明

銘　文：大明崇禎捌年潞國製拾玖器。敬一主人。

鈐　印：希丁手拓　北京圖書館藏　澂秋館所藏器　金谿周康元所拓吉金文字印

車軸飾

商後期至西周早期

銘文：無

鈐印：北京圖書館藏　希丁手拓

宜子孫熨斗

新莽時期

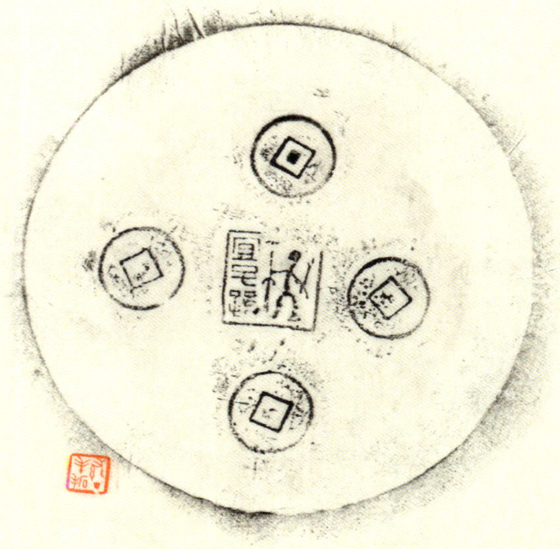

銘文：宜子孫。

鈐印：希丁手拓 北京圖書館藏 澂秋館所藏器 閩縣陳寶琛嗣守 甲子孟冬希丁拓于閩縣贏江

盂

商後期

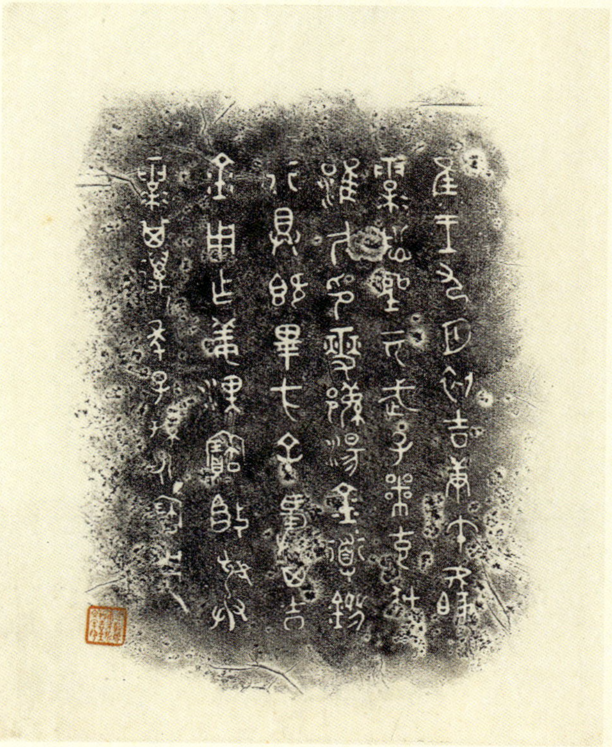

鈐印：金谿周康元所拓吉金文字印　北京圖書館藏　公度藏三代器　希丁手拓金石文字

編者按：僞銘。

來復之象盂

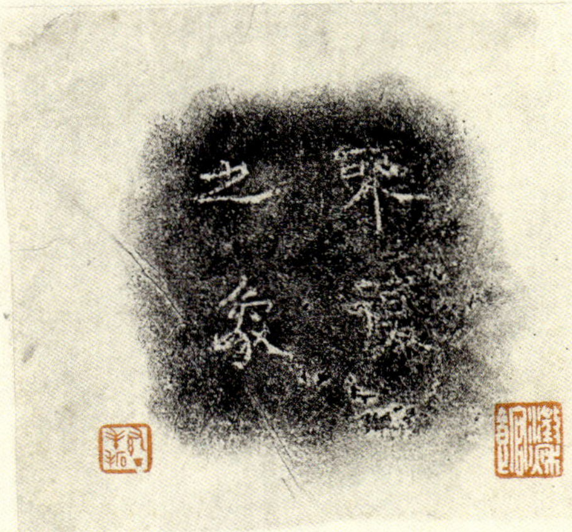

銘　文：大禹九鼎取九州之義，此盂七環取七日之禊，銘曰『來復』，見天地之心乎？天曆二年秋，柯九思。來後之象。

鈐　印：澂秋館　希丁手拓　澂秋館所藏器　北京圖書館藏　金谿周康元所拓吉金文字印

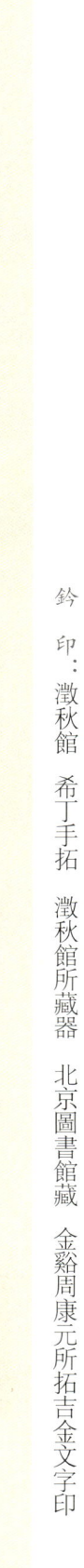

匋齋舊藏古禁全器

孝胥

編者按：匋齋所藏柉禁十三器經福開森售予美國大都會藝術博物館。臨行前，周希丁於天津美國領事館費時廿日傳拓全形，由福氏石印後分贈各高校及博物館，此其一也。原拓未知尚存天壤否。

銅禁 西周早期

鈐　印：匋齋所藏吉金

禁

鼎卣

西周早期

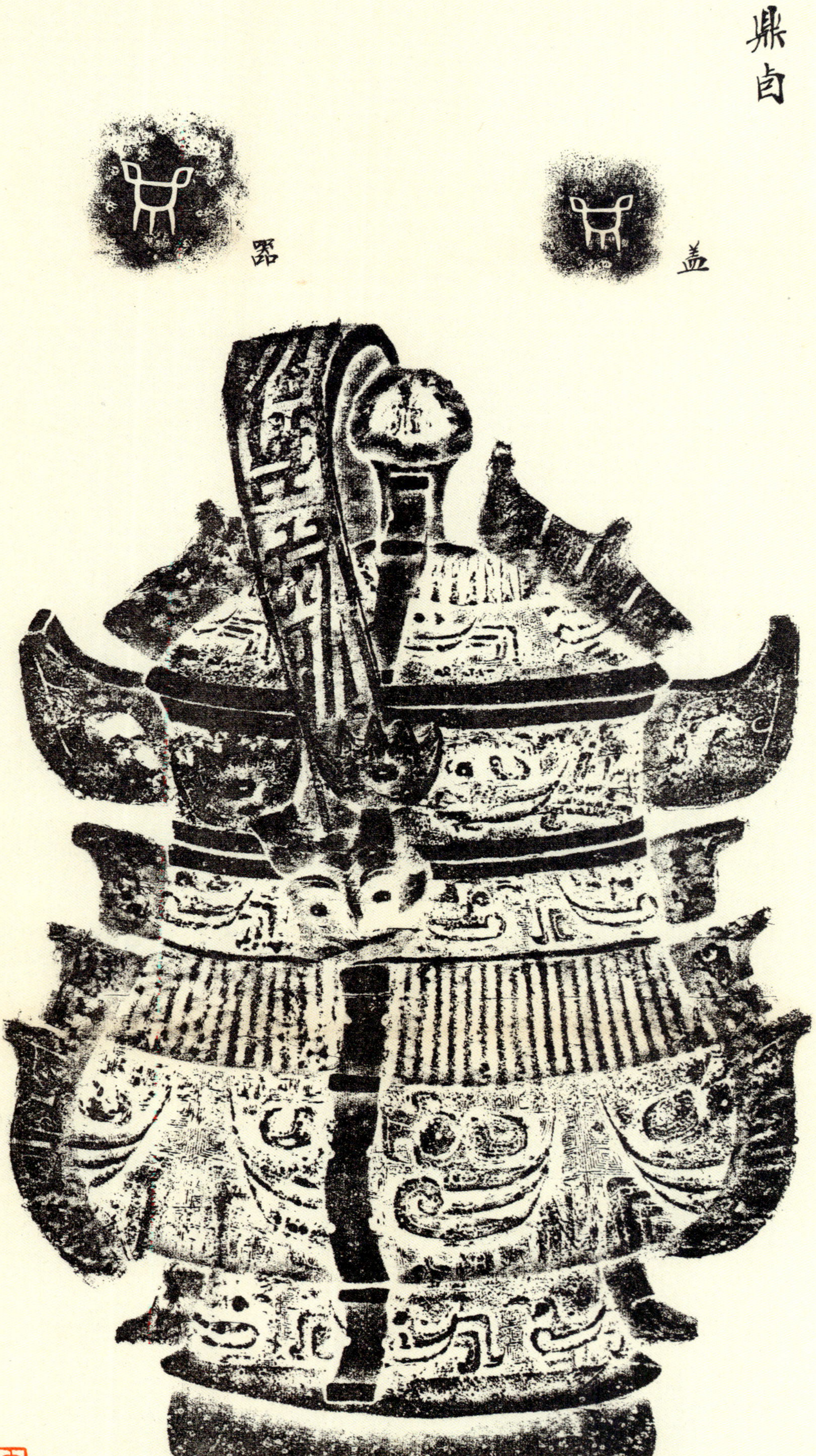

銘文：【器、蓋同銘】鼎。

鈐印：匋齋所藏吉金

鼎卣附禁

西周早期

銘　文：【器、蓋同銘】鼎。

鈐　印：匋齋所藏吉金

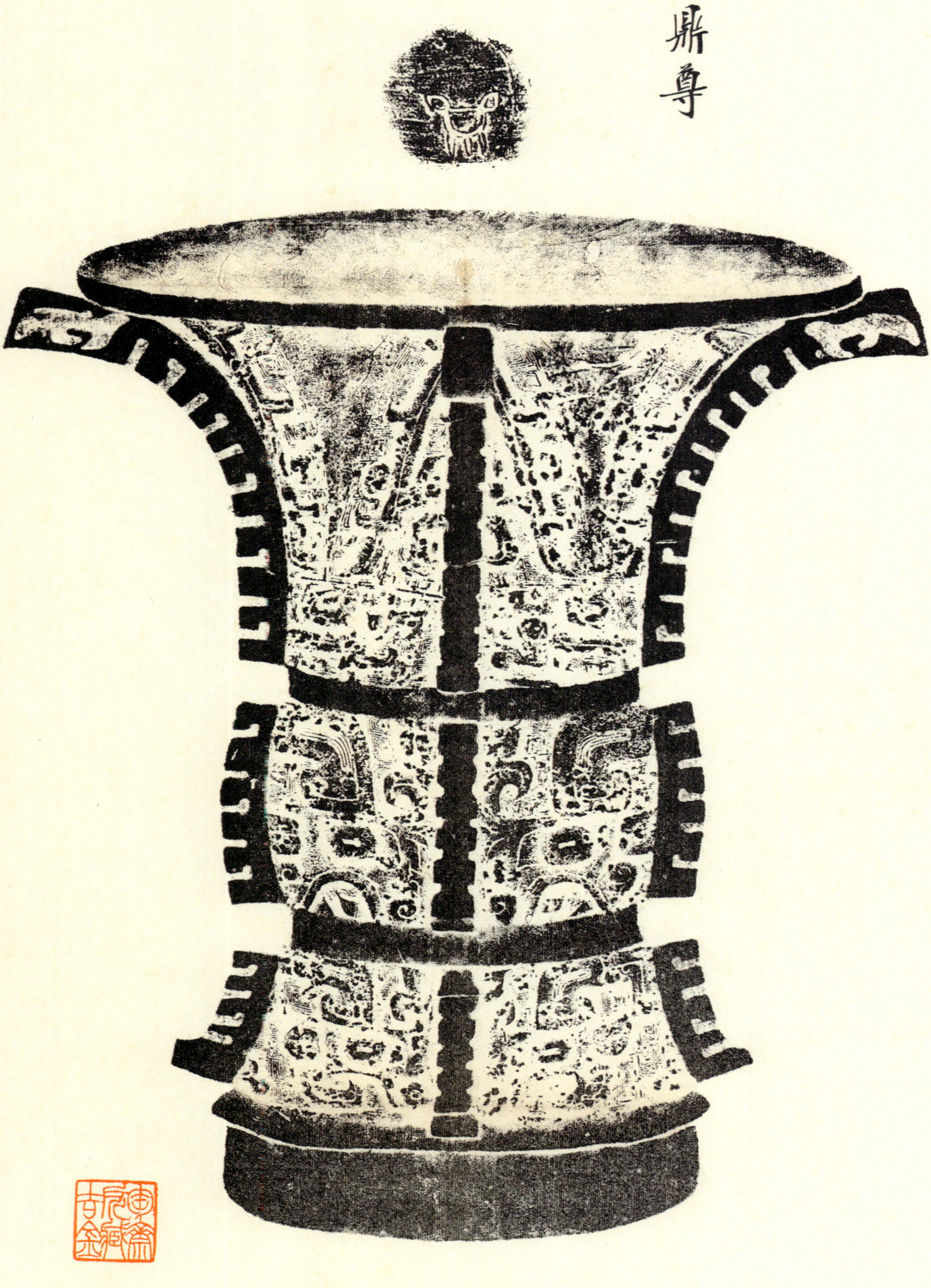

鼎尊
西周早期

銘文：鼎。
鈐印：匋齋所藏吉金

子父乙盉

西周早期

器

盖

父乙盉

銘　文：子。父乙。

鈐　印：匋齋所藏吉金

□□斝

西周早期

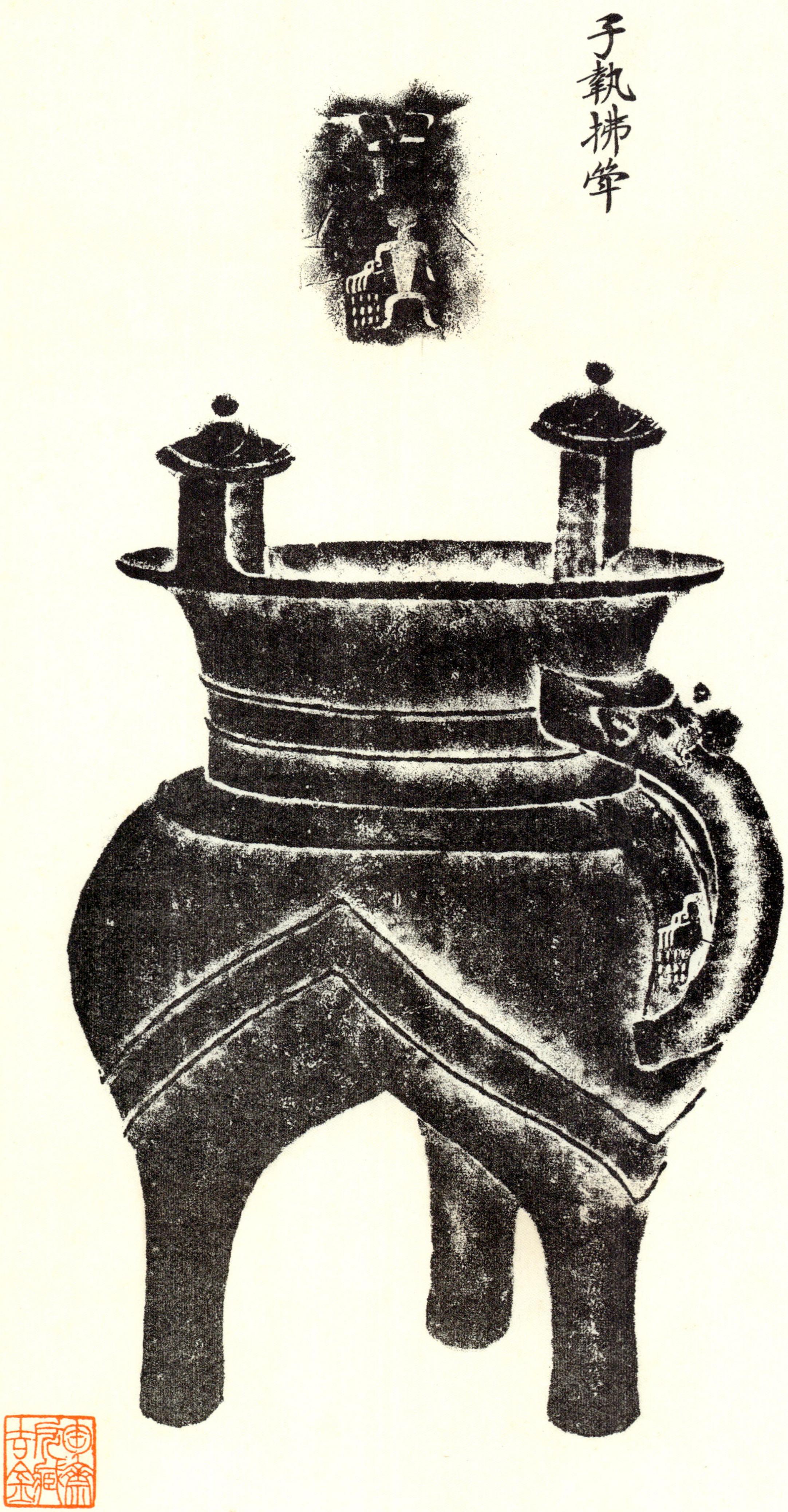

銘　文：□□。

鈐　印：匋齋所藏吉金

册劦竹祖癸角

西周早期

銘文：册劦竹，祖癸。

鈐印：匋齋所藏吉金

祖癸角

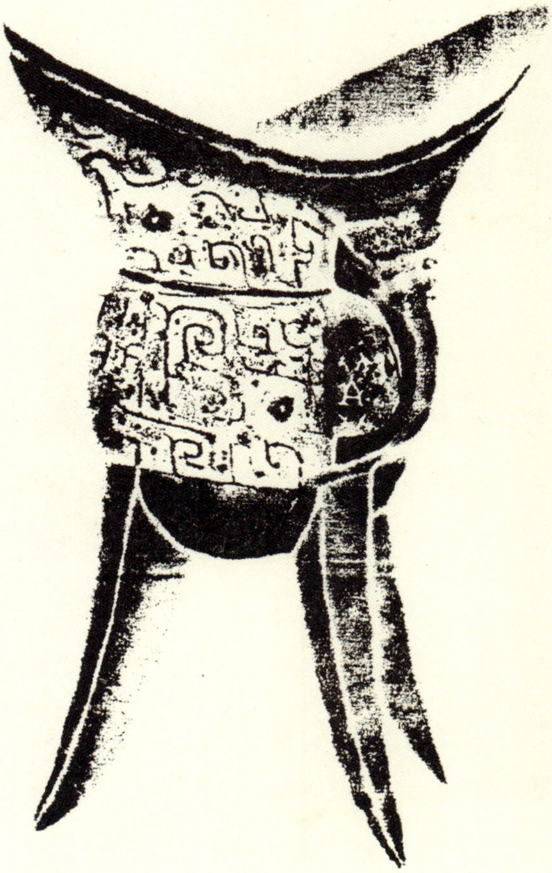

亞□爵

西周早期

銘文：亞□。

鈐印：匋齋所藏吉金

亞□妣己觚

西周早期

妣己觚

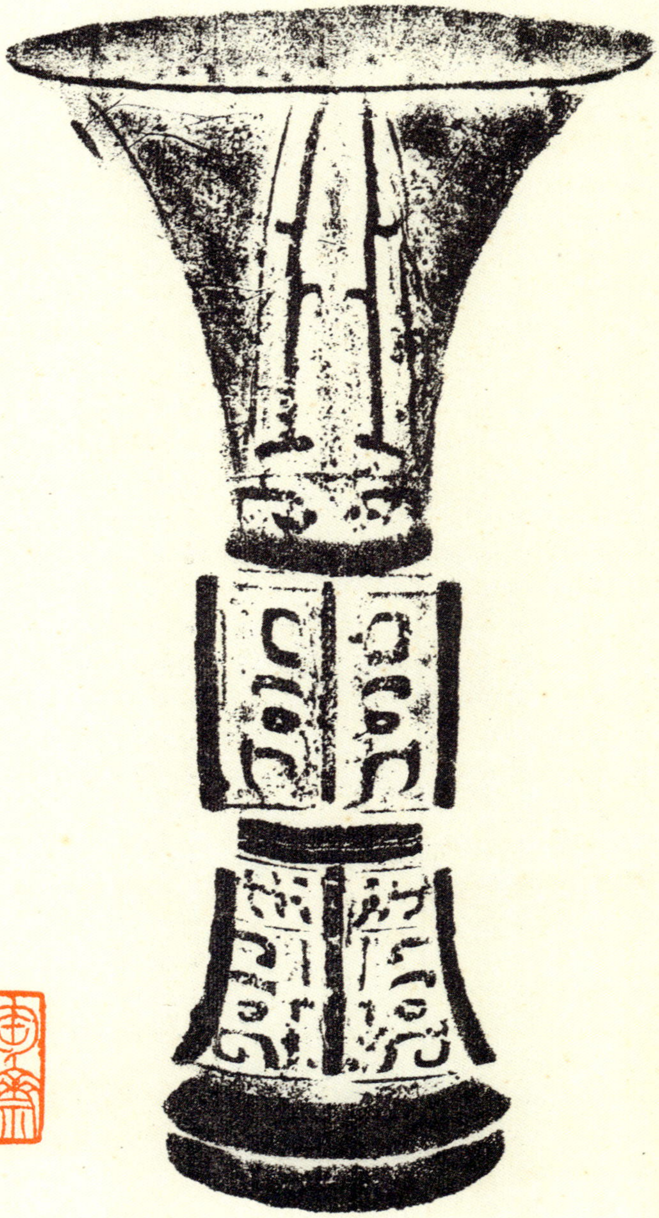

銘文：亞□，妣己。

鈐印：匋齋所藏吉金

中亞址作妣己觶

西周早期

妣己觶

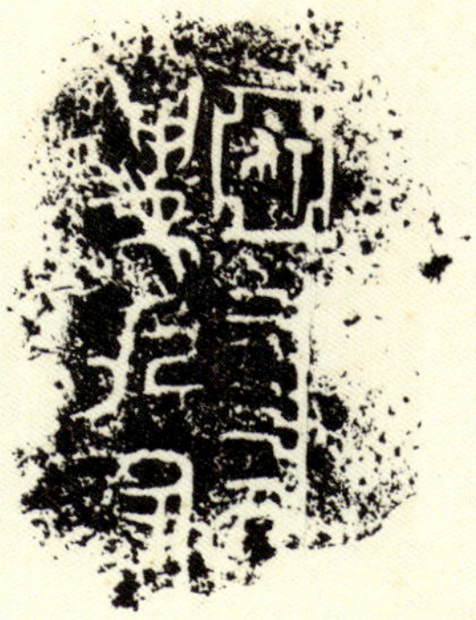

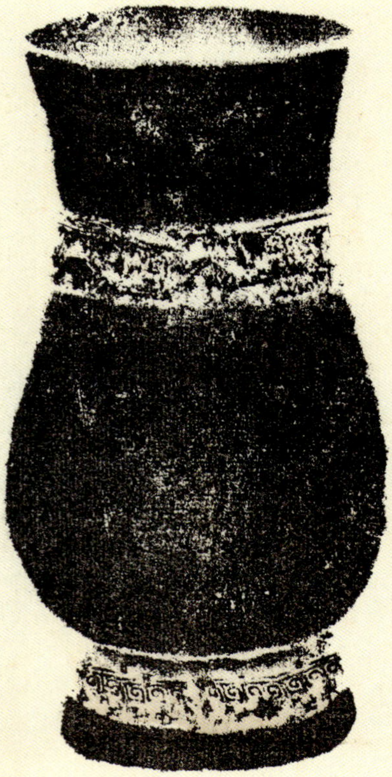

銘　文：乍妣己彝，中亞址。

鈐　印：匋齋所藏吉金

編者按：此拓銘文却置。

□父甲觶

西周早期

銘文：□父甲。

鈐印：匋齋所藏吉金

父甲觶

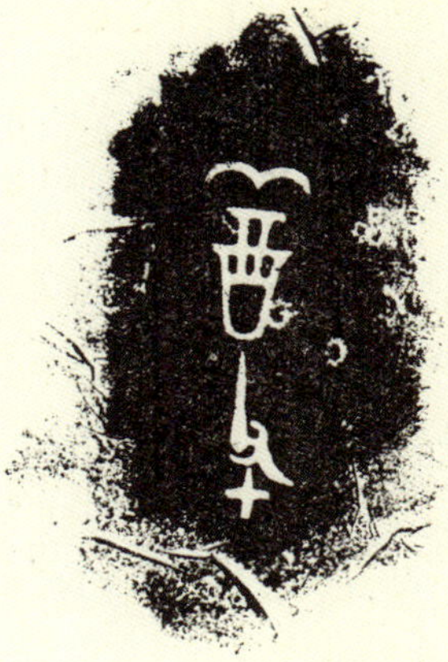

天父乙觶

西周早期

銘文：天，父乙。

鈐印：匋齋所藏吉金

雷紋觶

西周早期

觶

銘文：無

鈐印：匋齋所藏吉金

銅匕四件

西周晚期

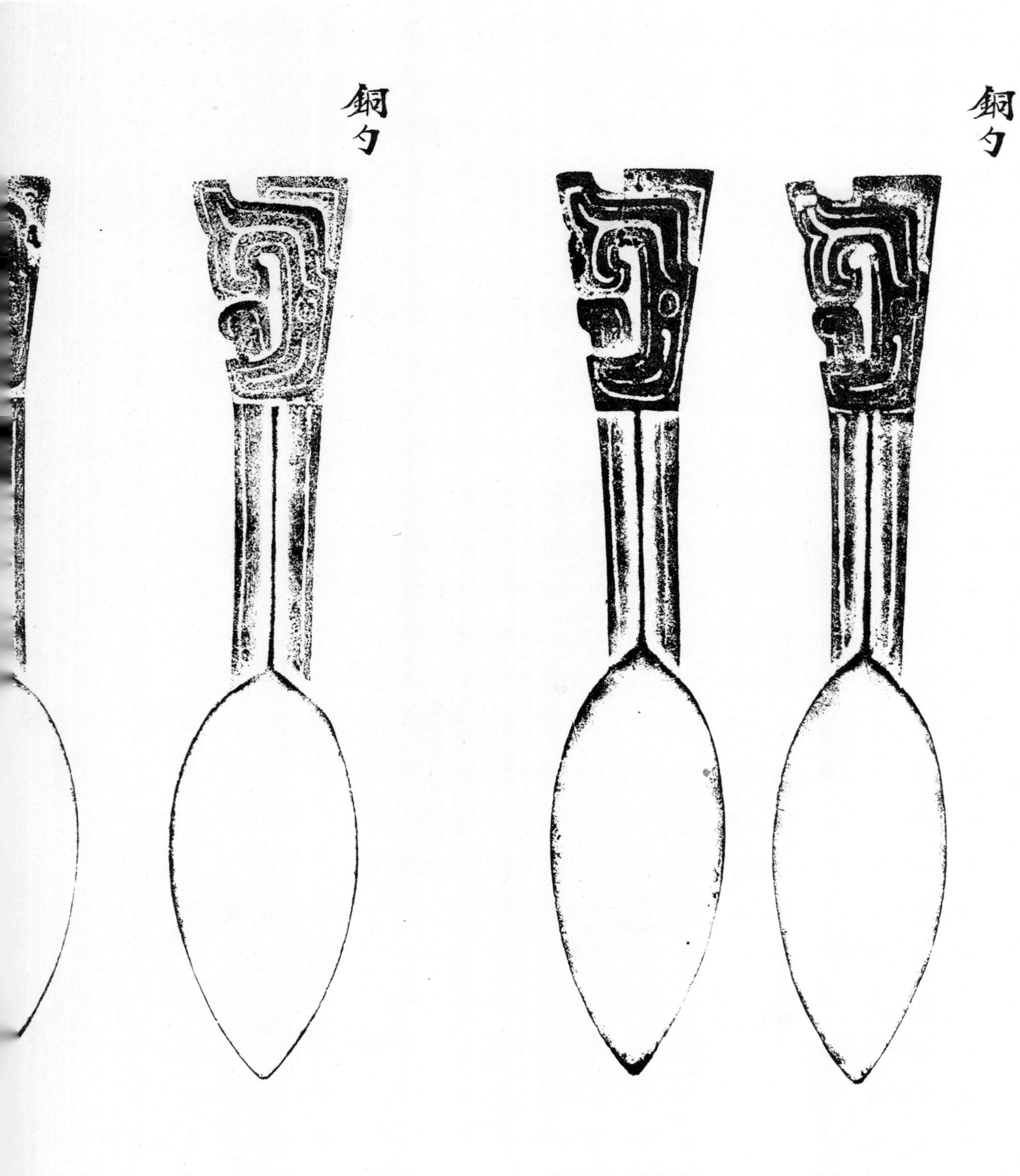

銘文：無

鈐印：匋齋所藏吉金

銅匕两件

西周晚期

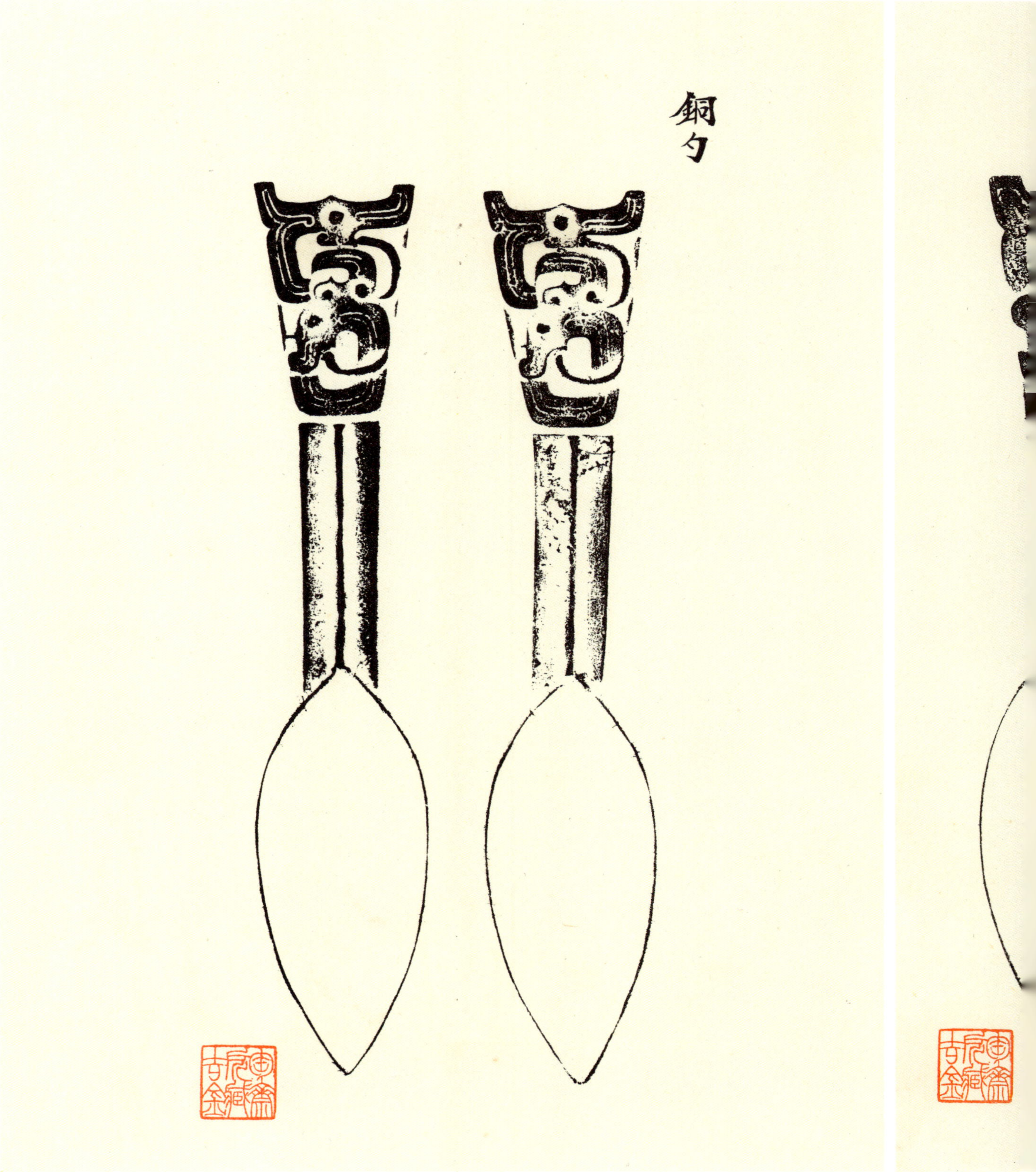

銘文：無

鈐印：匋齋所藏吉金

傳古拳招技術研究初稿

編者按：此手稿係傳大卣舊藏，是周希丁先生傳拓經驗的總結。中華人民共和國成立之初，意欲出版公之於衆，遷延未果。今日重見，實爲傳拓技藝之幸事。容庚《商周彝器通考·拓墨》一節即參考此手稿而成。

傳古摹拓技術研究自叙

余好金石，始自髫齡。八歲侍先伯祖子莊公學習治印。其時雖不解印爲何用，然愛之勝於一切游戲。至光緒庚子春，余年十歲，常至廠肆，見有鐘鼎全形拓本四幀，愛之尤甚。向人詢其拓法，以爲甚屬神奇。至今思之，深覺可哂，然在當時并不知其謬也。至十五歲，學治印於武清張子青夫子。因辨識秦漢字原，始覺金石文字之可重，於鐘鼎全形拓法更欲知其究竟。每於學刻之

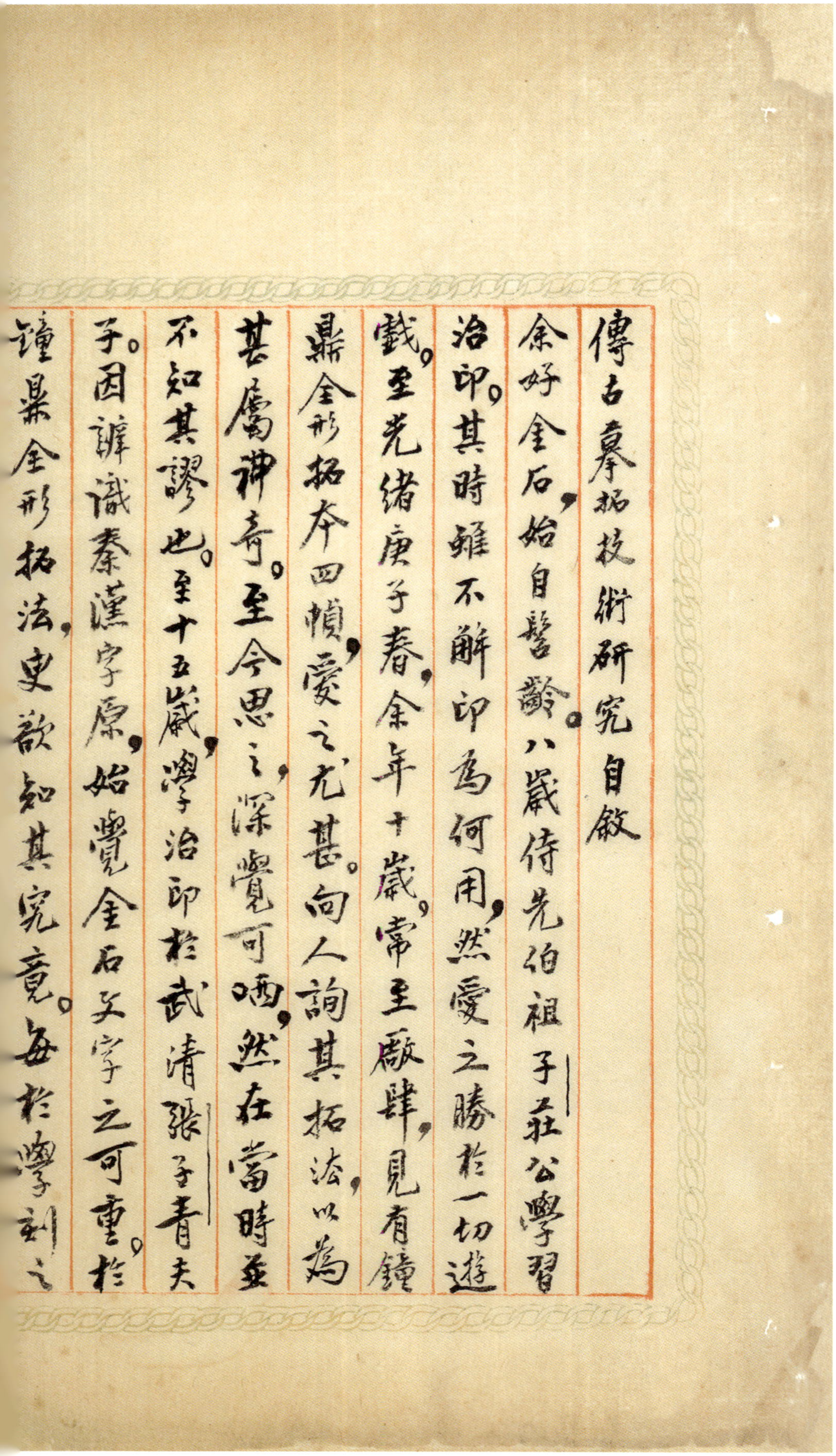
傳古摹拓技術研究自敘
余好金石，始自髫齡。八歲侍先伯祖子莊公學習治印。其時雖不解印為何用，然愛之勝於一切遊戲。至光緒庚子春，余年十歲，常至廠肆，見有鐘鼎全形拓本四幀，愛之尤甚。向人詢其拓法，以為甚屬神奇。至今思之，深覺可哂，然在當時并不知其謬也。至十五歲，學治印於武清張子青夫子。因辨識秦漢字原，始覺金石文字之可重，於鐘鼎全形拓法，更欲知其究竟。每於學刻之

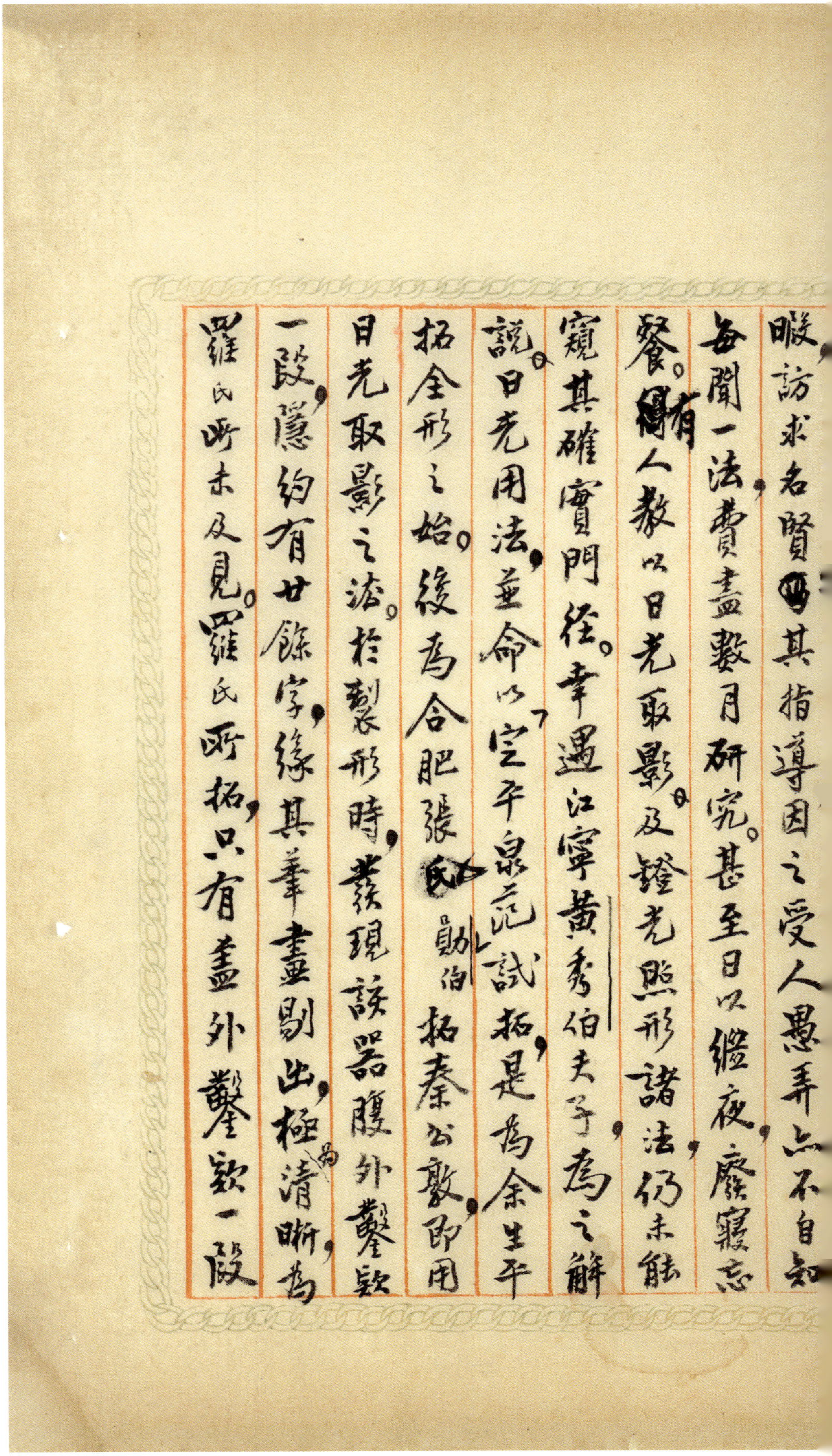
暇，訪求名賢，乞其指導，因之受人愚弄，亦不自知。每聞一法，費盡數月研究。甚至日以繼夜，廢寢忘餐。有人教以日光取影及燈光照形諸法，仍未能窺其確實門徑。幸遇江寧黃秀伯夫子，為之解說日光用法，並命以定平泉范試拓，是為余生平拓全形之始。後為合肥張勛伯拓秦公敦，即用日光取影之法。於製形時，發現該器腹外鑿款一段，隱約有廿餘字，緣其筆畫剔出，極為清晰，為羅氏所未及見。羅氏所拓，只有蓋外鑿款一段

暇訪求名賢，乞其指導，因之受人愚弄，亦不自知。每聞一法，費盡數月研究。甚至日以繼夜，廢寢忘餐。有人教以日光取影及燈光照形諸法，仍未能窺其確實門徑。幸遇江寧黄秀伯夫子，爲之解説日光用法，并命以『定平泉范』試拓，是爲余生平拓全形之始。後爲合肥張勛伯拓秦公敦，即用日光取影之法。於製形時，發現該器腹外鑿款一段，隱約有廿餘字，緣其筆畫剔出，極爲清晰，爲羅氏所未及見。羅氏所拓，只有蓋外鑿款一段

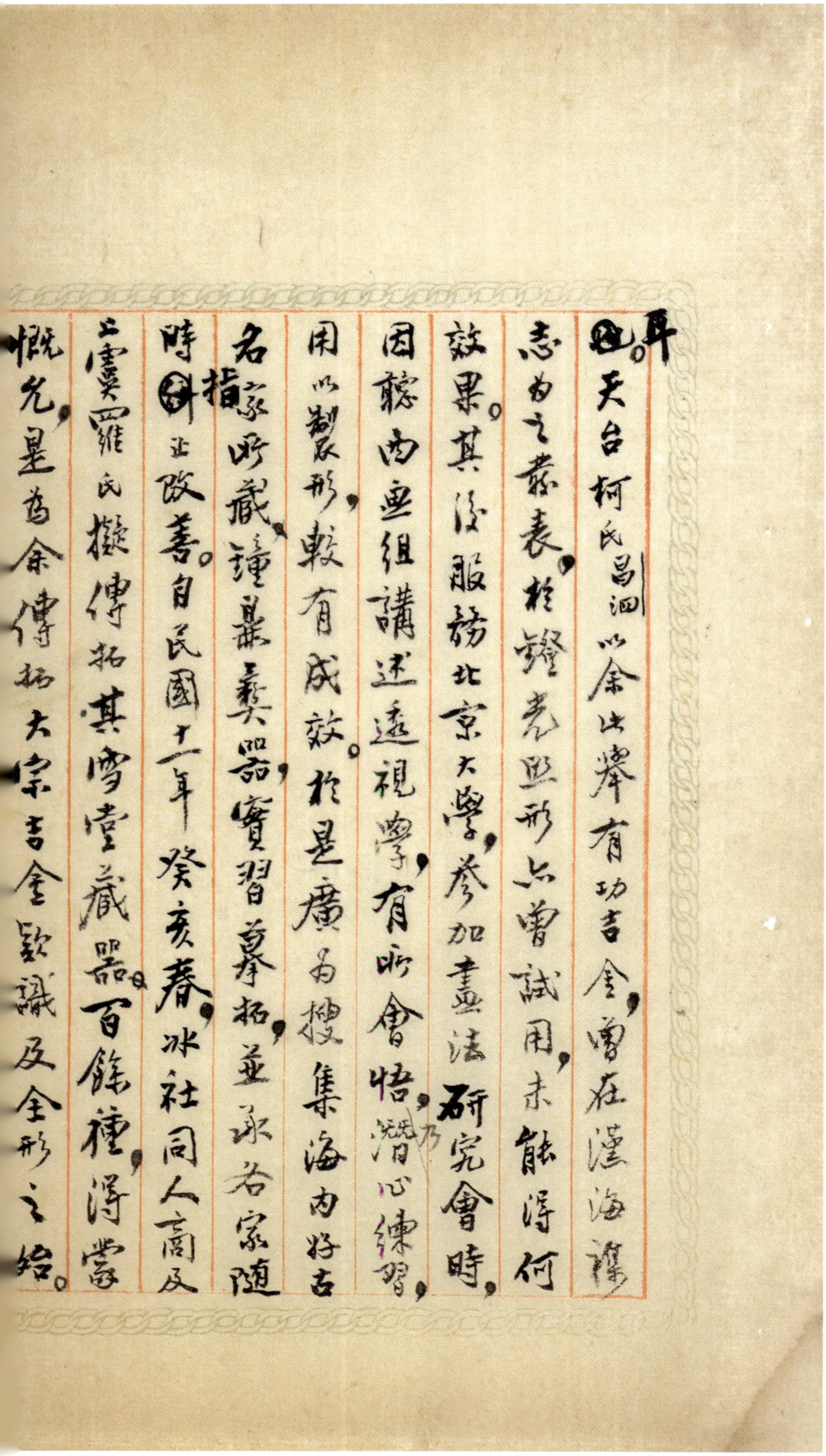

耳。天台柯氏昌泗以余此舉有功吉金，曾在漢海雜志為之發表，於燈光照形亦曾試用，未能得何效果。其後服務北京大學，參加畫法研究會時，因聽西畫組講述透視學，有所會悟，乃潛心練習，用以製形，較有成效。於是廣為搜集海內好古名家所藏鐘鼎彝器，實習摹拓，并承各家隨時指正改善。自民國十一年癸亥春，冰社同人商及上虞羅氏擬傳拓其雪堂藏器百餘種，得蒙慨允，是為余傳拓大宗吉金款識及全形之始。

耳。天台柯氏昌泗以余此舉有功吉金，曾在《漢海雜志》爲之發表，於燈光照形亦曾試用，未能得何效果。其後服務北京大學，參加畫法研究會時，因聽西畫組講述透視學，有所會悟，乃潛心練習，用以製形，較有成效。於是廣爲搜集海内好古名家所藏鐘鼎彝器，實習摹拓，并承各家隨時指正改善。自民國十一年癸亥春，冰社同人商及上虞羅氏擬傳拓其雪堂藏器百餘種，得蒙慨允，是爲余傳拓大宗吉金款識及全形之始。

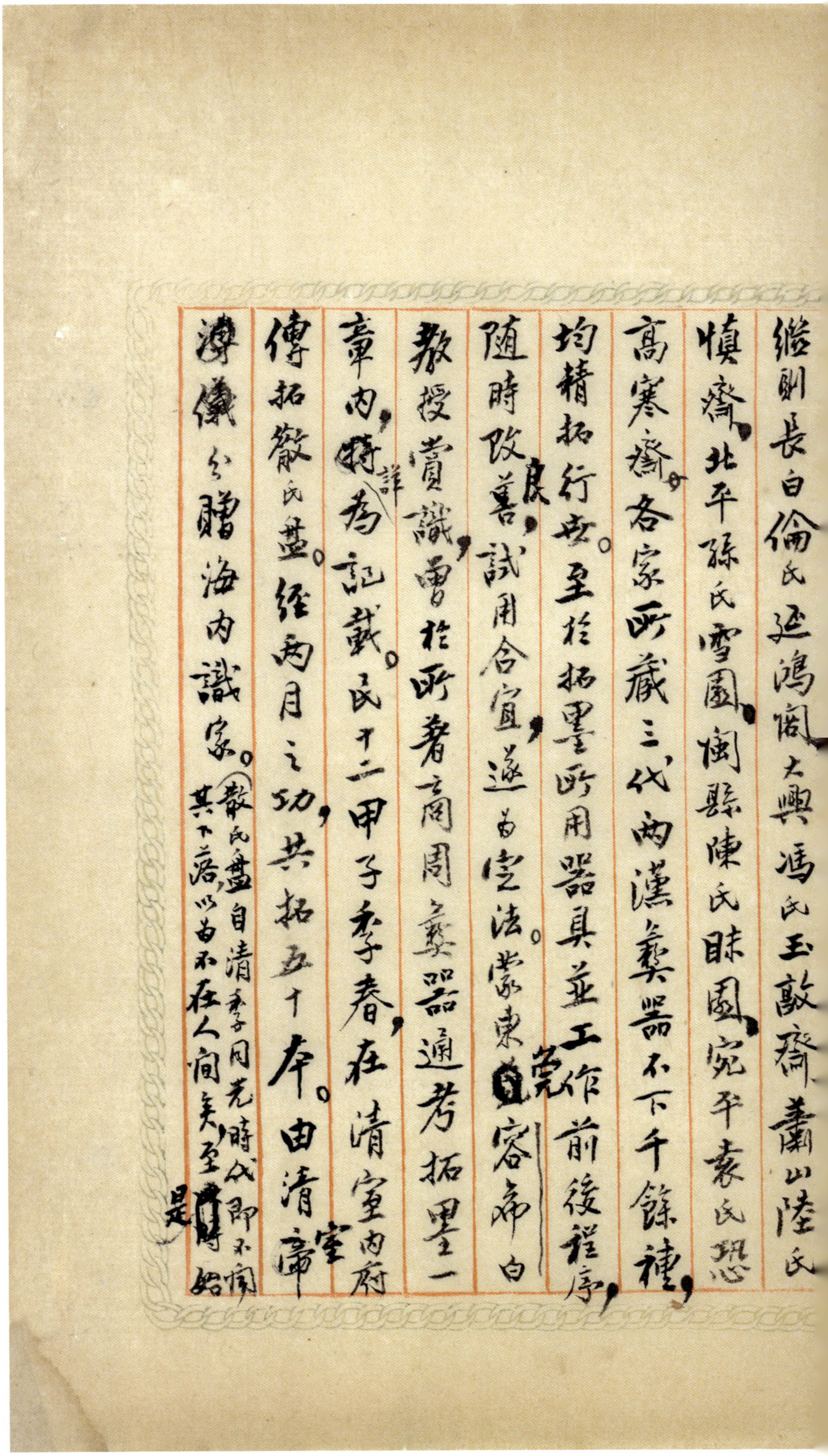

繼則長白倫氏延鴻閣、大興馮氏玉敦齋、蕭山陸氏慎齋、北平孫氏雪園、閩縣陳氏昧園、宛平袁氏恐高寒齋各家所藏三代兩漢彝器不下千餘種，均精拓行世。至於拓墨所用器具并工作前後程序，隨時改良，試用合宜，遂爲定法。蒙東莞容希白教授賞識，曾於所著《商周彝器通考》『拓墨』一章內，詳爲記載。民十二甲子季春，在清室内府傳拓散氏盤。經兩月之功，共拓五十本。由清室分贈海內識家。（散氏盤自清季同光時代即不聞其下落，以爲不在人間矣，至是始

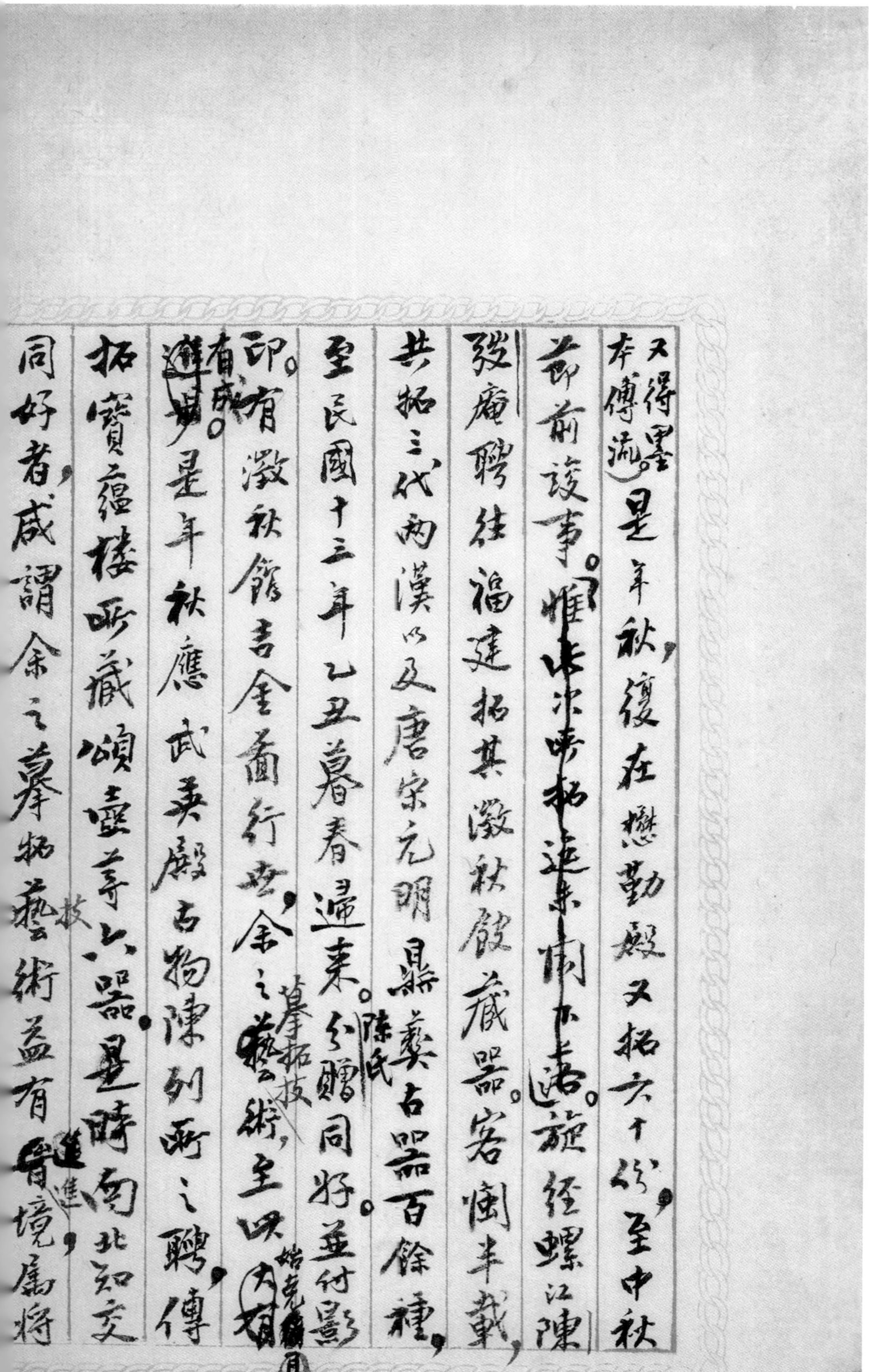

又得墨本傳流。）是年秋，復在懋勤殿又拓六十份，至中秋節前竣事。旋經螺江陳弢庵聘往福建拓其澂秋館藏器。客閩半載，共拓三代兩漢以及唐宋元明鼎彝古器百餘種，至民國十三年乙丑暮春歸來。陳氏分贈同好，并付影印，有《澂秋館吉金圖》行世，余之摹拓技術，至此始克有成。是年秋應武英殿古物陳列所之聘，傳拓寶蘊樓所藏頌壺等六器，南北知交同好者咸謂余之摹拓技術益有進境，屬將所知各法筆之於書，印行傳世。高情雅誼，至堪銘感。余自維譾陋，閉門造車，是否堪爲世範，并無把握。一再審慎，終未敢輕試。於是更求精進，不敢少懈。至民十四丙寅歲首，復爲定遠方氏寶楚齋拓其所藏楚王鼎等十器，廉南湖破鼎殘瓦室藏器，美人福開森約拓端匋齋所藏柉禁（該禁拓畢即運赴美國售與某博物院），以及澂秋館藏古封泥，并集拓各家所藏漢魏石經殘字及零星小品。余之技術至此始覺稍能

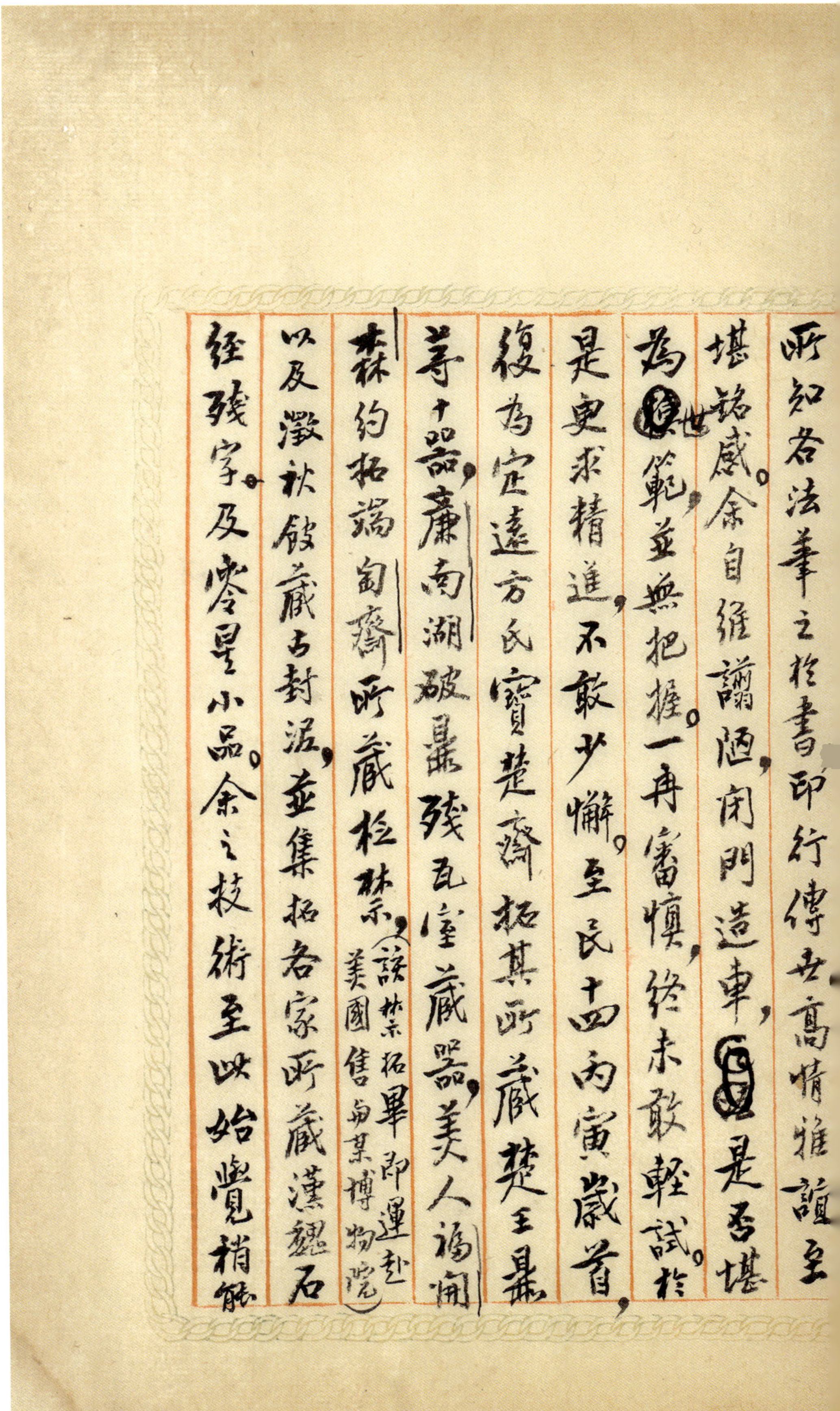
所知各法筆之於書，印行傳世。高情雅誼，至堪銘感。余自維譾陋，閉門造車，是否堪爲世範，并無把握。一再審慎，終未敢輕試。於是更求精進，不敢少懈。至民十四丙寅歲首，復爲定遠方氏寶楚齋拓其所藏楚王鼎等十器，廉南湖破鼎殘瓦室藏器，美人福開森約拓端匋齋所藏柉禁（該禁拓畢即運赴美國售與某博物院），以及澂秋館藏古封泥，并集拓各家所藏漢魏石經殘字及零星小品。余之技術至此始覺稍能

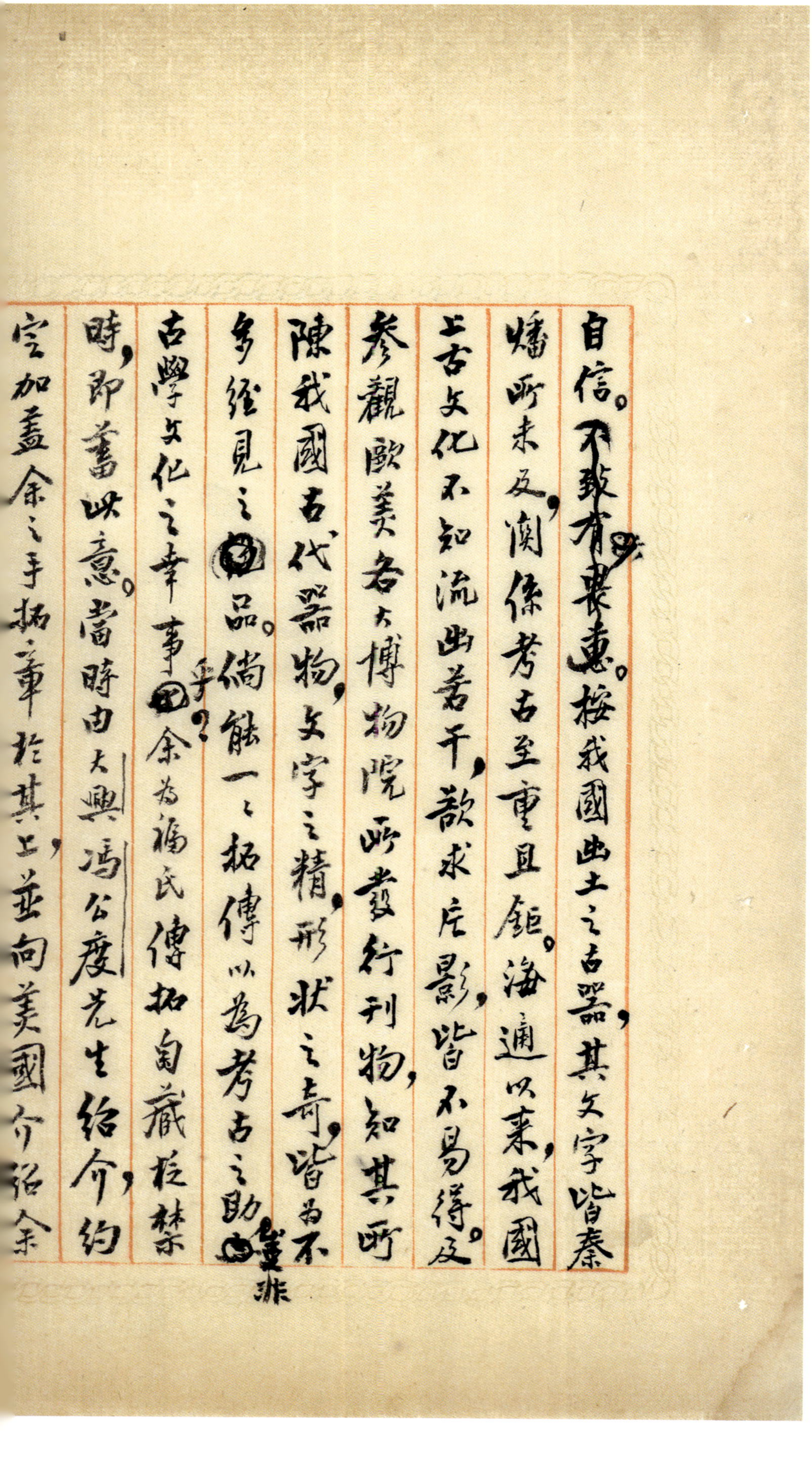

自信。按我國出土之古器，其文字皆秦燔所未及，關係考古至重且鉅。海通以來，我國上古文化不知流出若干，欲求片影，皆不易得。及參觀歐美各大博物院所發行刊物，知其所陳我國古代器物文字之精、形狀之奇，皆爲不多經見之品。倘能一一拓傳以爲考古之助，豈非古學文化之幸事乎？余爲福氏傳拓匋藏柉禁時，即蓄此意。當時由大興馮公度先生紹介，約定加蓋余之手拓章於其上，并向美國介紹余

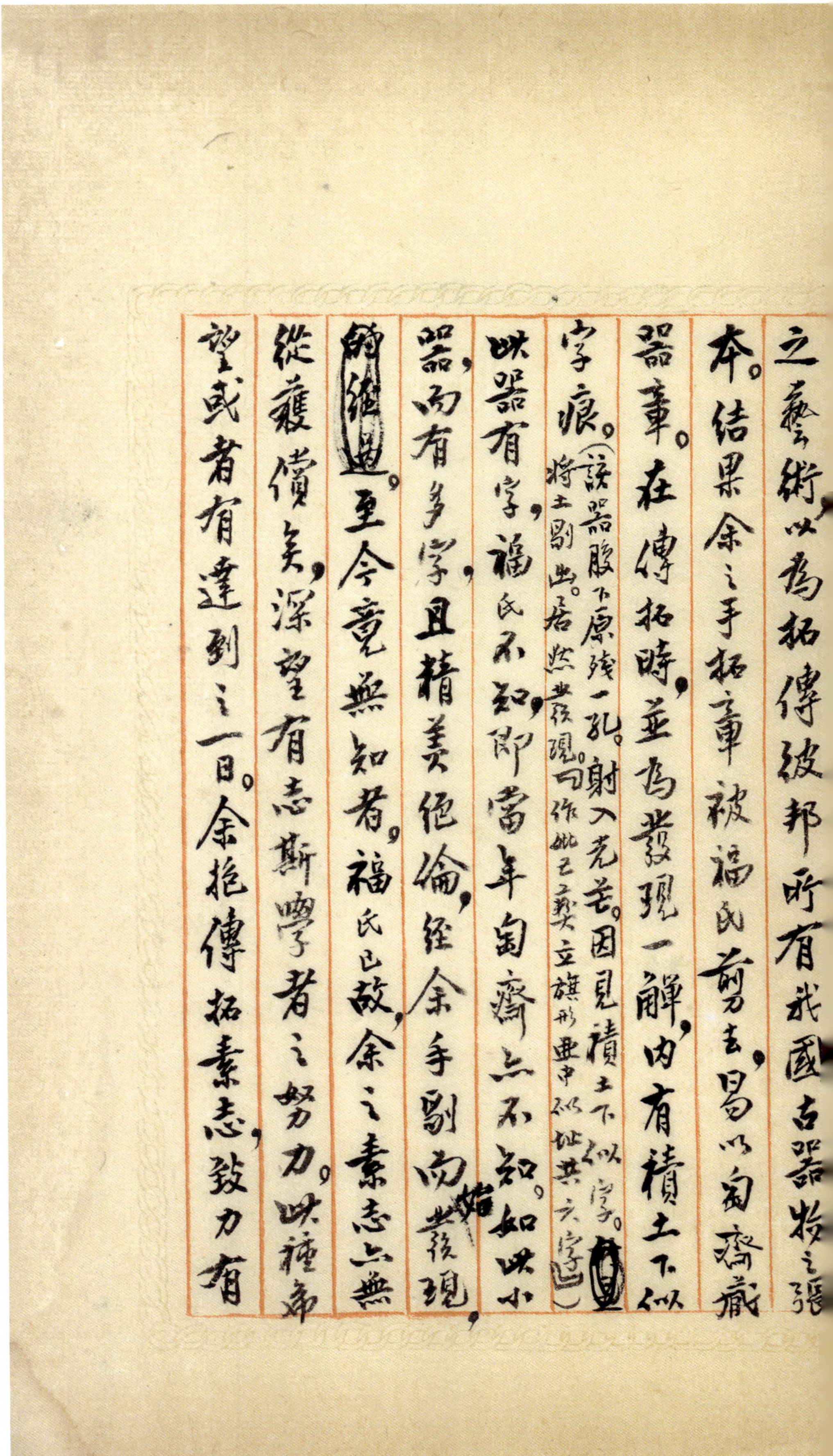

之藝術，以爲拓傳彼邦所有我國古器物之張本。結果余之手拓章被福氏剪去，易以匋齋藏器章。在傳拓時并爲發現一觶，內有積土下似字痕。（該器腹下原殘一孔，射入光芒，因見積土下似字，將土剔出，居然發現『作妣己彝立旗形亞中似址共六字』。）此器有字，福氏不知，即當年匋齋亦不知。如此小器，而有多字，且精美絕倫，經余手剔而始發現，至今竟無知者。福氏已故，余之素志亦無從獲償矣，深望有志斯學者之努力。此種希望或者有達到之一日。余抱傳拓素志，致力有

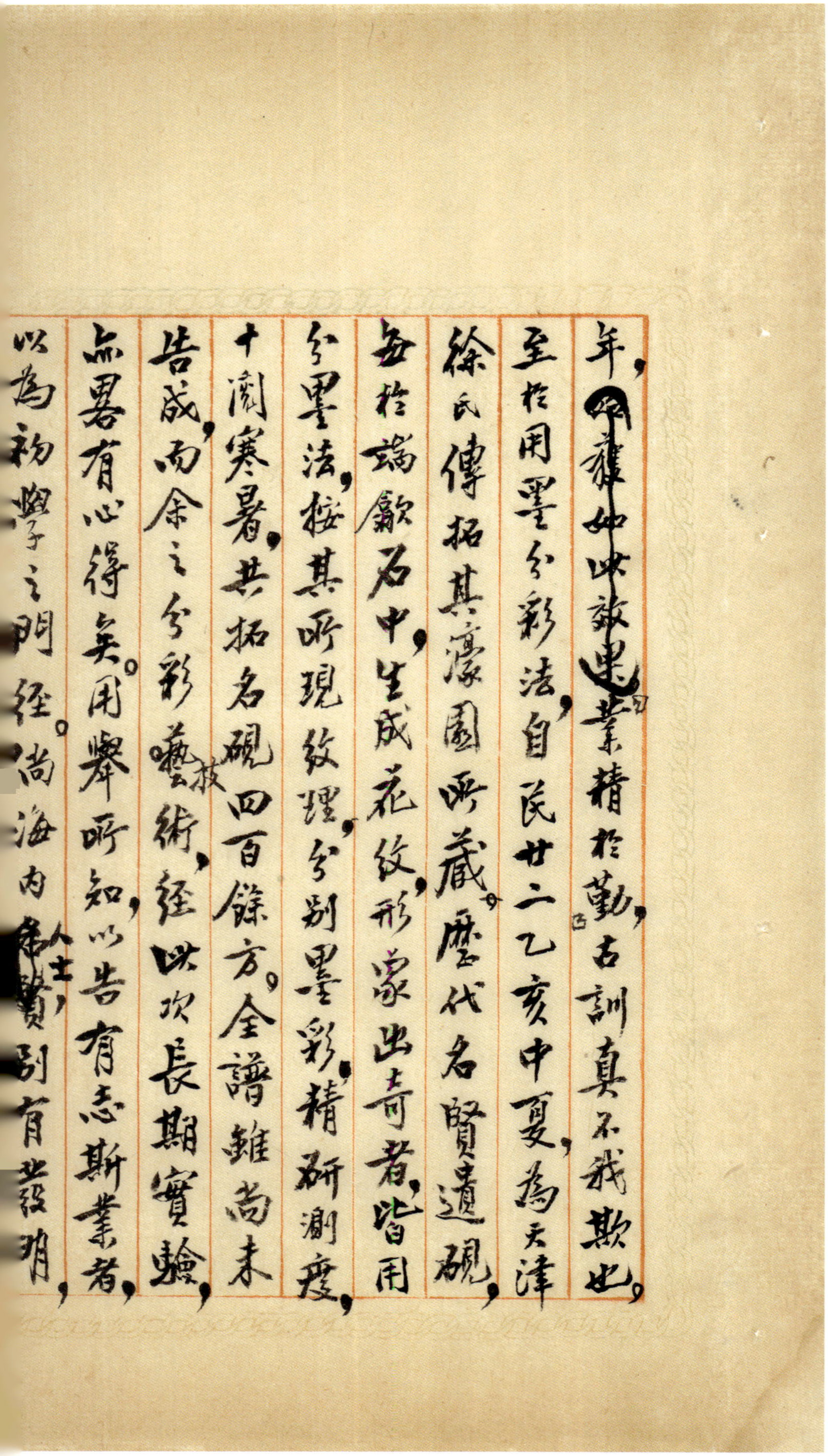
年，業精於勤，古訓真不我欺也。至於用墨分彩法，自民廿二乙亥中夏，為天津徐氏傳拓其濠園所藏歷代名賢遺硯，每於端歙石中，生成花紋，形象出奇者，皆用分墨法，按其所現紋理，分別墨彩，精研測度，十閱寒暑，共拓名硯四百餘方。全譜雖尚未告成，而余之分彩技術，經此次長期實驗，亦略有心得矣。用舉所知，以告有志斯業者，以為初學之門徑。尚海內人士別有發明，

年，『業精於勤』，古訓真不我欺也。至於用墨分彩法，自民廿二乙亥中夏，爲天津徐氏傳拓其濠園所藏歷代名賢遺硯，每於端歙石中，生成花紋，形象出奇者，皆用分墨法，按其所現紋理，分别墨彩，精研測度，十閲寒暑，共拓名硯四百餘方。全譜雖尚未告成，而余之分彩技術經此次長期實驗，亦略有心得矣。用舉所知，以告有志斯業者，以爲初學之門徑。倘海内人士别有發明，

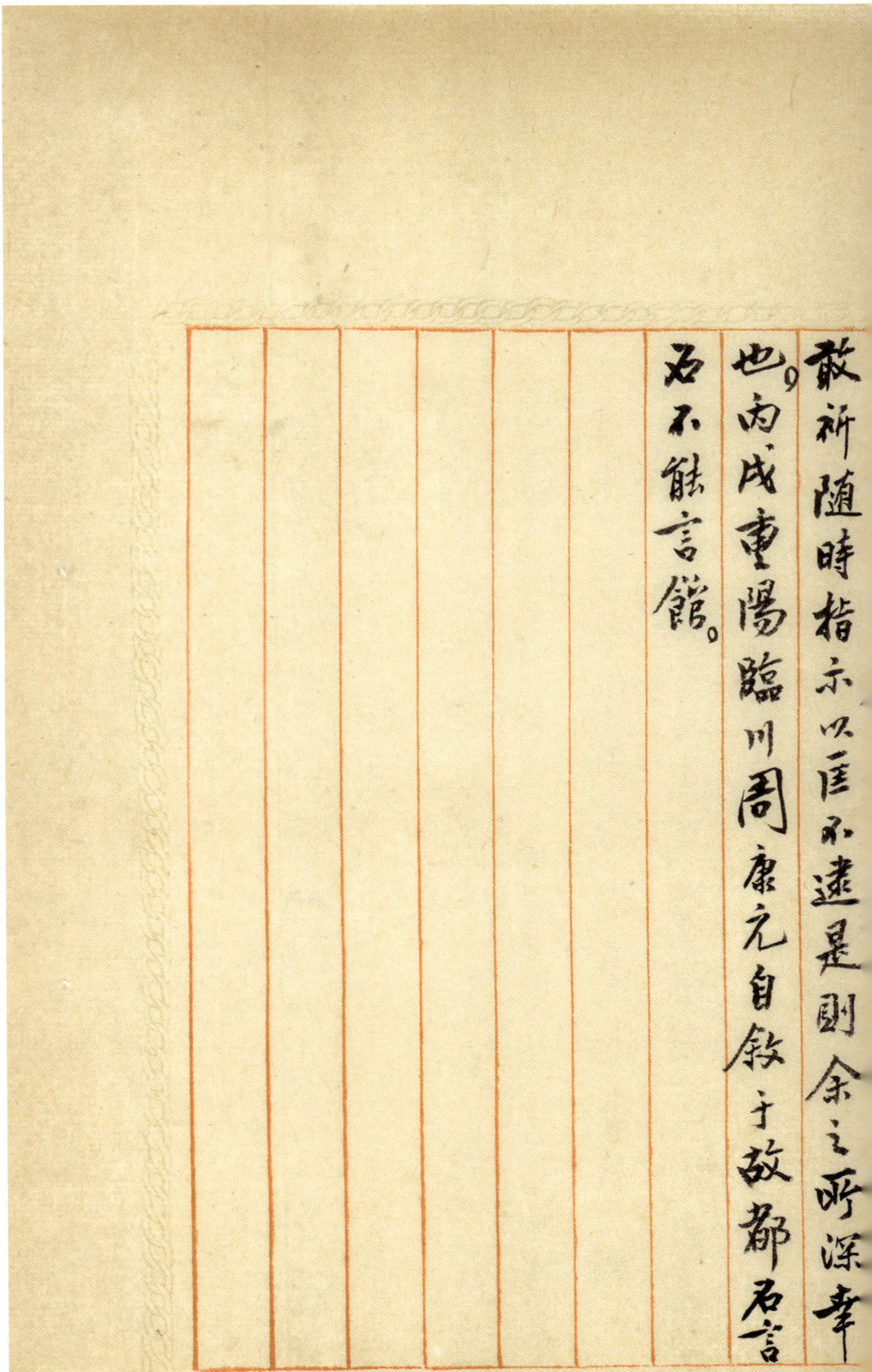
敢祈隨時指示以匡不逮是則余之所深幸
也。丙戌重陽臨川周康元自叙于故都石言
石不能言館。

敢祈隨時指示，以匡不逮，是則余之所深幸也。丙戌重陽臨川周康元自叙於故都石言石不能言館。

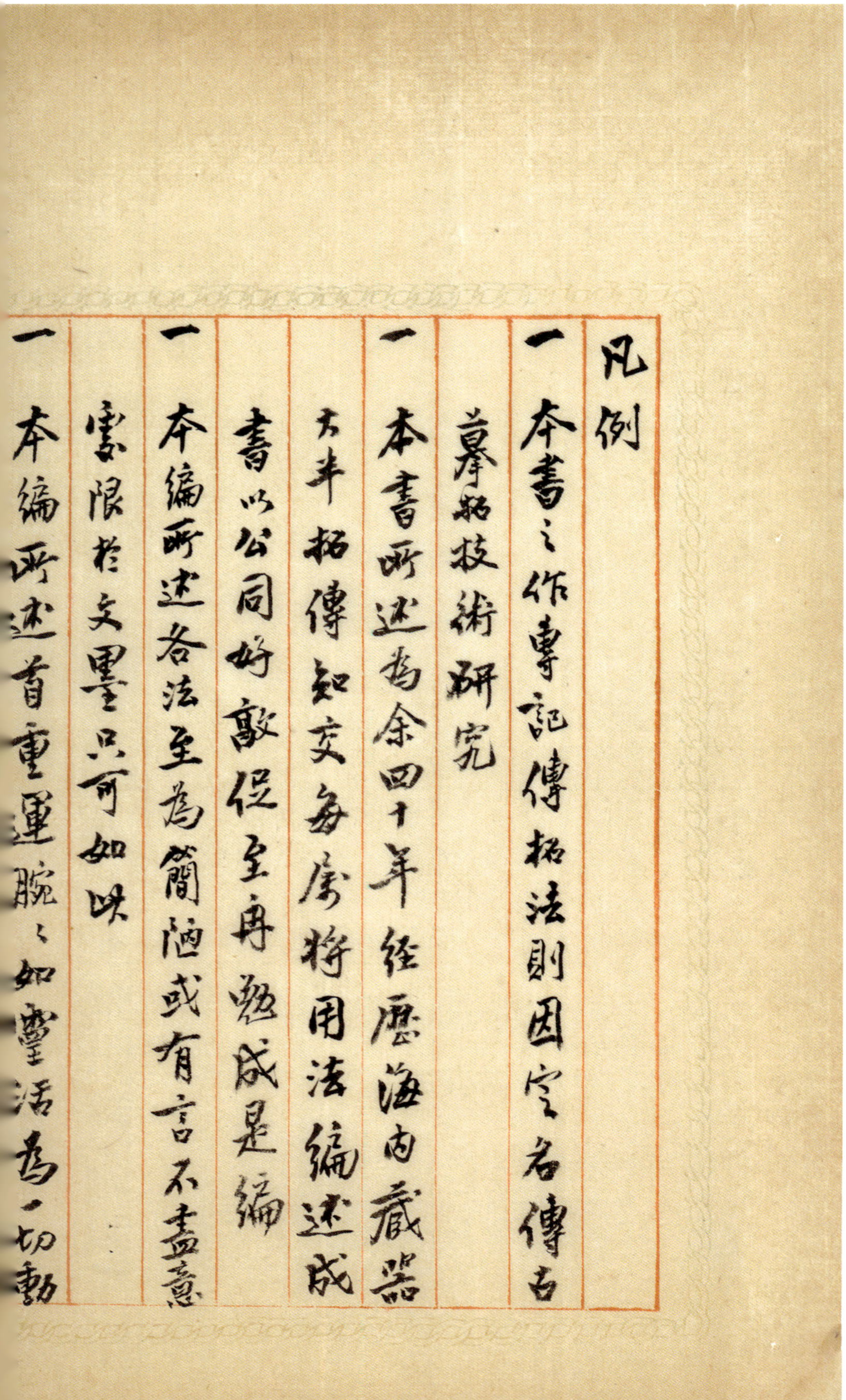
凡例
一本書之作專記傳拓法則因定名傳古摹拓技術研究
一本書所述為余四十年經歷海内藏器大半拓傳知交每屬將用法編述成書以公同好敦促至再勉成是編
一本編所述各法至為簡陋或有言不盡意處限於文墨只可如此
一本編所述首重運腕腕如靈活為一切動

凡例

一 本書之作專記傳拓法則，因定名『傳古摹拓技術研究』。

一 本書所述爲余四十年經歷，海内藏器大半拓傳，知交每屬將用法編述成書，以公同好，敦促至再，勉成是編。

一 本編所述各法至爲簡陋，或有言不盡意處，限於文墨，只可如此。

一 本編所述首重運腕，腕如靈活，爲一切動

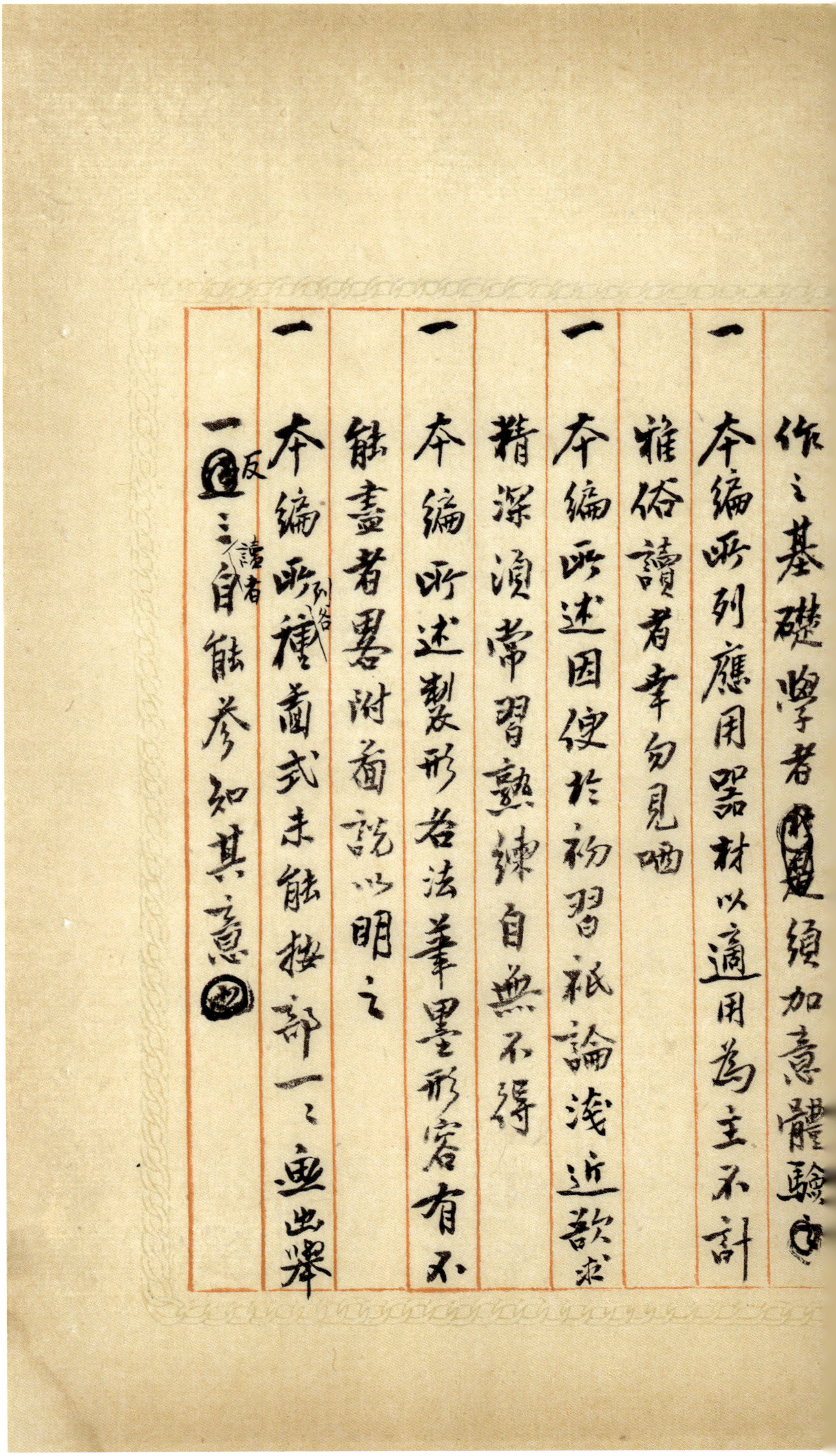
作之基礎學者須加意體驗
一本編所列應用器材以適用為主不計雅俗讀者幸勿見哂
一本編所述因便於初習祇論淺近欲求精深須常習熟練自無不得
一本編所述製形各法筆墨形容有不能盡者略附圖説以明之
一本編所列各種圖式未能按部一一畫出舉一反三讀者自能參知其意

作之基礎，學者須加意體驗。

一　本編所列應用器材以適用爲主，不計雅俗，讀者幸勿見哂。

一　本編所述因便於初習，祇論淺近，欲求精深，須常習熟練，自無不得。

一　本編所述製形各法，筆墨形容有不能盡者，略附圖説以明之。

一　本編所列各種圖式未能按部一一畫出，舉一反三，讀者自能參知其意。

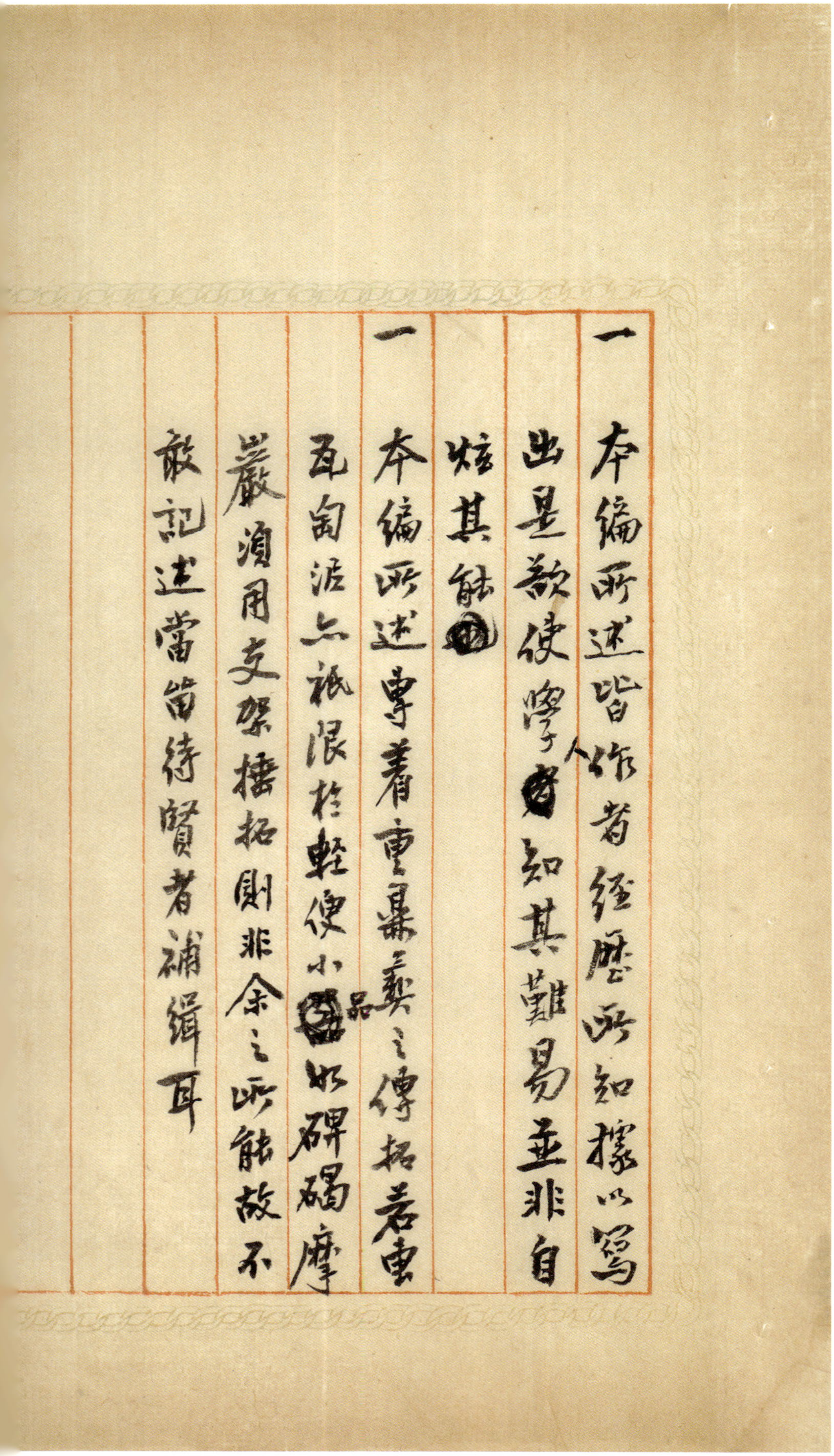
一本編所述皆作者經歷所知據以寫出是欲使學人知其難易並非自炫其能
一本編所述專著重鼎彝之傳拓若專瓦匋泥亦祇限於輕便小品如碑碣摩巖須用支架捶拓則非余之所能故不敢記述當留待賢者補緝耳

一　本編所述皆作者經歷所知，據以寫出，是欲使學人知其難易，并非自炫其能。

一　本編所述專著重鼎彝之傳拓，若磚瓦匋泥，亦祇限於輕便小品，如碑碣摩巖須用支架捶拓，則非余之所能，故不敢記述，當留待賢者補緝耳。

傳古摹拓技術研究目

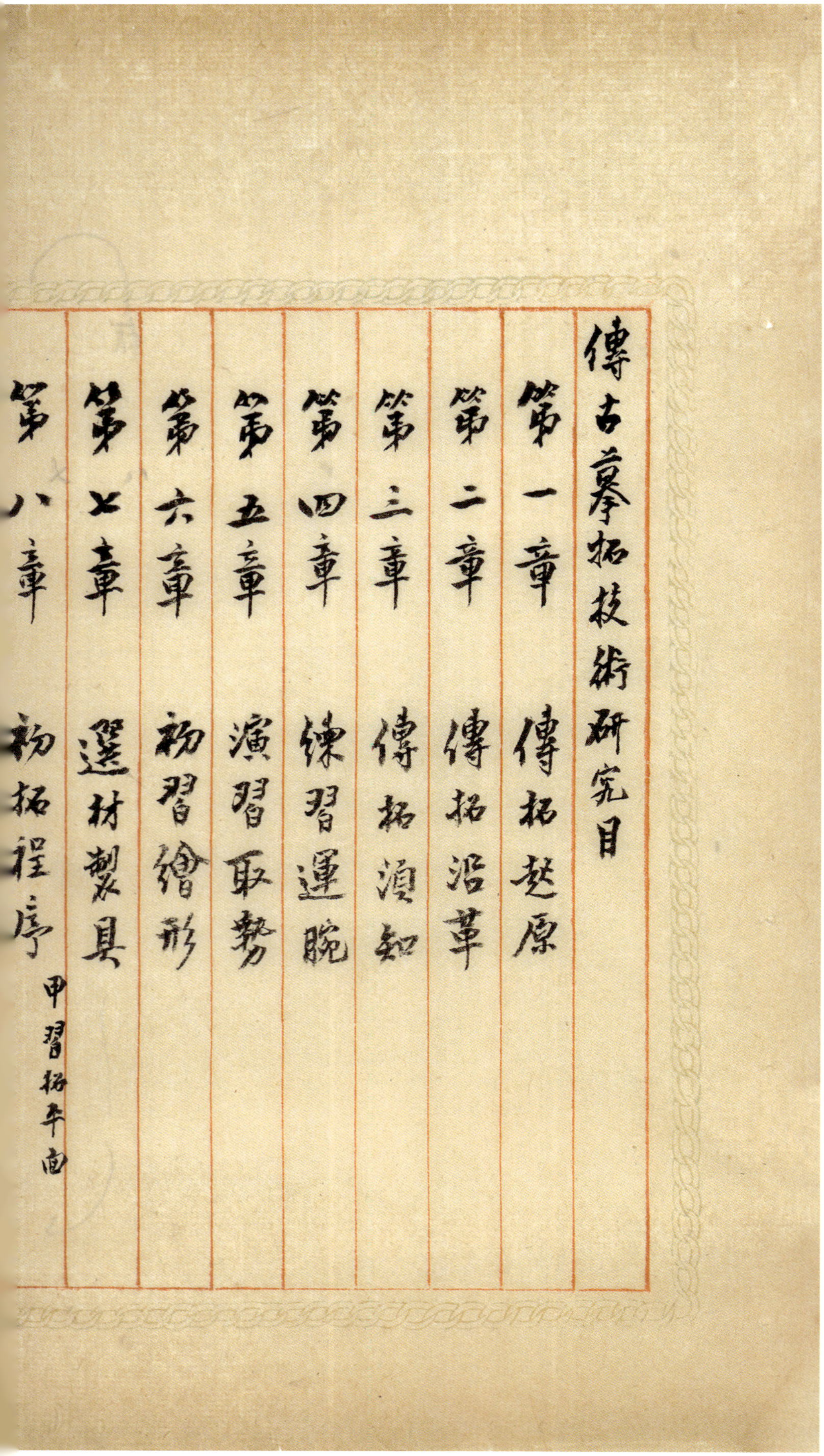
傳古摹拓技術研究目
第一章　傳拓起原
第二章　傳拓沿革
第三章　傳拓須知
第四章　練習運腕
第五章　演習取勢
第六章　初習繪形
第七章　選材製具
第八章　初拓程序　甲習拓平面

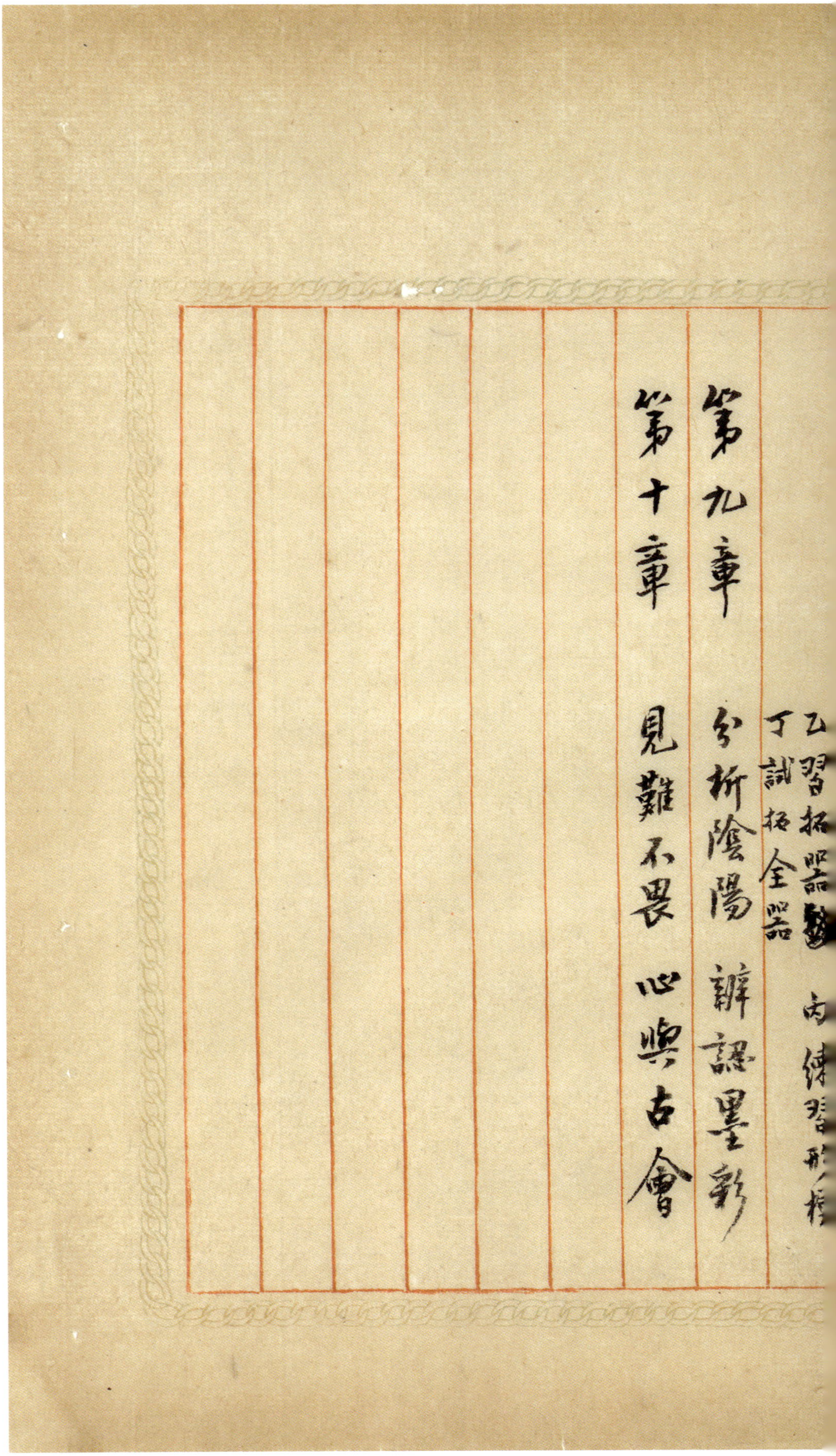
乙習拓器銘　丙練習形模
丁試拓全器
第九章　分析陰陽　辨認墨彩
第十章　見難不畏　心與古會

乙習拓器銘　丙練習形模　丁試拓全器）

第九章　分析陰陽，辨認墨彩

第十章　見難不畏，心與古會

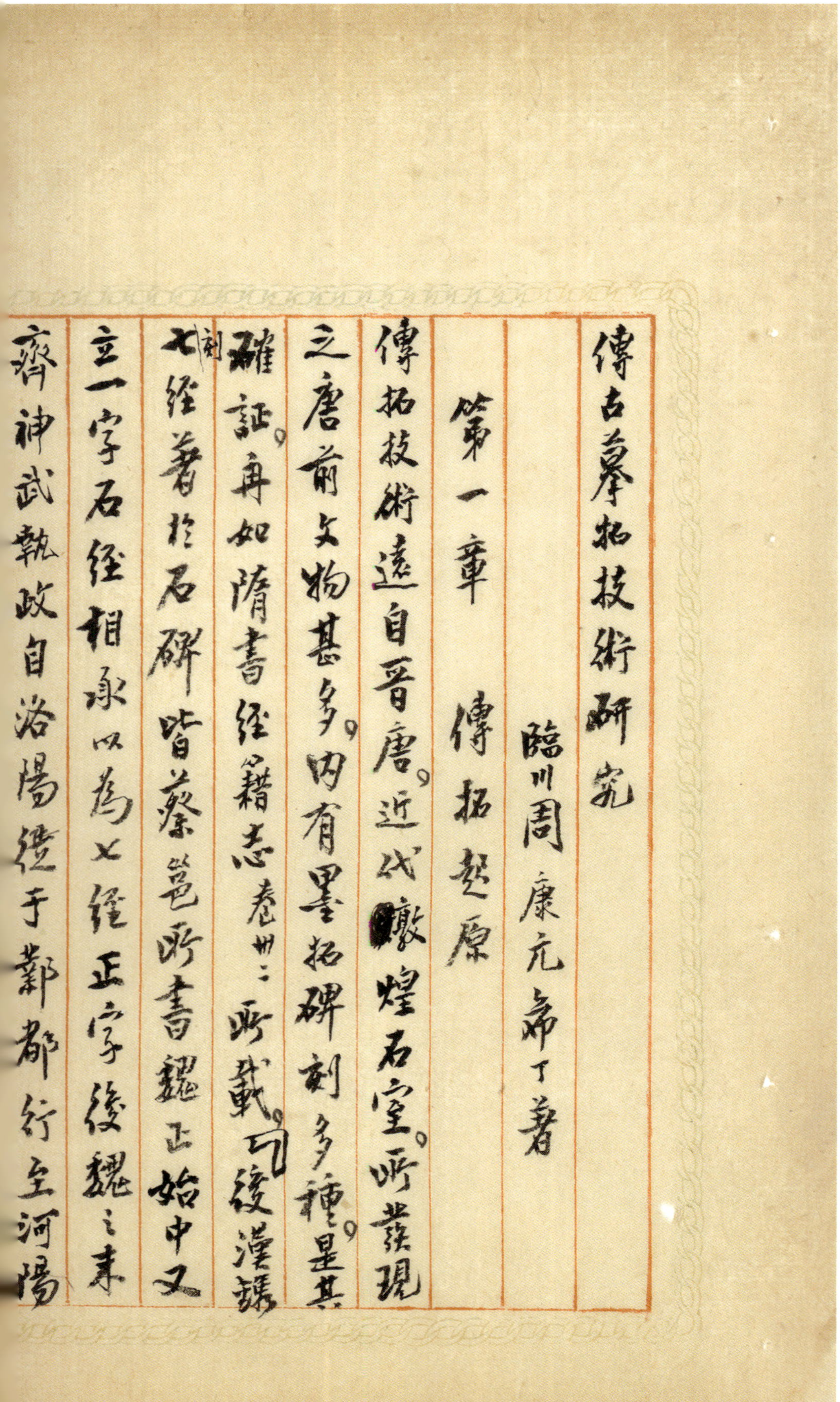

傳古摹拓技術研究

臨川周康元希丁著

第一章　傳拓起原

傳拓技術遠自晉唐，近代敦煌石室所發現之唐前文物甚多，內有墨拓碑刻多種，是其確證。再如《隋書·經籍志》（卷卌二）所載：『後漢鐫刻七經著於石碑，皆蔡邕所書。魏正始中又立一（三）字石經，相承以爲七經正字。後魏之末，齊神武執政自洛陽徙於鄴都，行至河陽

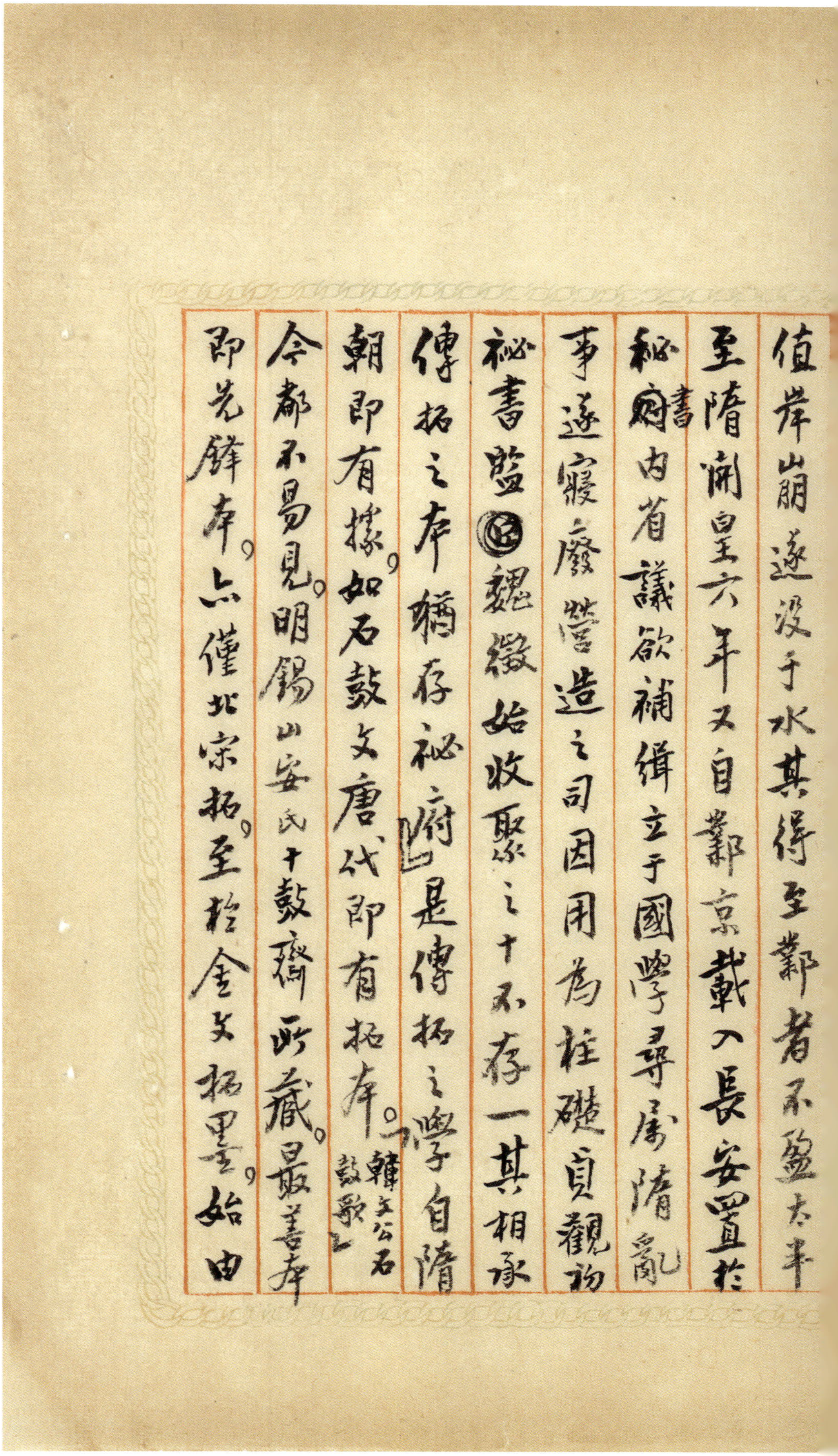

值岸崩，遂没於水，其得至鄴者不盈太半。至隋開皇六年，又自鄴京載入長安，置於秘書内省，議欲補緝，立於國學。尋屬隋亂，事遂寢廢，營造之司因用爲柱礎。貞觀初，秘書監魏徵始收聚之，十不存一，其相承傳拓之本，猶存秘府。』是傳拓之學自隋朝即有據。如石鼓文，唐代即有拓本（韓文公《石鼓歌》）。今都不易見。明錫山安氏十鼓齋所藏最善本即先鋒本，亦僅北宋拓。至於金文拓墨，始由

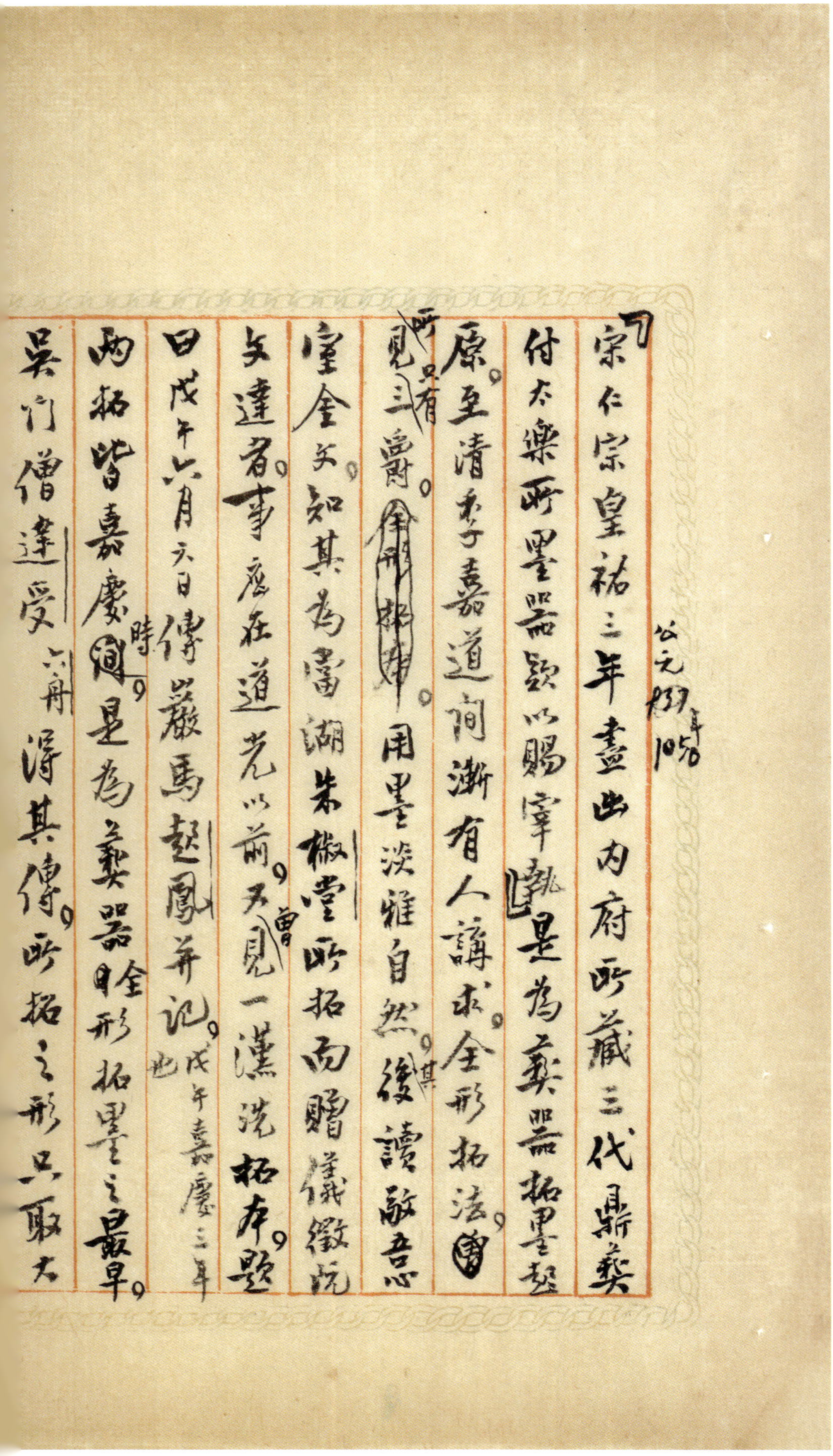

『宋仁宗皇祐三年（公元一〇五一年）盡出内府所藏三代鼎彝付太樂所墨器款以賜宰執』，是爲彝器拓墨起原。至清季嘉道間，漸有人講求全形拓法，所見只有三爵，用墨淡雅自然，其後讀《敬吾心室金文》，知其爲當湖朱椒堂所拓而贈儀徵阮文達者，事應在道光以前。又曾見一漢洗拓本，題曰『戊午六月六日傳巖馬起鳳并記』（戊午，嘉慶三年也）。兩拓皆嘉慶時，是爲彝器全形拓墨之最早。吴門僧達受（六舟）得其傳，所拓之形只取大

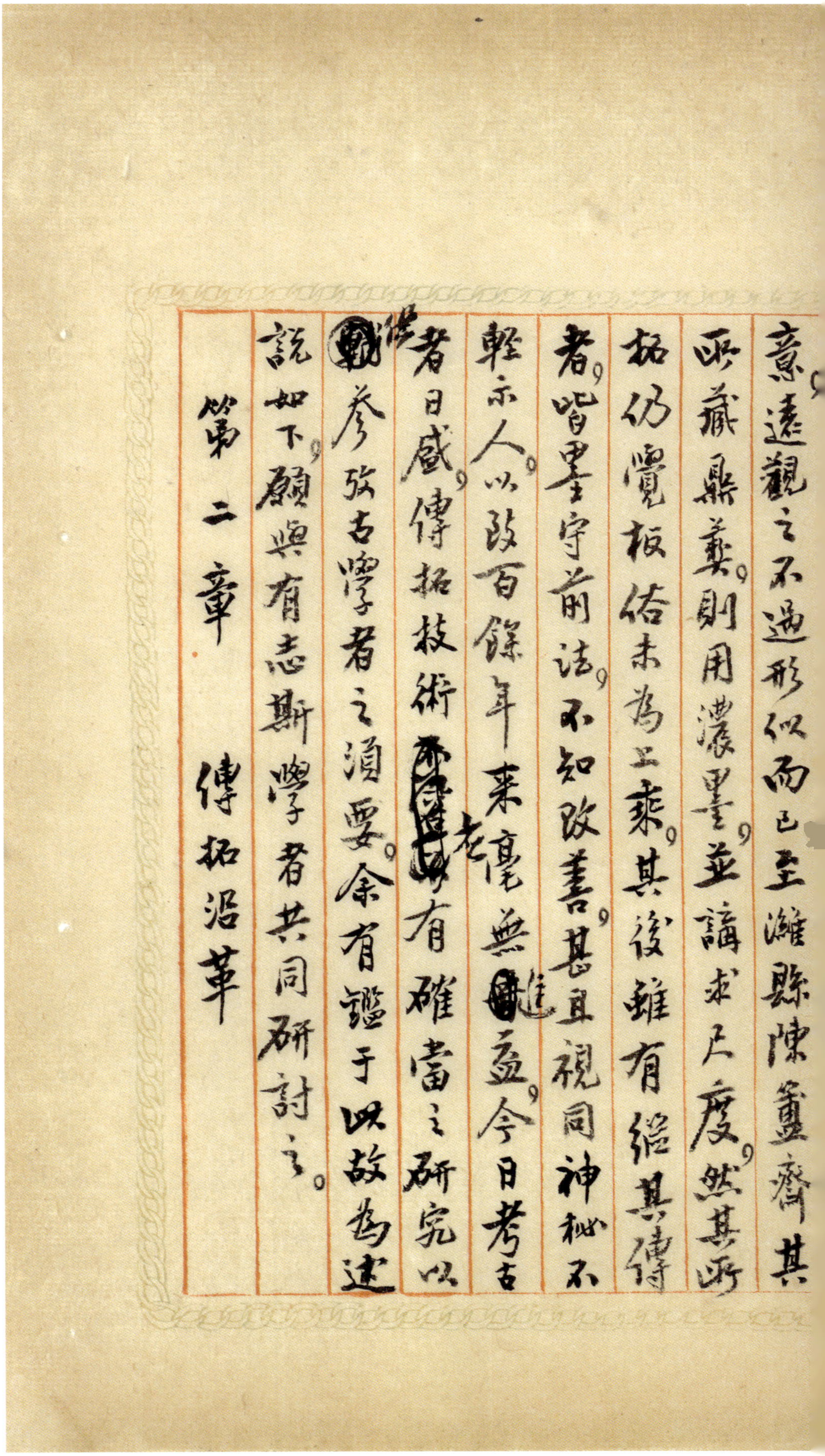
意，遠觀之不過形似而已。至濰縣陳簠齋其所藏鼎彝，則用濃墨，并講求尺度，然其所拓仍覺板俗，未爲上乘。其後雖有繼其傳者，皆墨守前法，不知改善，甚且視同神秘，不輕示人，以致百餘年來毫無進益。今日考古者日盛，傳拓技術應有確當之研究，以供參考古學者之須要。余有鑒於此，故爲述説如下，願與有志斯學者共同研討之。

第二章 傳拓沿革

意，遠觀之不過形似而已。至濰縣陳簠齋其所藏鼎彝，則用濃墨，并講求尺度，然其所拓仍覺板俗，未爲上乘。其後雖有繼其傳者，皆墨守前法，不知改善，甚且視同神秘，不輕示人，以致百餘年來毫無進益。今日考古者日盛，傳拓技術應有確當之研究，以供參考古學者之須要。余有鑒於此，故爲述説如下，願與有志斯學者共同研討之。

第二章 傳拓沿革

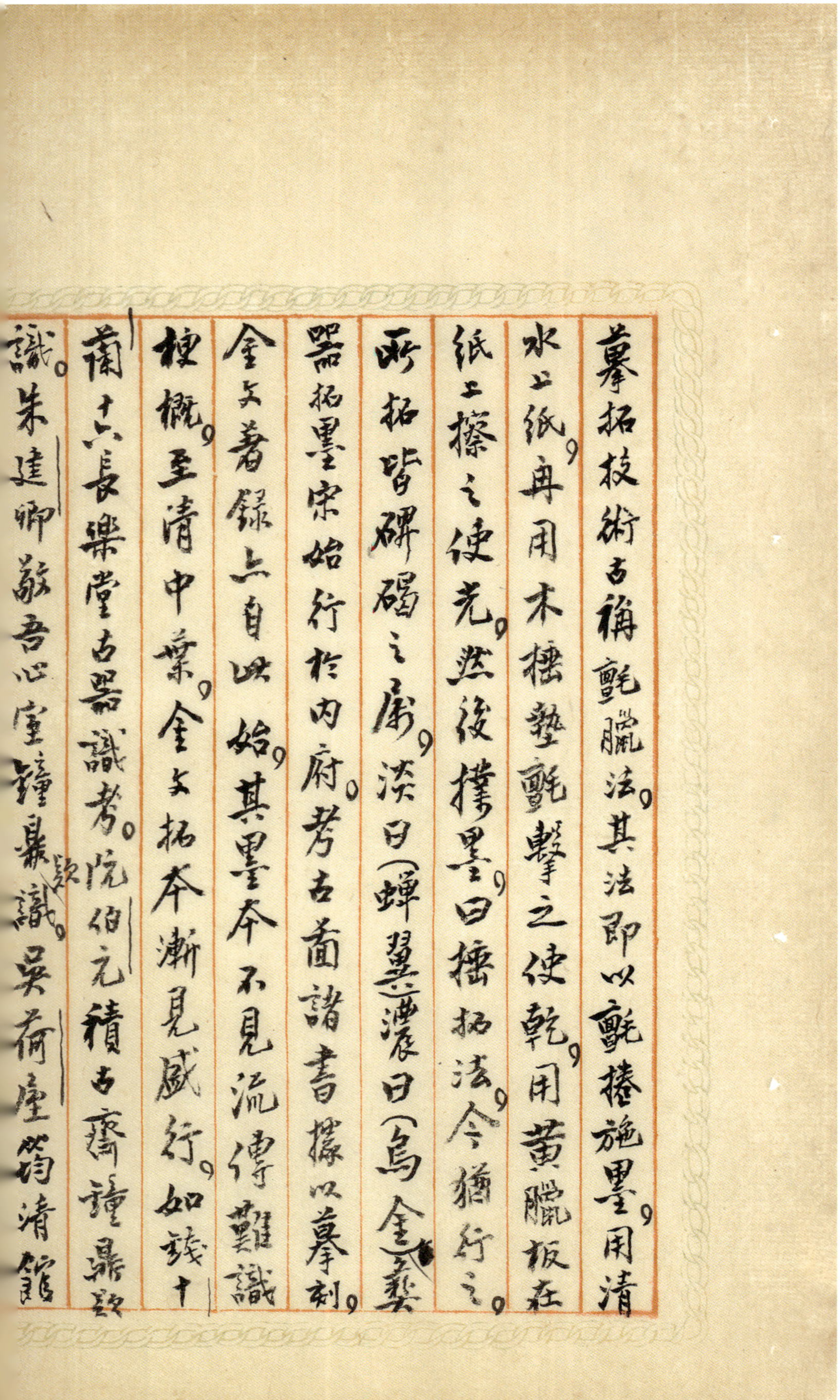

摹拓技術古稱氈臘法，其法即以氈捲施墨，用清水上紙，再用木捶墊氈擊之使乾，用黃臘板在紙上擦之使光，然後撲墨，曰捶拓法，今猶行之。所拓皆碑碣之屬，淡曰『蟬翼』，濃曰『烏金』。彝器拓墨宋始行於内府。《考古圖》諸書據以摹刻，金文著録亦自此始，其墨本不見流傳，難識梗概。至清中葉，金文拓本漸見盛行，如錢十蘭《十六長樂堂古器識考》、阮伯元《積古齋鐘鼎款識》、朱建卿《敬吾心室鐘鼎款識》、吳荷屋《筠清館

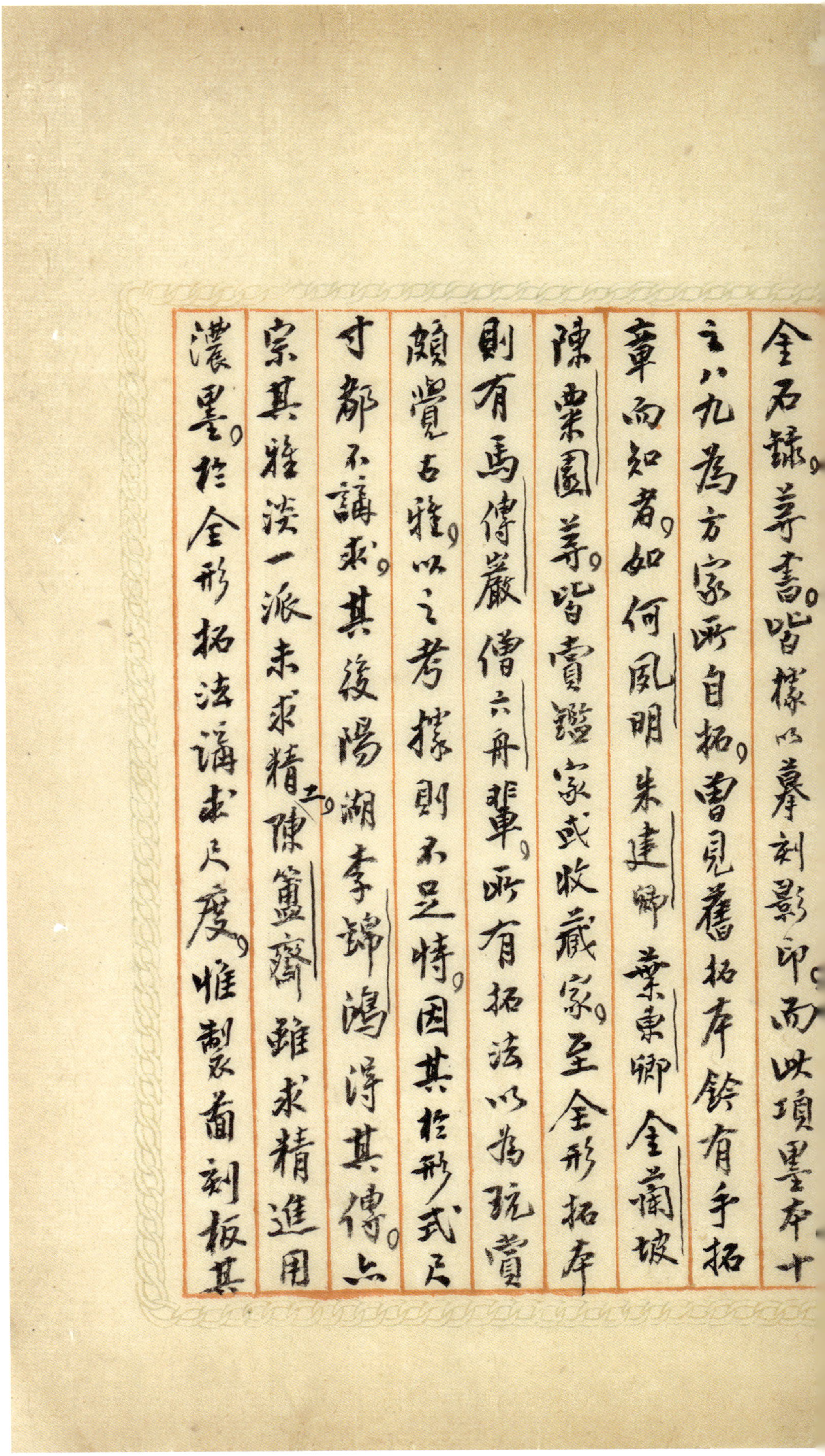
金石録。等書。皆據以摹刻影印。而此項墨本十之八九為方家所自拓。曾見舊拓本鈐有手拓章而知者。如何夙明朱建卿葉東卿金蘭坡陳粟園等。皆賞鑒家或收藏家。至全形拓本則有馬傳巖僧六舟輩。所有拓法以為玩賞頗覺古雅。以之考據則不足恃。因其於形式尺寸都不講求。其後陽湖李錦鴻得其傳。亦宗其雅淡一派未求精工。陳簠齋雖求精進用濃墨。於全形拓法講求尺度。惟製圖刻板其

金石録》等書，皆據以摹刻影印。而此項墨本，十之八九爲方家所自拓。曾見舊拓本鈐有手拓章而知者，如何夙明、朱建卿、葉東卿、金蘭坡、陳粟園等，皆賞鑒家或收藏家。至全形拓本則有馬傳巖、僧六舟輩。所有拓法以爲玩賞，頗覺古雅，以之考據則不足恃，因其於形式、尺寸都不講求。其後陽湖李錦鴻得其傳，亦宗其雅淡一派未求精工。陳簠齋雖求精進用濃墨，於全形拓法講求尺度，惟製圖刻板，其

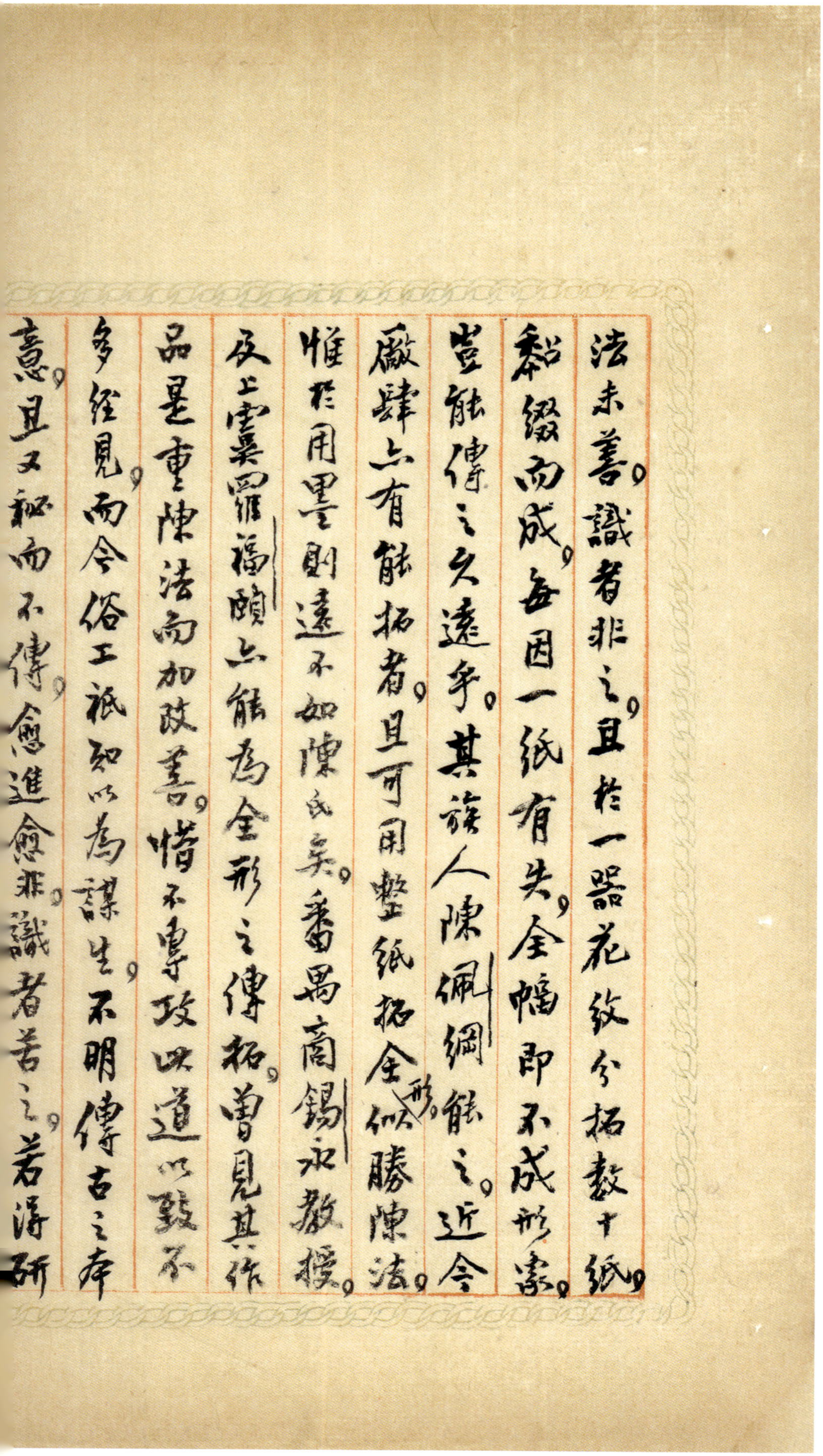

法未善，識者非之。且於一器花紋分拓數十紙，黏綴而成，每因一紙有失，全幅即不成形象，豈能傳之久遠乎？其族人陳佩綱能之。近今廠肆亦有能拓者，且可用整紙拓全形，似勝陳法，惟於用墨則遠不如陳氏矣。番禺商錫永教授及上虞羅福頤亦能爲全形之傳拓，曾見其作品是重陳法而加改善，惜不專攻此道，以致不多經見。而今俗工衹知以爲謀生，不明傳古之本意，且又秘而不傳，愈進愈非，識者苦之。若得研

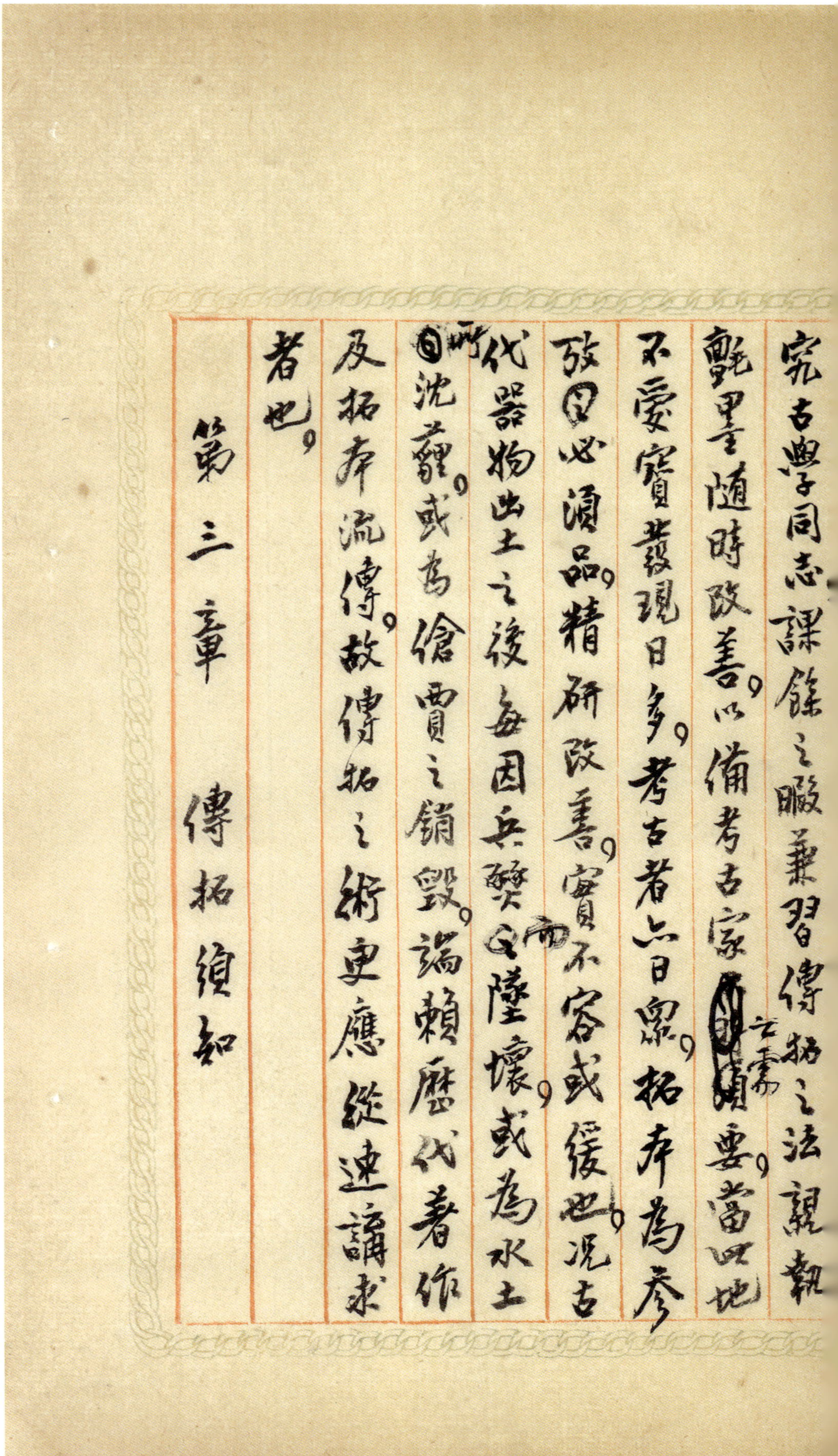

究古學同志，課餘之暇兼習傳拓之法，親執氈墨隨時改善，以備考古家之需要。當此地不愛寶發現日多，考古者亦日衆，拓本爲參考必須品，精研改善，實不容或緩也。況古代器物出土之後，每因兵燹而墜壞，或爲水土所沉薶，或爲傖賈之銷毀，端賴歷代著作及拓本流傳。故傳拓之術更應從速講求者也。

第三章　傳拓須知

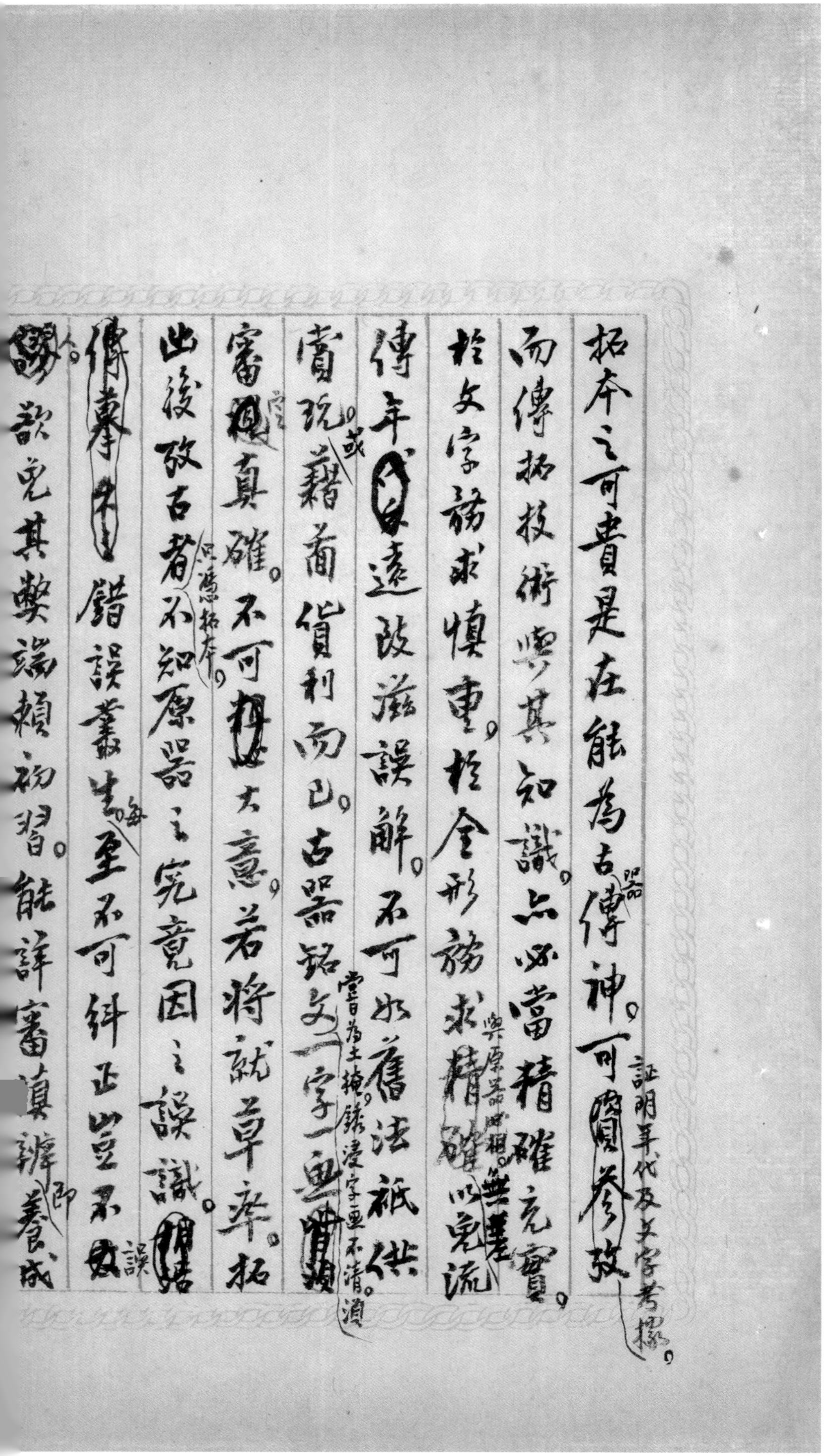

拓本之可貴是在能爲古器傳神，可証明年代及文字考據。而傳拓技術與其知識，亦必當精確充實，於文字務求慎重，於全形務求與原器必相無差，以免流傳年遠致滋誤解，不可如舊法祇供賞玩或籍圖貨利而已。古器銘文嘗爲土掩，銹浸字畫不清，須一字一畫審定真確，不可大意。若將就草率，拓出後考古者只憑拓本，不知原器之究竟，因之誤識，錯誤叢生，每至不可糾正，豈不誤人？欲免其弊，端賴初習，能詳審慎辨，即養成

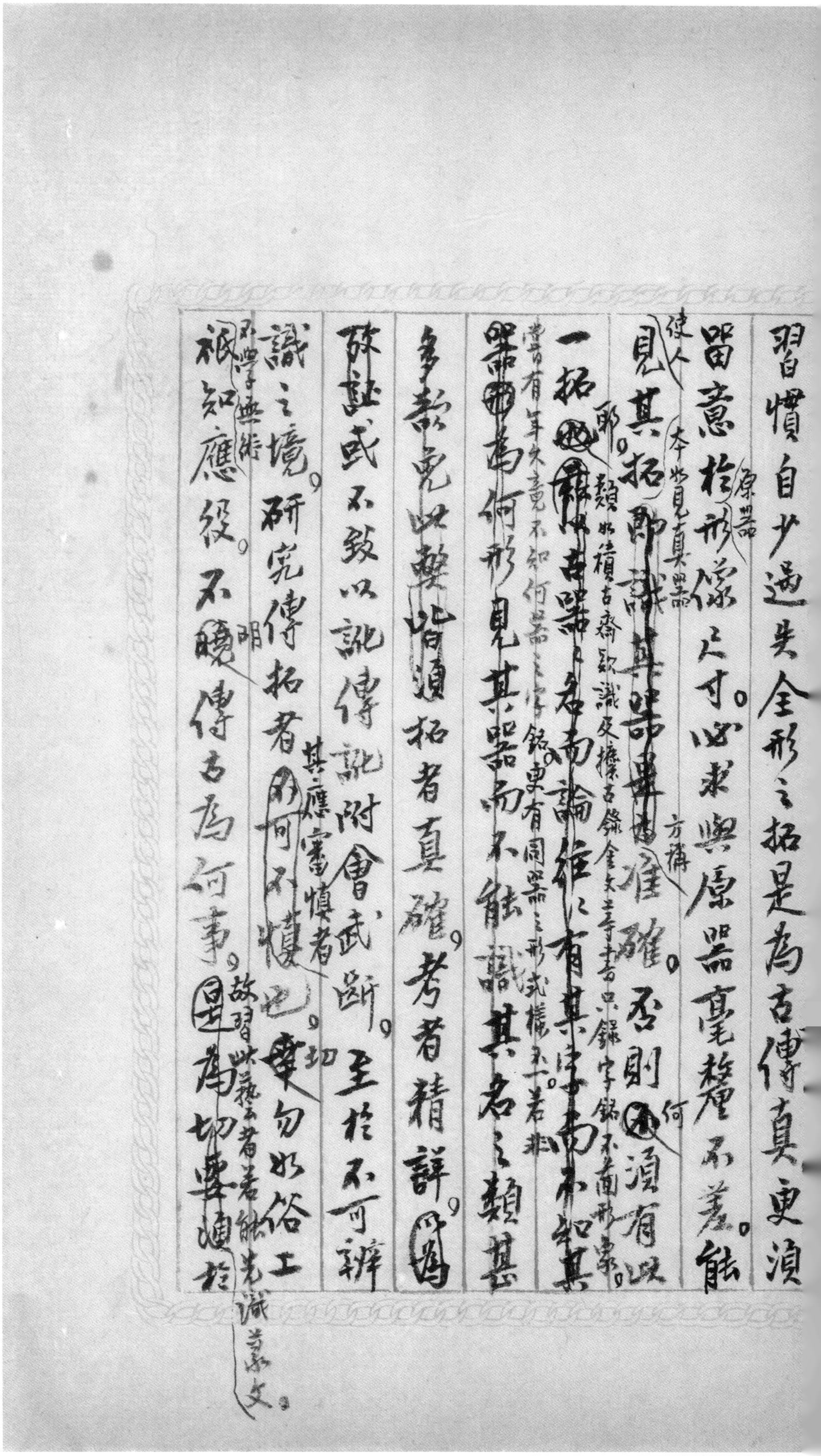

習慣，自少過失。全形之拓，是爲古器傳真，更須留意於原器形像、尺寸，必求與原器毫厘不差，能使人見其拓本如見真器，方稱準確，否則何須有此一拓耶？類如《積古齋款識》及《攗古録金文》等書，只録字銘，不圖形象。嘗有年久竟不知何器之字銘，更有同器之形，式樣不一，若非拓者真確、考者精詳，或不致以訛傳訛、附會武斷，至於不可辨識之境。研究傳拓者，其應審慎者也，切勿如俗工不學無術，祇知應役，不明傳古爲何事。故習此藝者若能先識篆文，於

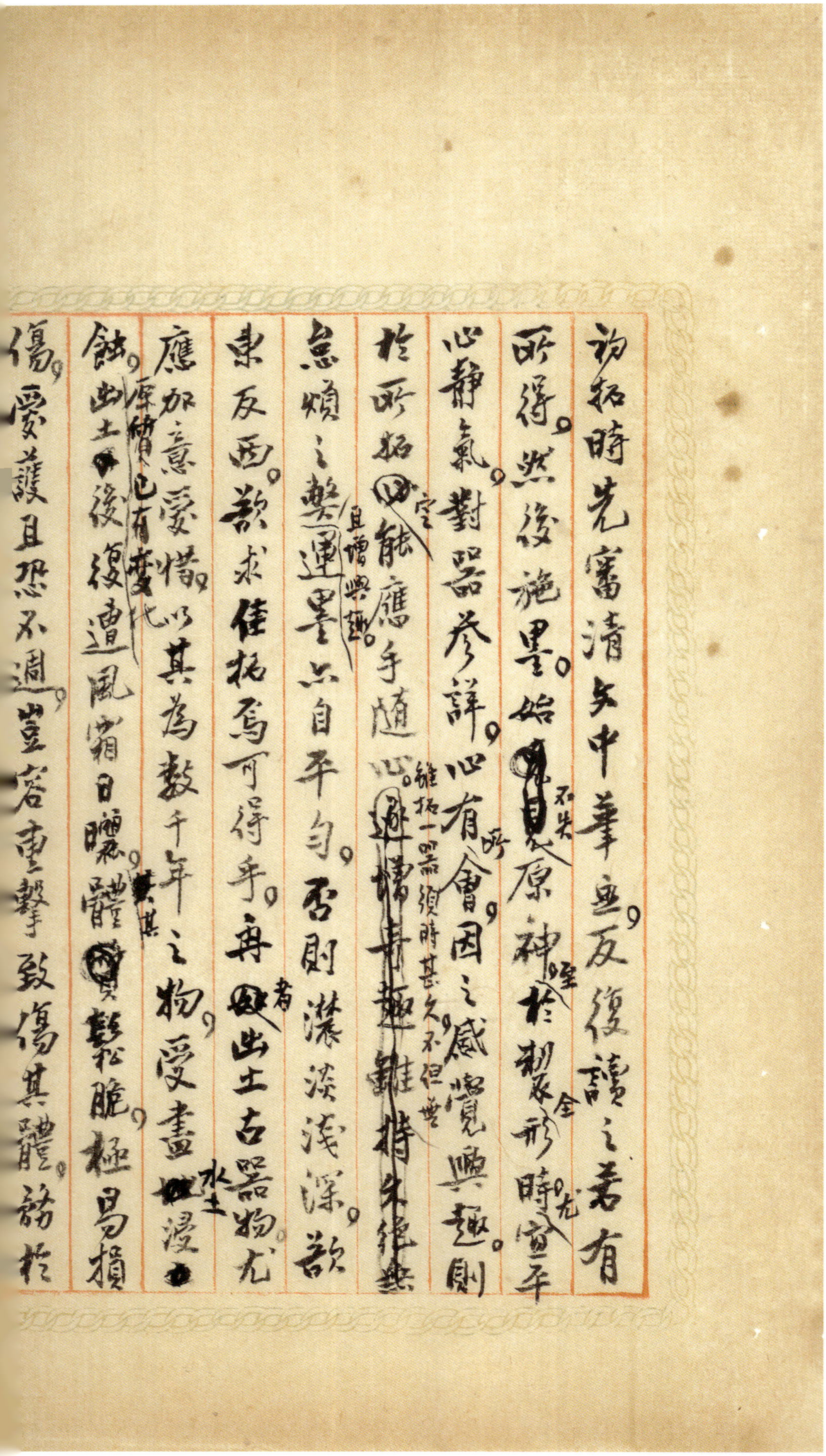

初拓時先審清文中筆畫，反復讀之，若有所得，然後施墨，始不失原神。至於製全形時，尤宜平心靜氣，對器參詳，心有所會，因之感覺興趣，則於所拓定能應手隨心。雖拓一器須時甚久，不但無怠煩之弊，且增興趣，運墨亦自平匀。否則濃淡淺深，欲東反西，欲求佳拓焉可得乎？再者出土古器物，尤應加意愛惜，以其爲數千年之物，受盡水土浸蝕，原質已有變化，出土後復遭風霜日曬，其體鬆脆，極易損傷，愛護且恐不周，豈容重擊致傷其體？務於

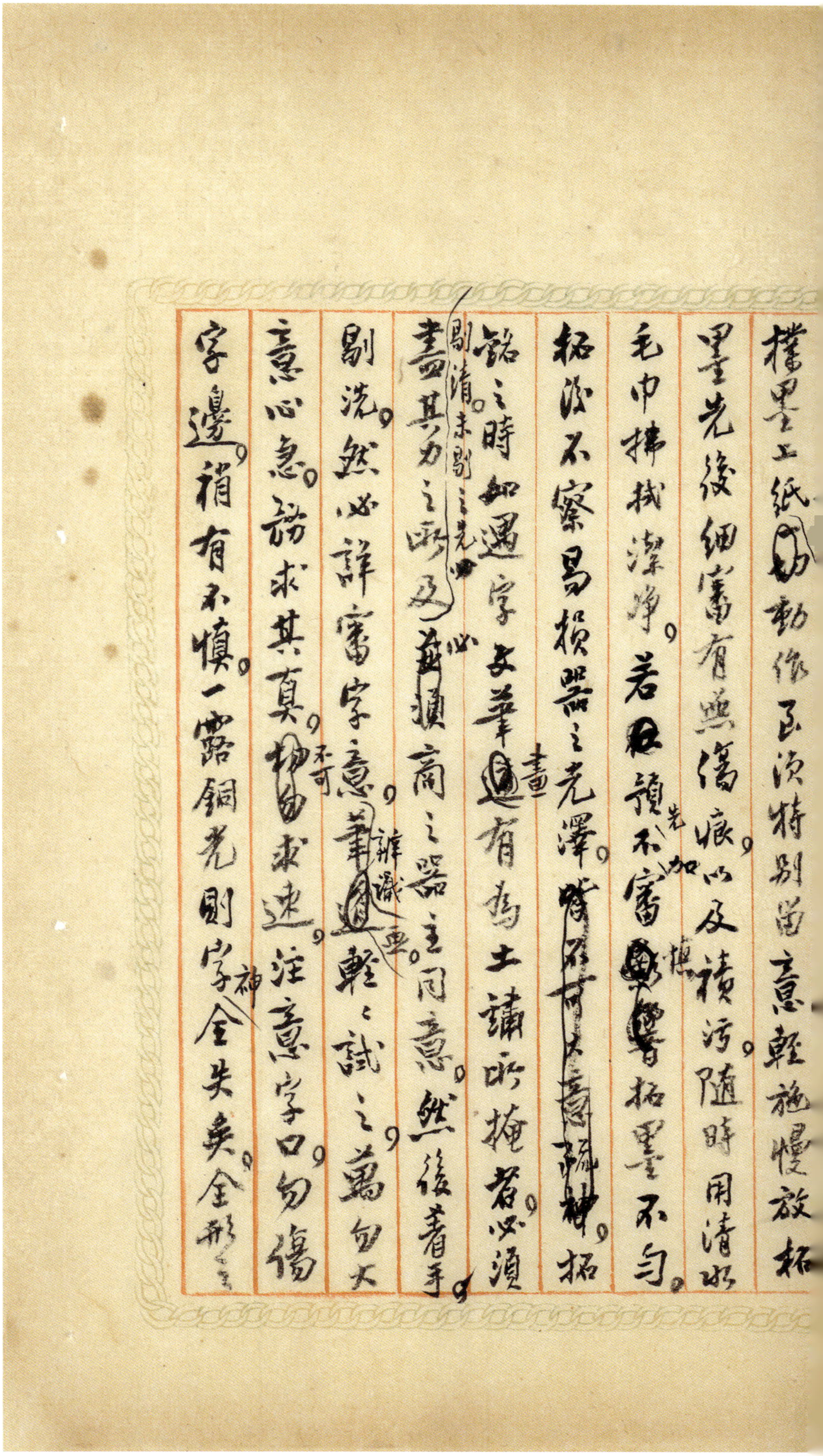

撲墨上紙之時，動作至須特別留意，輕施慢放，拓墨先後細審有無傷痕以及積污，隨時用清水毛巾拂拭潔净。若預先不加審慎，拓墨不匀，拓後不察易損器之光澤。拓銘之時，如遇字文筆畫有爲土銹所掩者，必須盡其力之所及剔清。未剔之先，必商之器主同意，然後著手剔洗。然必詳審字意，辨識筆畫，輕輕試之，萬勿大意心急。務求其真，不可求速。注意字口，勿傷字邊。稍有不慎，一露銅光則字神全失矣。全形之

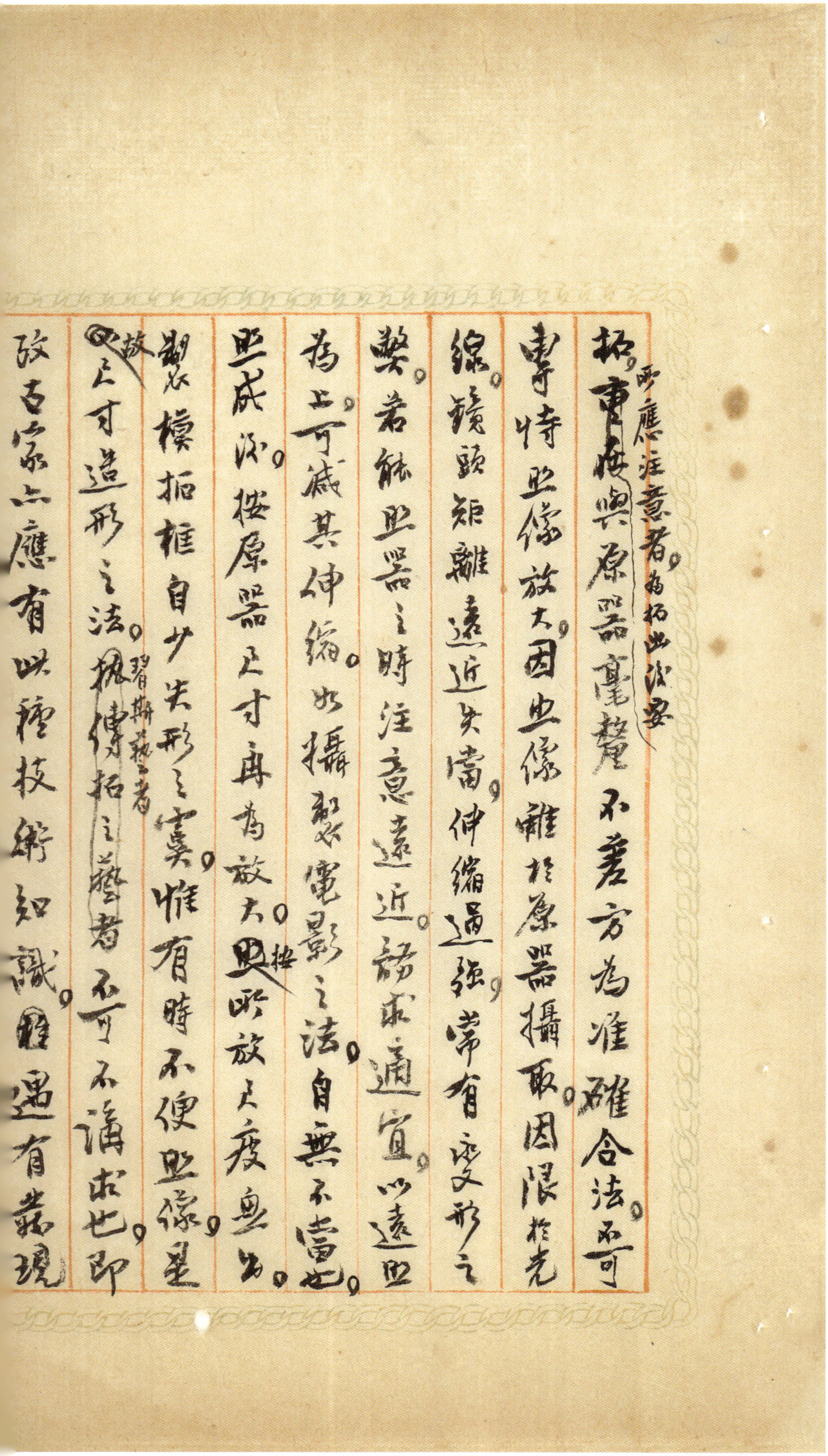

拓所應注意者，爲拓出後要與原器毫厘不差方爲準確合法。不可專恃照像放大。因照像雖於原器攝取，因限於光綫，鏡頭距離遠近失當，伸縮過强，常有變形之弊。若能照器之時注意遠近，務求適宜，以遠照爲上，可減其伸縮。如攝製電影之法，自無不當也。照成後，按原器尺寸再爲放大，按所放尺度畫出，製模拓框，自少失形之虞。惟有時不便照像，是故尺寸造形之法，習斯藝者，不可不講求也。即考古家亦應有此種技術知識，遇有發現

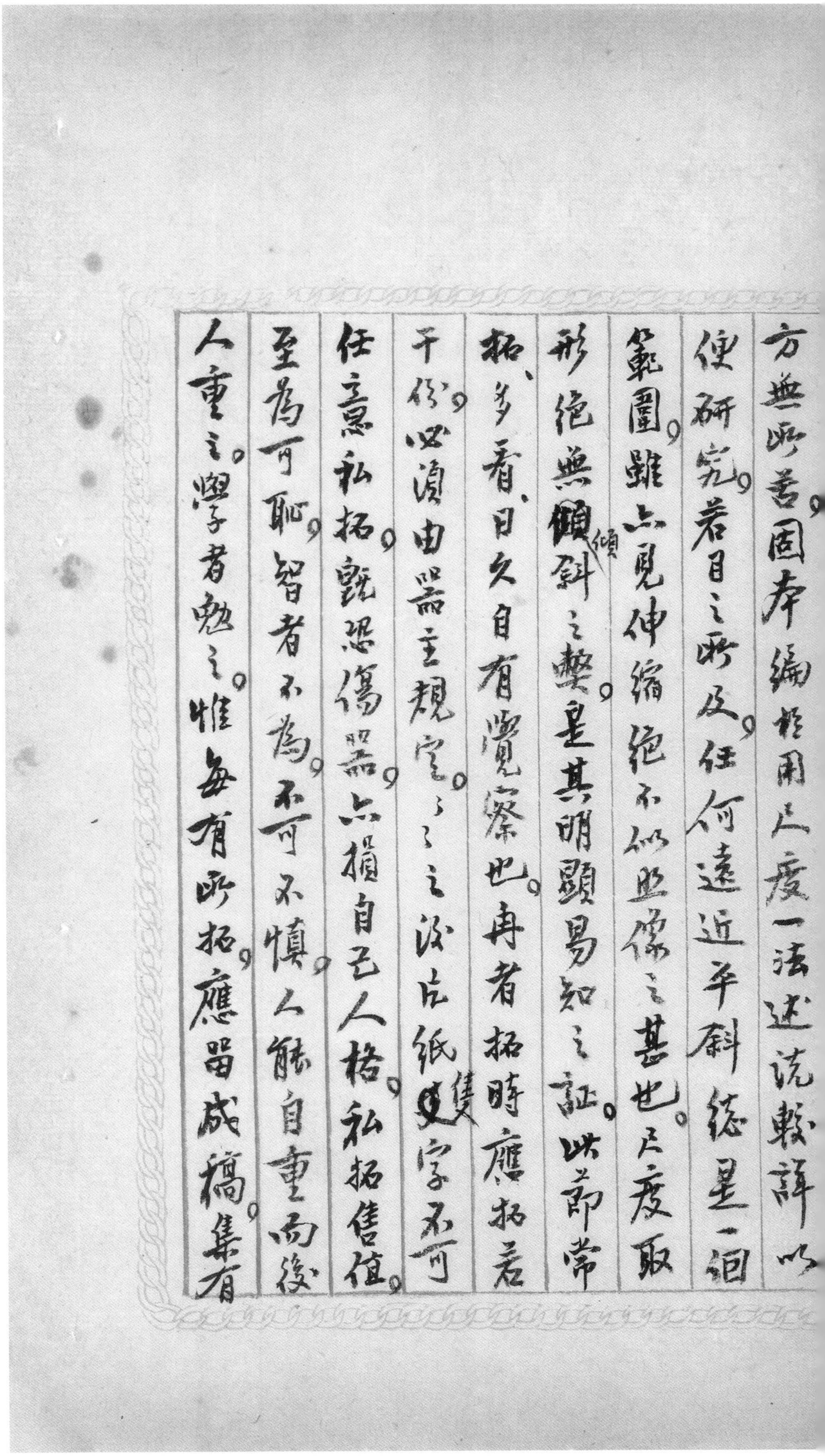
方無所苦。固本編於用尺度一法述說較詳，以便研究。若目之所及，任何遠近平斜總是一個範圍。雖亦見伸縮，絕不似照像之甚也。尺度取形絕無傾斜之弊，是其明顯易知之証。此節常拓、多看，日久自有覺察也。再者，拓時應拓若干份，必須由器主規定。規定之後，片紙隻字不可任意私拓。既恐傷器，亦損自己人格。私拓售值，至爲可恥，智者不爲，不可不慎。人能自重而後人重之。學者勉之。惟每有所拓，應留成稿，集有

方無所苦。固本編於用尺度一法述説較詳，以便研究。若目之所及，任何遠近平斜總是一個範圍。雖亦見伸縮，絶不似照像之甚也。尺度取形絶無傾斜之弊，是其明顯易知之証。此節常拓、多看，日久自有覺察也。再者，拓時應拓若干份，必須由器主規定。規定之後，片紙隻字不可任意私拓。既恐傷器，亦損自己人格。私拓售值，至爲可耻，智者不爲，不可不慎。人能自重而後人重之，學者勉之。惟每有所拓，應留成稿，集有

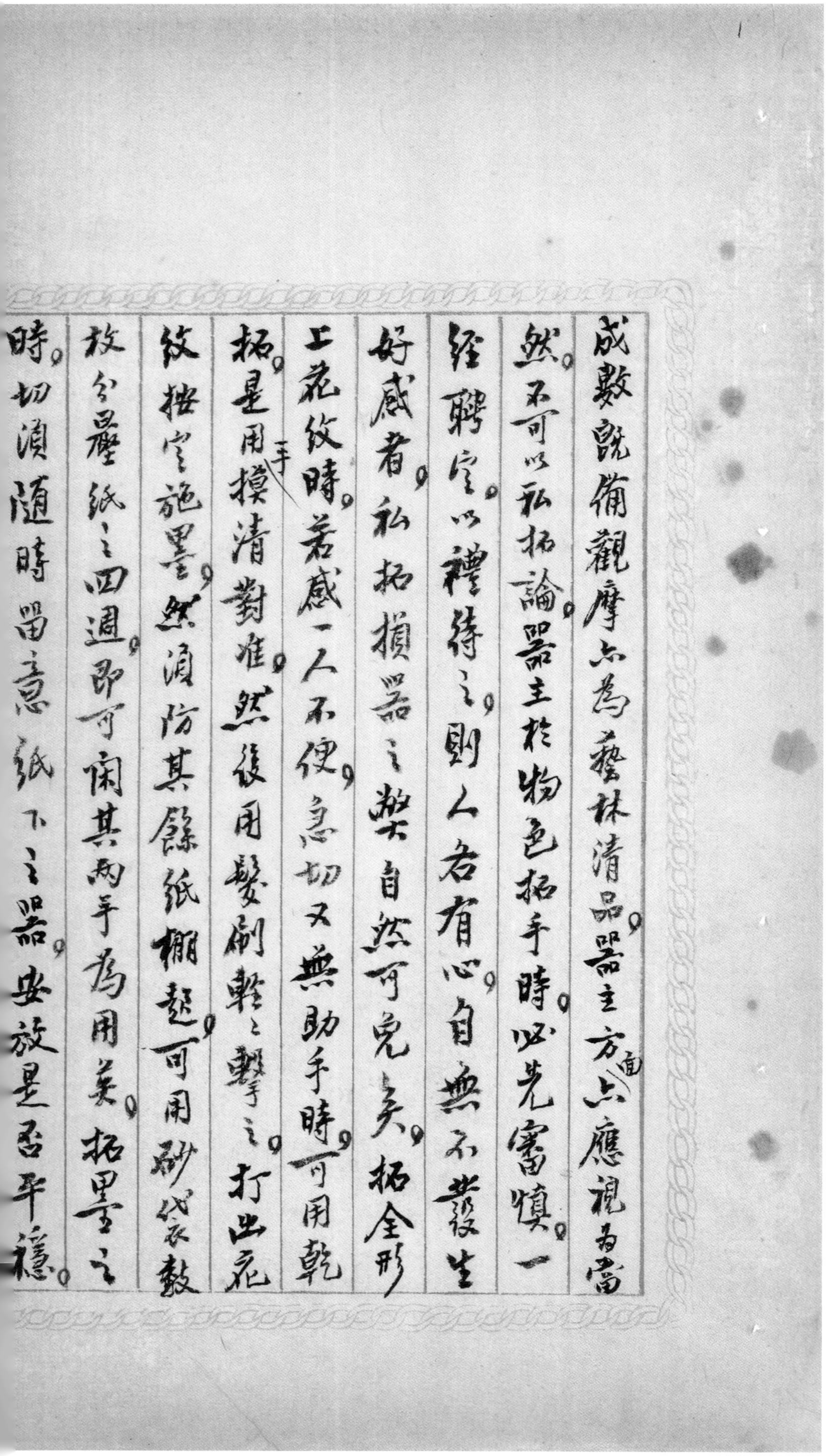

成數，既備觀摩，亦爲藝林清品。器主方面亦應視爲當然，不可以私拓論。器主於物色拓手時，必先審慎，一經聘定，以禮待之，則人各有心，自無不發生好感者，私拓損器之弊，自然可免矣。拓全形上花紋時，若感一人不便，急切又無助手時，可用乾拓，是用手摸清對準，然後用髮刷輕輕擊之，打出花紋按定施墨。然須防其餘紙棚起，可用砂袋數枚分壓紙之四周，即可閑其兩手爲用矣。拓墨之時，切須隨時留意紙下之器安放是否平穩，

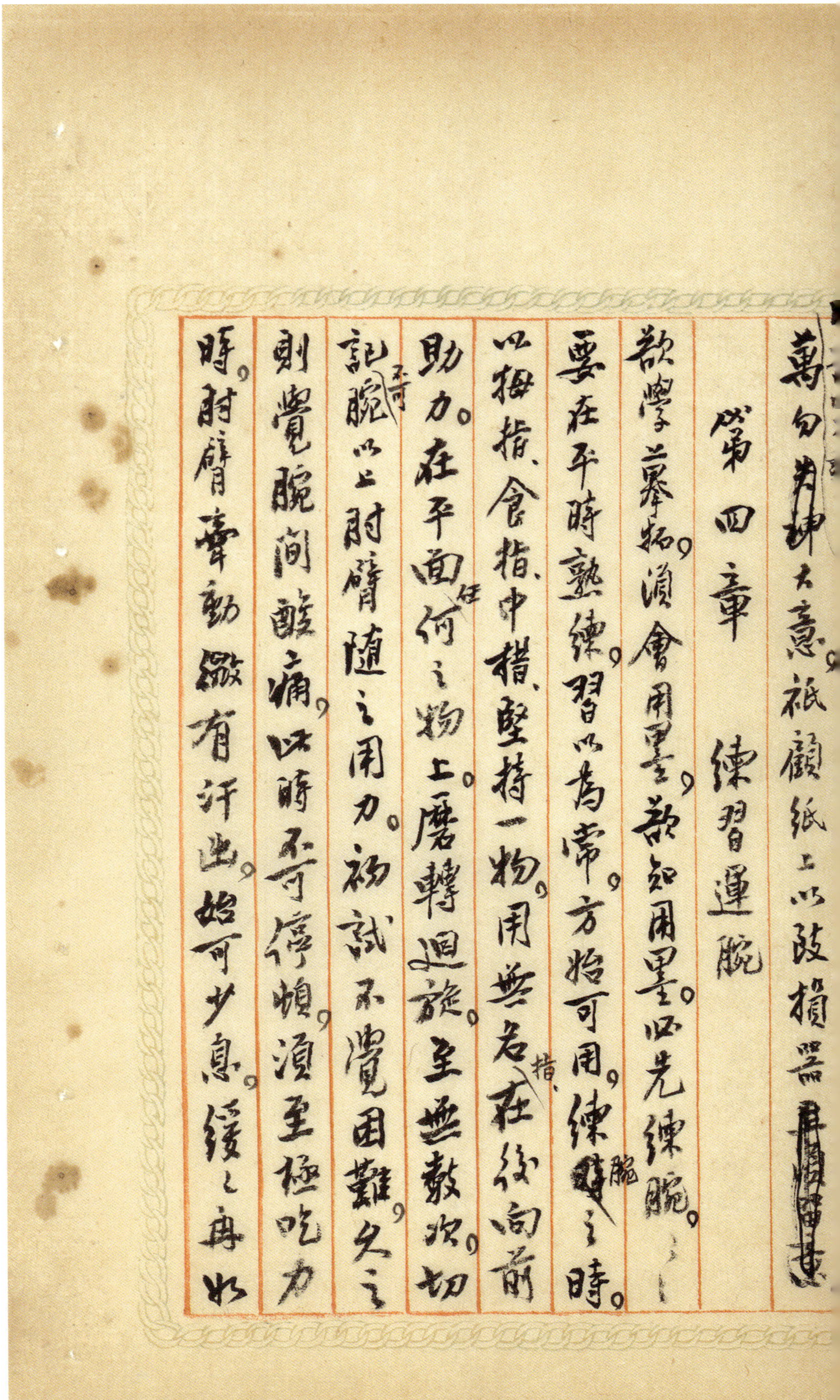

或托以布墊。萬勿大意，衹顧紙上以致損器。

第四章　練習運腕

欲學摹拓，須會用墨。欲知用墨，必先練腕。練腕要在平時熟練，習以爲常，方始可用。練腕之時，以拇指、食指、中指堅持一物，用無名指在後向前助力，在平面任何之物上，磨轉回旋，至無數次。切記不可腕以上肘臂隨之用力。初試不覺困難，久之則覺腕間酸痛，此時不可停頓，須至極吃力時，肘臂牽動微有汗出，始可少息。緩緩再如

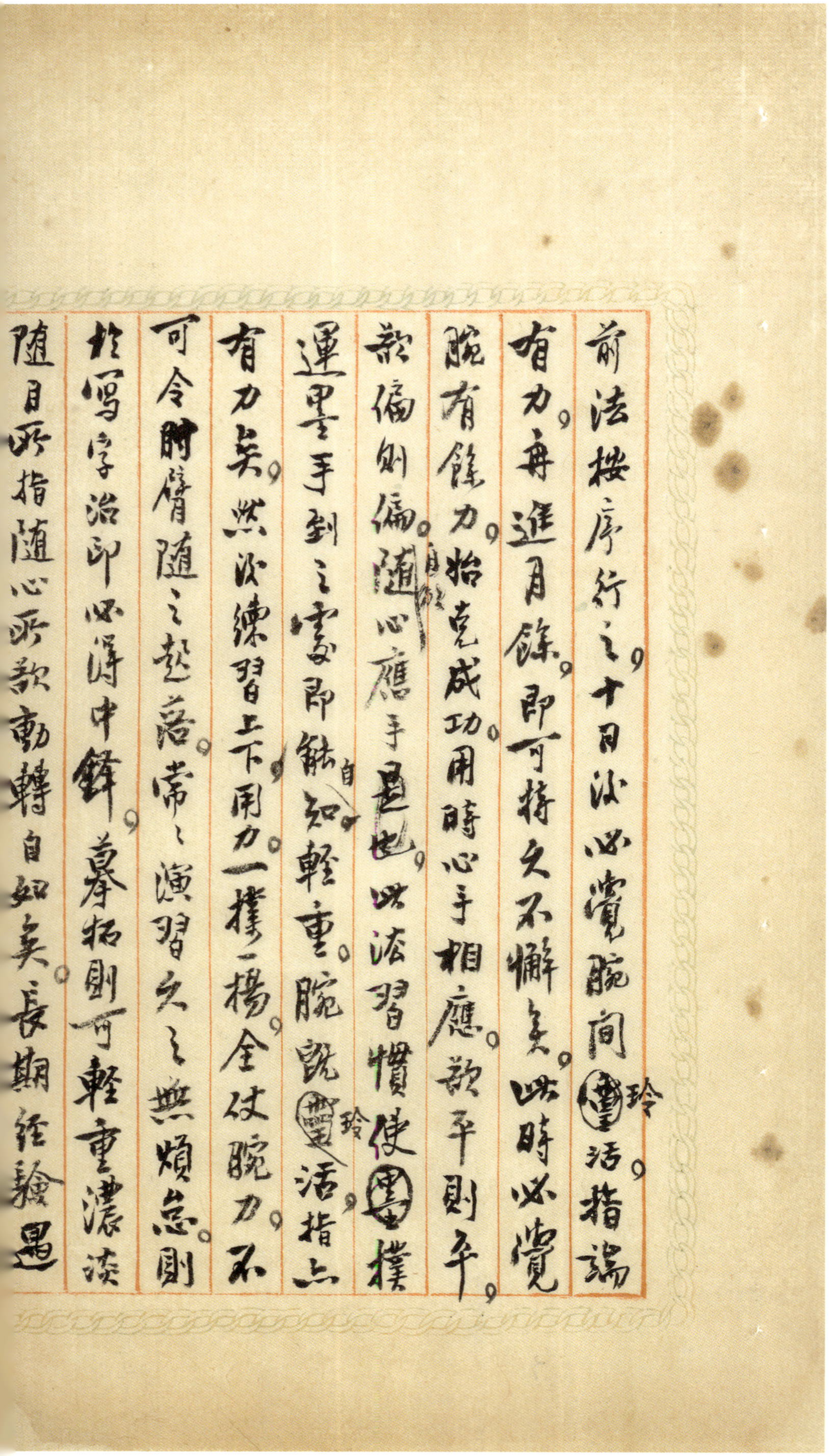

前法按序行之。十日後必覺腕間玲（靈）活，指端有力，再進月餘，即可持久不懈矣。此時必覺腕有餘力，始克成功。用時心手相應，欲平則平，欲偏則偏，自能隨心應手，此法習慣使撲運墨，手到之處即能自知輕重。腕既玲（靈）活，指亦有力矣。然後練習上下用力，一撲一揚，全仗腕力，不可令肘臂隨之起落，常常演習，久之無煩忽，則於寫字治印必得中鋒，摹拓則可輕重濃淡隨目所指、隨心所欲、動轉自如矣。長期經驗遇

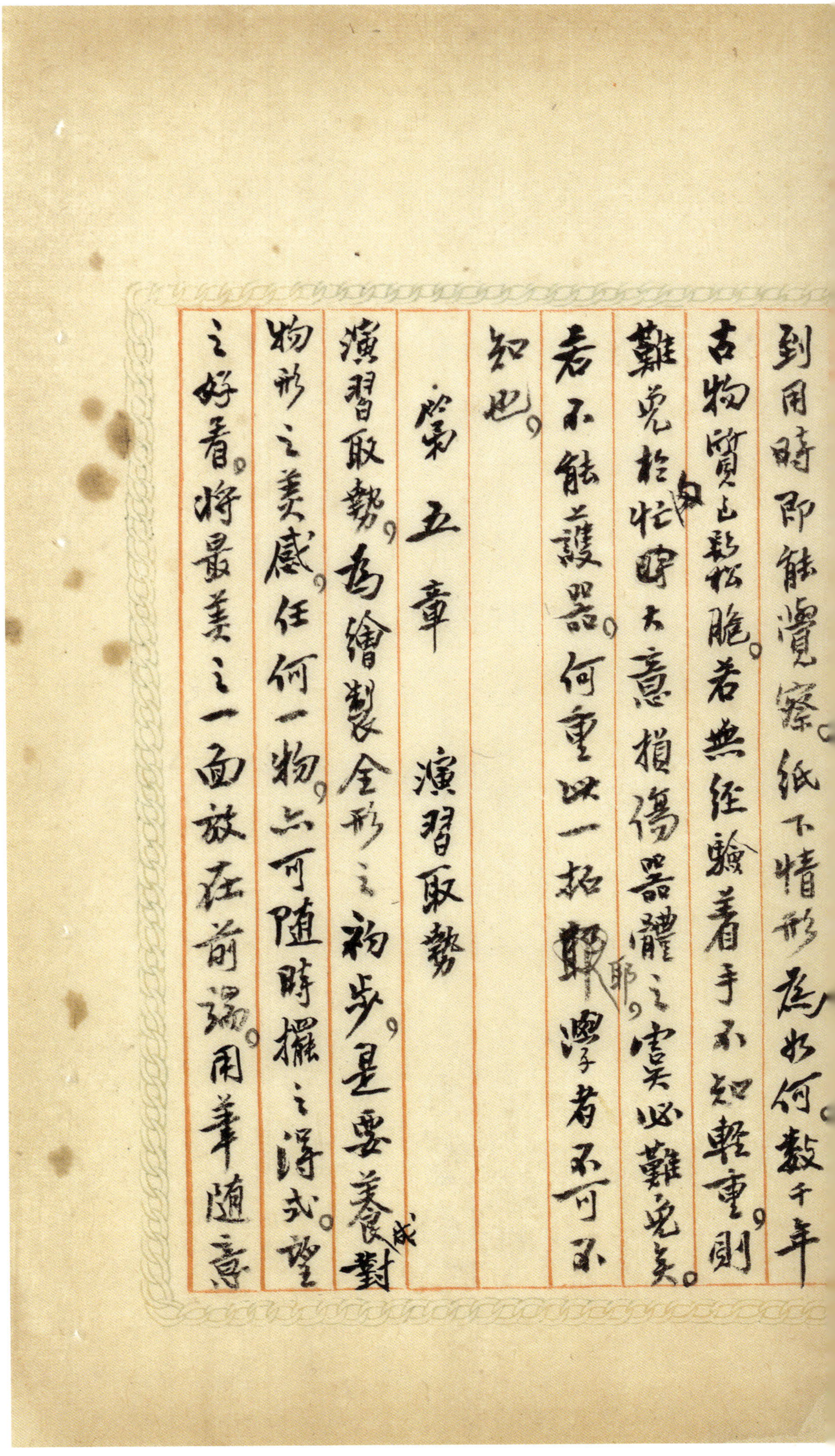

到用時即能覺察紙下情形為如何。數千年古物質已鬆脆。若無經驗着手不知輕重，則難免於怱忙大意，損傷器體之害必難免矣。若不能護器，何重此一拓耶。學者不可不知也。

第五章　演習取勢

演習取勢，為繪製全形之初步，是要養成對物形之美感。任何一物亦可隨時擺之得式。望之好看。將最美之一面放在前端，用筆隨意

到用時即能覺察紙下情形爲如何。數千年古物質已鬆脆，若無經驗，著手不知輕重，則難免於匆忙大意，損傷器體之虞必難免矣。若不能護器，何重此一拓耶？學者不可不知也。

第五章　演習取勢

演習取勢，爲繪製全形之初步，是要養成對物形之美感。任何一物亦可隨時擺之得式，望之好看，將最美之一面放在前端，用筆隨意

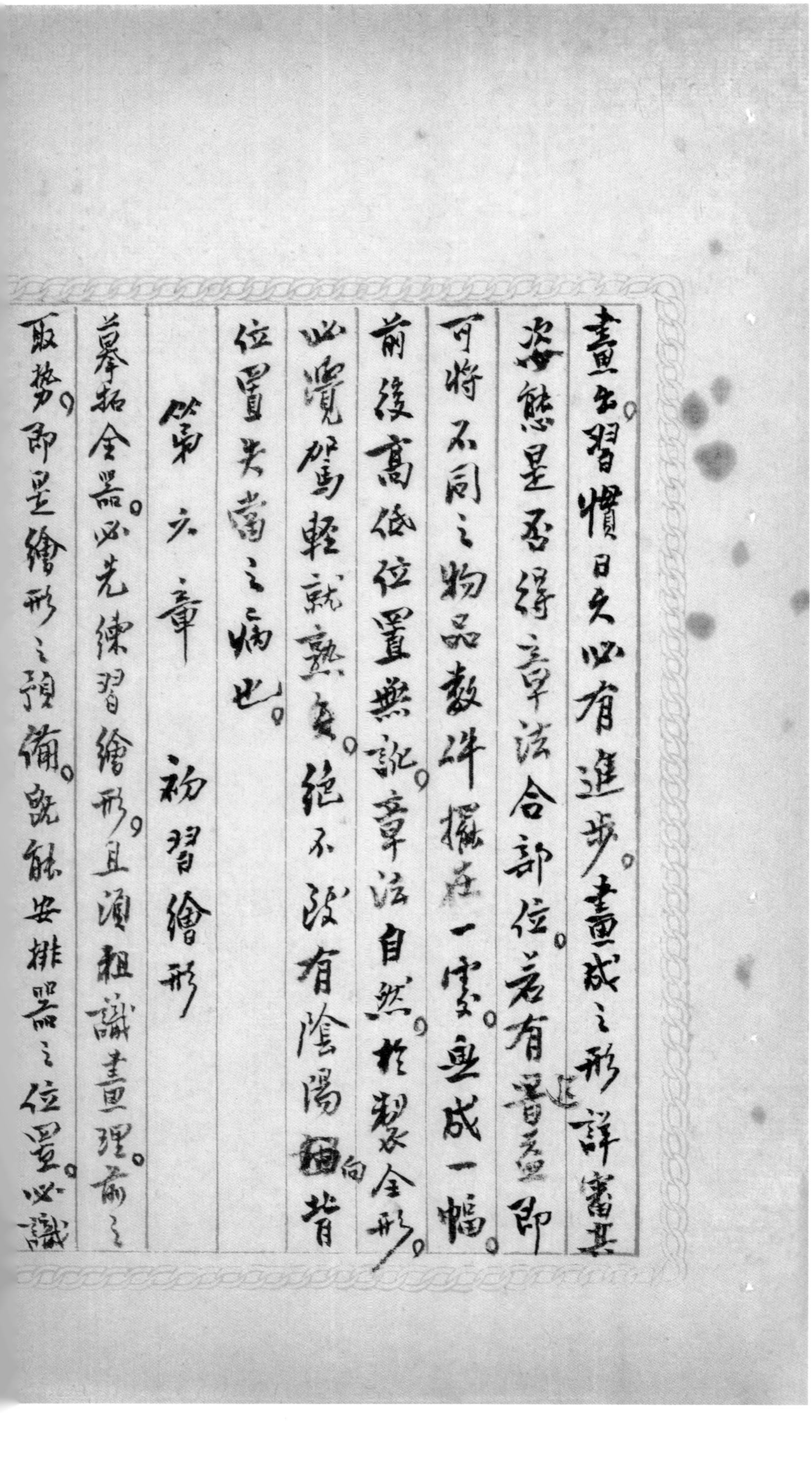

畫出。習慣日久，必有進步。畫成之形，詳審其姿態是否得章法、合部位。若有進益，即可將不同之物品數件，擺在一處，畫成一幅。前後高低位置無訛，章法自然，於製全形，必覺駕輕就熟，絕不致有陰陽向背位置失當之病也。

第六章　初習繪形

摹拓全器，必先練習繪形，且須粗識畫理。前之取勢，即是繪形之預備。既能安排器之位置，必識

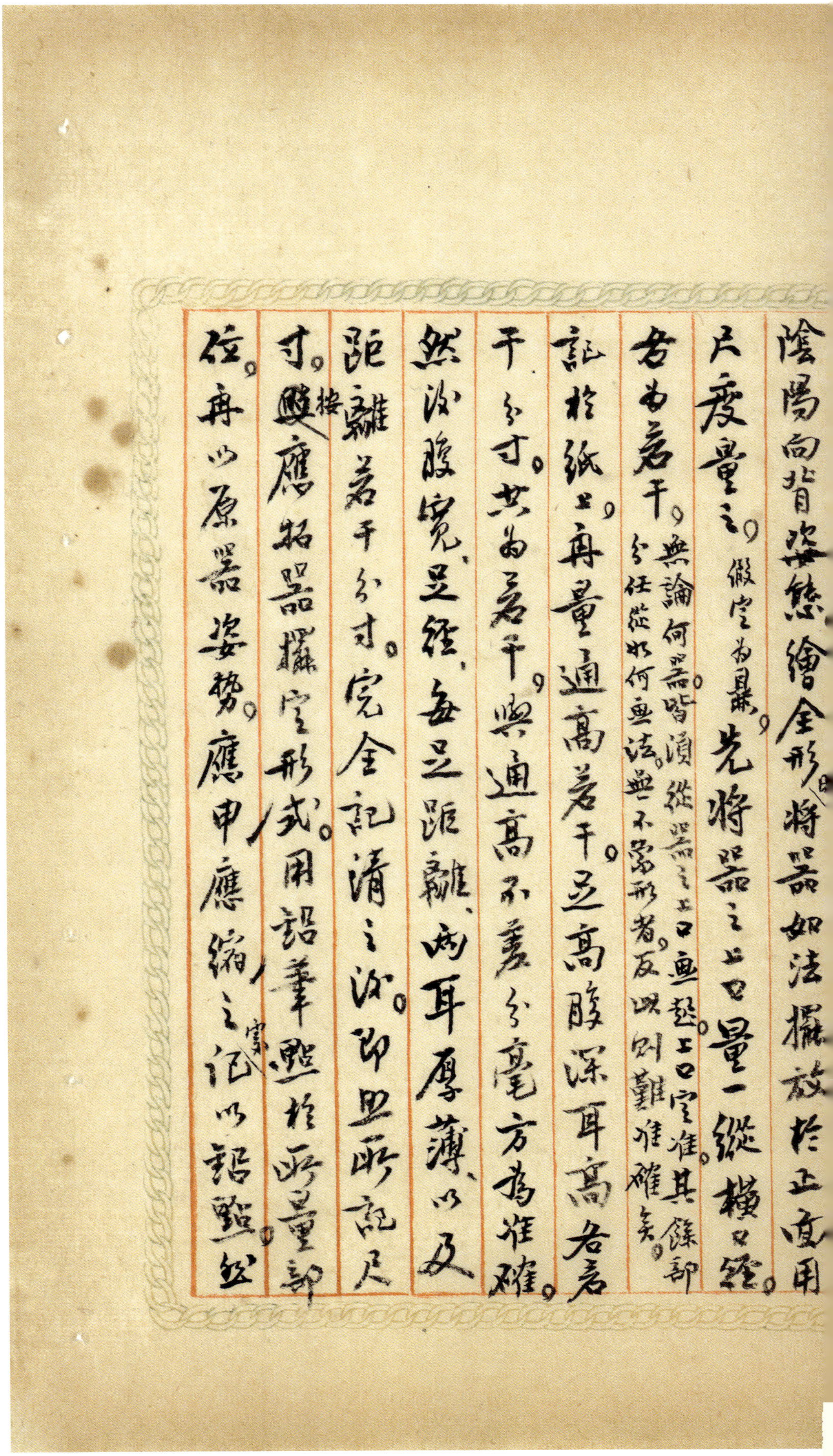

陰陽向背姿態。繪全形時，將器如法擺放於正面，用尺度量之。（假定爲鼎。）先將器之上口量一縱橫口徑，各爲若干（無論何器，皆須從器之上口畫起。上口定準，其餘部分任從如何畫法，無不象形者，反此則難準確矣），記於紙上，再量通高若干，足高、腹深、耳高各若干分寸，共爲若干，與通高不差分毫方爲準確。然後腹寬、足徑、每足距離、兩耳厚薄以及距離若干分寸，完全記清之後，即照所記尺寸，按應拓器擺定形式，用鉛筆點於所量部位，再以原器姿勢，應申應縮之處記以鉛點，然

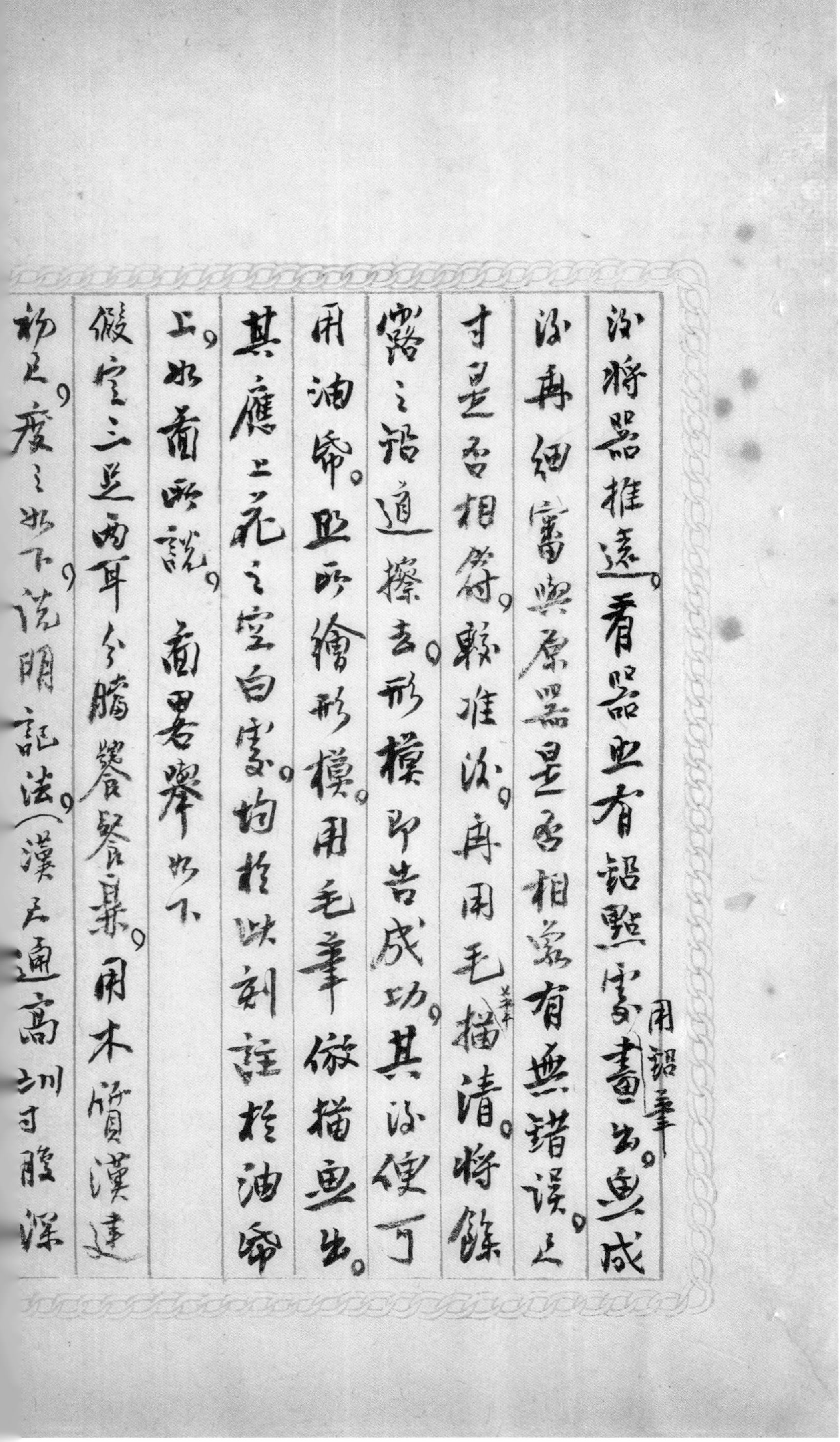

後將器推遠，看器照有鉛點處用鉛筆畫出，畫成後再細審與原器是否相象有無錯誤，尺寸是否相符。校準後，再用毛筆描清，將餘露之鉛道擦去，形模即告成功。其後便可用油紙，照所繪形模，用毛筆仿描畫出。其應上花之空白處，均於此刻注於油紙上，如圖所說。圖略舉如下。假定三足兩耳分膽（襠）饕餮鼎，用木質漢建初尺，度之如下，說明記法（漢尺通高七寸三分，腹深三寸三分，足高二寸八分，耳高一寸二分，口徑左右五寸二分，腹寬五寸三分，三足每距三寸八分，兩耳外綫距離五寸二分）。

器形　照此度法用鉛筆記明，然後按部位點於紙，如下圖。

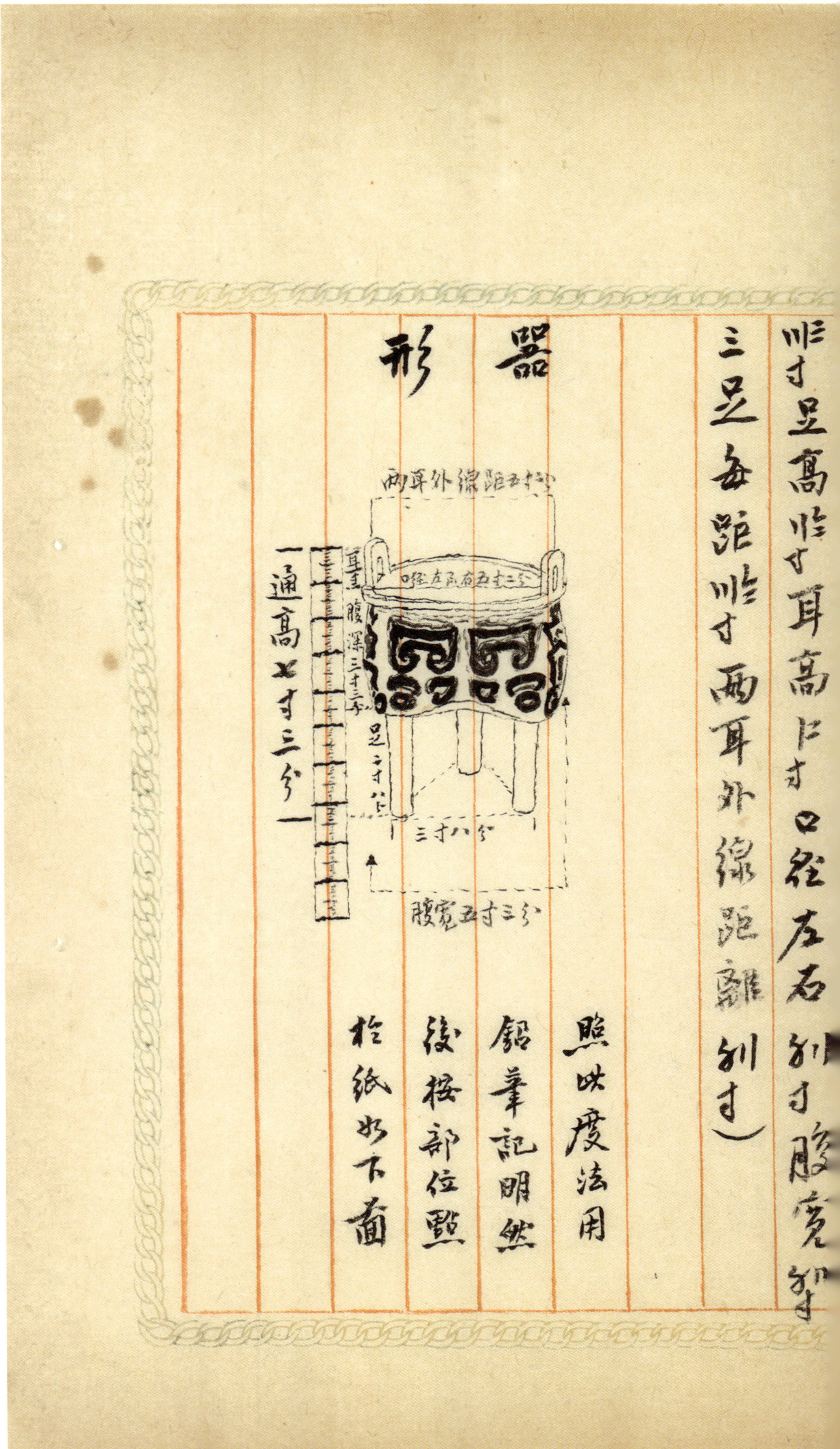

畫形　點準部位，再用鉛筆按所定姿態畫成形相，如虛綫，然後再用毛筆照原器循虛綫描蓋墨道。如無錯誤，即可將餘露之鉛痕擦去。

畫形

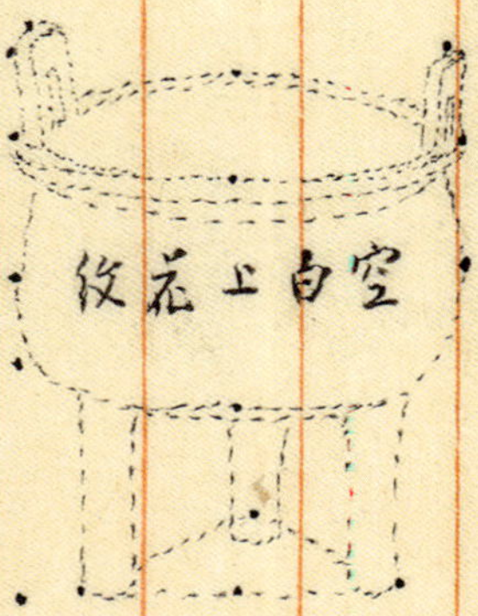

點準部位再用鉛筆按所定姿態畫成形相如虛綫然後再用毛筆照原器循虛綫描蓋墨道如無錯誤即可將餘露之鉛痕擦去

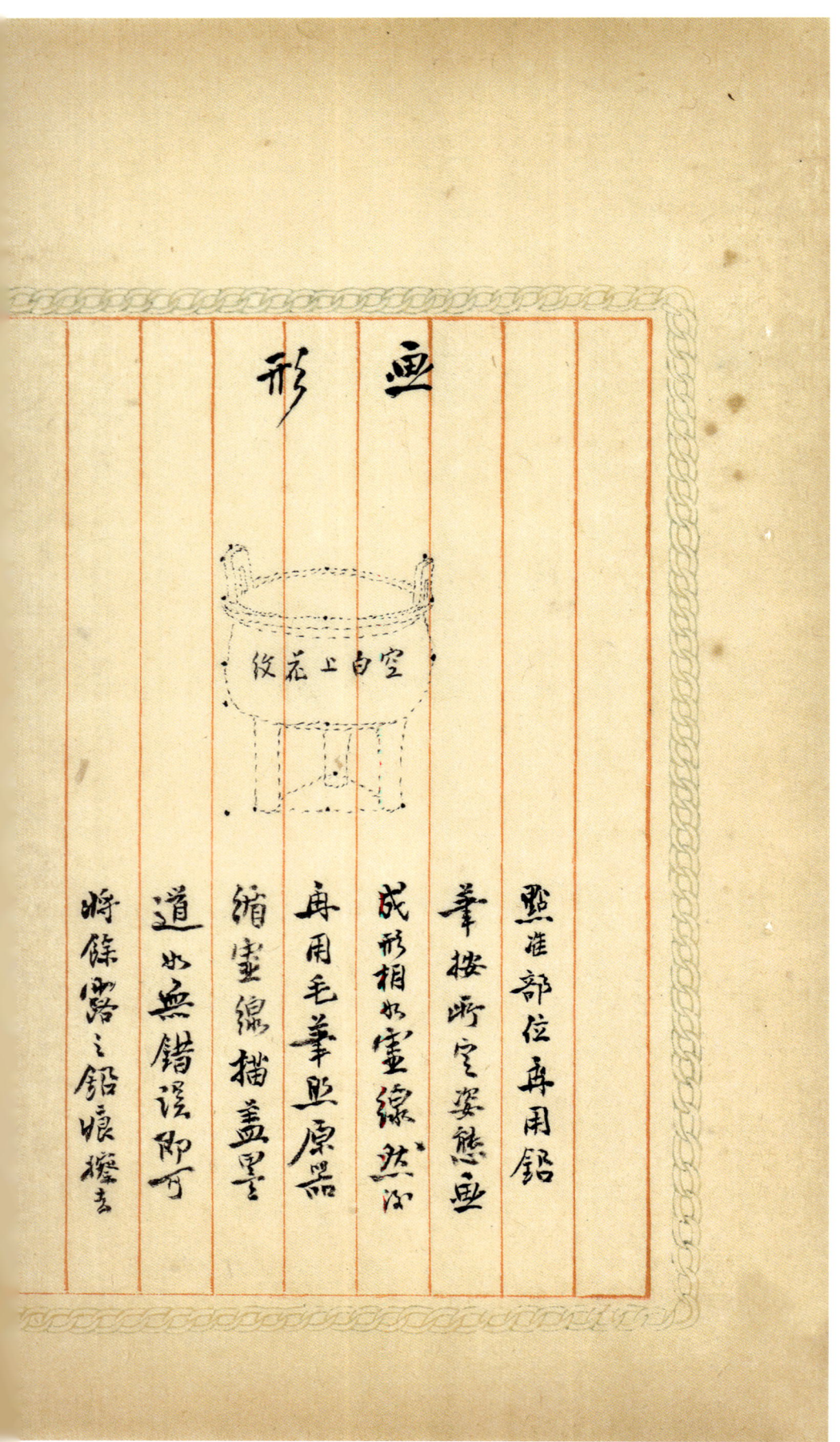

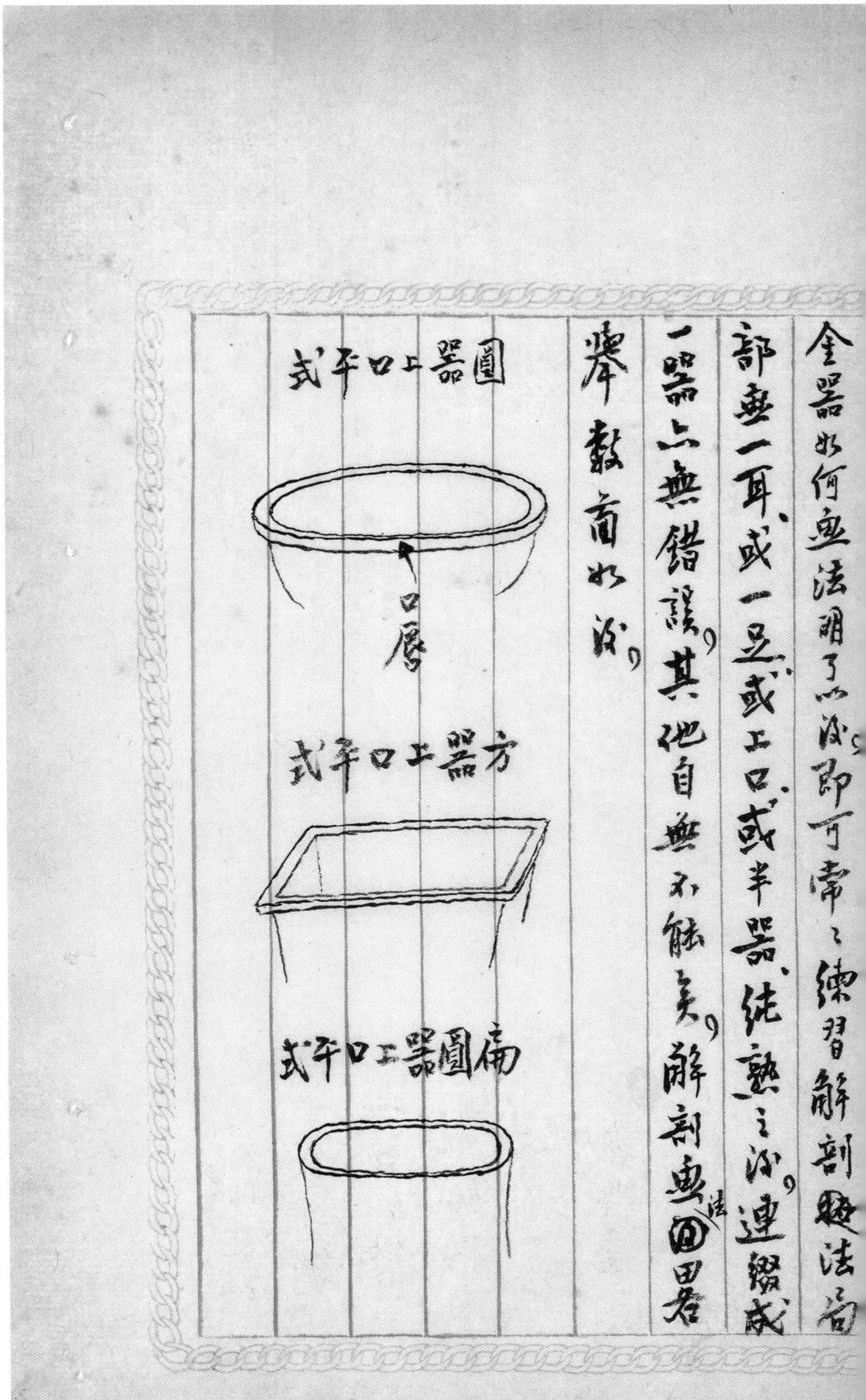
全器如何畫法明了以後，即可常常練習解剖畫法。局部畫一耳，或一足，或上口，或半器。純熟之後，連綴成一器亦無錯誤，其他自無不能矣。解剖畫法，略舉數圖如後。

全器如何畫法明了以後，即可常常練習解剖畫法。局部畫一耳，或一足，或上口，或半器。純熟之後，連綴成一器亦無錯誤，其他自無不能矣。解剖畫法，略舉數圖如後。

圓器上口平式　口唇　方器上口平式　扁圓器上口平式

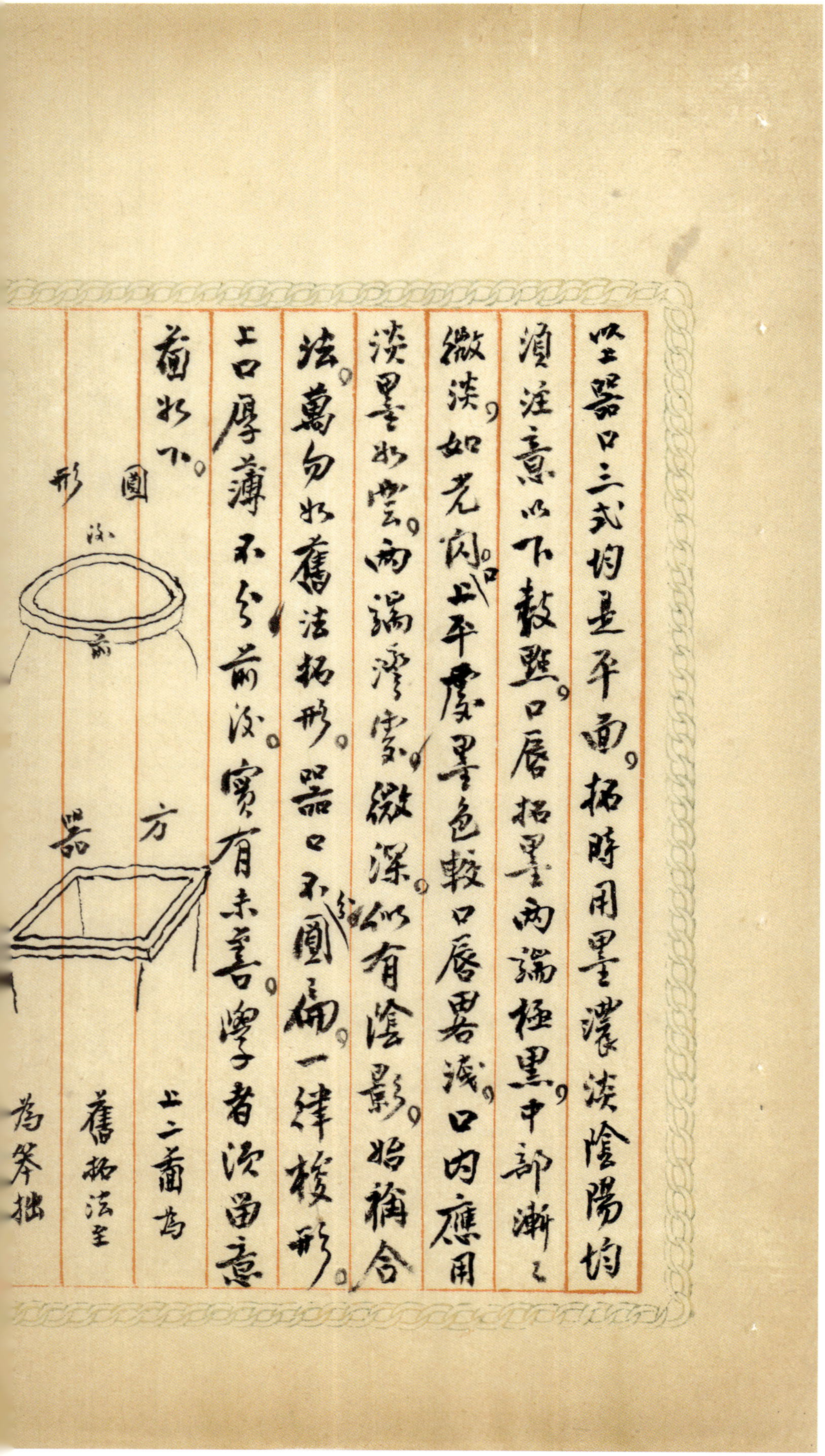

以上器口三式均是平面，拓時用墨濃淡陰陽均須注意以下數點：口唇拓墨兩端極黑，中部漸漸微淡，如光閃。口上平處墨色較口唇略淺，口内應用淡墨如雲。兩端彎處微深，似有陰影，始稱合法。萬勿如舊法拓形，器口不分圓扁，一律梭形，上口厚薄不分前後，實有未善。學者須留意。圖如下。

圓形　後　前　方器　上二圖爲舊拓法，至爲笨拙。

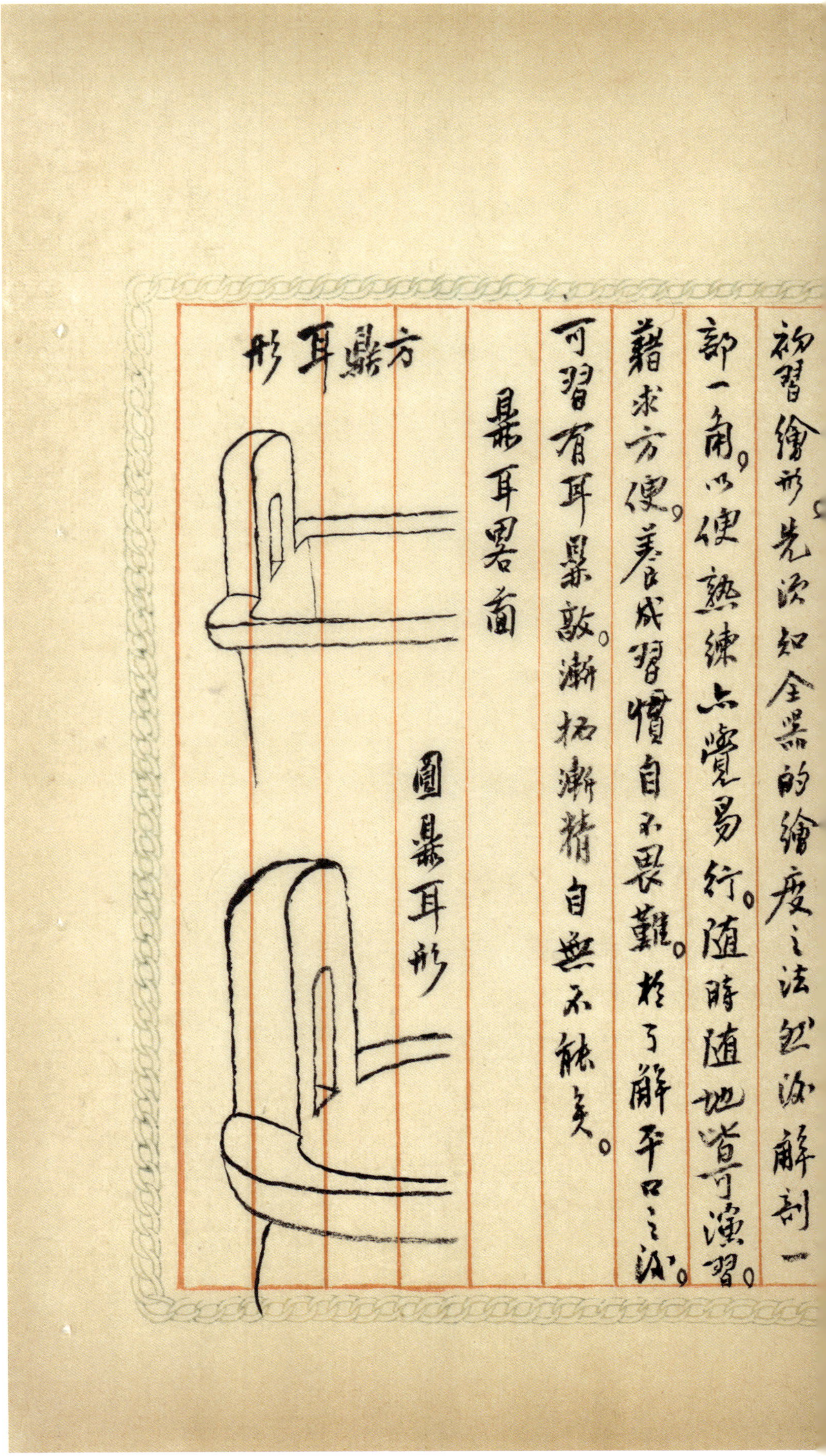

初習繪形，先須知全器的繪度之法，然後解剖一部一角，以便熟練亦覺易行，隨時隨地皆可演習，藉求方便。養成習慣自不畏難。於了解平口之後，可習有耳鼎敦，漸拓漸精，自無不能矣。

鼎耳略圖　方鼎耳形　圓鼎耳形

三台口绳纹耳形

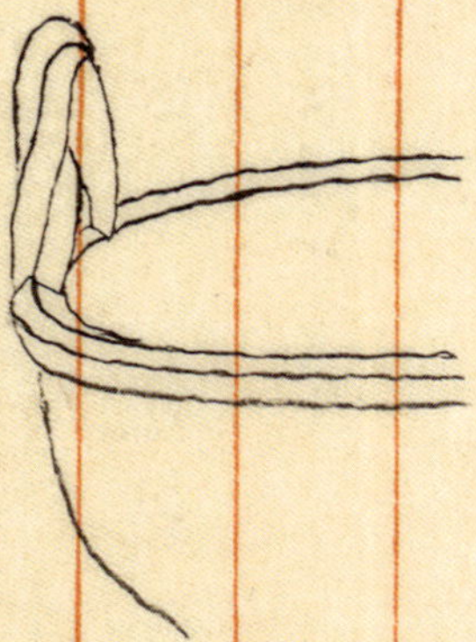

左右两耳部位形

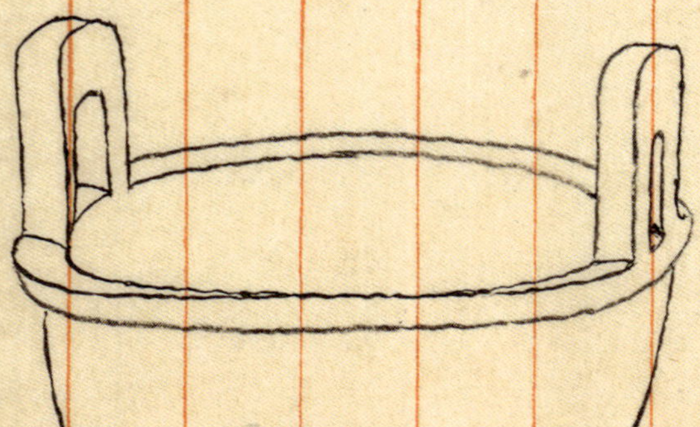

三台口繩紋耳形　左右兩耳部位形

敦簋略圖

圓器子口形

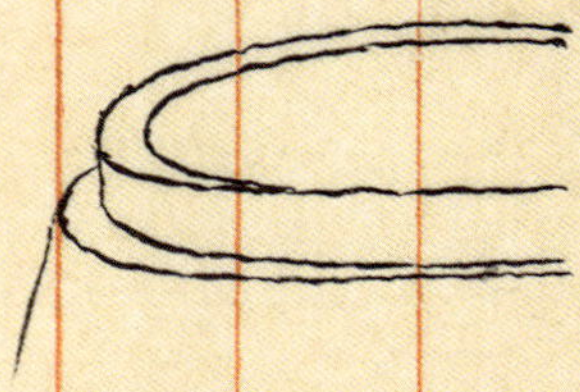

方器子口形

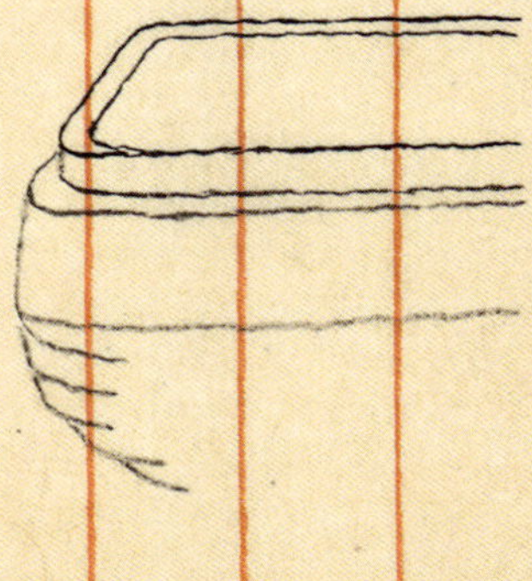

敦簋略圖　圓器子口形　方器子口形

敦彝底足圖

圓足形

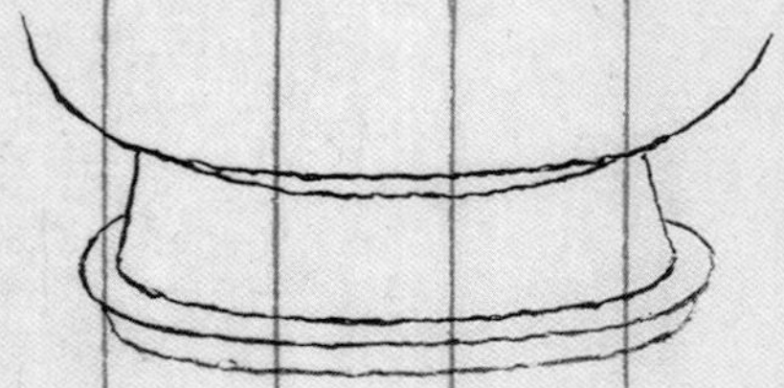

三足形

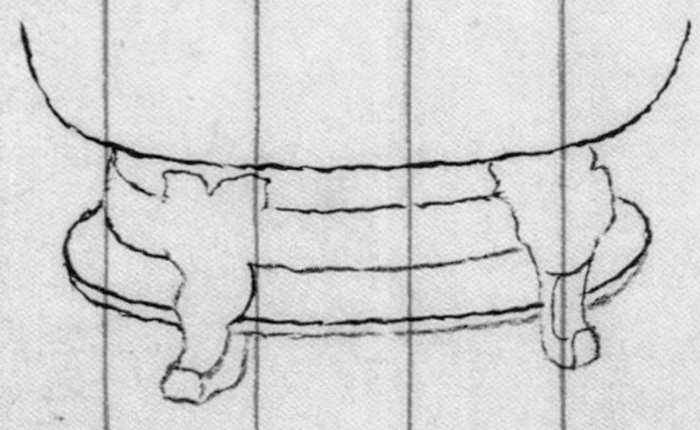

敦彝底足圖　圓足形　三足形

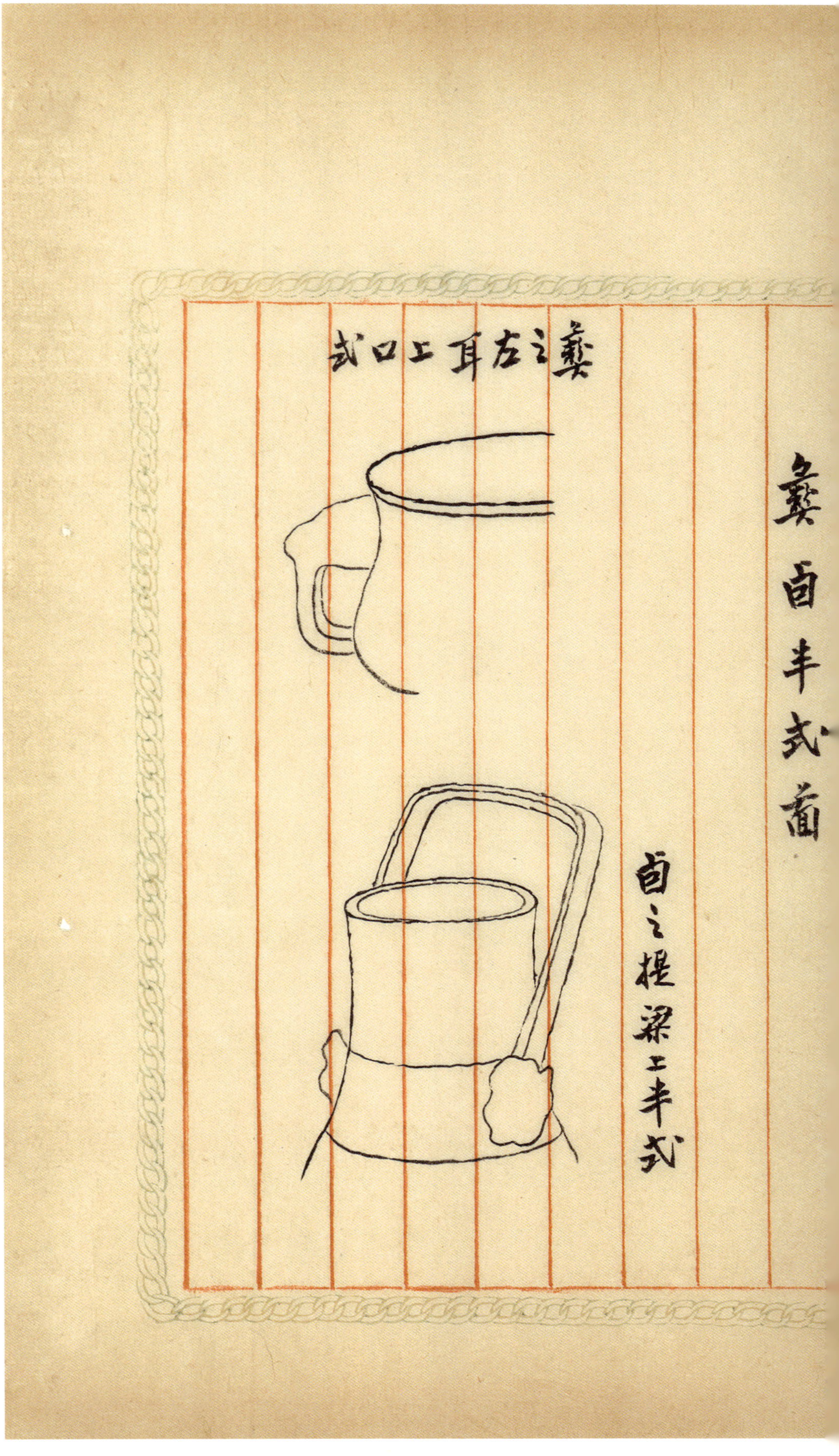

彝卣半式圖　彝之左耳上口式　卣之提梁上半式

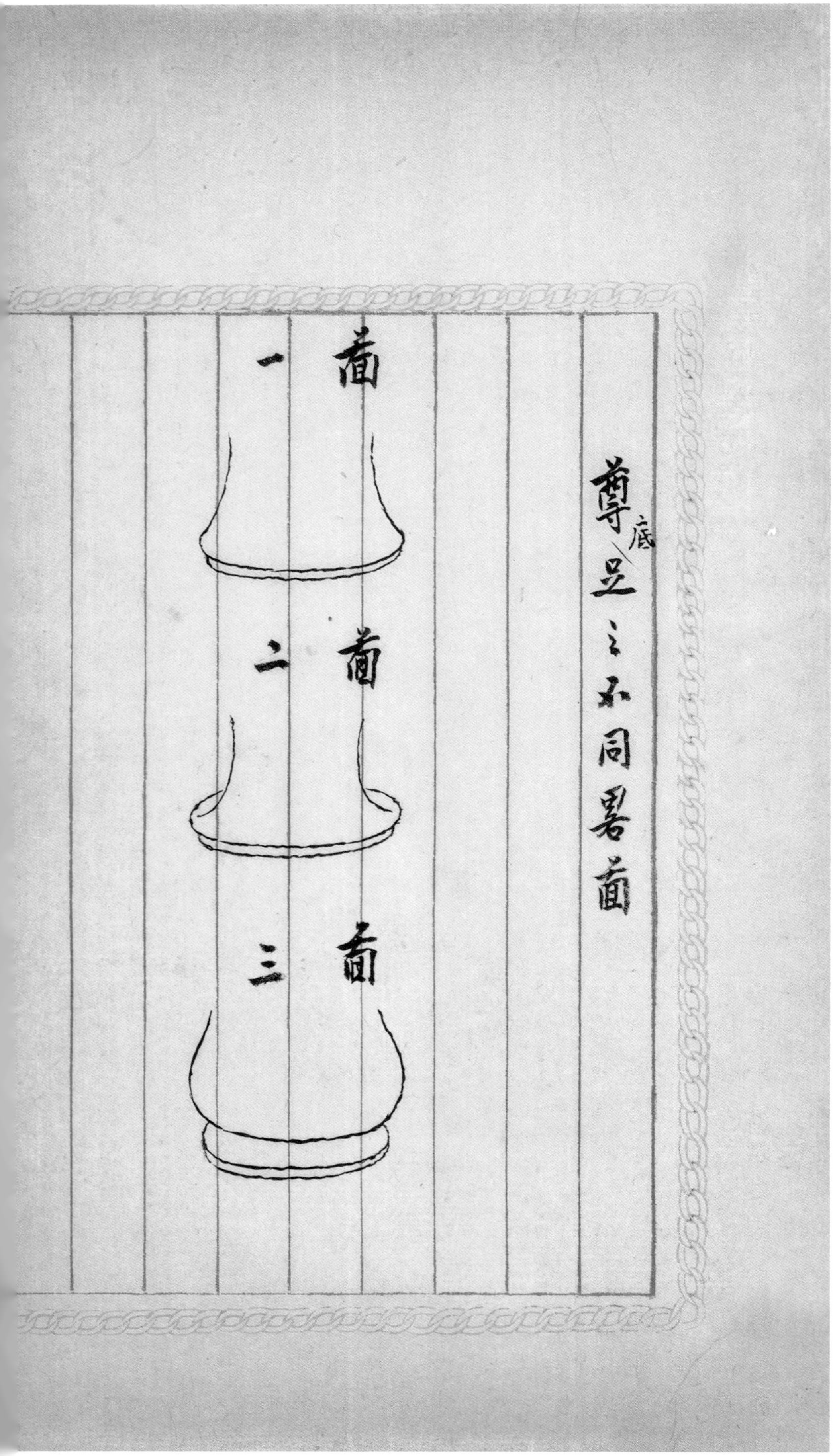

尊底足之不同略圖　圖一　圖二　圖三

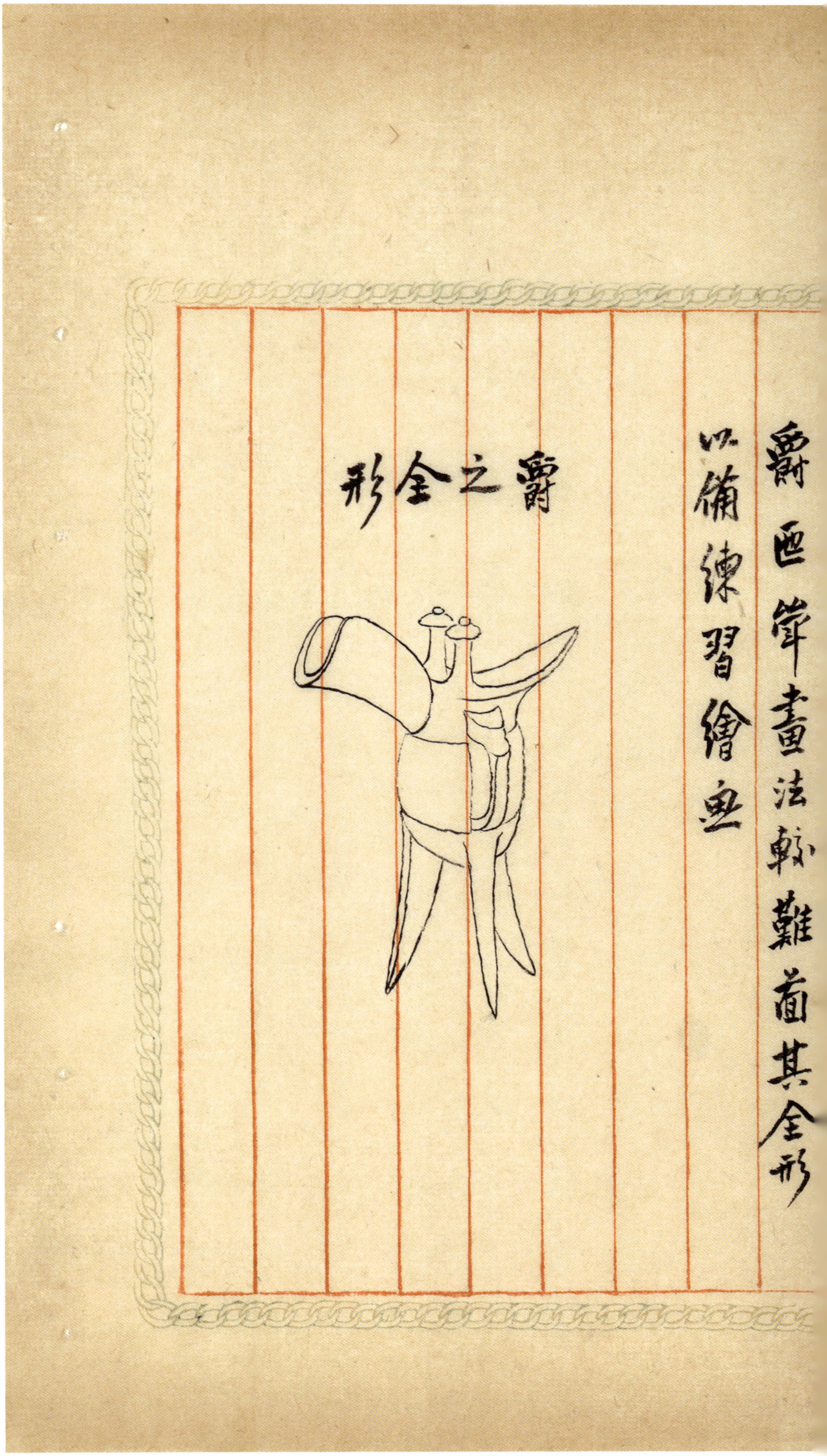
爵匜斝畫法較難圖其全形
以備練習繪畫
爵之全形

爵匜斝畫法較難，圖其全形以備練習繪畫。
爵之全形

匜之全形

匜之全形

斝之全形

斝之全形

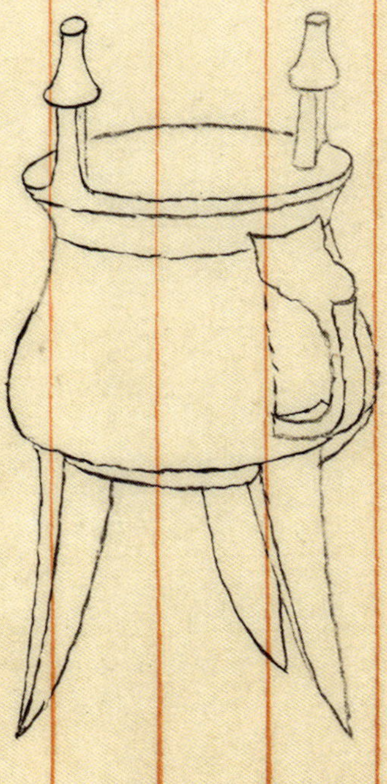

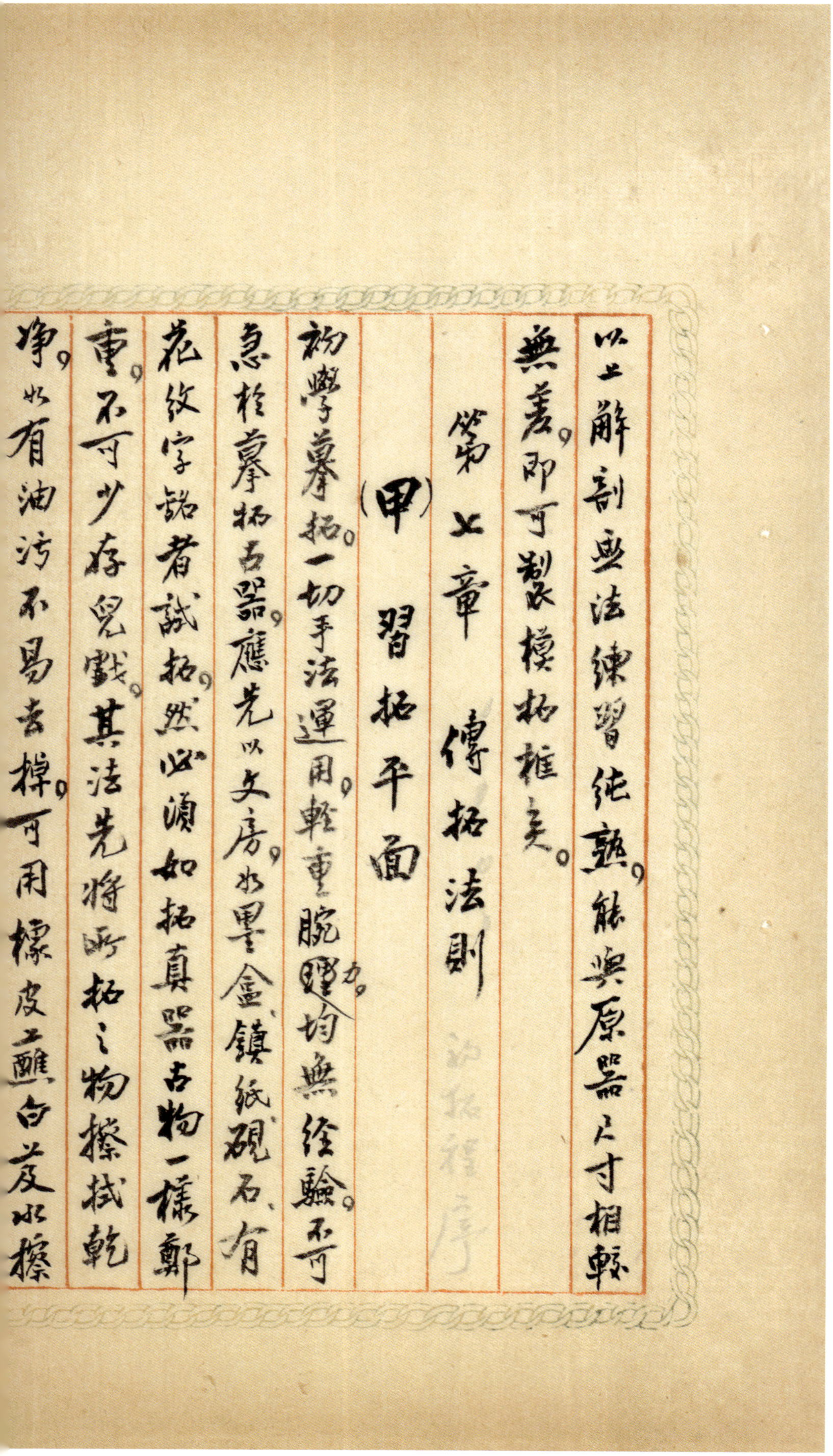

以上解剖畫法，練習純熟，能與原器尺寸相較無差，即可製模拓框矣。

第七章　傳拓法則

（甲）習拓平面

初學摹拓，一切手法運用，輕重腕力，均無經驗。不可急於摹拓古器。應先以文房，如墨盒、鎮紙、硯石、有花紋字銘者試拓。然必須如拓真器古物一樣鄭重，不可少存兒戲。其法先將所拓之物擦拭乾净，如有油污不易去掉，可用橡皮蘸白芨水擦

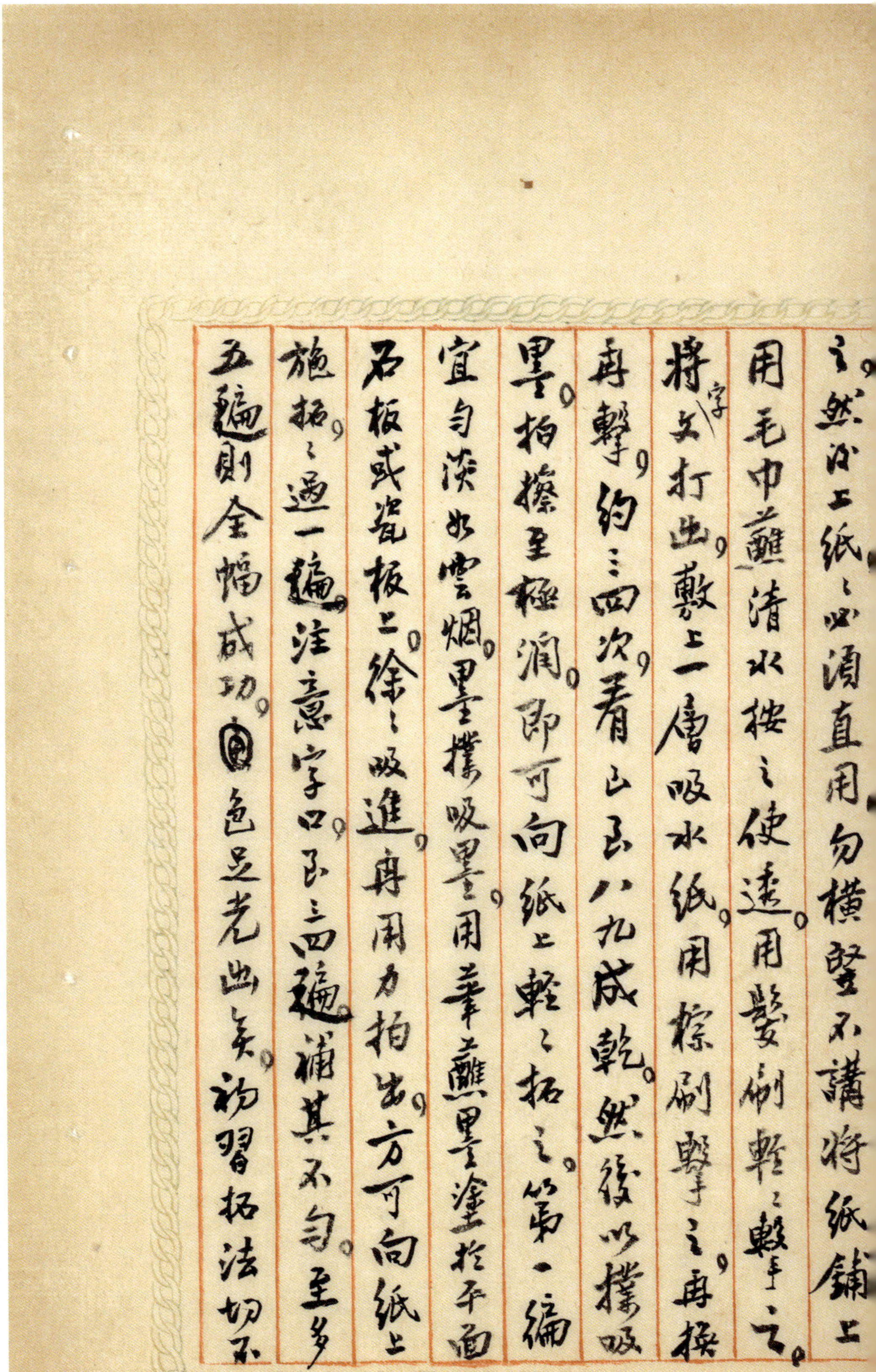
之。然後上紙。紙必須直用，勿橫竪不講。將紙鋪上
用毛巾蘸清水按之使透。用髮刷輕輕擊之。
將字文打出。敷上一層吸水紙。用棕刷擊之。再換
再擊。約三四次。看已至八九成乾。然後以撲吸
墨。拍擦至極潤。即可向紙上輕輕拓之。第一編
宜勻淡如雲烟。墨撲吸墨。用筆蘸墨塗於平面
石板或瓷板上。徐徐吸進。再用力拍出。方可向紙上
施拓。拓過一遍。注意字口。至三四遍。補其不勻。至多
五遍則全幅成功。色足光出矣。初習拓法切不

之，然後上紙。紙必須直用，勿橫竪不講。將紙鋪上，用毛巾蘸清水按之使透，用髮刷輕輕擊之，將字文打出，敷上一層吸水紙，用棕刷擊之，再換再擊，約三四次。看已至八九成乾，然後以撲吸墨，拍擦至極潤，即可向紙上輕輕拓之。第一編（遍）宜勻淡如雲烟。墨撲吸墨，用筆蘸墨塗於平面石板或瓷板上，徐徐吸進，再用力拍出，方可向紙上施拓。拓過一遍，注意字口。至三四遍，補其不勻。至多五遍，則全幅成功，色足光出矣。初習拓法切不

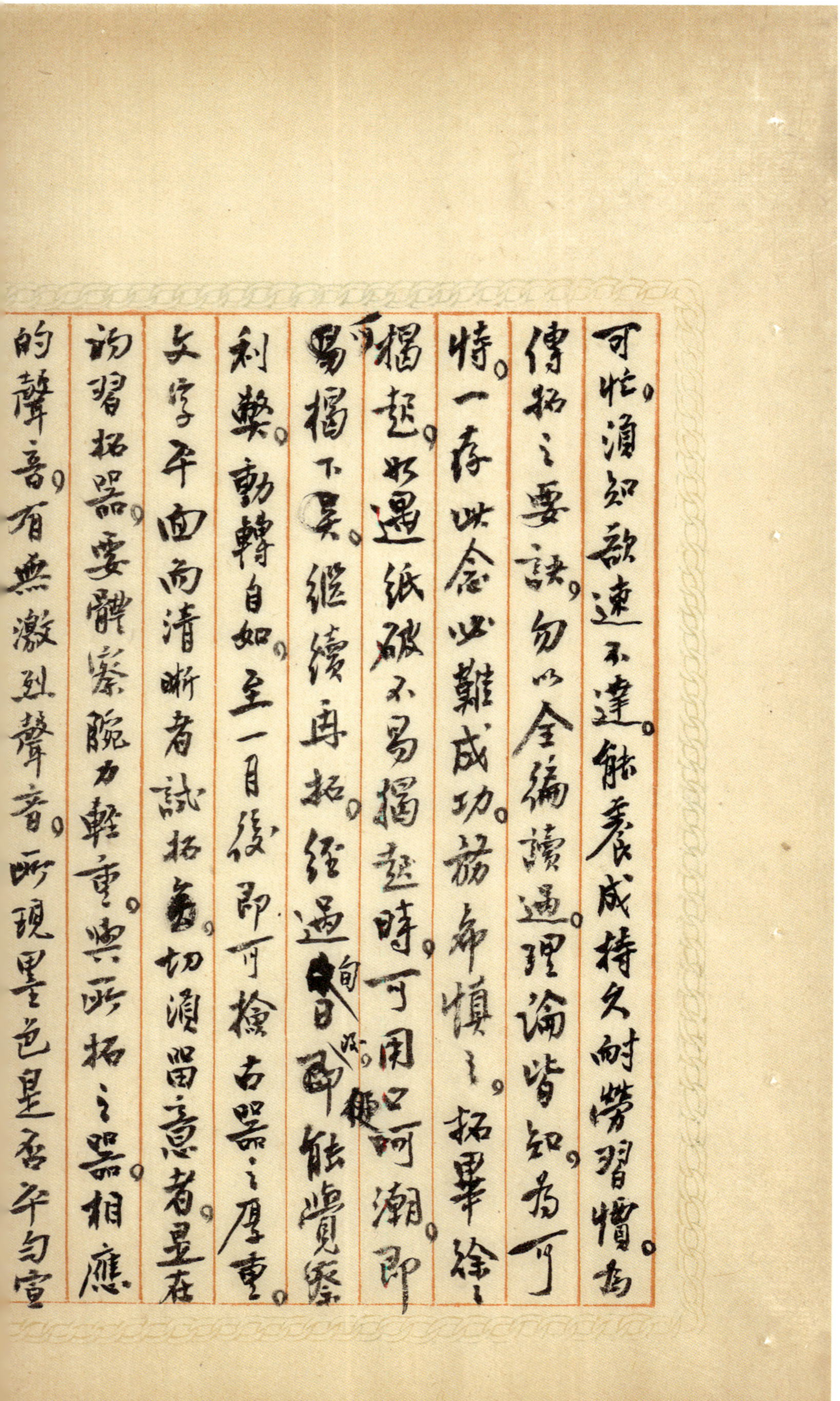
可忙。須知欲速不達。能養成持久耐勞習慣。為傳拓之要訣。勿以全編讀過理論皆知為可恃。一存此念必難成功。務希慎之。拓畢徐徐揭起。如遇紙破不易揭起時。可用口呵潮即可揭下。繼續再拓。經過旬日後。便能覺察利弊。動轉自如。至一月後。即可撿古器之厚重。文字平面而清晰者試拓。切須留意者。是在初習拓器。要體察腕力輕重。與所拓之器相應的聲音。有無激烈聲音。所現墨色是否平勻宣

可忙，須知欲速不達。能養成持久耐勞習慣，爲傳拓之要訣。勿以全編讀過，理論皆知爲可恃。一存此念，必難成功，務希慎之。拓畢徐徐揭起，如遇紙破不易揭起時，可用口呵潮，即可揭下。繼續再拓，經過旬日後，便能覺察利弊，動轉自如。至一月後，即可撿古器之厚重、文字平面而清晰者試拓。切須留意者，是在初習拓器，要體察腕力輕重，與所拓之器相應的聲音，有無激烈聲音。所現墨色是否平勻宣

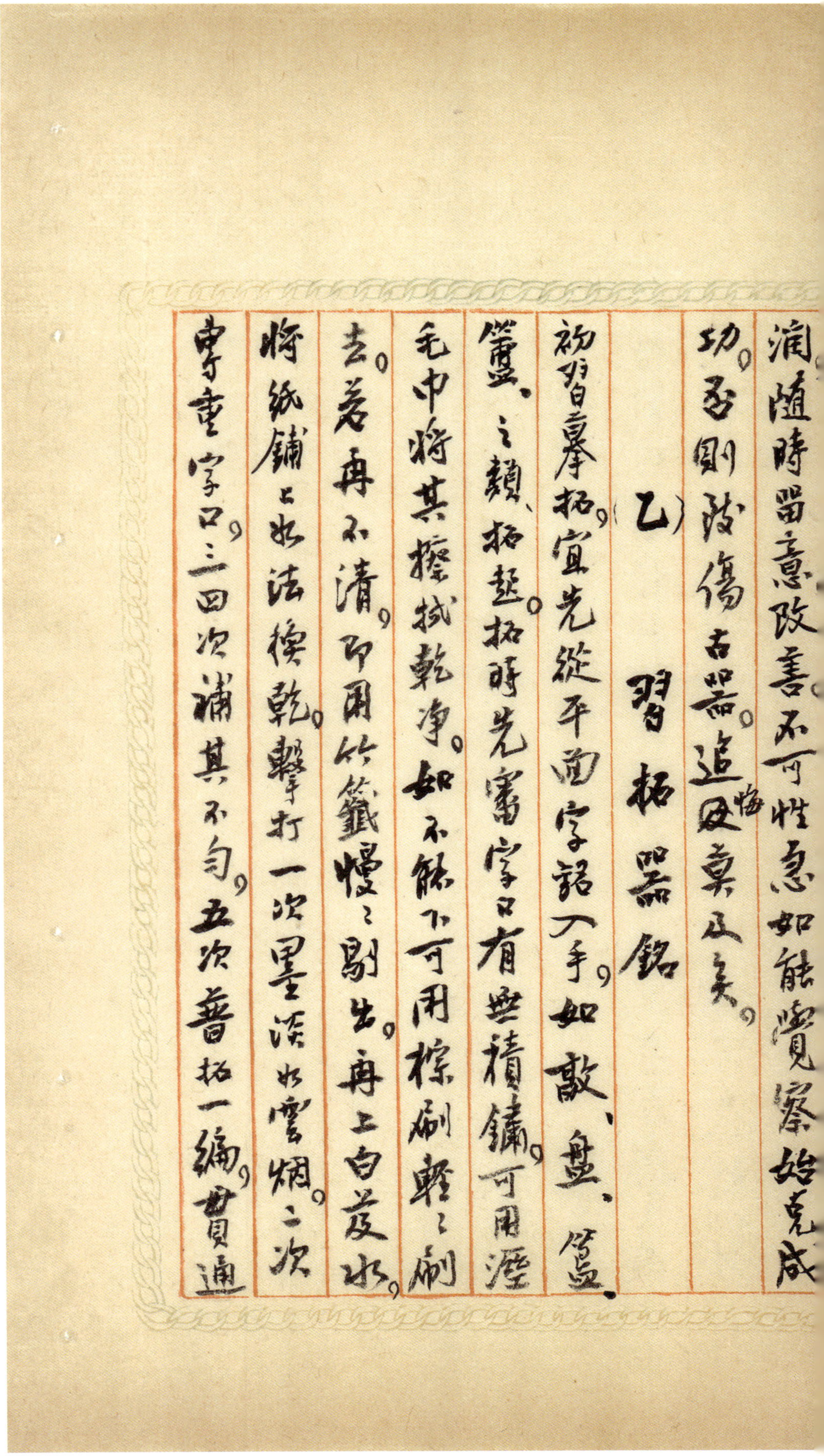
潤，隨時留意改善，不可性急。如能覺察，始克成功。否則致傷古器，追悔莫及矣。

（乙）習拓器銘

初習摹拓，宜先從平面字銘入手，如敦、盤、簠、簋之類拓起。拓時先審字口有無積銹，可用濕毛巾將其擦拭乾净。如不能下，可用棕刷輕輕刷去。若再不清，即用竹籤慢慢剔出，再上白芨水，將紙鋪上如法换乾。擊打一次墨淡如雲烟，二次專重字口，三四次補其不匀，五次普拓一編（遍），貫通

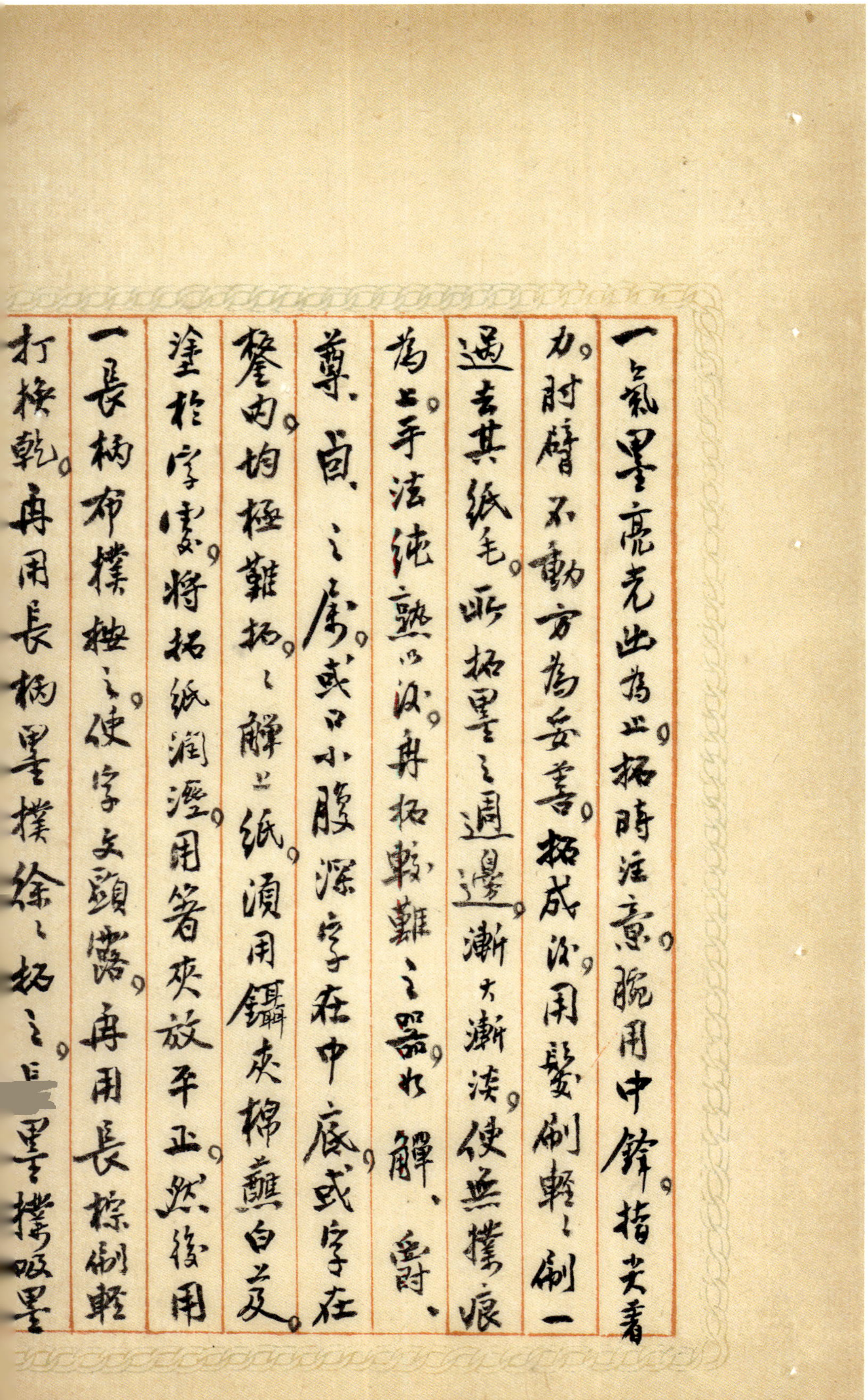
一氣墨亮光出爲止。拓時注意腕用中鋒，指尖着力，肘臂不動，方爲妥善。拓成後，用髮刷輕輕刷一過，去其紙毛。所拓墨之週邊，漸大漸淡，使無撲痕爲上。手法純熟以後，再拓較難之器，如觶、爵、尊、卣之屬。或口小腹深字在中底，或字在鋬內，均極難拓。拓觶上紙，須用鑷夾棉蘸白芨，塗於字處，將拓紙潤溼，用箸夾放平正，然後用一長柄布撲按之，使字文顯露。再用長棕刷輕打換乾，再用長柄墨撲徐徐拓之。長墨撲吸墨

一氣，墨色亮光出爲止。拓時注意腕用中鋒，指尖著力，肘臂不動，方爲妥善。拓成後，用髮刷輕輕刷一過，去其紙毛。所拓墨之周邊，漸大漸淡，使無撲痕爲上。手法純熟以後，再拓較難之器，如觶、爵、尊、卣之屬。或口小腹深字在中底，或字在鋬內，均極難拓。拓觶上紙，須用鑷夾棉蘸白芨，塗於字處，將拓紙潤濕，用箸夾放平正，然後用一長柄布撲按之，使字文顯露，再用長棕刷輕打換乾，再用長柄墨撲徐徐拓之。長墨撲吸墨

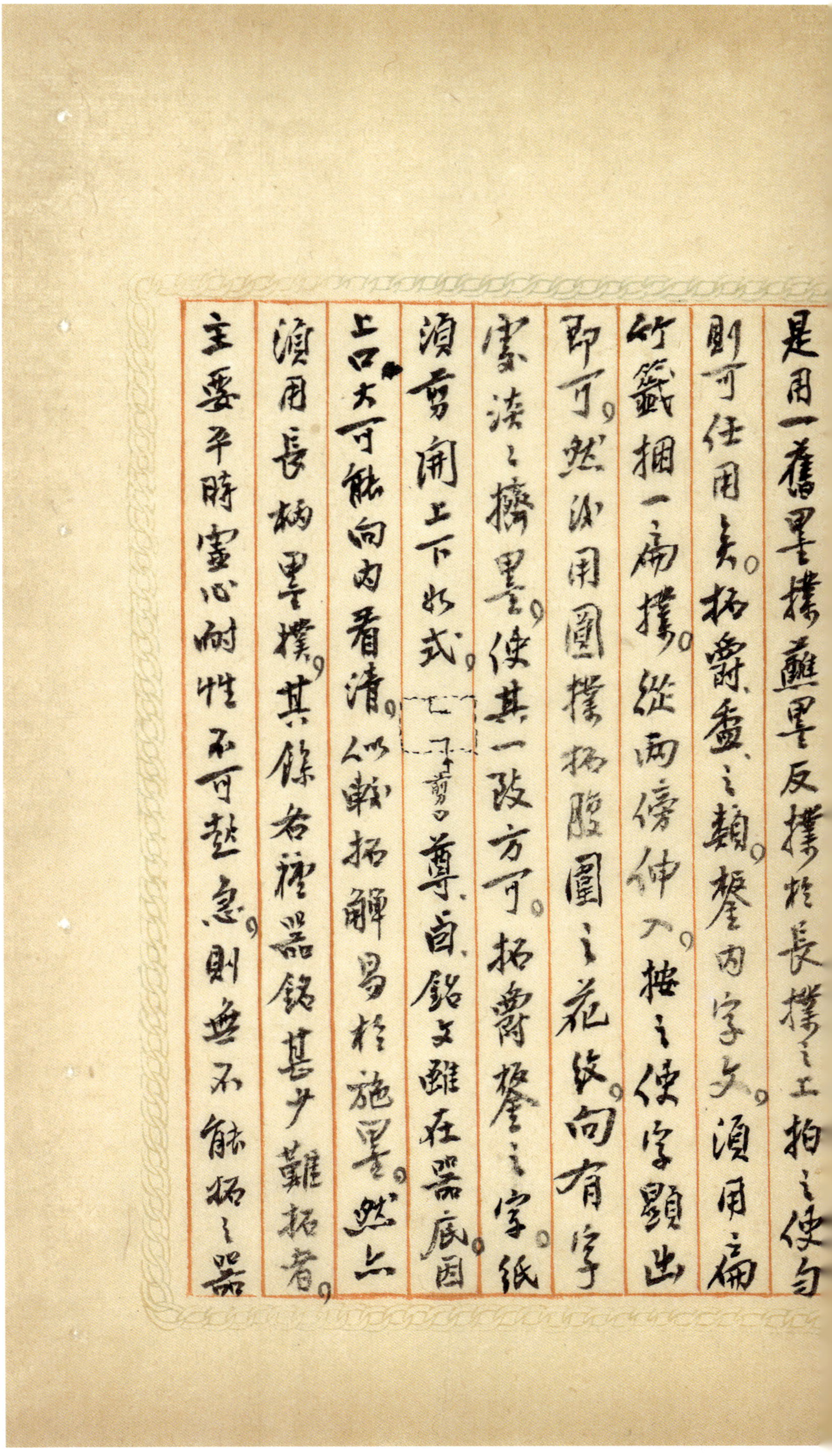
是用一舊墨撲蘸墨反撲於長撲之上，拍之使勻，則可任用矣。拓爵、盉之類，鍪內字文，須用扁竹籖捆一扁撲，從兩傍伸入，按之使字顯出即可。然後用圓撲拓腹圍之花紋，向有字處淡淡擠墨，使其一致方可。拓爵鍪之字，紙須剪開上下如式。剪口。尊、卣銘文雖在器底，因上口大，可能向內看清，似較拓觶易於施墨。然亦須用長柄墨撲。其餘各種器銘甚少難拓者，主要平時虛心耐性不可起急，則無不能拓之器

是用一舊墨撲蘸墨反撲於長撲之上，拍之使勻，則可任用矣。拓爵、盉之類，鍪內字文，須用扁竹籖捆一扁撲，從兩傍伸入，按之使字顯出即可。然後用圓撲拓腹圍之花紋，向有字處淡淡擠墨，使其一致方可。拓爵鍪之字，紙須剪開上下如式。（原圖）剪口。尊、卣銘文雖在器底，因上口大，可能向內看清，似較拓觶易於施墨。然亦須用長柄墨撲。其餘各種器銘甚少難拓者，主要平時虛心耐性不可起急，則無不能拓之器

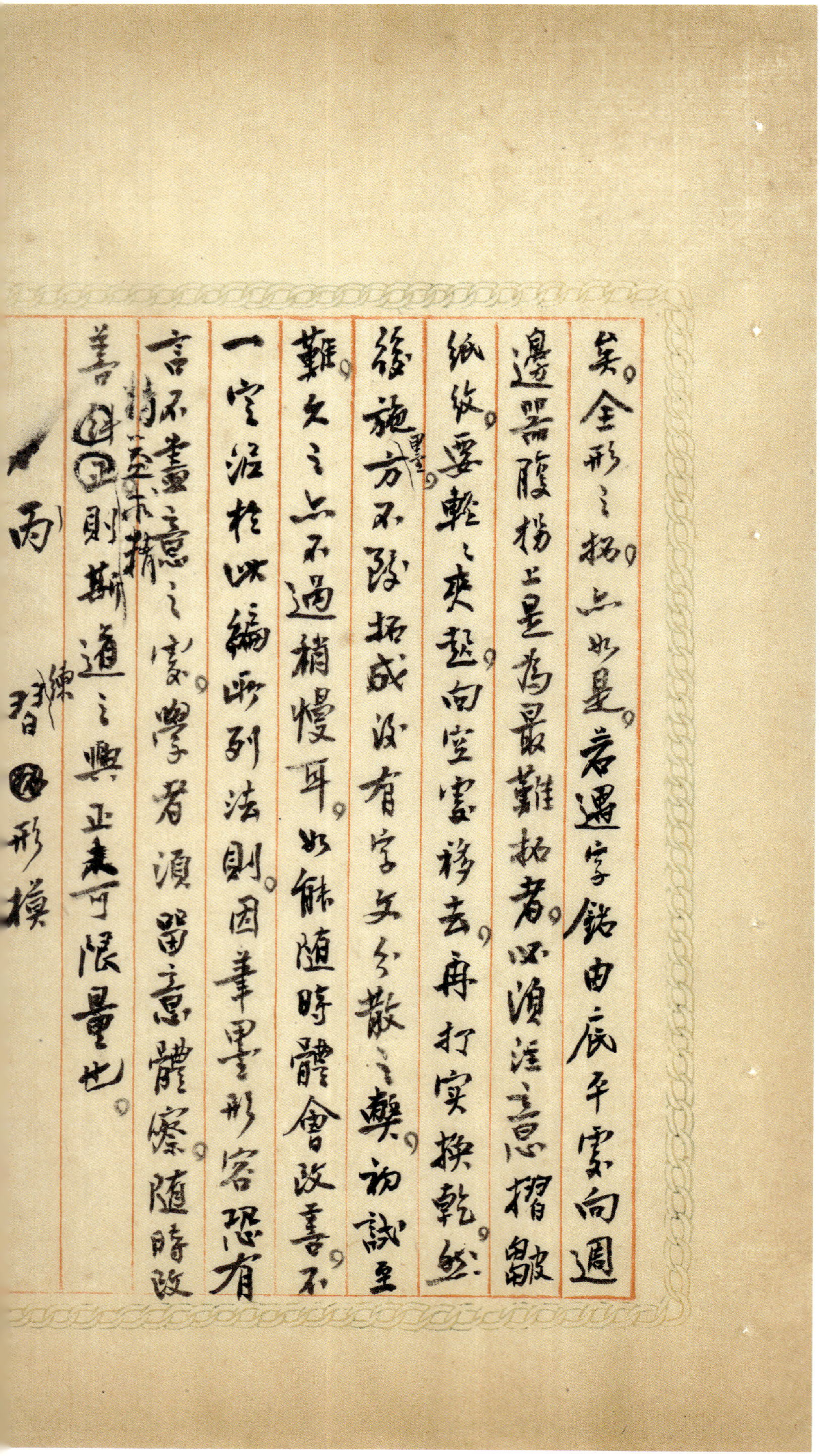

矣，全形之拓亦如是。若遇字銘由底平處向周邊器腹拐上，是爲最難拓者，必須注意摺皺紙紋，要輕輕夾起，向空處移去，再打實換乾，然後施墨，方不致拓成後有字文分散之弊。初試至難，久之亦不過稍慢耳。如能隨時體會改善，不一定泥於此編所列法則。因筆墨形容恐有言不盡意之處，學者須留意體察，隨時改善，精益求精，則斯道之興，正未可限量也。

（丙）練習形模

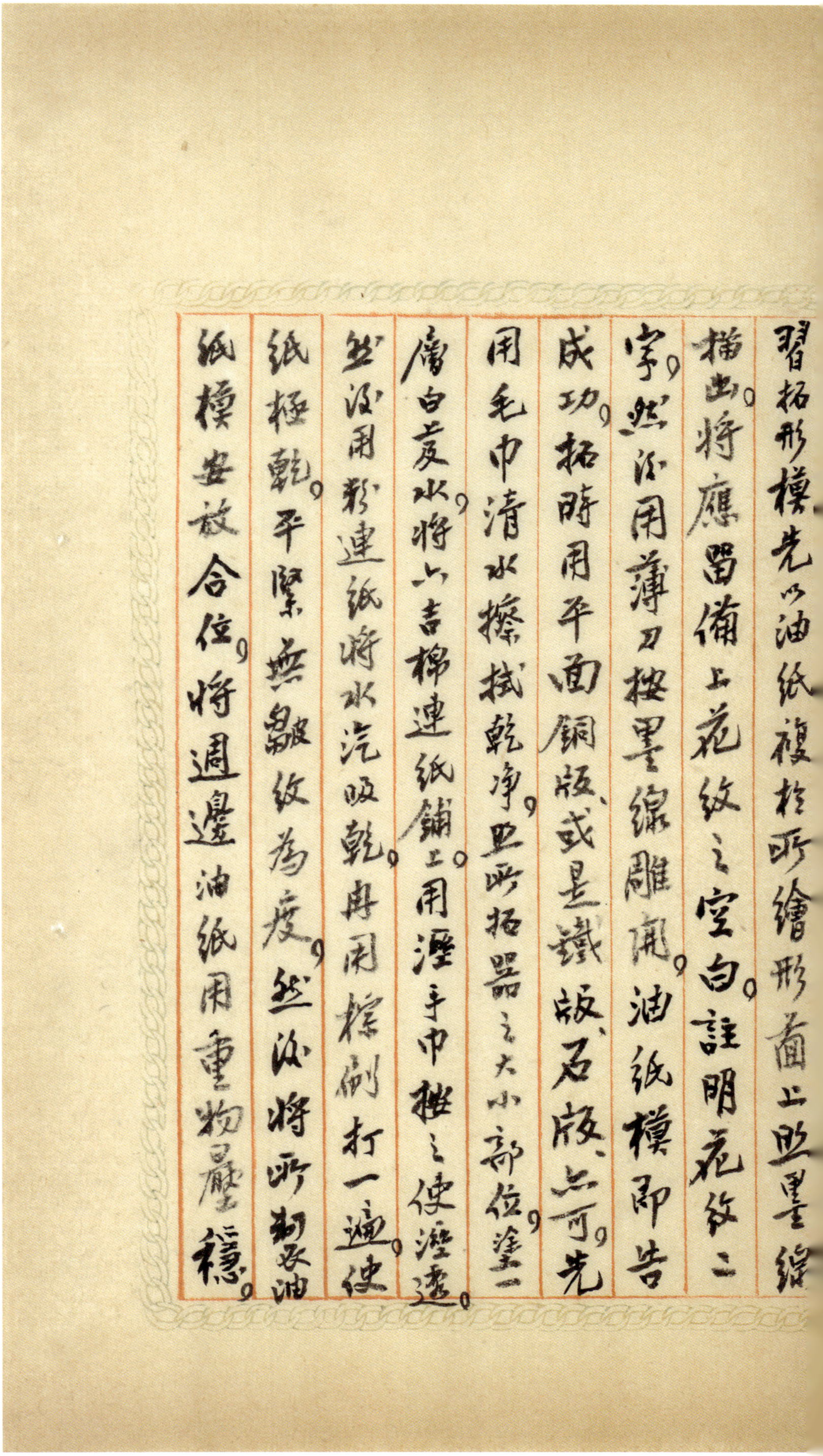
習拓形模，先以油紙複於所繪形圖上，照墨綫
描出，將應留備上花紋之空白，註明花紋二
字。然後用薄刀按墨綫雕開，油紙模即告
成功。拓時用平面銅版、或是鐵版、石版，亦可。先
用毛巾清水擦拭乾净，照所拓器之大小部位，塗一
層白芨水，將六吉棉連紙鋪上，用濕手巾按之使濕透。
然後用粉連紙將水汽吸乾，再用棕刷打一遍，使
紙極乾，平緊無皺紋為度。然後將所製油
紙模安放合位，將周邊油紙用重物壓穩。

習拓形模，先以油紙複於所繪形圖上，照墨綫描出，將應留備上花紋之空白，注明『花紋』二字。然後用薄刀按墨綫雕開，油紙模即告成功，拓時用平面銅版，或是鐵版、石版亦可。先用毛巾清水擦拭乾净，照所拓器之大小部位，塗一層白芨水，將六吉棉連紙鋪上，用濕手巾按之使濕透，然後用粉連紙將水汽吸乾，再用棕刷打一遍，使紙極乾，平緊無皺紋爲度，然後將所製油紙模安放合位，將周邊油紙用重物壓穩。

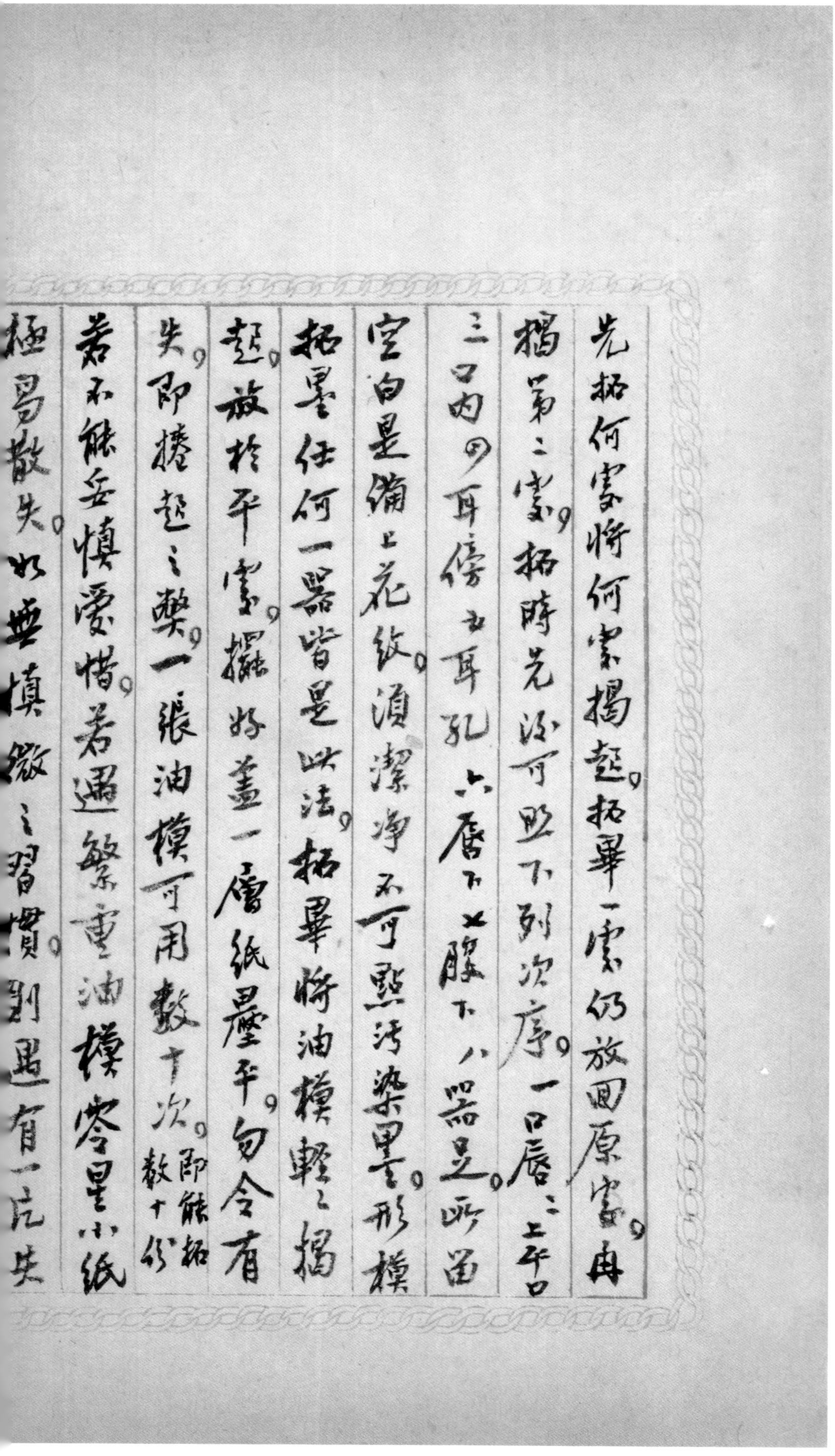
先拓何處將何處揭起。拓畢一處仍放回原處。再
揭第二處。拓時先後可照下列次序。一口唇，二上平口
三口內，四耳傍，五耳孔，六唇下，七腹下，八器足。所留
空白是備上花紋。須潔淨不可點污染墨。形模
拓墨任何一器皆是此法。拓畢將油模輕輕揭
起。放於平處。擺好蓋一層紙壓平。勿令有
失。即捲起之弊。一張油模可用數十次（即能拓數十份）
若不能妥慎愛惜。若遇繁重油模零星小紙
極易散失。如無慎微之習慣。則遇有一片失

先拓何處將何處揭起，拓畢一處仍放回原處，再揭第二處。拓時先後可照下列次序：一口唇，二上平口，三口內，四耳傍，五耳孔，六唇下，七腹下，八器足。所留空白是備上花紋，須潔淨不可點污染墨。形模拓墨任何一器，皆是此法。拓畢將油模輕輕揭起，放於平處，擺好蓋一層紙壓平，勿令有失，即捲起之弊。一張油模可用數十次（即能拓數十份），若不能妥慎愛惜，若遇繁重油模，零星小紙極易散失。如無慎微之習慣，則遇一片失

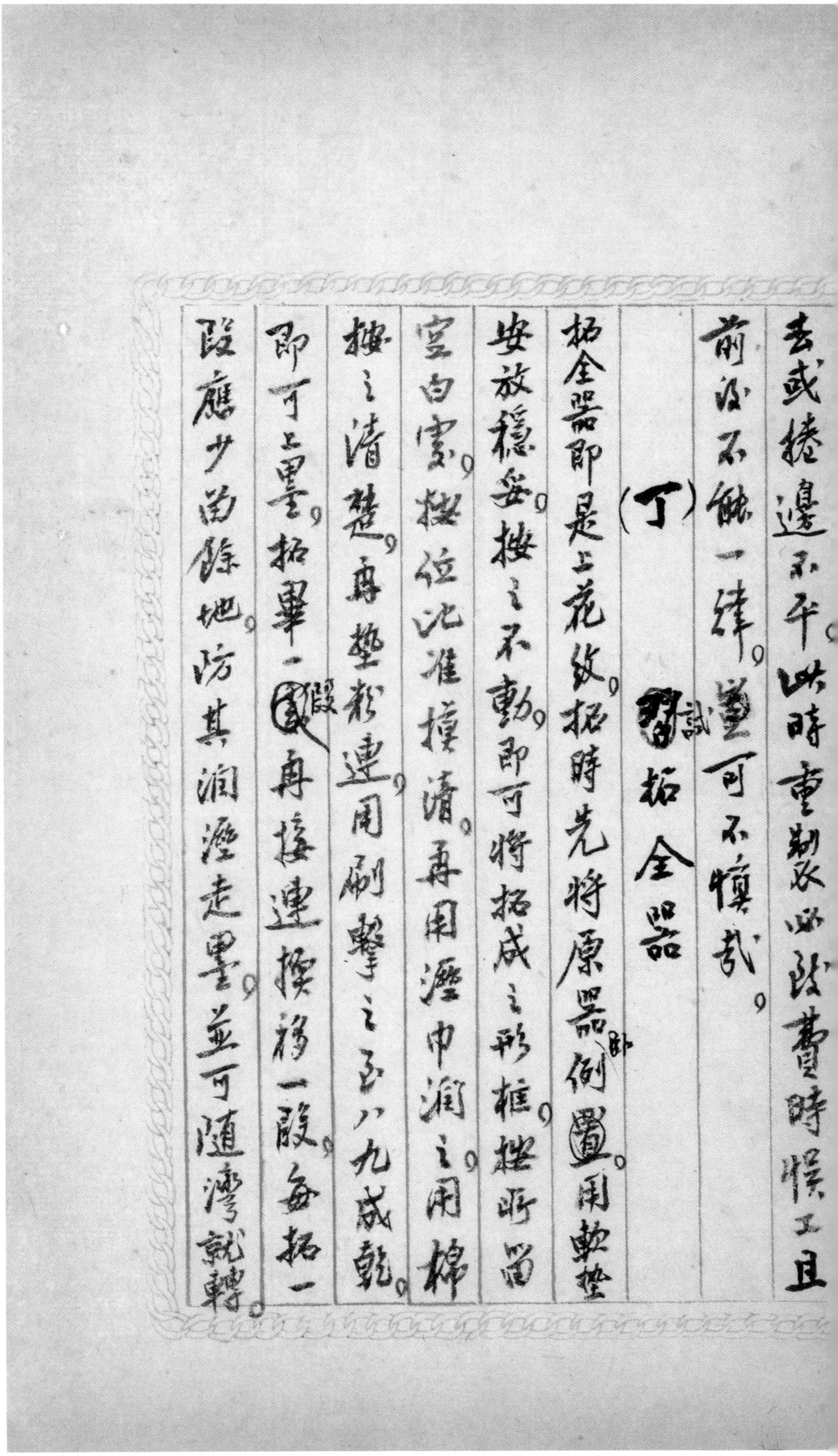

去或捲邊不平，此時重製必致費時誤工，且前後不能一律，可不慎哉？

（丁）試拓全器

拓全器即是上花紋。拓時先將原器臥倒，用軟墊安放穩妥，按之不動，即可將拓成之形框，按所留空白處，按位比準摸清，再用濕巾潤之，用棉按之清楚，再墊粉連，用刷擊之至八九成乾，即可上墨。拓畢一段再接連換移一段。每拓一段應少留餘地，防其潤濕走墨，并可隨灣就轉。

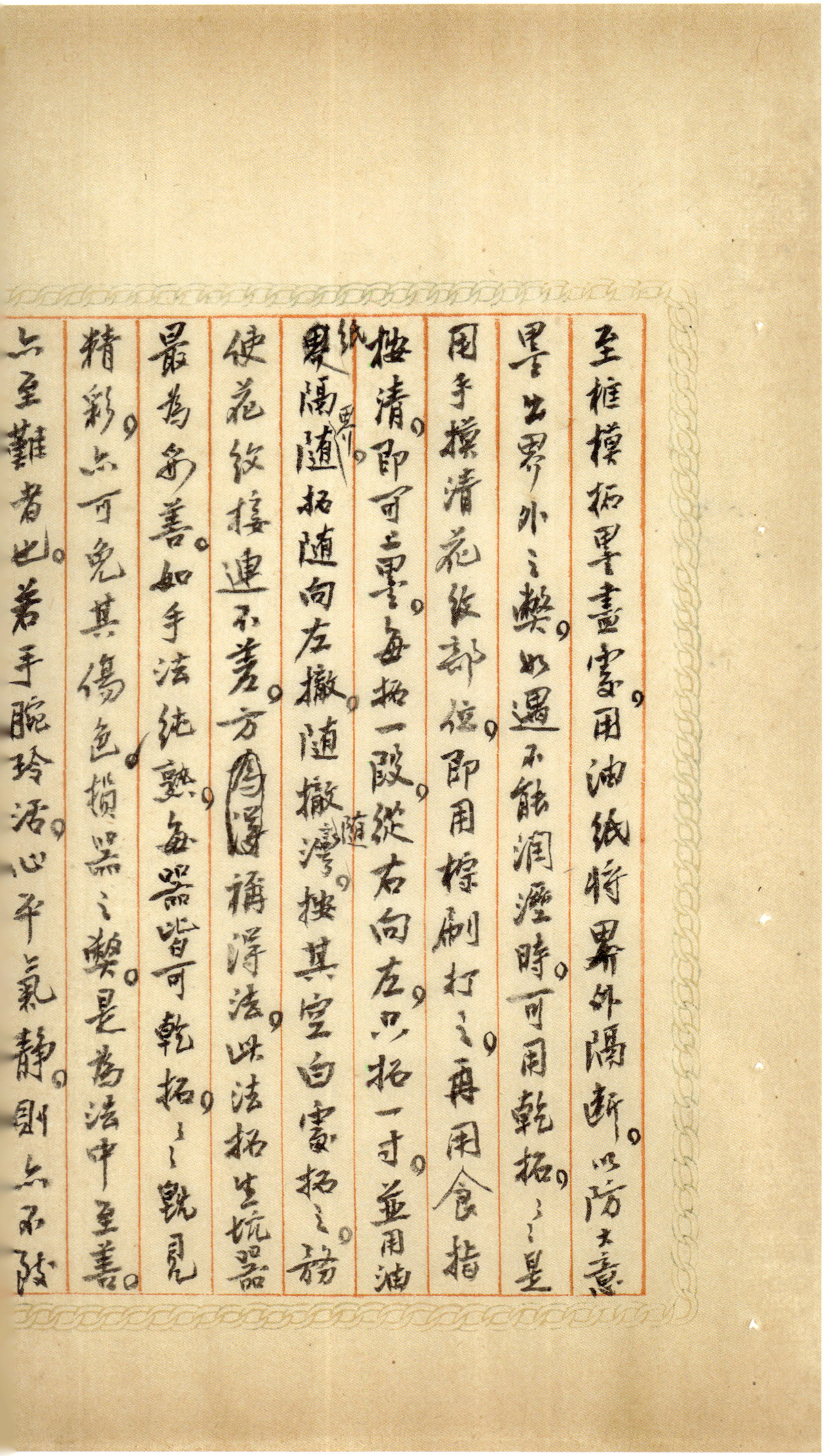

至框模拓墨盡處，用油紙將界外隔斷，以防大意墨出界外之弊。如遇不能潤濕時，可用乾拓。乾拓是用手摸清花紋部位，即用棕刷打之，再用食指按清，即可上墨。每拓一段，從右向左，只拓一寸，并用油紙隔界，隨拓隨向左撤，隨撤隨灣。按其空白處拓之，務使花紋接連不差，方稱得法。此法拓生坑器最爲妥善。如手法純熟，每器皆可乾拓。乾拓既見精彩，亦可免其傷色損器之弊，是爲法中至善亦至難者也。若手腕玲（靈）活、心平氣靜，則亦不致

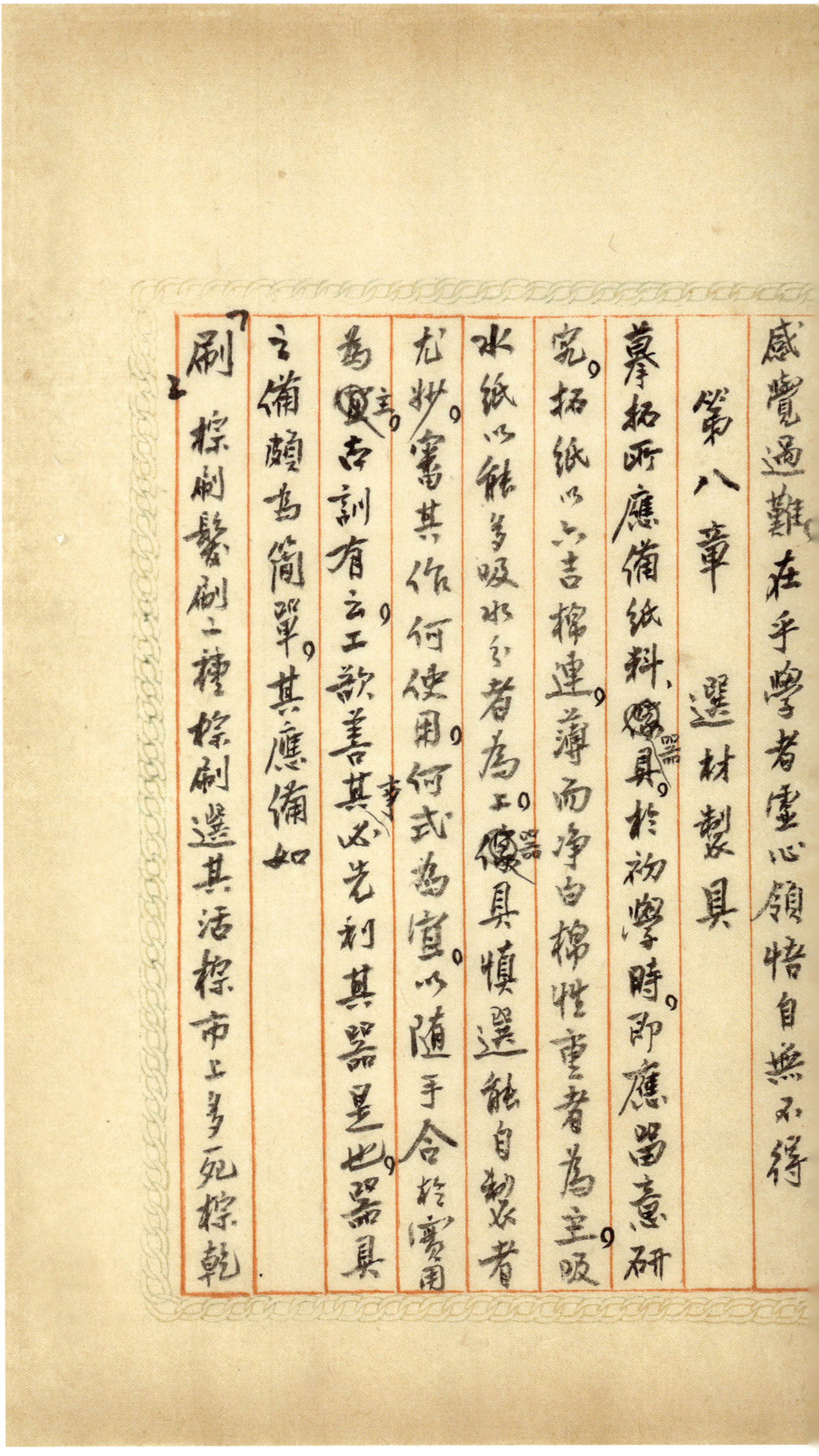

感覺過難。在乎學者虚心領悟，自無不得。

第八章　選材製具

摹拓所應備紙料、器具，於初學時即應留意研究。拓紙以六吉棉連，薄而净白，棉性重者爲主，吸水紙以能多吸水分者爲上。器具慎選，能自製者尤妙。審其作何使用，何式爲宜，以隨手合於實用爲主。古訓云『工欲善其事，必先利其器』是也。器具之備頗爲簡單，其應備如：

『刷』，棕刷、髮刷二種。棕刷選其活棕。市上多死棕，乾

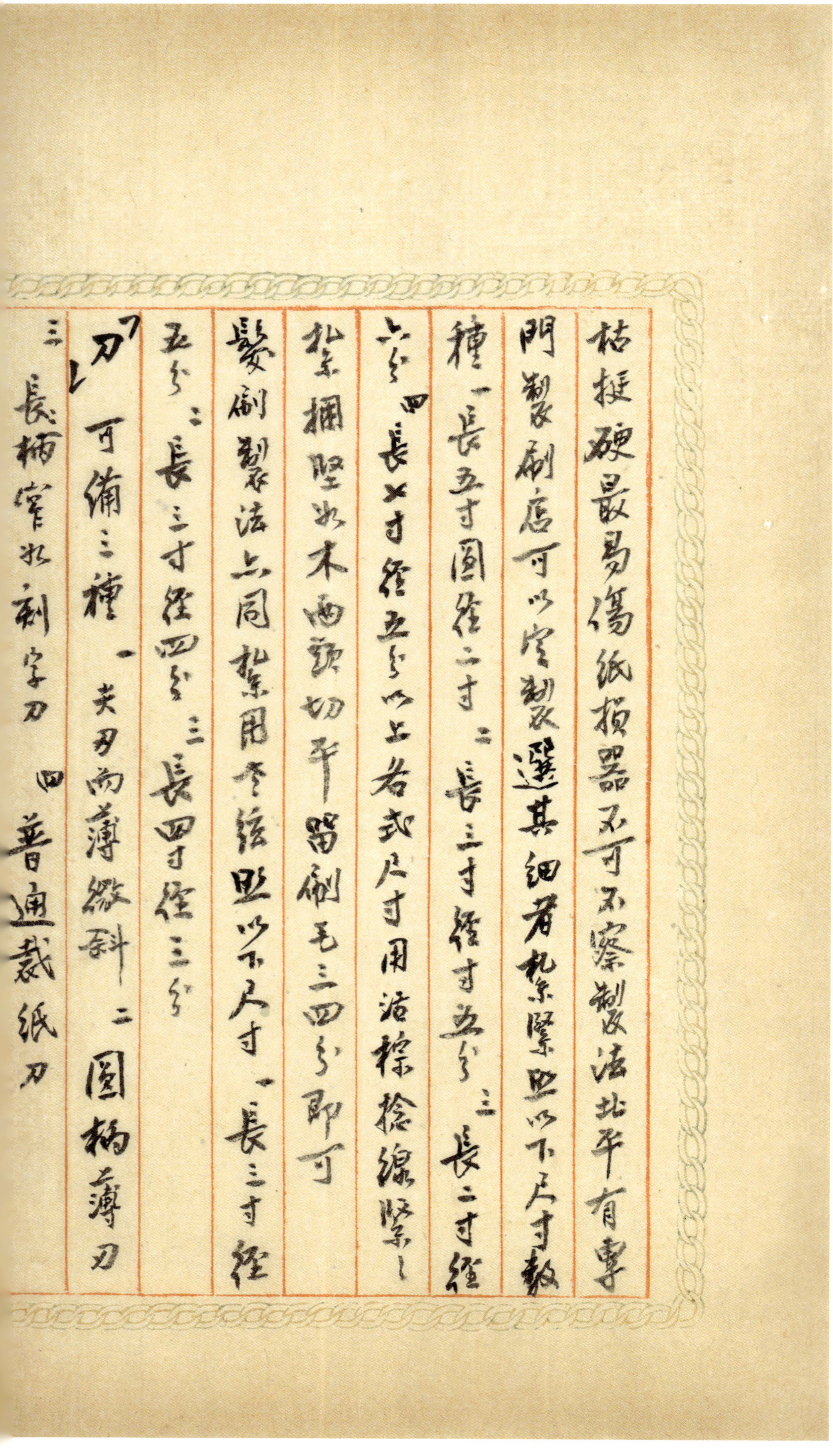
枯挺硬最易傷紙損器不可不察製法北平有專門製刷店可以定製選其細者紮緊照以下尺寸數種 一長五寸圓徑二寸 二長三寸徑寸五分 三長二寸徑六分 四長七寸徑五分以上各式尺寸用活棕捻線緊緊紮捆堅如木兩頭切平留刷毛三四分即可髮刷製法亦同紮用老弦照以下尺寸 一長三寸徑五分 二長三寸徑四分 三長四寸徑三分「刀」可備三種 一尖刃而薄微斜 二圓柄薄刃 三長柄窄如刻字刀 四普通裁紙刀

枯挺硬最爲傷紙損器，不可不察。製法：北平有專門製刷店可以定製，選其細者。紮緊照以下尺寸數種：一，長五寸圓徑二寸；二，長三寸徑寸五分；三，長二寸徑六分；四，長七寸徑五分。以上各式尺寸用活棕捻綫緊緊紮捆，堅如木，兩頭切平留刷毛三四分即可。髮刷製法亦同，紮用老弦，照以下尺寸：一，長三寸徑五分；二，長三寸徑四分；三，長四寸徑三分。

『刀』，可備三（四）種：一，尖刃而薄微斜；二，圓柄薄刃；三，長柄窄如刻字刀；四，普通裁紙刀。

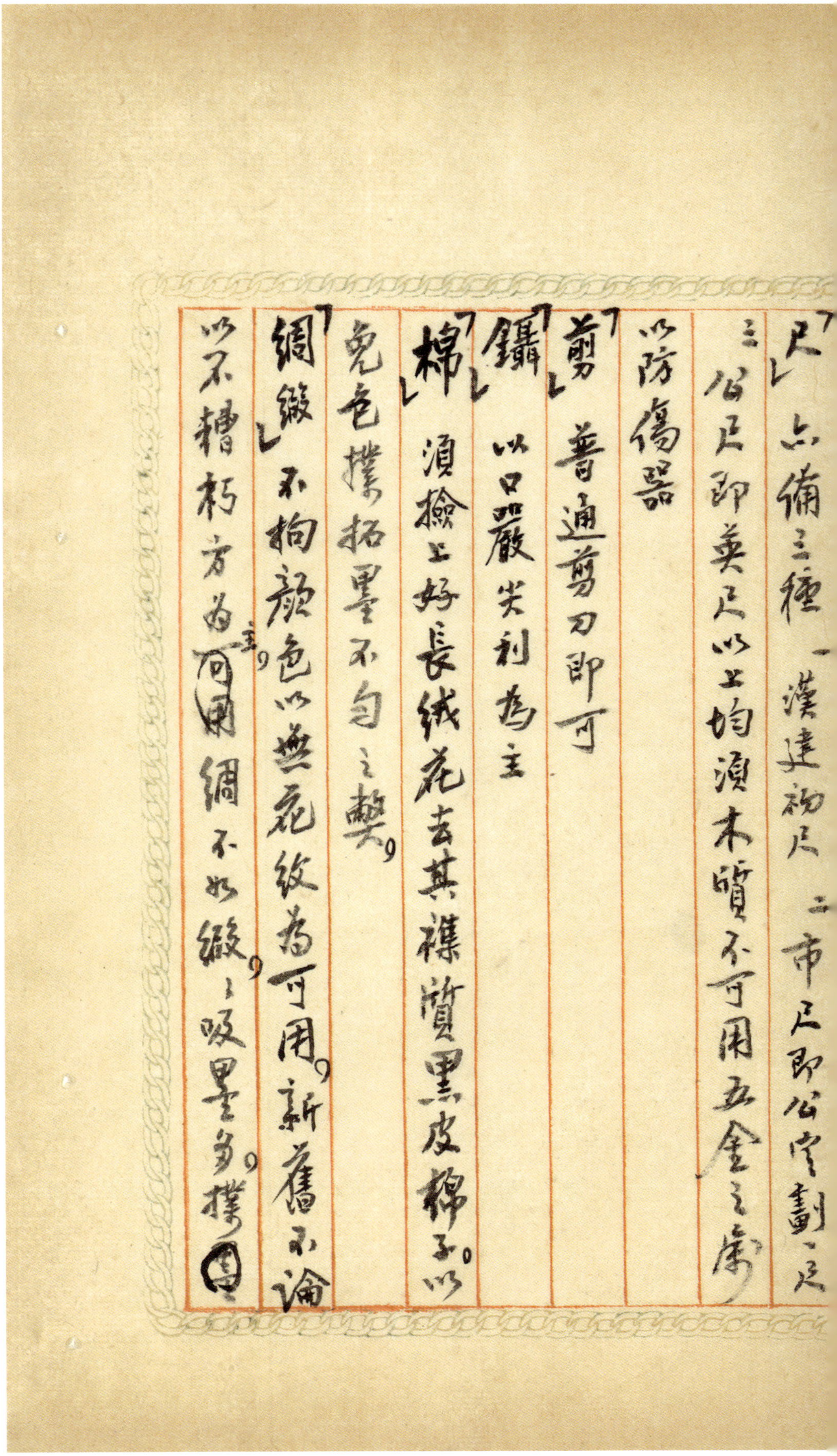

『尺』，亦備三種：一，漢建初尺；二，市尺，即公定劃一尺；三，公尺，即英尺。以上均須木質，不可用五金之屬，以防傷器。

『剪』，普通剪刀即可。

『鑷』，以口嚴尖利爲主。

『棉』，須檢上好長絨花，去其雜質，黑皮棉子，以免包撲拓墨不勻之弊。

『綢緞』，不拘顔色，以無花紋爲可用，新舊不論，以不糟朽方爲主。綢不如緞，緞吸墨多，撲

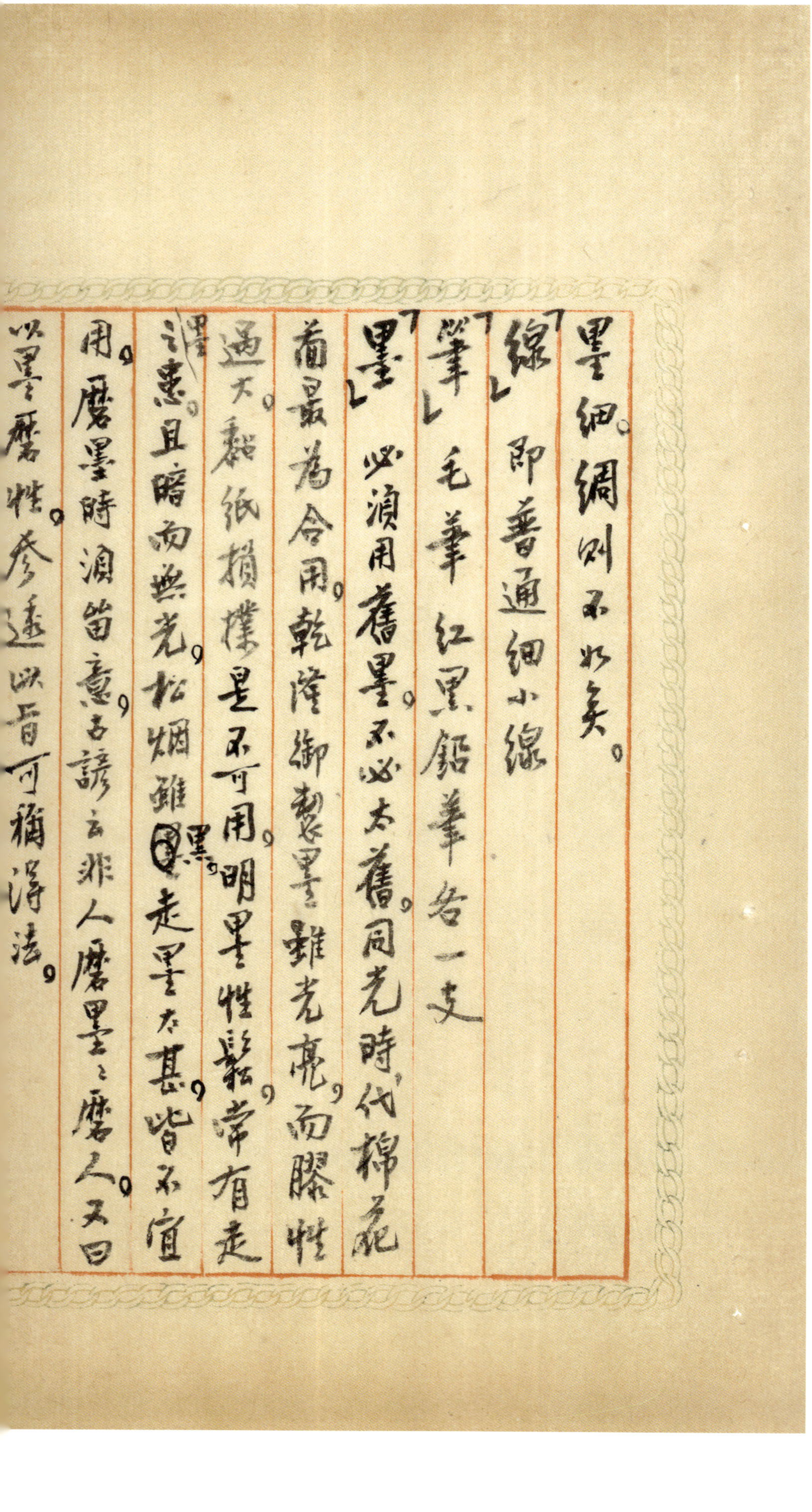

墨細，綢則不如矣。

『綫』，即普通細小綫。

『筆』，毛筆、紅黑鉛筆各一支。

『墨』，必須用舊墨，不必太舊，同光時代棉花圖最爲合用。乾隆御製墨雖光亮，而膠性過大，黏紙損撲是不可用。明墨性鬆，常有走墨之患，且暗而無光。松烟雖黑，走墨太甚，皆不宜用。磨墨時須留意，古諺云：『非人磨墨墨磨人。』又曰：『以墨磨性。』參透此旨，可稱得法。

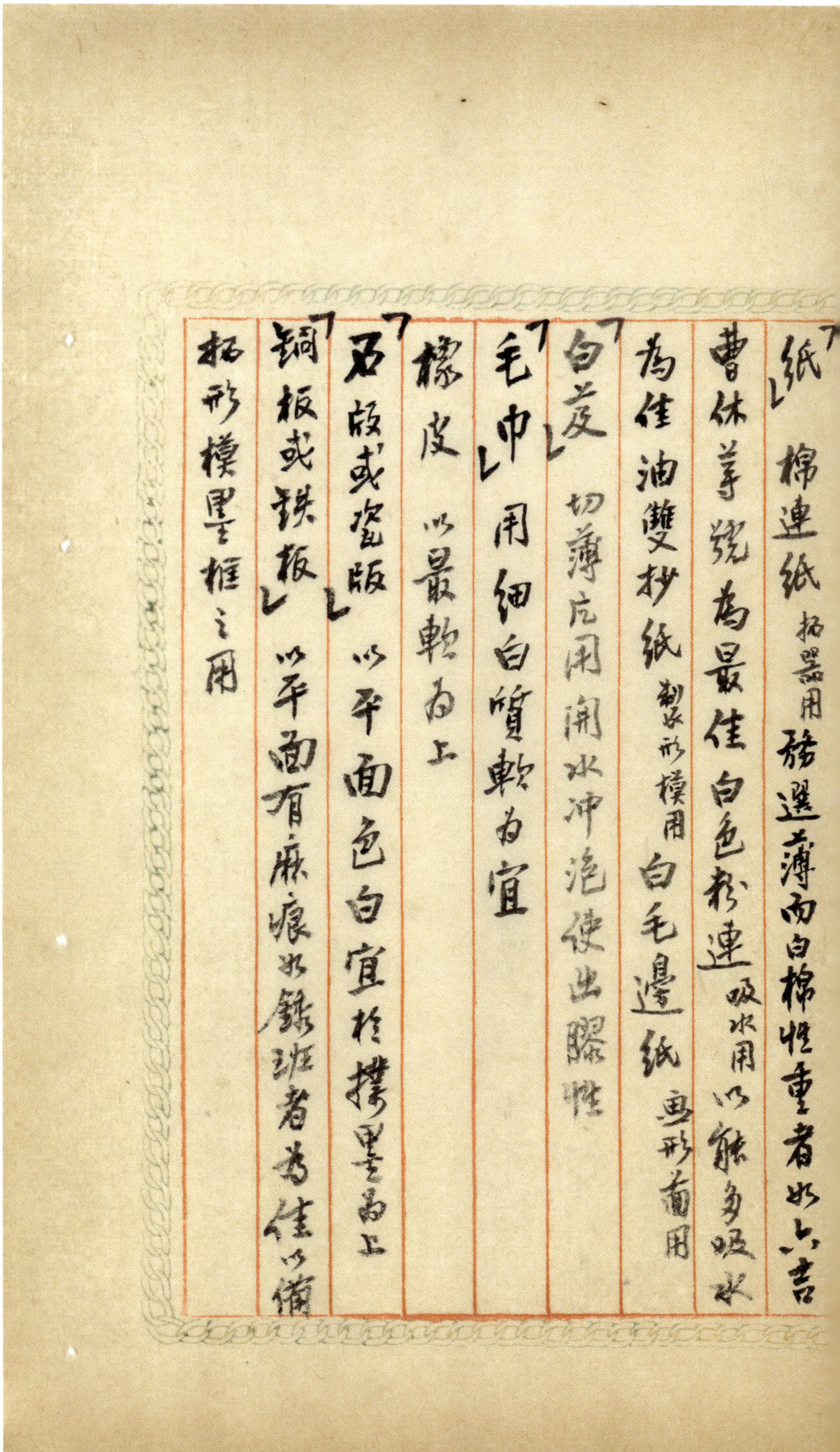
紙 棉連紙 拓器用 務選薄而白棉性重者如六吉
曹休等號為最佳白色粉連 吸水用 以能多吸水
為佳油雙抄紙 製形模用 白毛邊紙 畫形圖用
白芨 切薄片用開水冲泡使出膠性
毛巾 用細白質軟為宜
橡皮 以最軟為上
石版或瓷版 以平面色白宜於撲墨為上
銅板或鐵板 以平面有麻痕如銹斑者為佳以備
拓形模墨框之用

『紙』，棉連紙（拓器用）務選薄而白，棉性重者，如六吉、曹休等號爲最佳。白色粉連（吸水用）以能多吸水爲佳。油雙抄紙（製形模用），白毛邊紙（畫形圖用）。

『白芨』，切薄片用開水冲泡，使出膠性。

『毛巾』，用細白質軟爲宜。

『橡皮』，以最軟爲上。

『石版或瓷版』，以平面色白，宜於撲墨爲上。

『銅板或鐵板』，以平面有麻痕如銹斑（斑）者爲佳，以備拓形模墨框之用。

「墨撲」製法以素緞檢其無糟破處，剪二寸見方，絮入净棉色緊如海棠大小，拍之覺有彈性方合用。如經時過久，鬆懈不吃力時，將綫再緊，不可太緊，若無彈性則不可用矣。

第九章　分析陰陽　辨認墨彩

辨別墨彩，須有相當經歷，日久常習始克能知。不可以濃深便爲陰、淺淡即爲陽的謬識。應知濃者可再深，淺淡者能再淺，濃非全陰，淡非純陽，是非有經驗不易知也。如不識此，

『墨撲』，製法以素緞檢其無糟破處，剪二寸見方，絮入净棉包緊，如海棠大小，拍之覺有彈性始合用。如經時過久，鬆懈不吃力時，將綫再緊。不可太緊，若無彈性則不可用矣。

第九章　分析陰陽，辨認墨彩

辨別墨彩，須有相當經歷，日久常習，始克能知。不可以濃深便爲陰、淺淡即爲陽的謬識。應知濃者可再深，淡者能再淺。濃非全陰，淡非純陽，是非有經驗不易知也。如不識此，

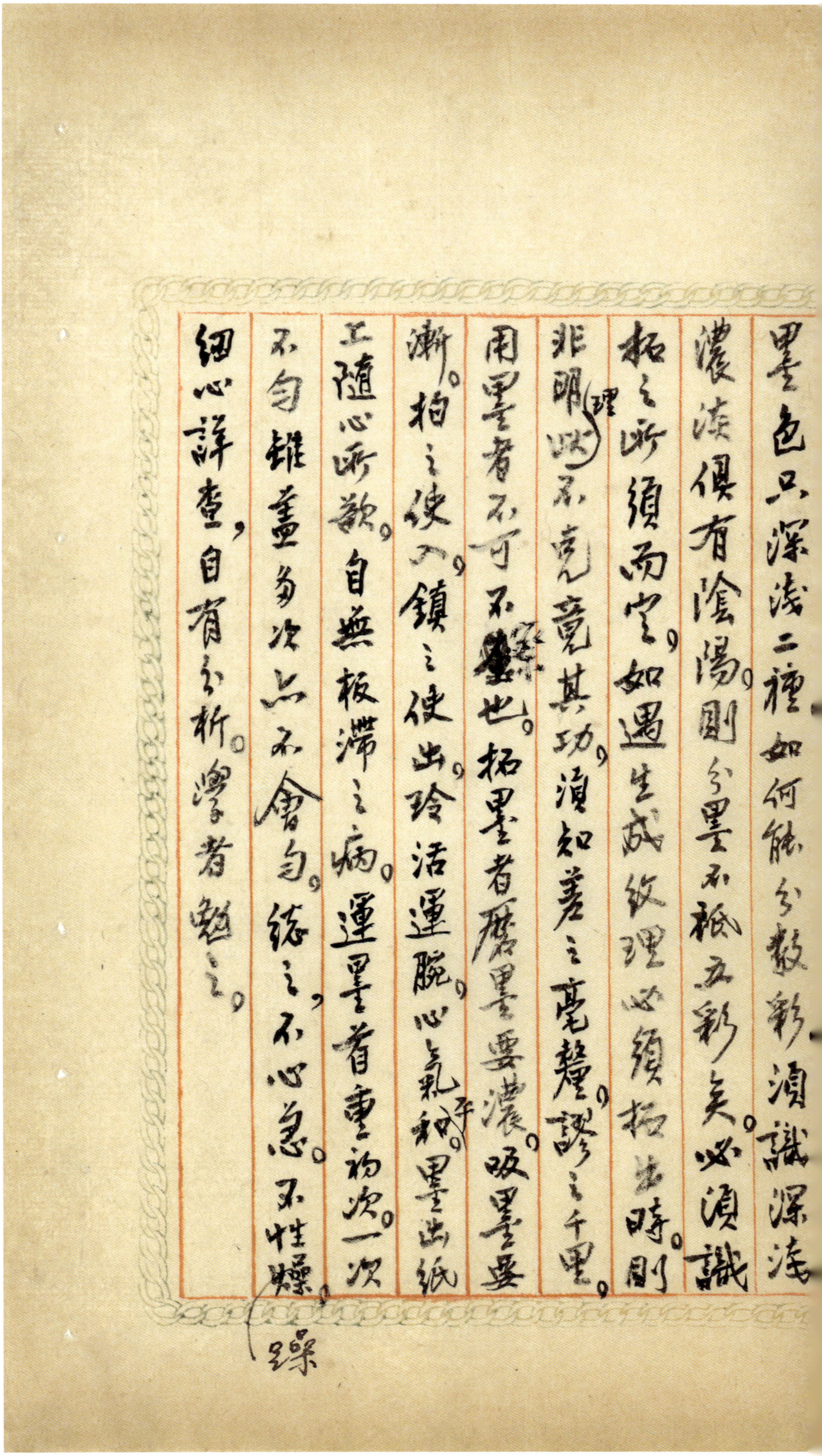

墨色只深淺二種。如何能分數彩，須識深淺濃淡，俱有陰陽，則分墨不衹五彩矣。必須識拓之所須而定。如遇生成紋理必須拓出時，則非明此理不克竟其功。須知『差之毫厘，謬之千里』，用墨者不可不察也。拓墨者磨墨要濃，吸墨要漸，拍之使入，鎮之使出，玲（靈）活運腕，心氣平和。墨出紙上，隨心所欲，自無板滯之病。運墨首重初次，一次不勻，雖蓋多次亦不會勻。總之，不心急、不性躁，細心詳查，自有分析，學者勉之。

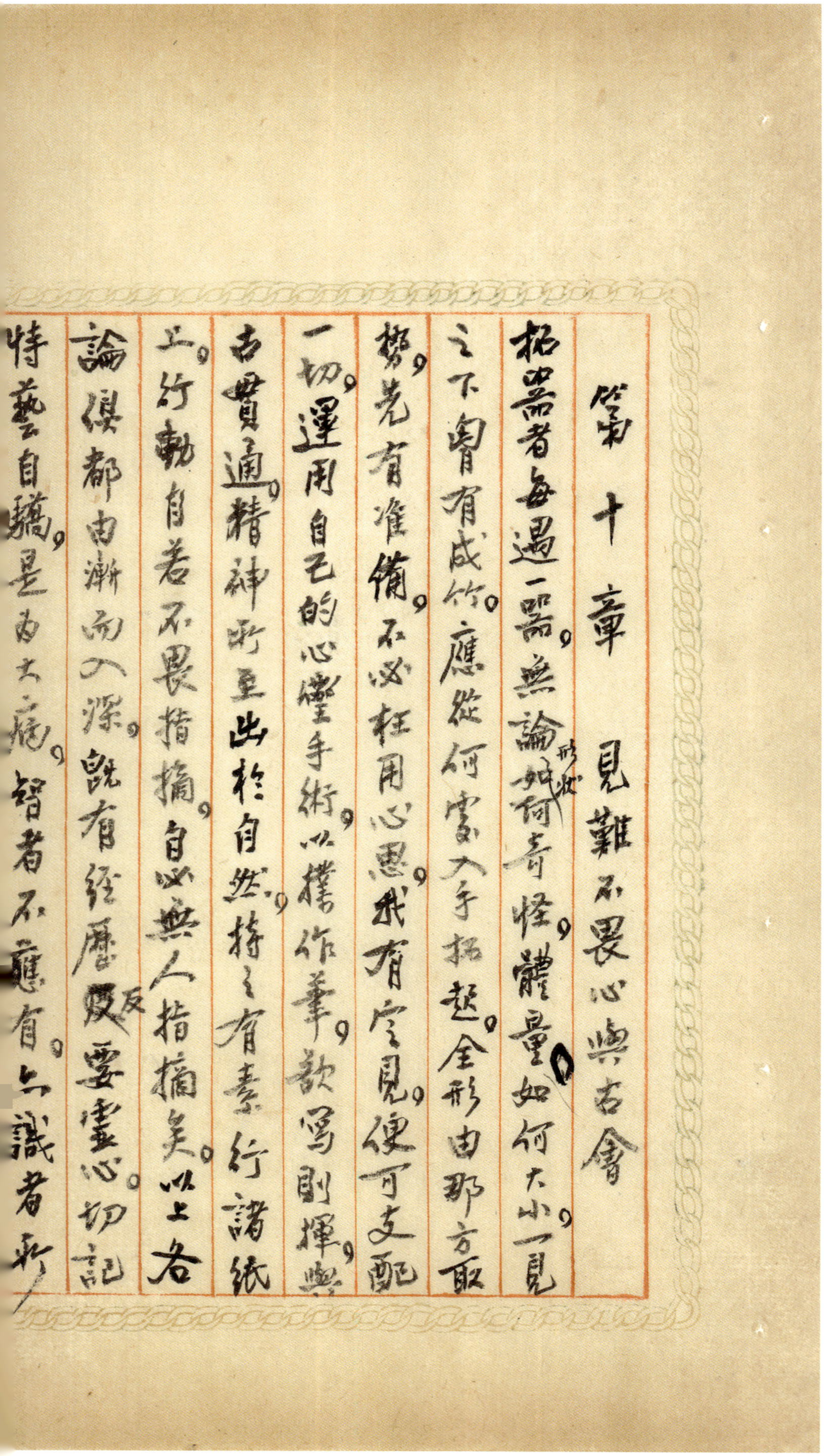
第十章　見難不畏心與古會

拓器者每遇一器，無論形狀如何奇怪，體量如何大小，一見之下胸有成竹，應從何處入手拓起，全形由那方取勢，先有準備，不必枉用心思，我有定見，便可支配一切，運用自己的心靈手術，以撲作筆，欲寫則揮，與古貫通，精神所至，出於自然，持之有素，行諸紙上，行動自若，不畏指摘，自必無人指摘矣，以上各論俱都由漸而入深，既有經歷，反要虛心，切記恃藝自驕，是為大病，智者不應有，亦識者所

第十章　見難不畏，心與古會

拓器者每遇一器，無論形狀如何奇怪，體量如何大小，一見之下胸有成竹。應從何處入手拓起，全形由那方取勢，先有準備，不必枉用心思。我有定見，便可支配一切，運用自己的心靈手術，以撲作筆，欲寫則揮，與古貫通，精神所至，出於自然。持之有素，行諸紙上，行動自若，不畏指摘，自必無人指摘矣。以上各論俱都由漸而入深，既有經歷，反要虛心。切記恃藝自驕，是爲大病，智者不應有，亦識者所

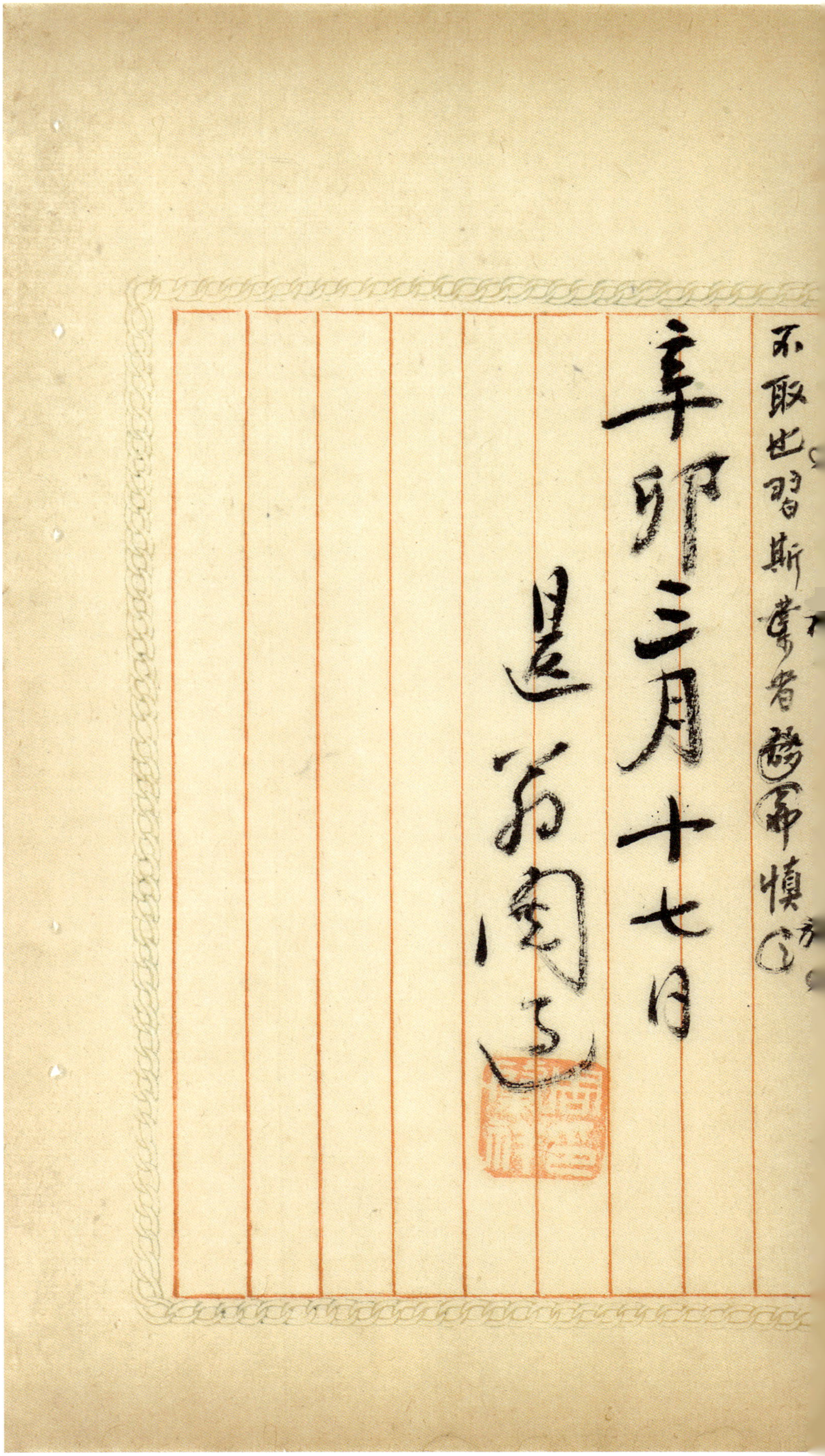

不取也。習斯藝者慎旃。
辛卯三月十七日
退翁閱過　周肇祥印

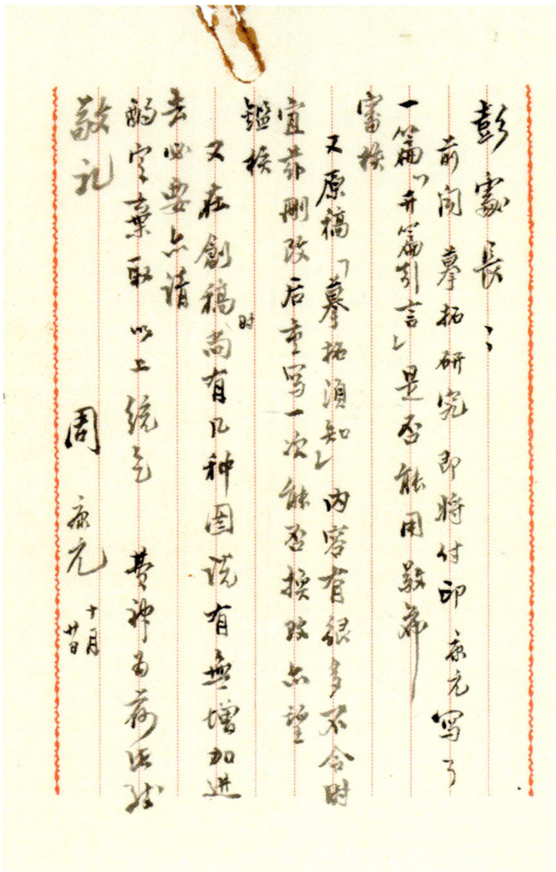

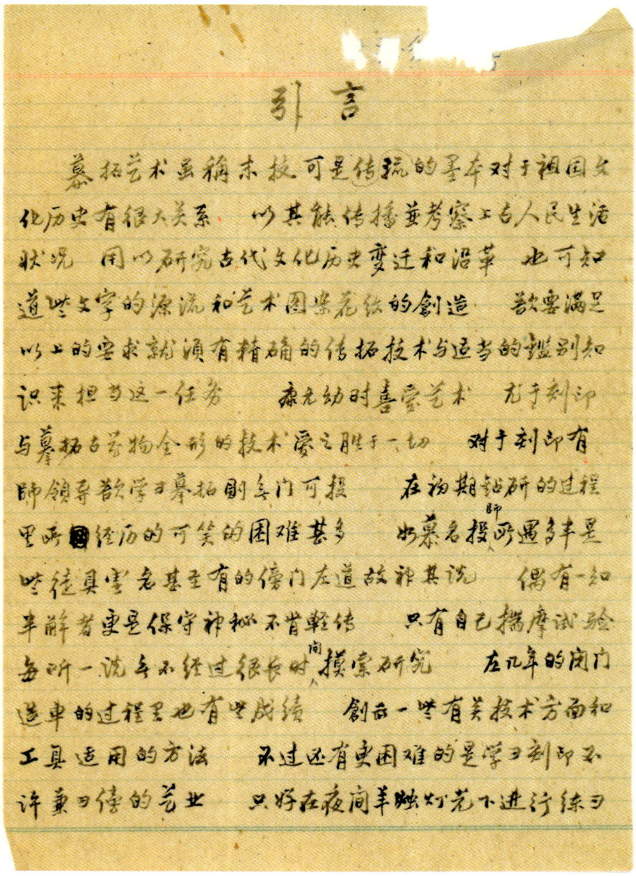

編者按：周希丁《傳古摹拓技術研究初稿》寫就八年後（一九五九年），聽聞即將付印，致信『彭處長』，附『開篇引言』、第三章『傳拓須知』修改稿及補充圖説，現將此信件附録於此。

彭處長：前聞《摹拓研究》即將付印，康元寫了一篇『開篇引言』，是否能用，敬希審核。又原稿『摹拓須知』内容有很多不合時宜。兹删改後重寫一次，能否换改，亦望鑒核。又在創稿時，尚有幾種圖説，有無增加進去必要，亦請酌定棄取。以上統乞費神爲荷。此致敬禮。

周康元　十月廿日

引言

摹拓藝術雖稱末技，可是流傳的墨本對於祖國文化歷史有很大關係。以其能傳播并考察上古人民生活狀况，用以研究古代文化歷史變遷和沿革，也可知道些文字的源流和藝術圖案花紋的創造。欲要滿足以上的要求，就須有精確的傳拓技術與適當的鑒别知識來擔當這一任務。康元幼時喜愛藝術，尤於刻印與摹拓古器物全形的技術愛之勝於一切，對於刻印有師領導，欲學習摹拓則無門可投。在初期鑽研的過程裏，所經歷的可笑的困難甚多，如慕名投師，所遇多半是些徒具虚名，甚至有的傍门左道故神其説。偶有一知半解者更是保守神秘不肯輕傳，只有自己揣摩試驗。每聽一説，無不經過很長時間摸索研究。在幾年的閉門造車的過程裏也有些成績，創出一些有關技術方面和工具適用的方法。不過還有更困難的是，學習刻印不許兼習傍的藝業，只好在夜間羊燭燈光下進行練習。

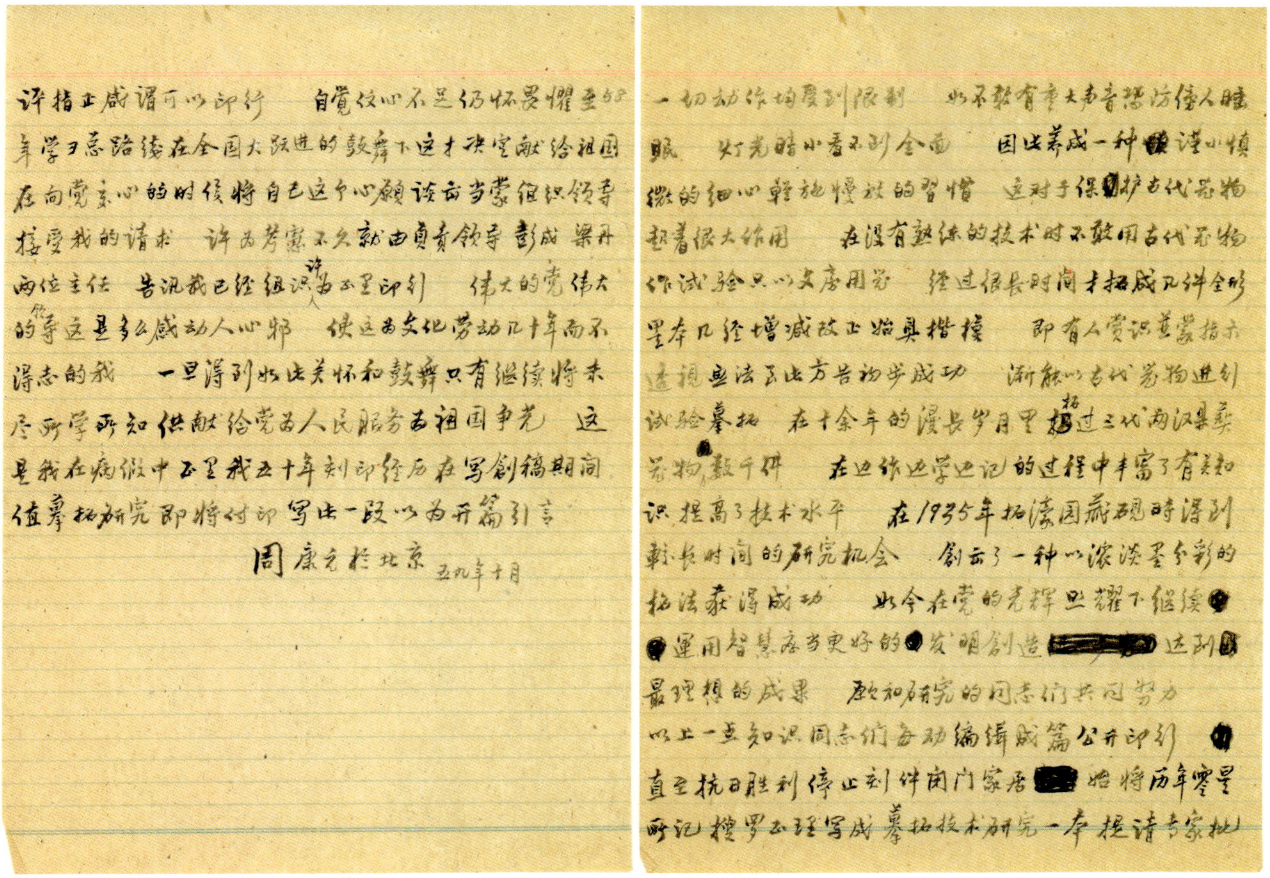

一切动作均受到限制　如不敢有重大声音恐妨傍人睡眠　灯光暗小看不到全面　因此养成一种谨小慎微的细心轻施慢放的习惯　这对于保护古代器物起着很大作用　在没有熟练的技术时不敢用古代器物作试验只以文房用器　经过很长时间才拓成几件全形墨本几经增减改正始具楷模　即有人赏识并蒙指示透视画法至此方告初步成功　渐能以古代器物进行试验摹拓　在十余年的漫长岁月里拓过三代两汉鼎彝器物数千件　在边作边学边记的过程中丰富了有关知识提高了技术水平　在1935年拓濠园藏砚时得到较长时间的研究机会　创出了一种以浓淡墨分彩的拓法获得成功　如今在党的光辉照耀下继续运用智慧应当更好的发明创造达到最理想的成果　愿和研究的同志们共同努力

以上一点知识同志们每劝编辑成篇公开印行　直至抗日胜利停止刻件闭门家居始将历年零星所记搜罗整理写成摹拓技术研究一本提请专家批评指正咸谓可以印行　自觉信心不足仍怀畏惧至58年学习总路线在全国大跃进的鼓舞下这才决定献给祖国在向党交心的时候将自己这个心愿谈出当蒙组织领导接受我的请求　许为考虑不久就由负责领导彭成梁丹两位主任告讯我已经组织许为整理印行　伟大的党伟大的领导这是多么感动人心邪　使这为文化劳动几十年而不得志的我一旦得到如此关怀和鼓舞只有继续将未尽所学所知供献给党为人民服务为祖国争光　这是我在病假中整理我五十年刻印经历在写创稿期间值摹拓研究即将付印写出一段以为开篇引言

周康元於北京　五九年十月

一切動作均受到限制，如不敢有重大聲音，恐妨傍人睡眠；燈光暗小，看不到全面。因此養成一種謹小慎微的細心輕施慢放的習慣，這對於保護古代器物起着很大作用。在没有熟練的技術時，不敢用古代器物作試驗，只以文房用器。經過很長時間才拓成幾件全形墨本，幾經增減改正，始具楷模。即有人賞識并蒙指示透視畫法，至此方告初步成功，漸能以古代器物進行試驗摹拓。在十餘年的漫長歲月裏，拓過三代兩漢鼎彝器物數千件。在邊作邊學邊記的過程中，豐富了有關知識，提高了技術水平。在一九三五年拓濠園藏硯時，得到較長時間的研究機會，創出了一種以濃淡墨分彩的拓法，獲得成功。如今在黨的光輝照耀下繼續運用智慧，應當更好地發明創造，達到最理想的成果，願和研究的同志們共同努力。

以上一點知識同志們每勸編輯成篇公開印行，直至抗日勝利，停止刻件，閉門家居，始將歷年零星所記搜羅整理，寫成《摹拓技術研究》一本，提請專家批評指正，咸謂可以印行。自覺信心不足仍懷畏懼，至五八年學習總路綫，在全國大躍進的鼓舞下，這才决定獻給祖國。在向黨交心的時候將自己這個心願談出，當蒙組織領導接受我的請求，許爲考慮不久就由負責領導彭成、梁丹兩位主任告訊我已經組織許爲整理印行。偉大的黨，偉大的領導，這是多麼感動人心邪！使這爲文化勞動幾十年而不得志的我一旦得到如此關懷和鼓舞，只有繼續將未盡所學所知供獻給黨，爲人民服務、爲祖國争光，這是我在病假中整理我五十年刻印經歷。在寫創稿期間值《摹拓研究》即將付印，寫此一段以爲開篇引言。

周康元於北京五九年十月

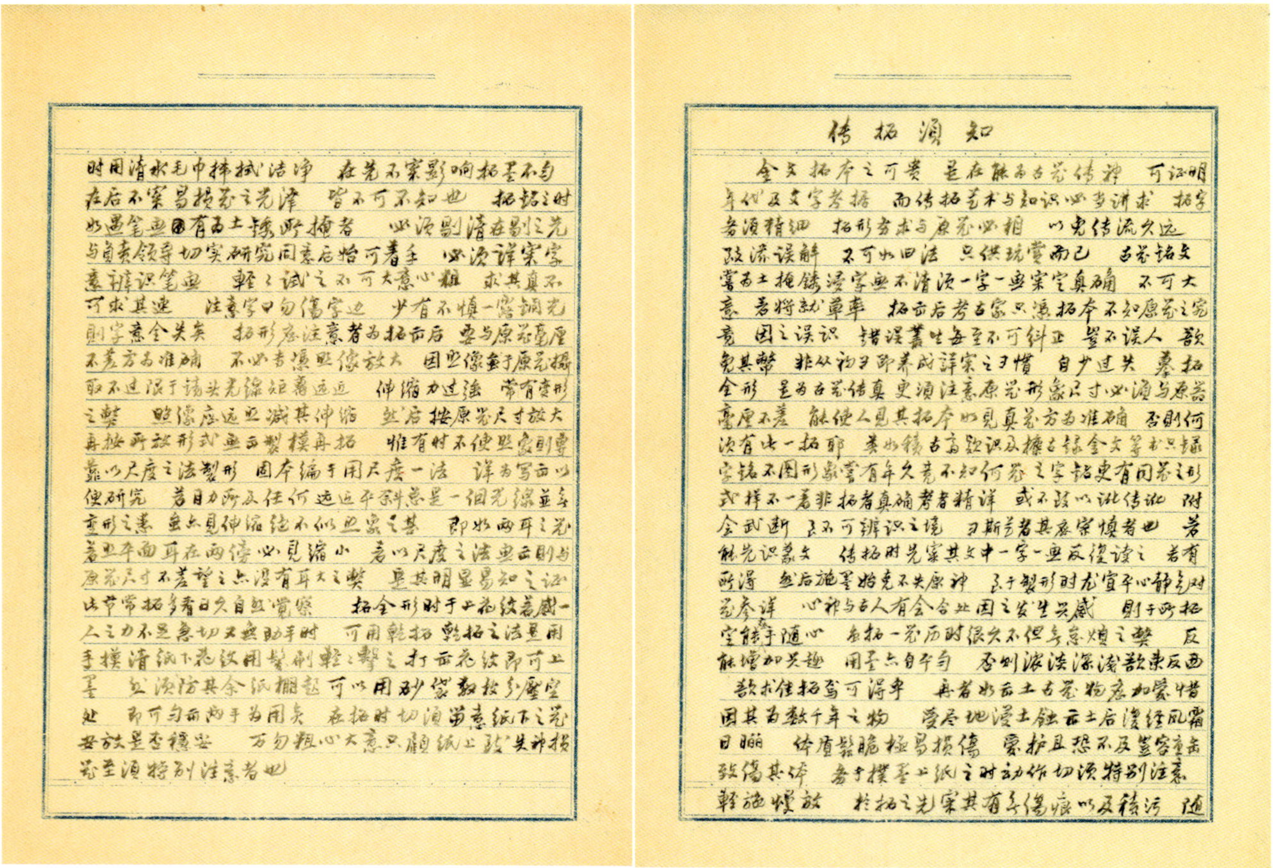

傳拓須知

金文拓本之可貴，是在能爲古器傳神，可證明年代及文字考據。而傳拓藝術與知識必當講求，拓字務須精細，拓形務求與原器必相，以免傳流久遠，致滋誤解，不可如舊法，只供玩賞而已。古器銘文嘗爲土掩銹浸，字畫不清，須一字一畫審定真確，不可大意。若將就草率，拓出後考古家只憑拓本，不知原器之究竟，因之誤識，錯誤叢生，每至不可糾正，豈不誤人？欲免其弊，非從初習即養成詳審之習慣，自少過失。摹拓全形，是爲古器傳真，更須注意原器形象尺寸，必須與原器毫厘不差，能使人見其拓本如見真器，方爲準確，否則何須有此一拓耶？類如《積古齋款識》及《攈古録金文》等書，只録字銘，不圖形象，嘗有年久竟不知何器之字銘，更有同器之形式樣不一，若非拓者真確、考者精詳，或不致以訛傳訛，附會武斷，至不可辨識之境。習斯藝者，其應審慎者也。若能先識篆文，傳拓時先審其文中一字一畫反復讀之，若有所得，然後施墨，始克不失原神。至於製形時，尤宜平心静氣，對器參詳，心神與古人有會合處，因之發生興感，則於所拓定能應手隨心。雖拓一器歷時很久，不但無怠煩之弊，反能增加興趣，用墨亦自平匀。否則濃淡深淺，欲東反西，欲求佳拓，焉可得乎？再者如出土古器物應加愛惜，因其爲數千年之物，受盡地浸土蝕，出土後復經風霜日曬，體質鬆脆，極易損傷，愛護且恐不及，豈容重擊，致傷其體？務於撲墨上紙之時，動作切須特別注意，輕施慢放，於拓之先審其有無傷痕以及積污，隨時用清水毛巾拂拭潔净。在先不審，影響拓墨不匀；在後不審，易損器之光澤。皆不可不知也。拓銘之時，如遇筆畫有爲土銹所掩者，必須剔清。在剔之先，與負責領導切實研究同意後始可着手，必須詳審字意、辨識筆畫，輕輕試之，不可大意心粗。求其真不可求其速，注意字口，勿傷字邊。少有不慎，一露銅光，則字意全失矣。拓形應注意者，爲拓出後要與原器毫厘不差，方爲準確，不必專憑照像放大。因照像雖於原器攝取，不過限於鏡頭光綫、距離遠近，伸縮力過强，常有變形之弊。照像應遠照減其伸縮，然後按原器尺寸放大，再按所放形式畫出製模再拓。惟有時不便照象，則專靠以尺度之法製形，固本編於用尺度一法，詳爲寫出，以便研究。若目力所及，任何遠近、平斜總是一個光綫，并無變形之患。雖亦見伸縮，絶不似照象之甚。即如兩耳之器，若照平面，耳在兩傍，必見縮小。若以尺度之法畫出，則與原器尺寸不差，望之亦没有耳大之弊，是其明顯易知之證。此節常拓多看，日久自然覺察。拓全形時，於上花紋若感一人之力不足，急切又無助手時，可用乾拓。乾拓之法，是用手摸清紙下花紋，用髮刷輕輕擊之，打出花紋，即可上墨。然須防其餘紙棚起，可以用砂袋數枚，分壓空處，即可匀出兩手爲用矣。在拓時切須留意紙下之器安放是否穩妥，萬勿粗心大意，只顧紙上，致失神損器，至須特别注意者也。

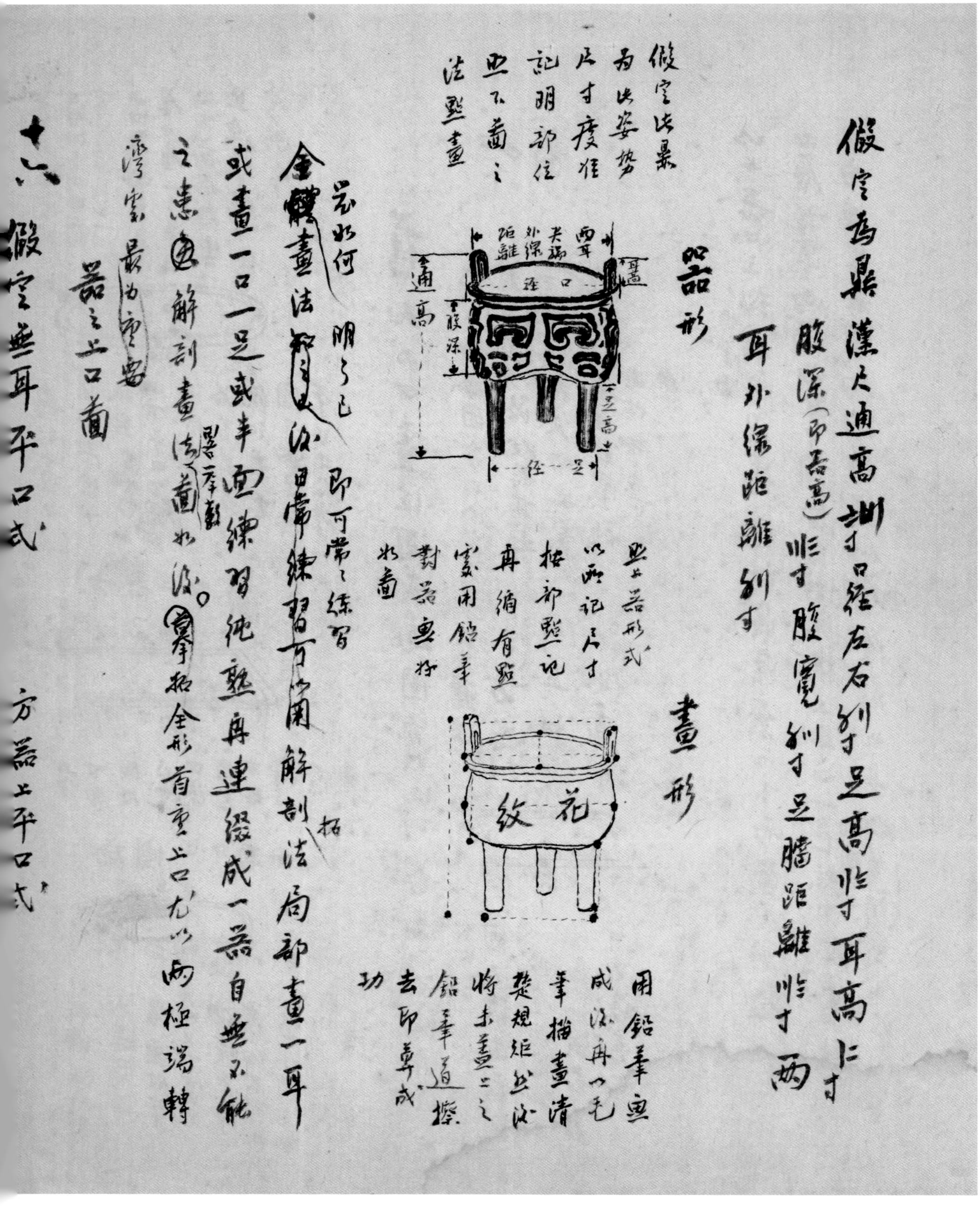

假定爲鼎，漢尺通高七寸三分，口徑左右五寸二分，足高二寸八分，耳高一寸二分，腹深（即器高）三寸三分，腹寬五寸三分，足襠距離三寸八分，兩耳外綫距離五寸二分。

器形　假定此鼎爲此姿勢，尺寸度準記明部位，照下圖之法點畫。照上器形式以所記尺寸按部點記，再循有點處用鉛筆對器畫好。如圖。

畫形　用鉛筆畫成後再以毛筆描畫清楚、規矩，然後將未蓋上之鉛筆道擦去即算成功。全器如何畫法明了已後，即可常常練習解剖拓法。局部畫一耳，或畫一口、一足，或半面。練習純熟，再連綴成一器，自無不能之患。解剖畫法略舉數圖如後。

器之上口圖

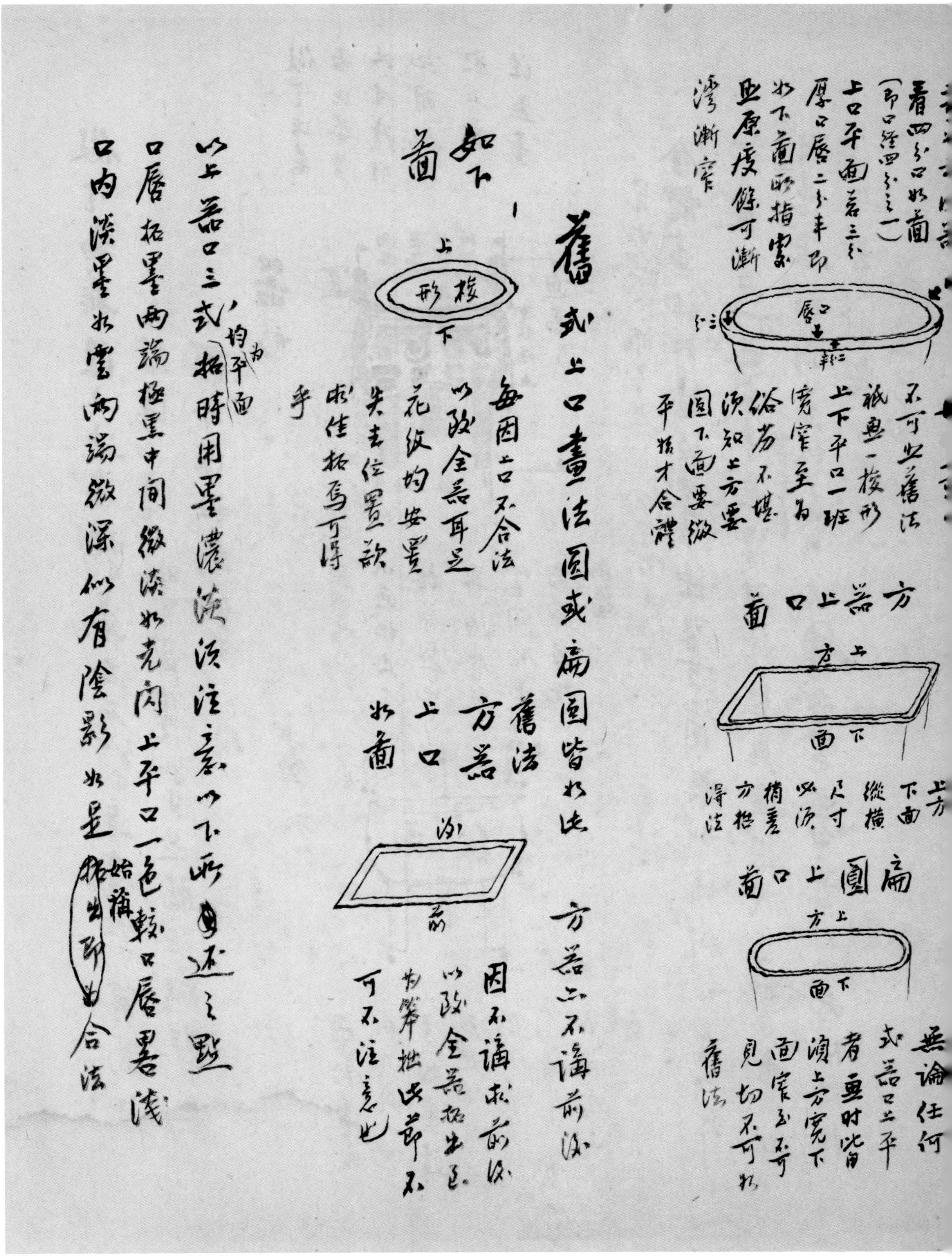

假定無耳平口式　畫如是圓器，看四分口如圖（即口徑四分之一）。上口平面若三分厚，口唇二分半，即如下圖所指處。照原度餘可漸彎漸窄。再如畫口，不可照舊法祇畫一梭形，上下平口一班寬窄，至爲俗劣不堪。須知上方要圓，下面要微平，始才合體。

方器上平口式　方器上口圖　上方下面縱横尺寸必須稍差，方始得法。

扁圓上口圖　無論任何式器，口上平者，畫時皆須上方寬、下面窄，至不可見，切不可如舊法。

舊式上口畫法圓或扁圓皆如此。如下圖。每因上口不合法，以致全器耳足花紋均安置失去位置，欲求佳拓焉可得乎？

舊法方器上口如圖　方器亦不講前後，因不講求前後，以致全器拓出至爲笨拙，此節不可不注意也。

以上器口三式均爲平面，拓時用墨濃淡須注意以下所述之點：口唇拓墨兩端極黑，中間微淡如光閃。上平口一色，較口唇略淺，口内淡墨如雲。兩端微深，似有陰影，如是始稱合法。

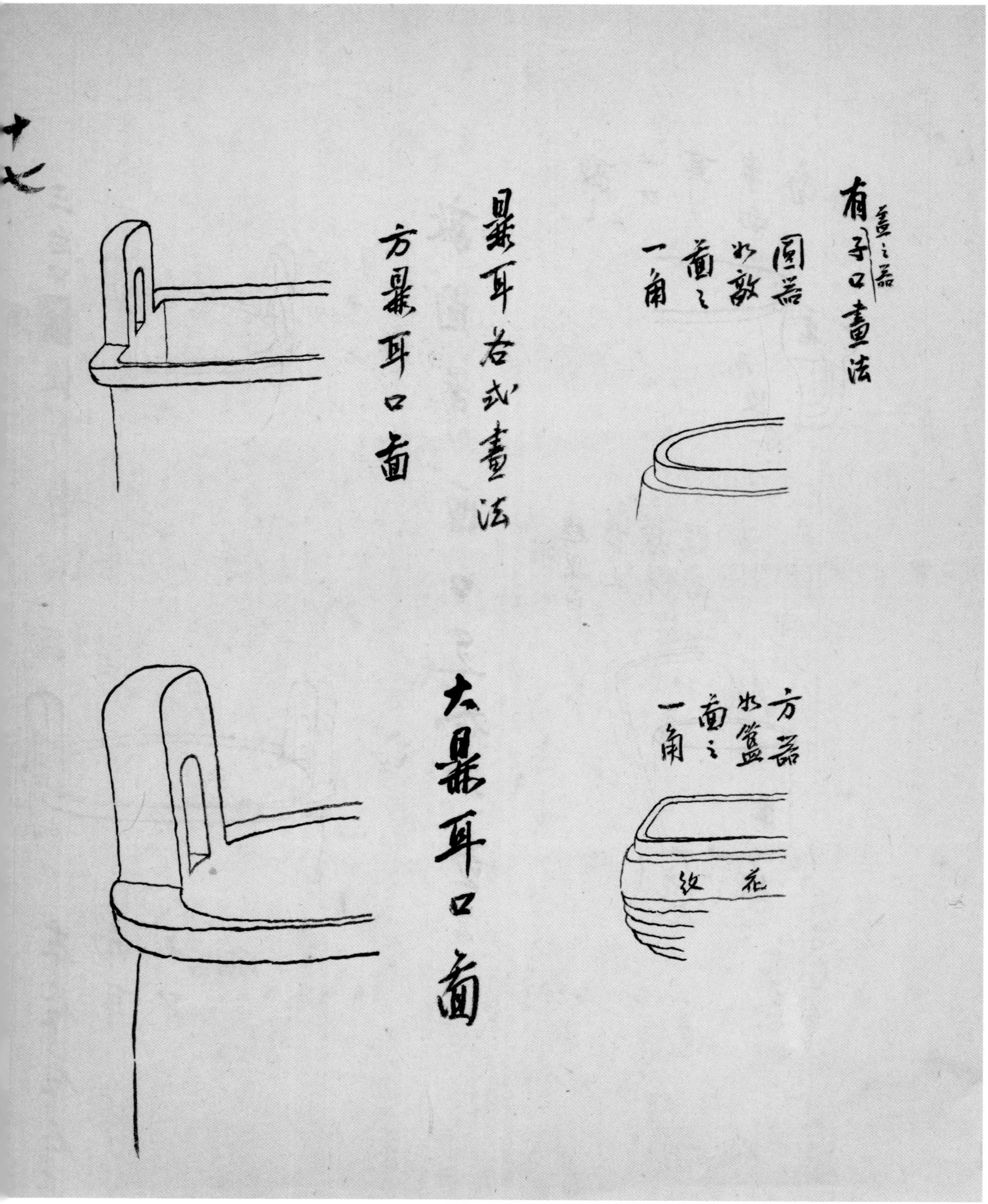

有蓋之器子口畫法　圓器如敦圖之一角　方器如簋圖之一角
鼎耳各式畫法　方鼎耳口圖　大鼎耳口圖

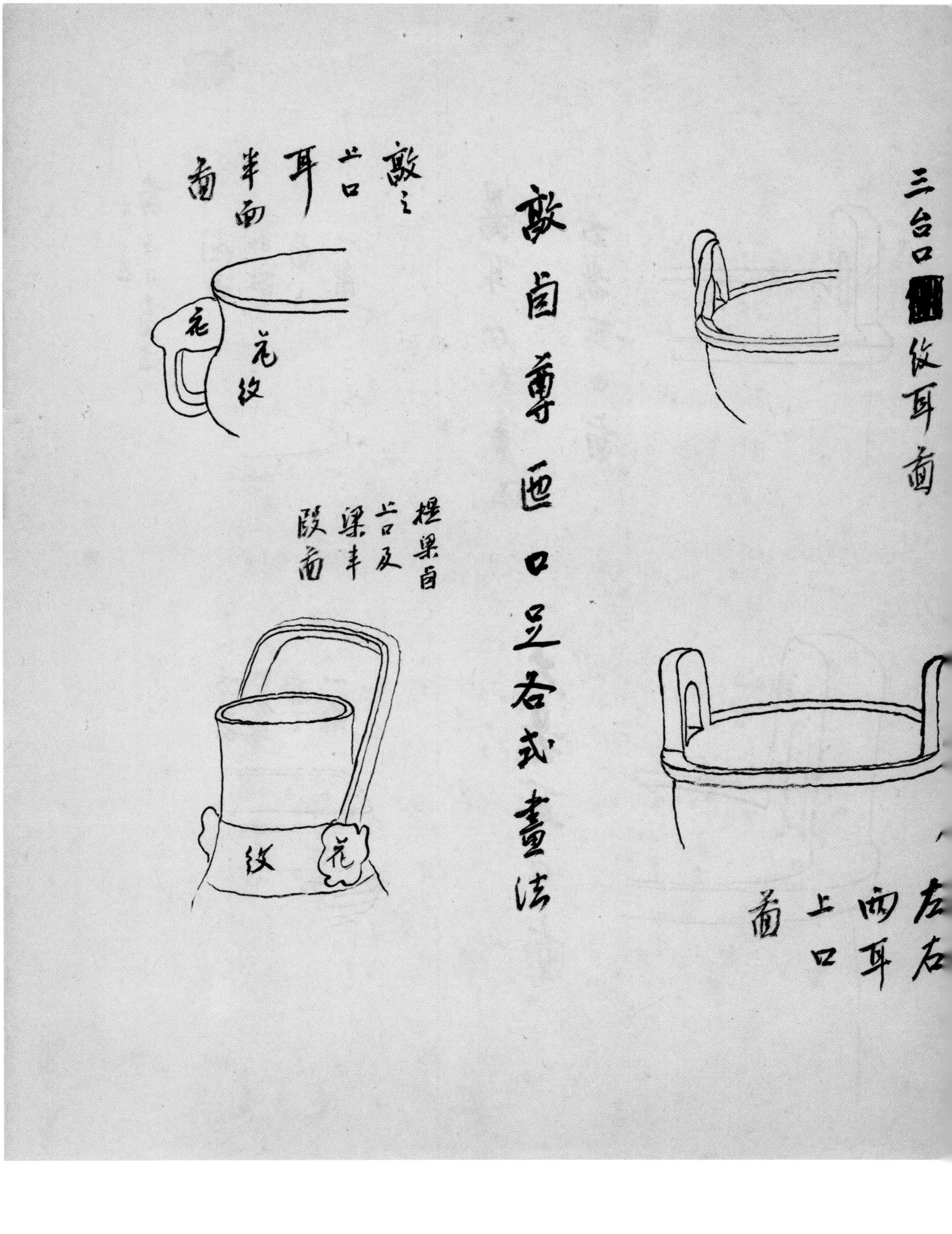

三台口繩紋耳圖　左右兩耳上口圖
敦、卣、尊、匜口足各式畫法　敦之上口耳半面圖　提梁卣上口及梁半段圖

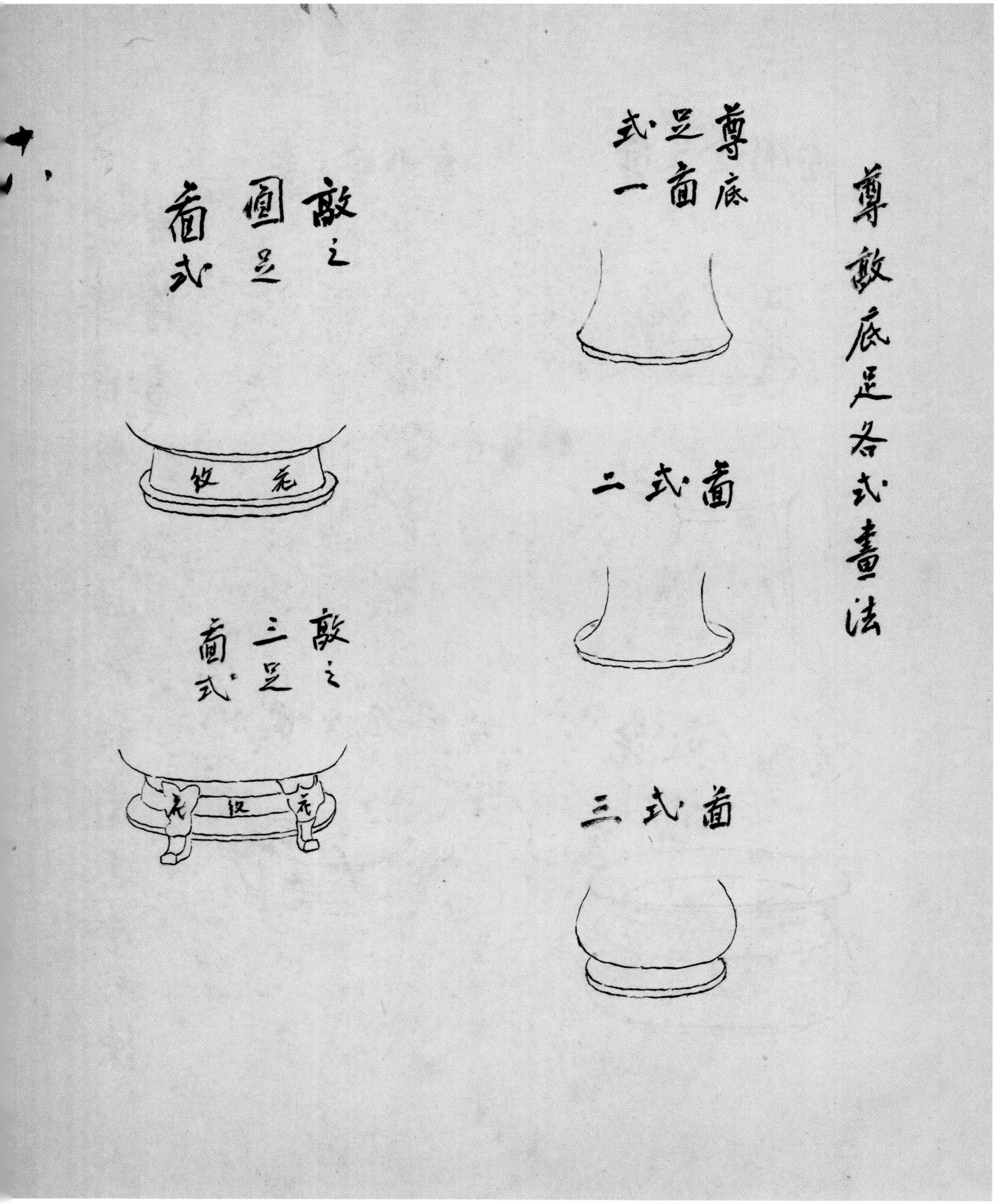

尊、敦底足各式畫法
尊底圖式一　圖式二　圖式三　敦之圓足圖式　敦之三足圖式

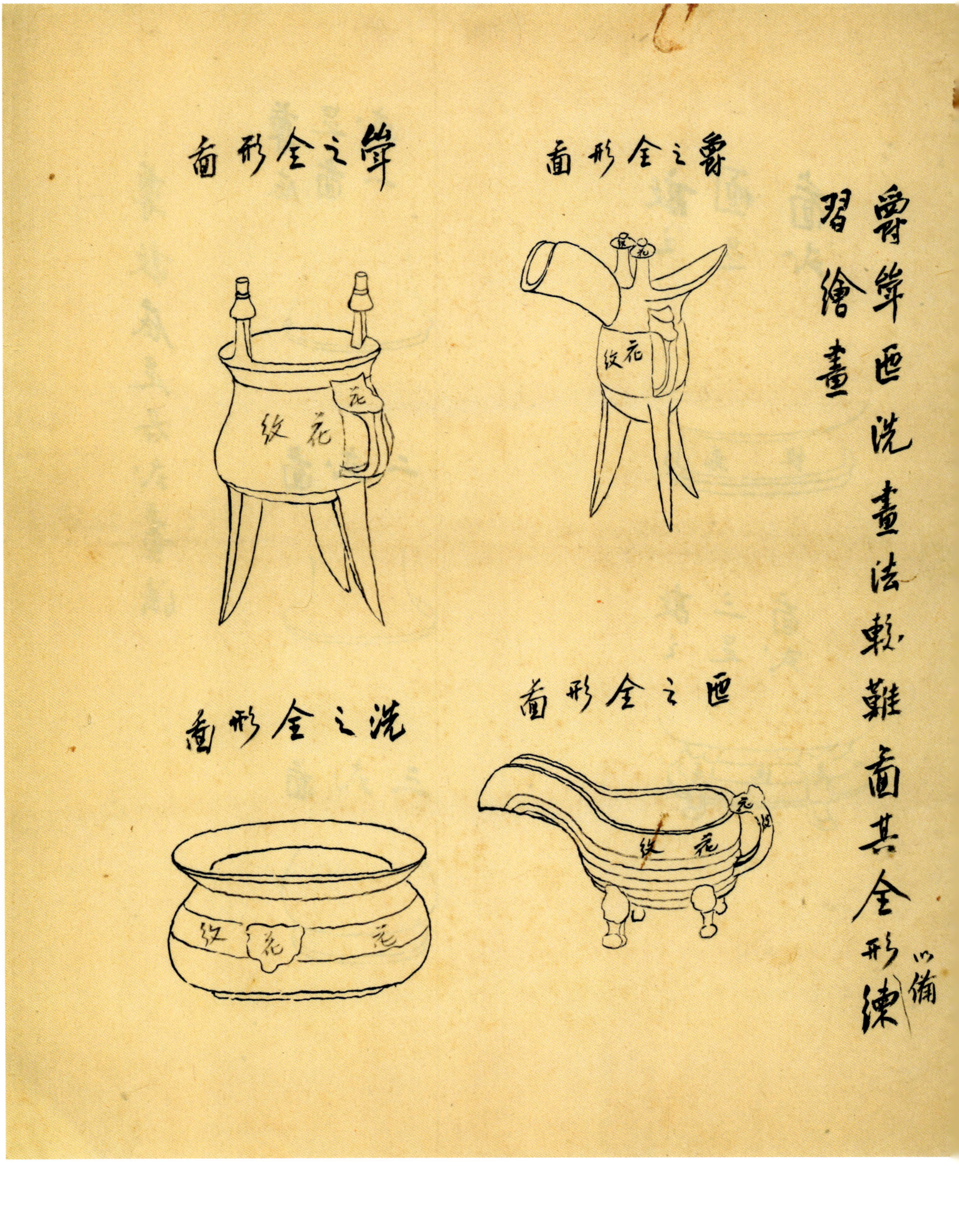

爵、斝、匜、洗畫法較難，圖其全形以備練習繪畫。
爵之全形圖　匜之全形圖　斝之全形圖　洗之全形圖

摹拓古器物形繪形底稿

附簡畧說明

周康元

編者按：舊拓全形多見，全形底稿則罕覯。此係傅大卣舊藏，爲周希丁先生傳拓《澂秋館吉金圖》所繪，可與是書及原拓參看。識者可以窺見周希丁拓形之門徑。

這項底稿是《澂秋館吉金圖》的全形拓稿，也就是拓器物全形時的必要的重要過程。它是按器物的尺度與形象準確的在紙上注明，然後按照所注記號，用墨筆清晰的描畫，即成此底稿。什麽時候要拓，就用這底稿鋪上油紙蒙繪，再按墨道將油紙裁開，蓋在固定的拓紙上面，分别濃淡用墨拓出即成墨框。以這種墨框在原器上分段將花紋按部位拓出，至此全部拓形工作即告完成。如能在這紙稿上摹寫器上銘文，是一很好的臨摹金文的練習。這一份底稿全是作者於一九二五年秋天到福建螺江陳氏家中，在澂秋館住宿，經過四個月有奇，拓其所藏大小百餘器，在製全形時所繪。存到今日，已經卅五年。今將在閩所繪底稿檢出供給研究此技的同志們以爲參考，希望得到批評和指正，使我們摹拓藝術得到更好的進步。

底稿種類及張數列後：①尊五張；②鼎四張；③觚二張；④卣三張；⑤斝二張；⑥敦（簋）四張；⑦匜二張；⑧甗一張；⑨壺一張；⑩盤一張；⑪盉一張；⑫漢器（燈二，鍾一，斗一）四張；⑬唐器一張。

這是拾叁種共叁拾壹器，是在福建所繪，尚有簋一、罍一、盉一、敦二、盂一、鑪一、鍘一、捌器，均在陳氏京宅，自閩歸後補拓。底稿由徒弟們分而保存，現皆遺失爲憾。又澂秋館印刷草率，圖内有幾器如盉、罍、敦，是徒弟郝姓學拓鍘（形），是陳氏舊存原拓，均被工人誤上膠版，下面也印上在福建手拓章，及主人專叙作者藝術一篇也未印上，未經校對即交工，均屬不够細緻，深堪遺憾的。

一九五九年十月周康元記於北京

亞憲□父丁鼎

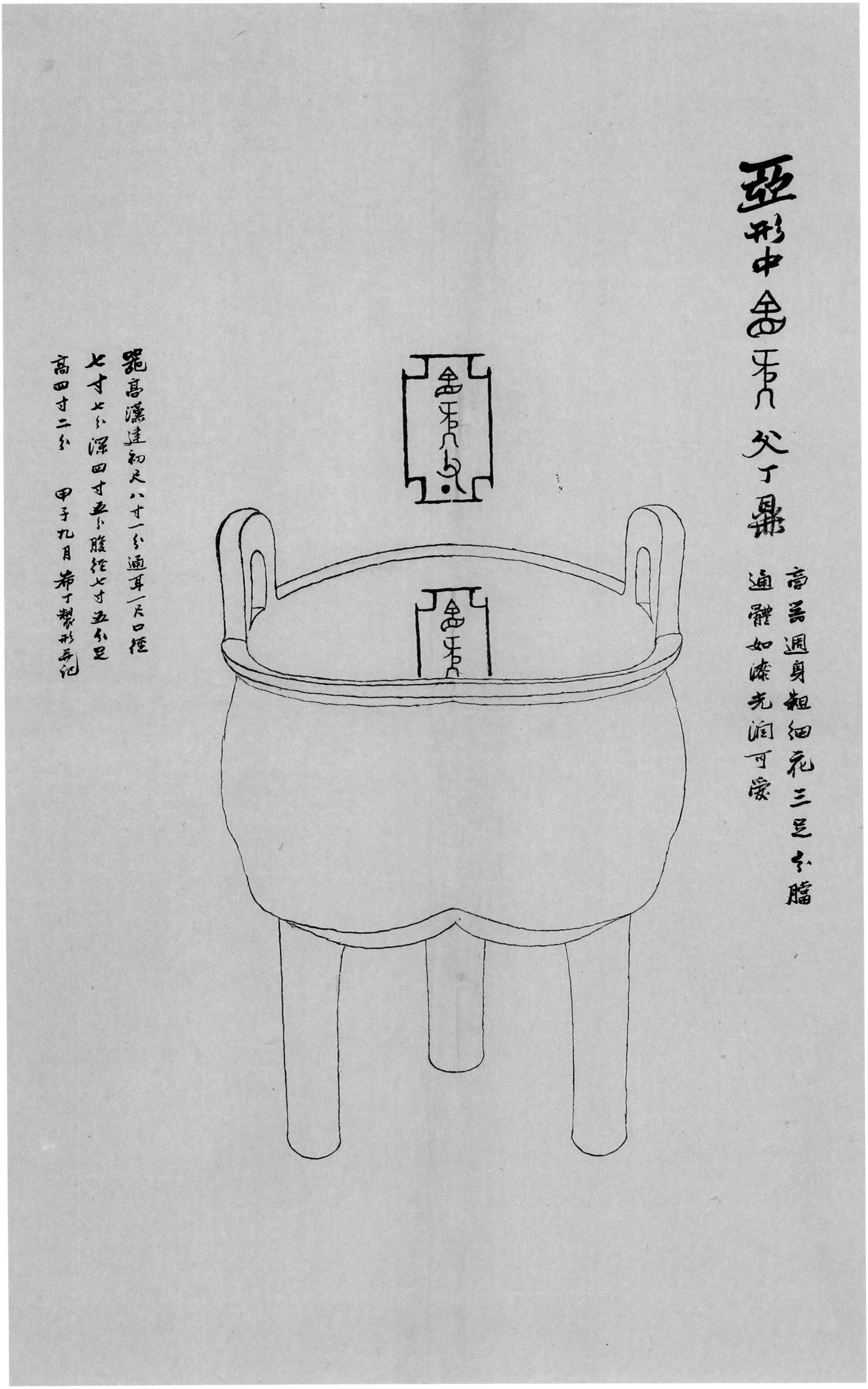

亞形中憲□父丁鼎。商器，周身粗細花，三足分膒（襠），通體如漆，光潤可愛。

器高漢建初尺八寸一分，通耳一尺，口徑七寸七分，深四寸五分，腹徑七寸五分，足高四寸二分。甲子九月希丁製形并記。

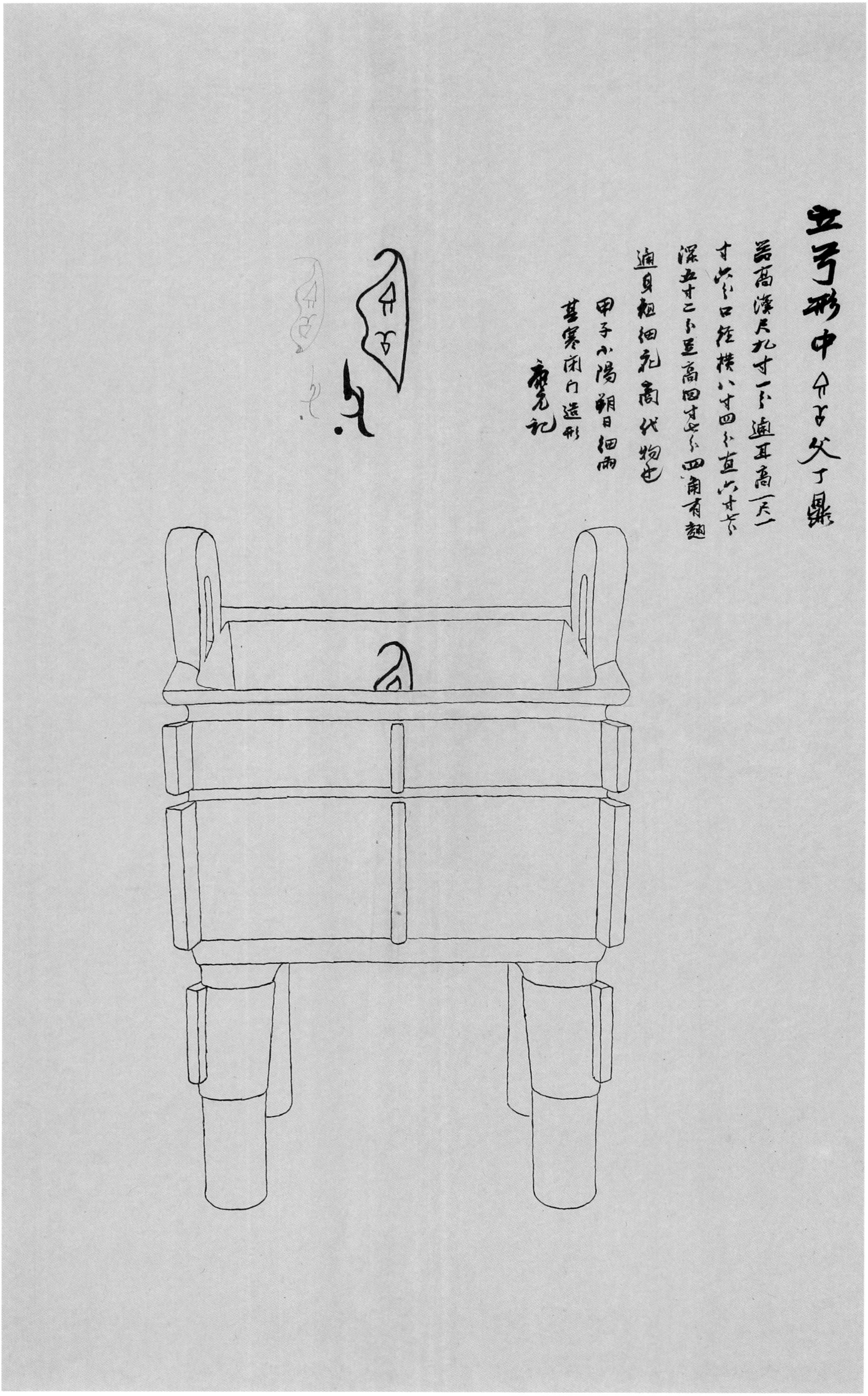

弓𦎫父丁鼎

原拓見本書第七頁

立弓形中𦎫父丁鼎。器高漢尺九寸一分，通耳高一尺一寸六分，口徑横八寸四分，直六寸七分，深五寸二分，足高四寸七分四角有翅，通身粗細花，商代物也。甲子小陽朔日，細雨甚寒，閉門造形。康元記。

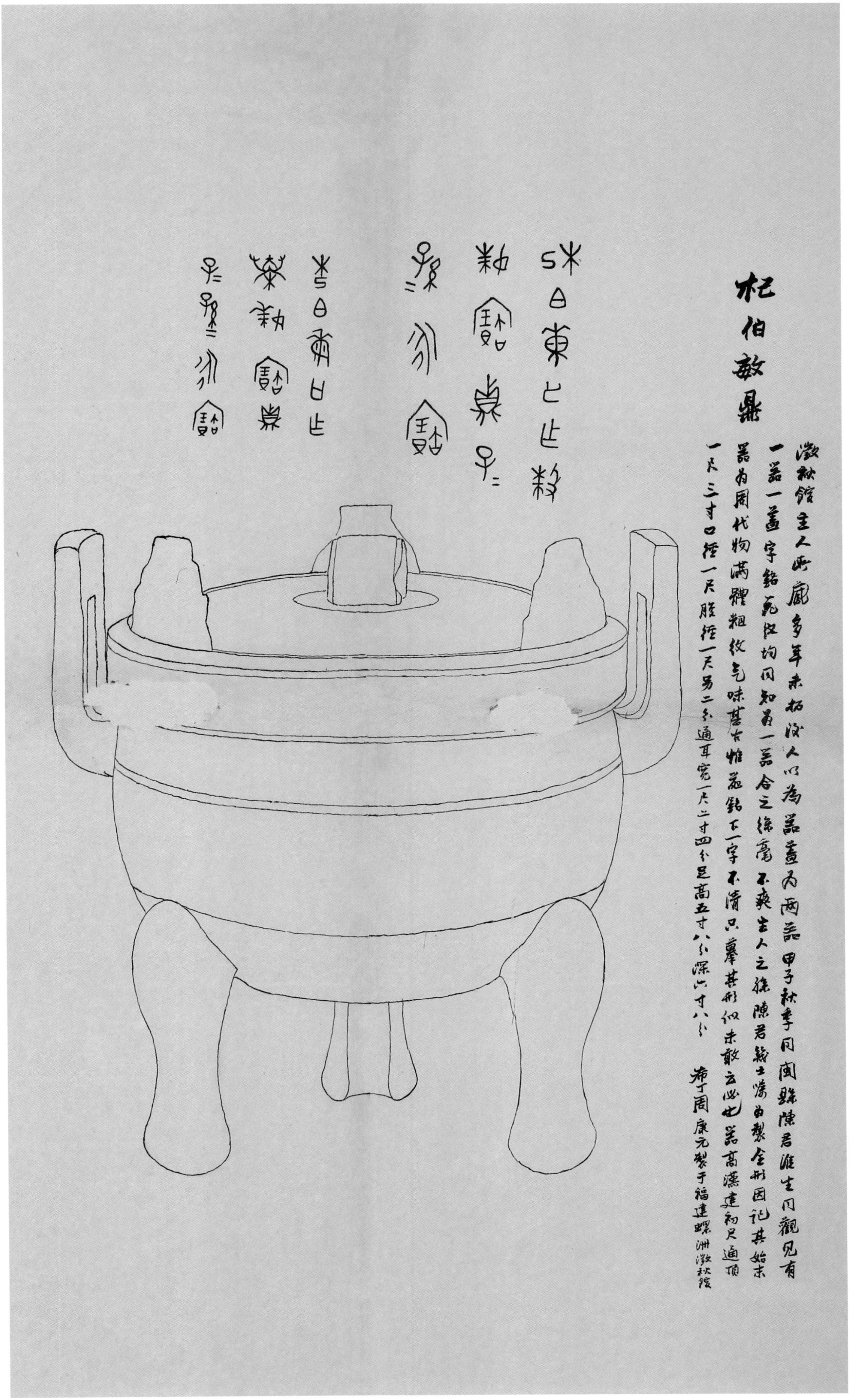

杞白每亡鼎

原拓見本書第三〇頁

杞伯敏鼎。瀓秋館主人所藏多年未拓，後人以爲器、蓋爲兩器。甲子秋季同閩縣陳君淮生同觀，見有一器一蓋，字銘花紋均同，知爲一器，合之絲毫不爽。主人之孫陳君幾士囑爲製全形，因記其始末。器爲周代物，滿體粗紋，氣味甚古，惟器銘下一字不清，只摹其形，似未敢云必也。器高漢建初尺通頂一尺三寸，口徑一尺，腹徑一尺另二分，通耳寬一尺二寸四分，足高五寸八分，深六寸八分。希丁周康元製於福建螺洲瀓秋館。

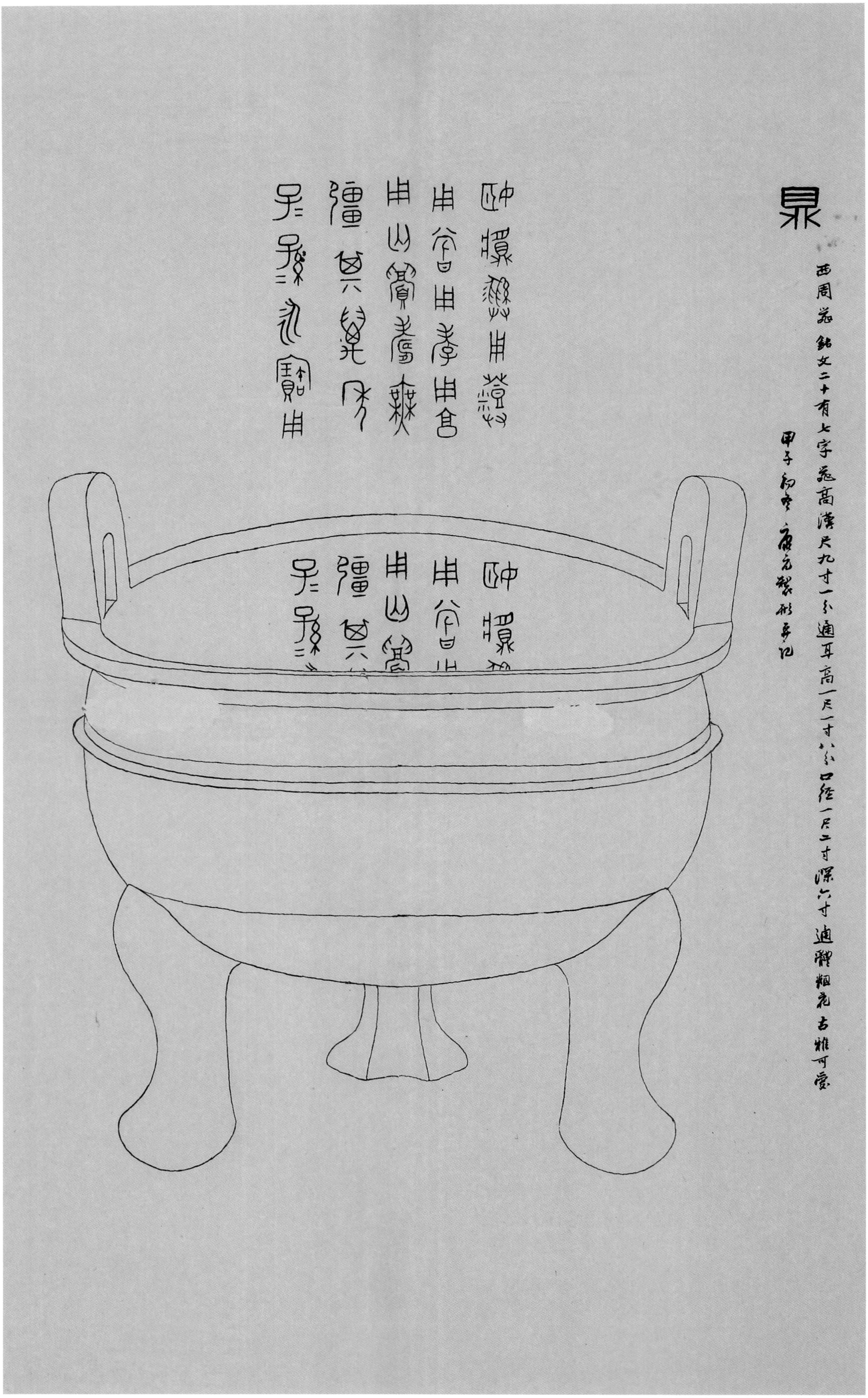

姬鼎

原拓見本書第二五頁

鼎，西周器。銘文二十有七字。器高漢尺九寸一分，通耳高一尺一寸八分，口徑一尺二寸，深六寸，通體粗花，古雅可愛。甲子初冬，康元製形并記。

作册般甗

原拓見本書第八五頁

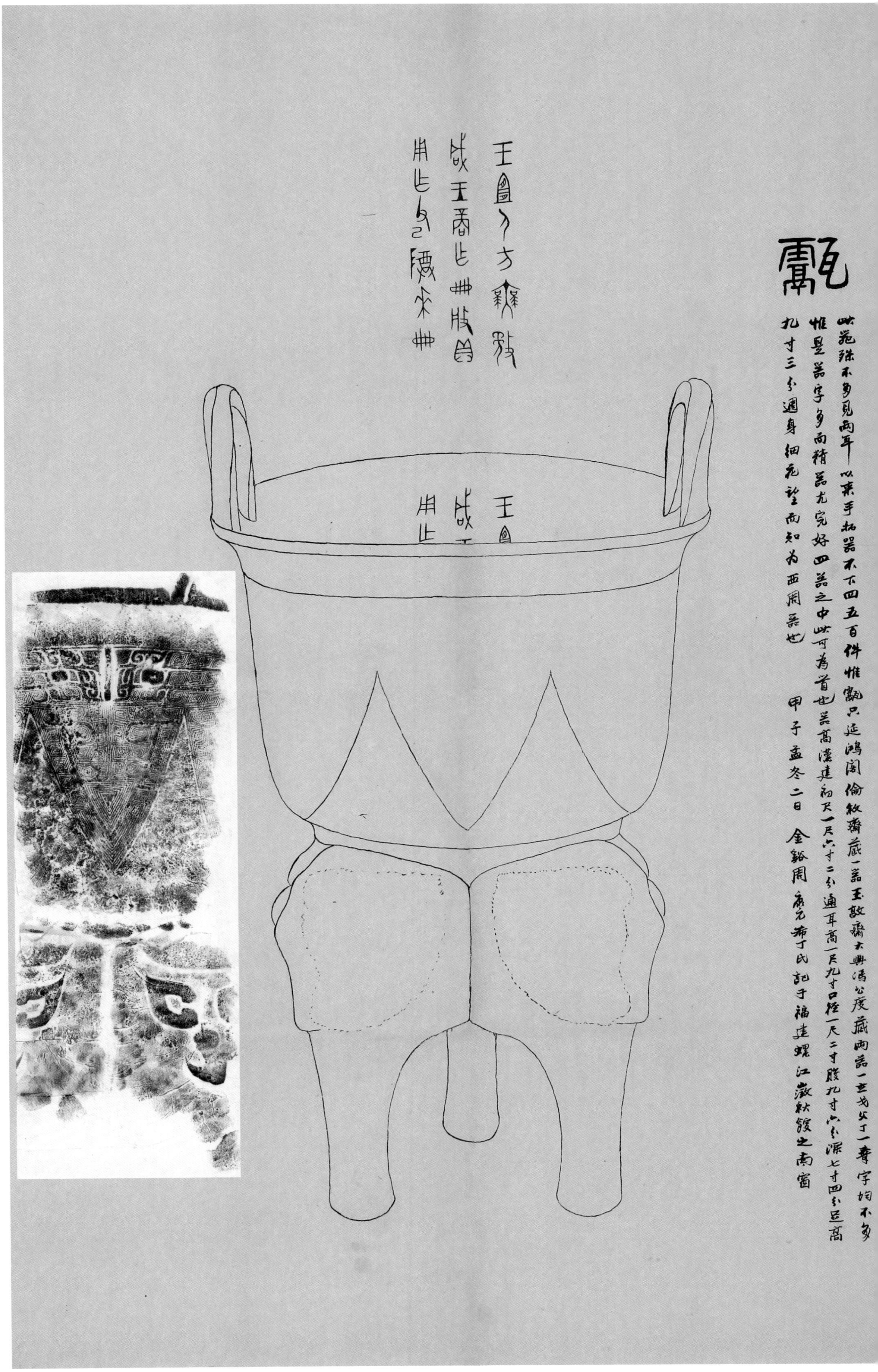

甗，此器殊不多見，兩年以來手拓器不下四五百件，惟甗只延鴻閣倫叙齋藏一器，玉敦齋大興馮公度藏兩器，一立戈父丁一奇。字均不多，惟是器字多而精，器尤完好，四器之中，此可爲首也。器高漢建初尺一尺六寸二分，通耳高一尺九寸，口徑一尺二寸，腹九寸六分，深七寸四分，足高九寸三分，周身細花，望而知爲西周器也。甲子孟冬二日，金谿周康元希丁氏記於福建螺江瀓秋館之南窗。

伯簋

原拓見本書第四七頁

伯作寶敦。器高通座漢建初尺一尺另一分，口徑九寸，通耳寬一尺二寸五分，腹徑九寸三分，深五寸三分，耳長四寸八分。

甲子冬，希丁記。

注意此器座上無足口，只有一圈在座面，如所畫圖。

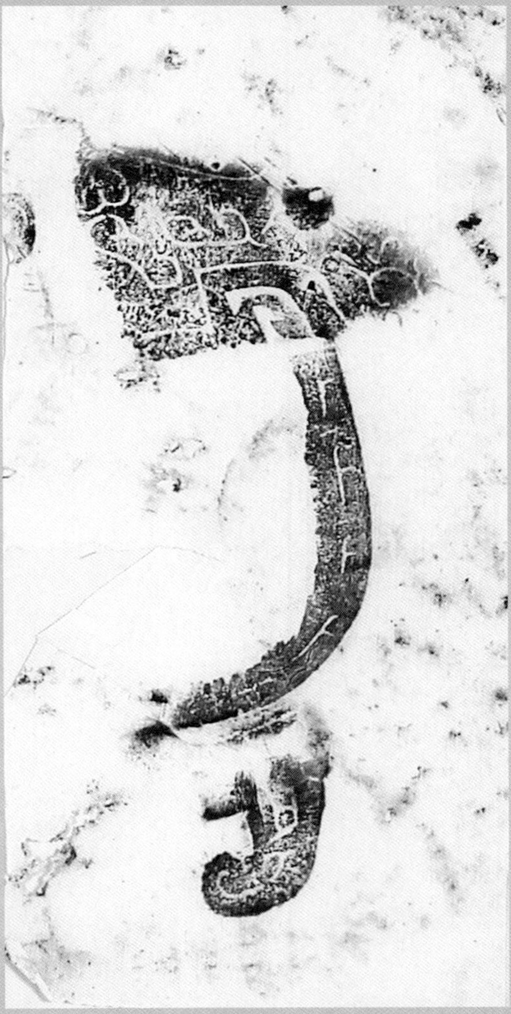

臣卿簋

原拓見本書第五五頁

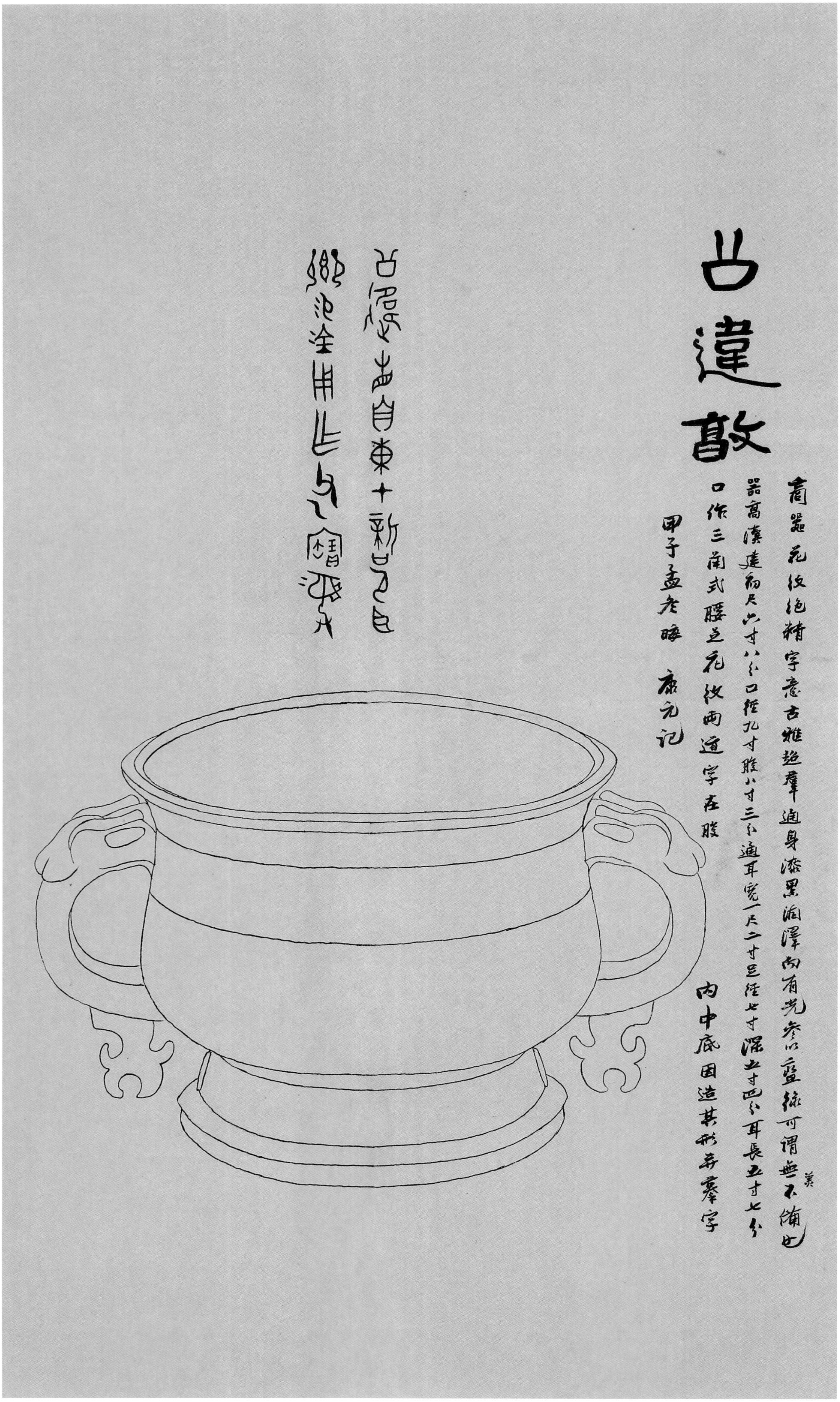

公違敦。商器。花紋絶精，字意古雅超群，通身漆黑潤澤而有光，參以藍緑，可謂無美不備也。器高漢建初尺六寸八分，口徑九寸，腹八寸三分，通耳寬一尺二寸，足徑七寸，深五寸四分，耳長五寸七分，口作三角式，腰足花紋兩道，字在腹内中底，因造其形并摹字。甲子孟冬晦，康元記。

吴彩父簋

原拓見本書第六五頁

注意：此器係一對，須拓六十份，拓畢不必寄福建，回京補上花紋，并且在最後拓。所繪花紋均須留空，用鐵板拓出銹來最好。希丁附記，慶琛注意，甲子重陽作於螺江。器高通蓋漢建初尺一尺一寸，口徑八寸八分，腹徑一尺一寸，通耳一尺五寸，四足各距七寸，耳長六寸，足高三寸，腹深五寸六分，對銘各二十一字。甲子九月，金谿周康元記於福建螺江。

獸面紋簋

原拓見本書第四四頁

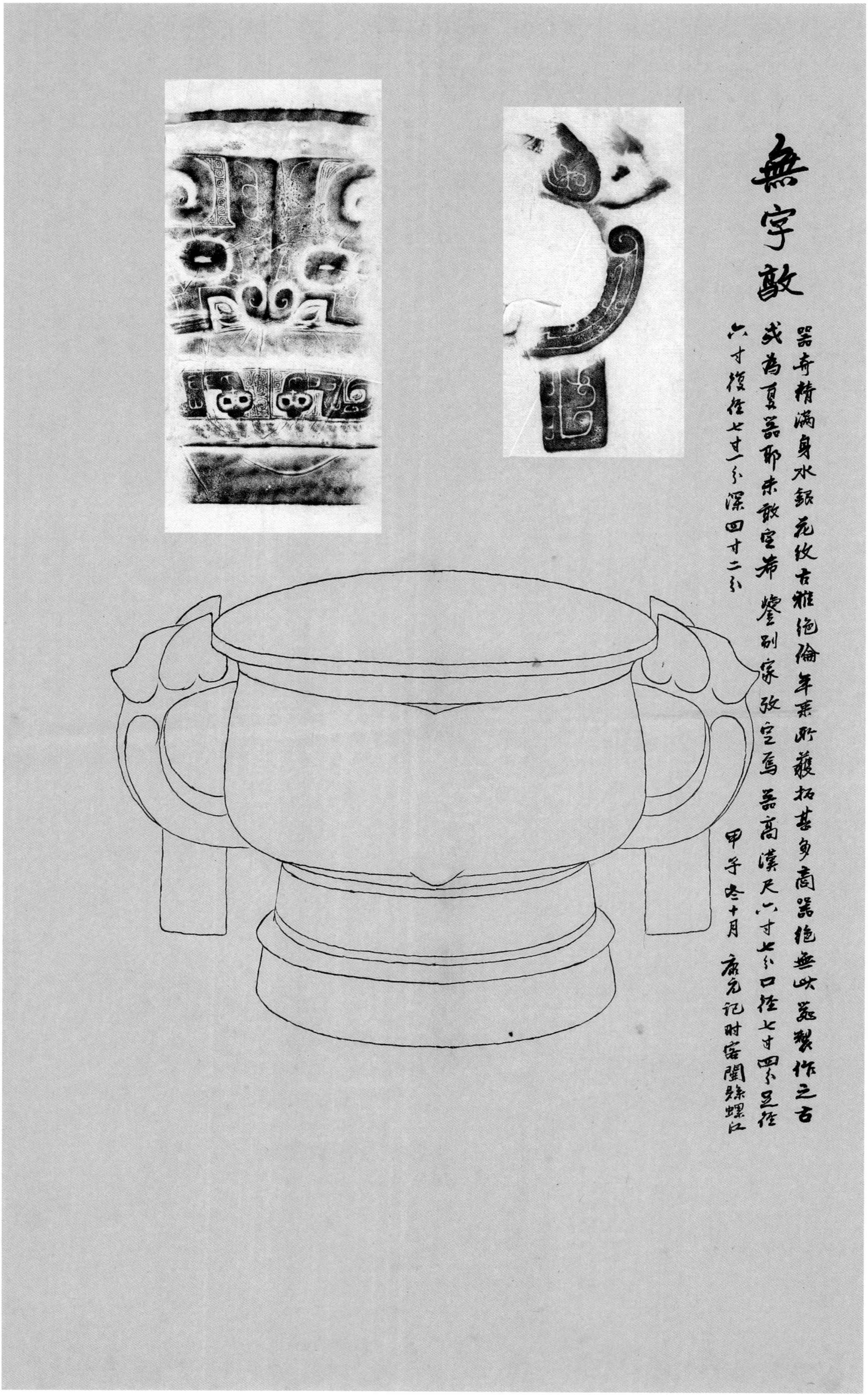
無字敦
器奇精滿身水銀花紋古雅絶倫年來所獲拓甚多商器絶無此器製作之古
或為夏器耶未敢定希鑒別家考定焉器高漢尺六寸七分口徑七寸四分足徑
六寸腹徑七寸一分深四寸二分
甲子冬十月 康元記時客閩縣螺江

無字敦。器奇精，滿身水銀，花紋古雅絶倫，年來所獲拓甚多商器，絶無此器製作之古，或爲夏器耶？未敢定，希鑒别家考定焉。器高漢尺六寸七分，口徑七寸四分，足徑六寸，腹徑七寸一分，深四寸二分。甲子冬十月，康元記，時客閩縣螺江。

伯尊

原拓見本書第一五〇頁

尊。拓時中腰拓一段淡墨，即。不可太寬，須參看所拓之花紋。座之臨下口，微淡，深則板滯，不好看矣，約如此（此兩邊則用黑色）。銘十又四字，器高漢建初尺一尺二寸，口一尺七分，深一尺另六分，足八寸七分，滿身粗細花紋。甲子九月二十七日燈下作，希丁周康元并記。

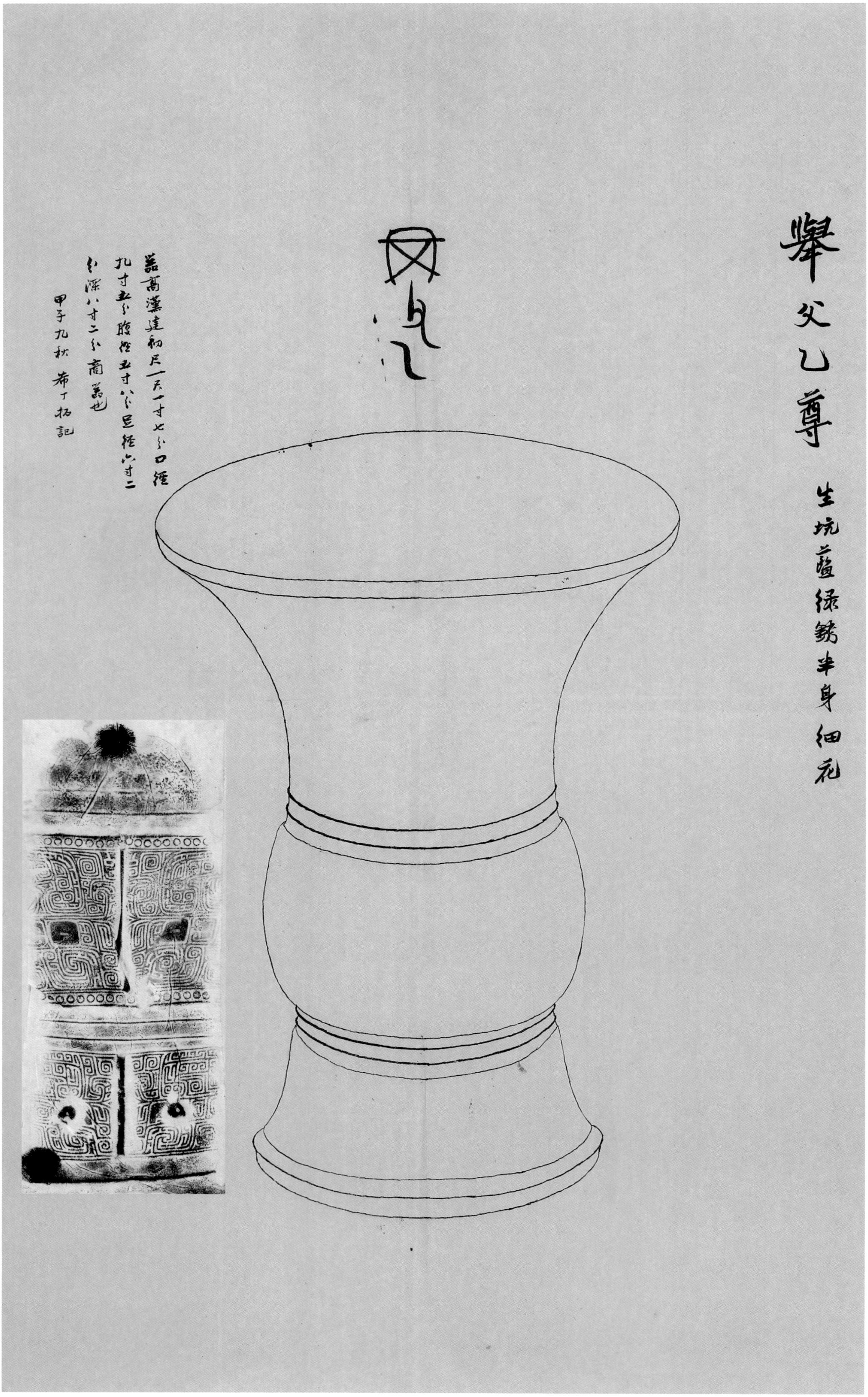
舉父乙尊
生坑藍綠銹半身细花
器高漢建初尺一尺一寸七分口徑九寸五分腹徑五寸八分足徑六寸二分深八寸二分商器也
甲子九秋 希丁拓記

舉父乙尊

原拓見本書第一四三頁

舉父乙尊。生坑藍緑銹，半身細花。器高漢建初尺一尺一寸七分，口徑九寸五分，腹徑五寸八分，足徑六寸二分，深八寸二分，商器也。甲子九秋，希丁拓記。

卿尊

原拓見本書第一四七頁

卿尊。同一人作四器，卣二、觚一、尊一，同文，惟觚稍异，花紋則同，其銅質地、色均無少异，皆滿身藍緑水銀地，兼有黑漆骨者，花紋至精好，與延鴻閣所藏大角花紋製作均同。甲子重陽，希丁記於螺江并拓。

銘曰『卿作妣考寶尊彝』七字，器高漢建初尺一尺一寸，口徑八寸七分，腹徑五寸六分，深八寸七分，足徑六寸三分，字在腹内中底。希丁又記。

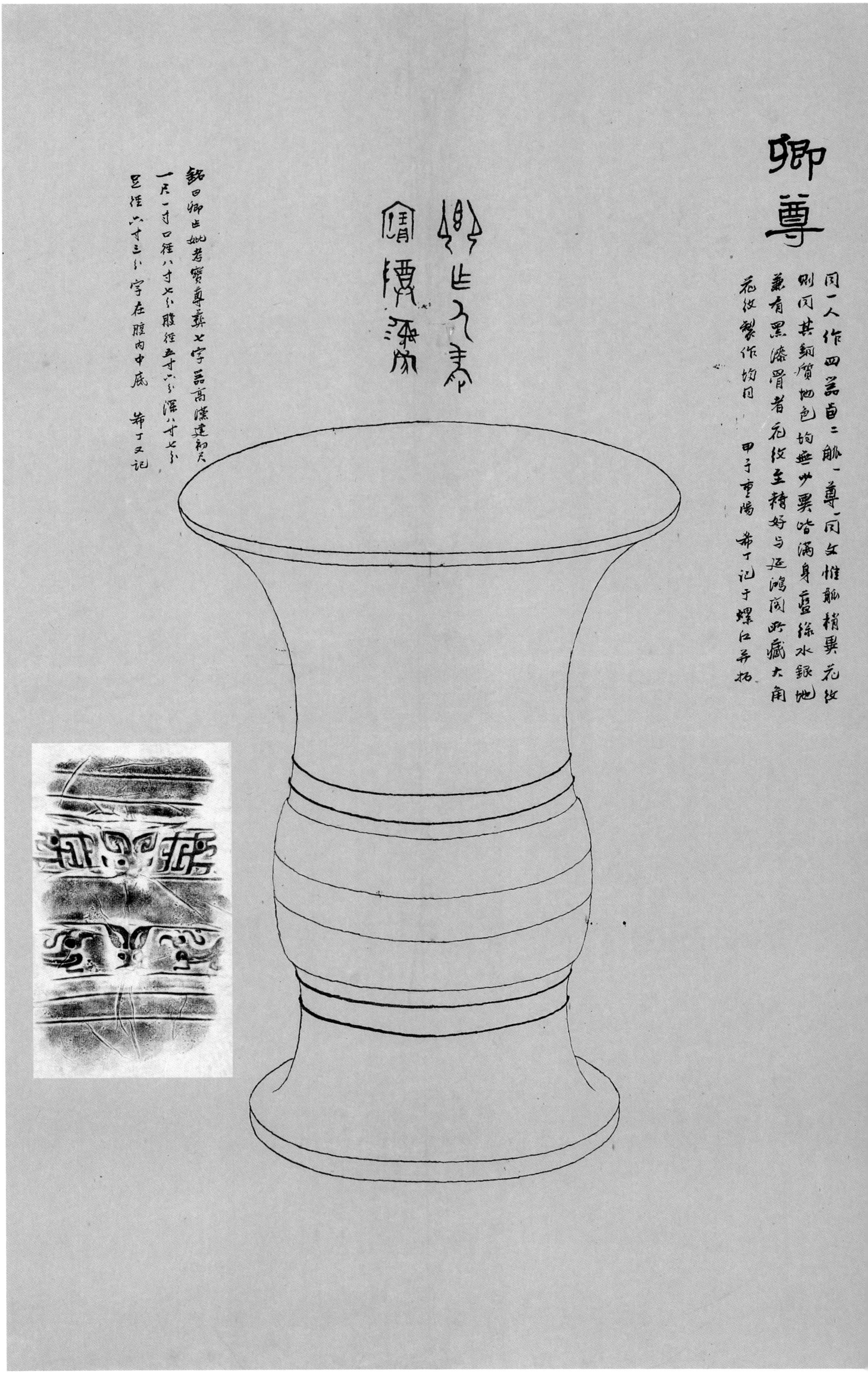

尹父丁尊

原拓見本書第一四九頁

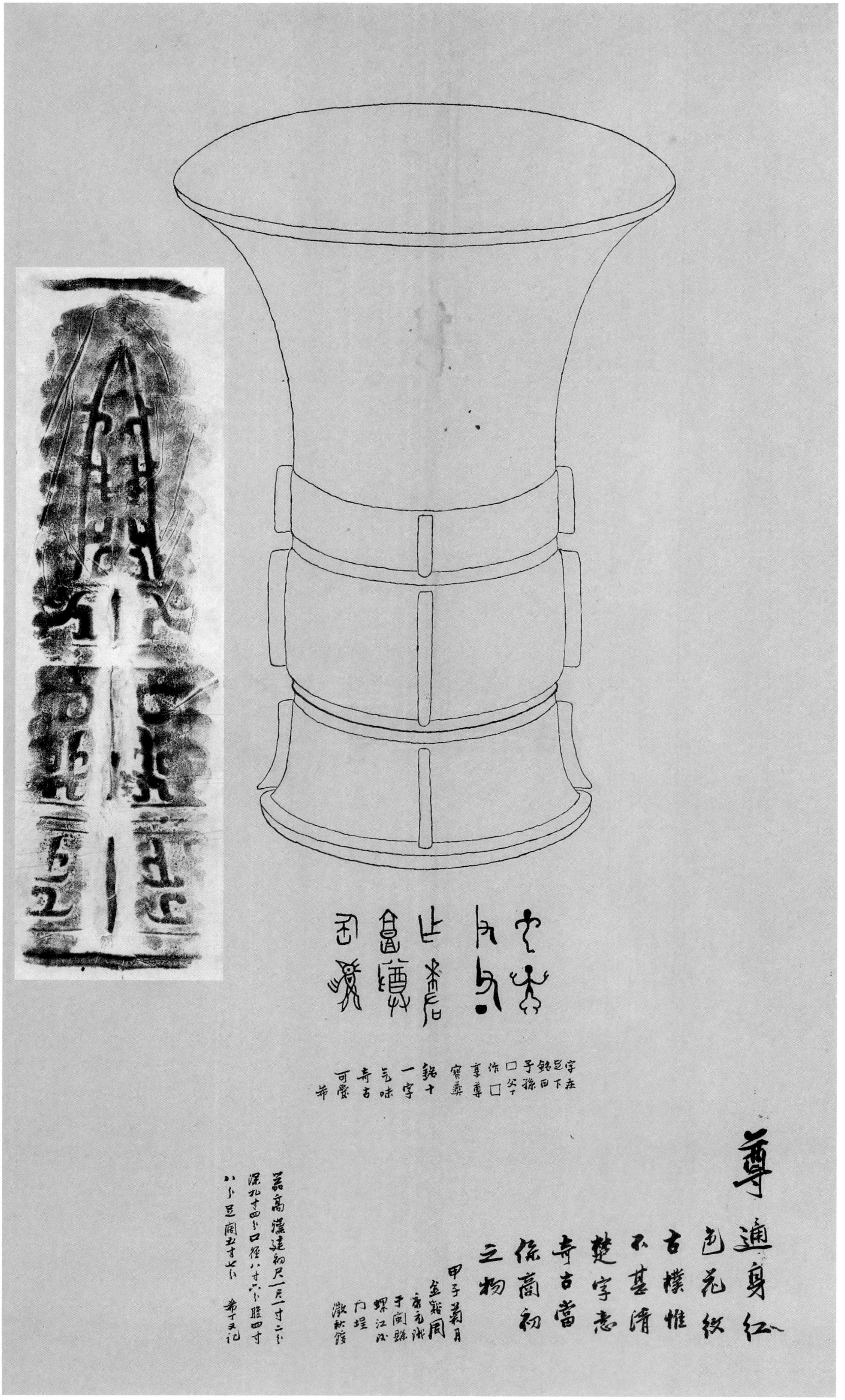

尊。通身紅色，花紋古樸，惟不甚清楚，字意奇古，當係商初之物。甲子菊月，金谿周康元識於閩縣螺江後門埕瀓秋館。

字在足下，銘曰：『子孫□父丁作□享尊寶彝。』銘十一字，氣味奇古可愛。希。

器高漢建初尺一尺一寸二分，深九寸四分，口徑八寸六分，腹四寸八分，足闊五寸七分。希丁又記。

受祖丁尊

原拓見本書第一四四頁

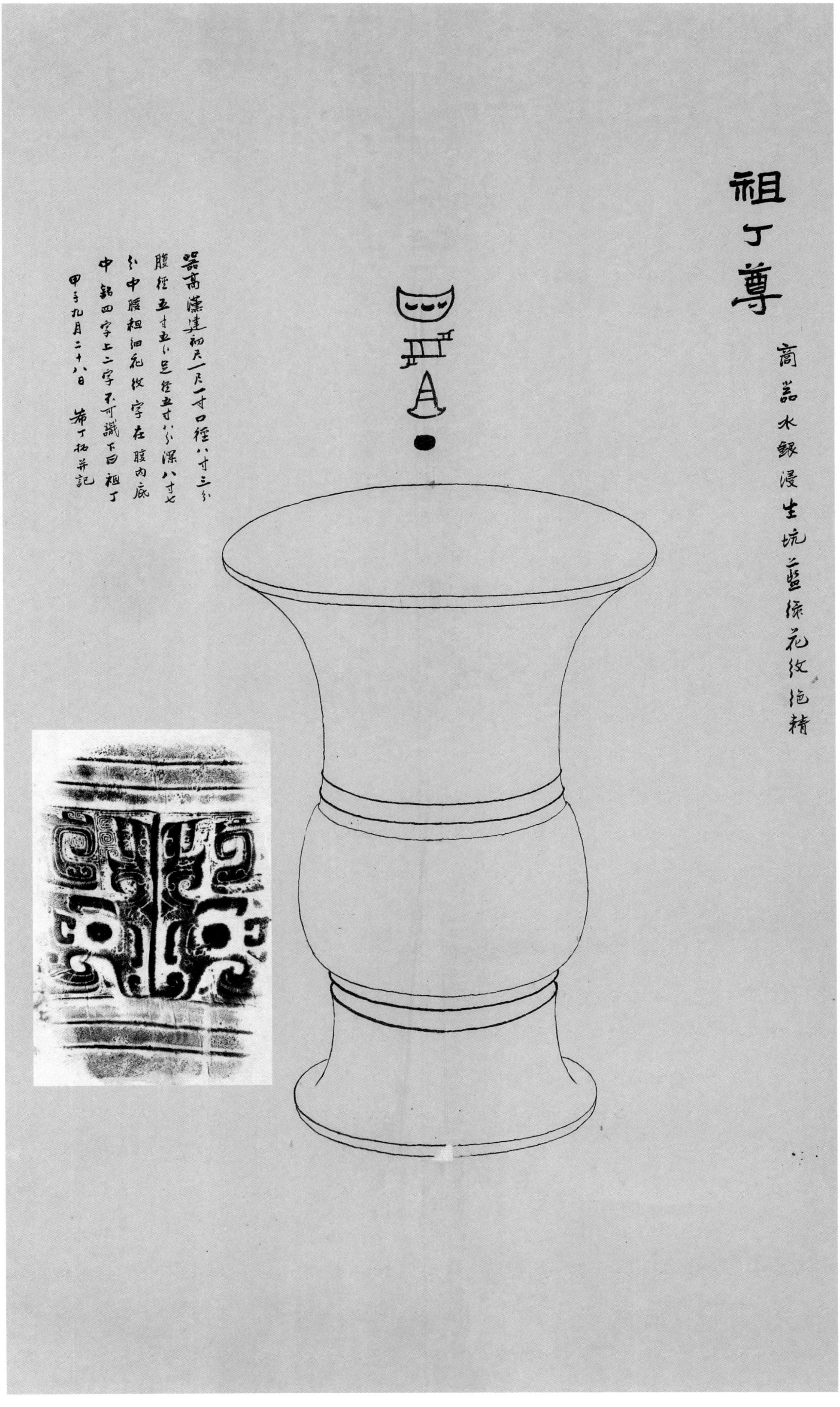

祖丁尊。商器。水銀浸，生坑藍緑，花紋絶精。

器高漢建初一尺一寸，口徑八寸三分，腹徑五寸五分，足徑五寸八分，深八寸七分，中腰粗細花紋，字在腹内底中，銘四字，上二字不可識，下曰『祖丁』。甲子九月二十八日，希丁拓并記。

矩叔壺

原拓見本書第一六〇頁

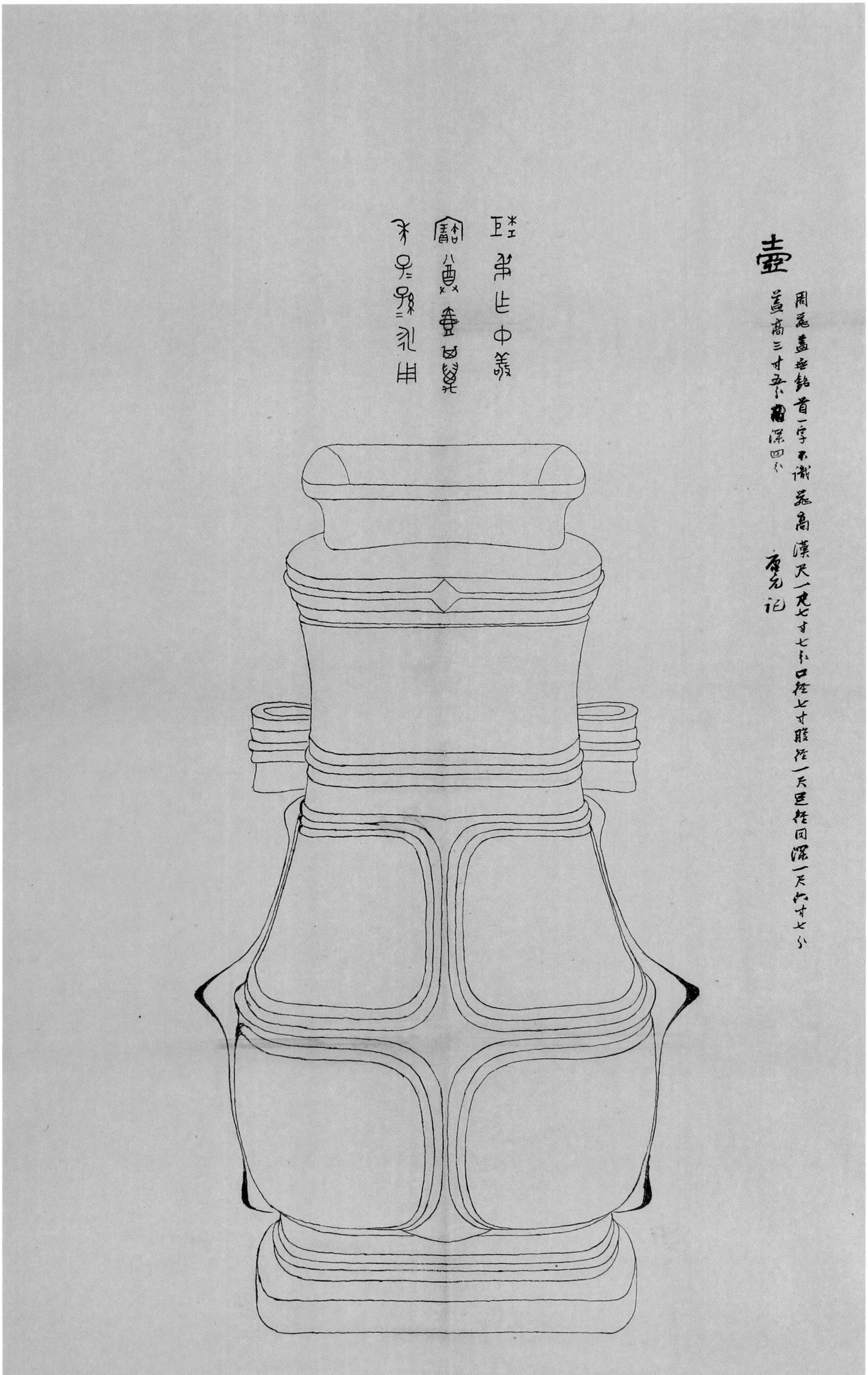

壺。周器，蓋無銘，首一字不識，器高漢尺一尺七寸七分，口徑七寸，腹徑一尺，足徑同。深一尺六寸七分，蓋高三寸五分，深四分。康元記。

令丁父辛卣

原拓見本書第一七一頁

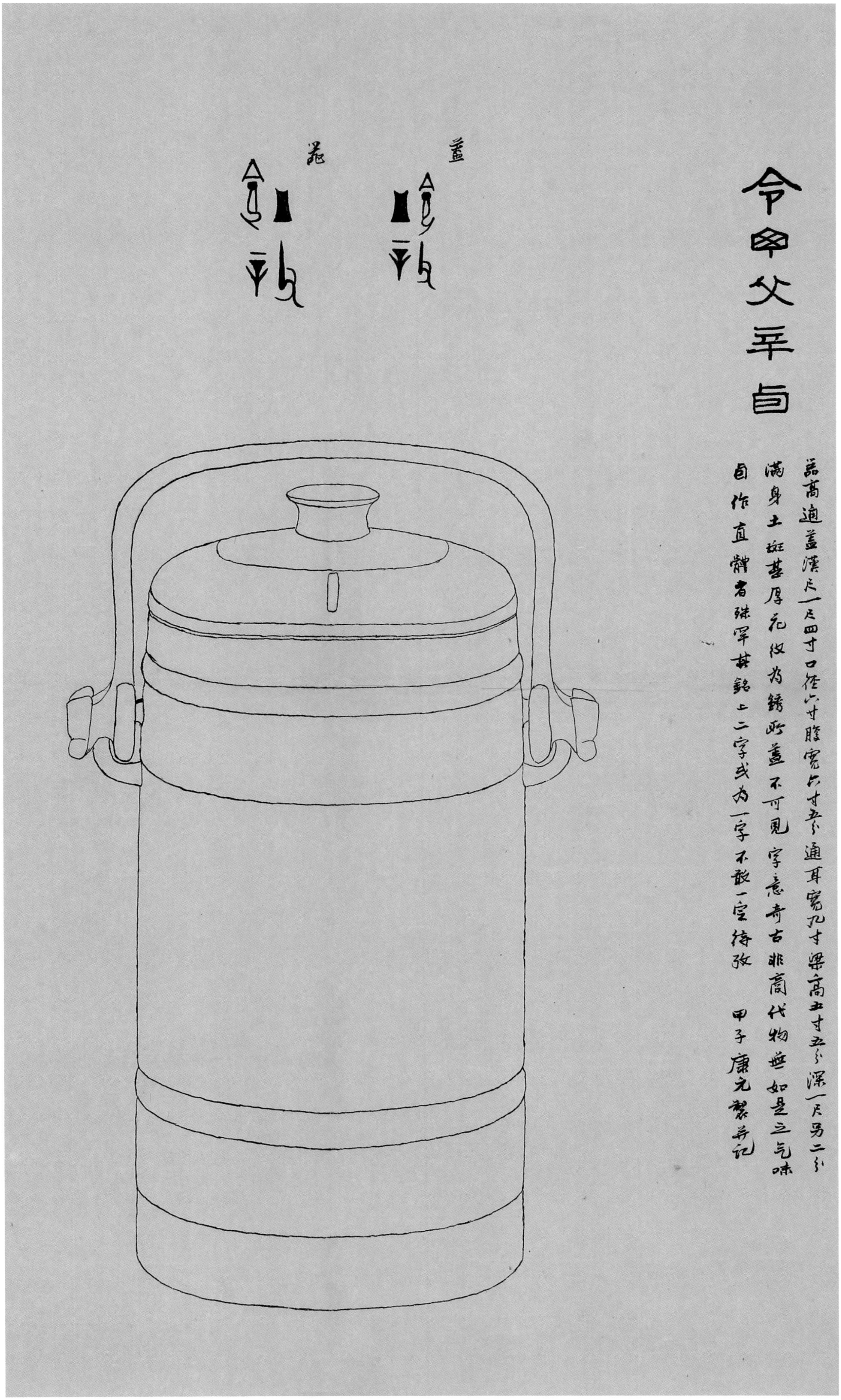
令丁父辛卣
蓋
器
器高通蓋漢尺一尺四寸口徑六寸腹寬六寸五分通耳寬九寸梁高五寸五分深一尺另二分
滿身土斑甚厚花紋為銹所蓋不可見字意奇古非商代物無如是之氣味
卣作直體者殊罕其銘上二字或為一字不敢一定待考
甲子康元製并記

令丁父辛卣。器高通蓋漢尺一尺四寸，口徑六寸，腹寬六寸五分，通耳寬九寸，梁高五寸五分，深一尺另二分，滿身土斑甚厚，花紋爲銹所蓋，不可見，字意奇古，非商代物無如是之氣味。卣作直體者殊罕，其銘上二字或爲一字，不敢一定，待考。

甲子康元製并記。

卿卣

原拓見本書第一七四頁

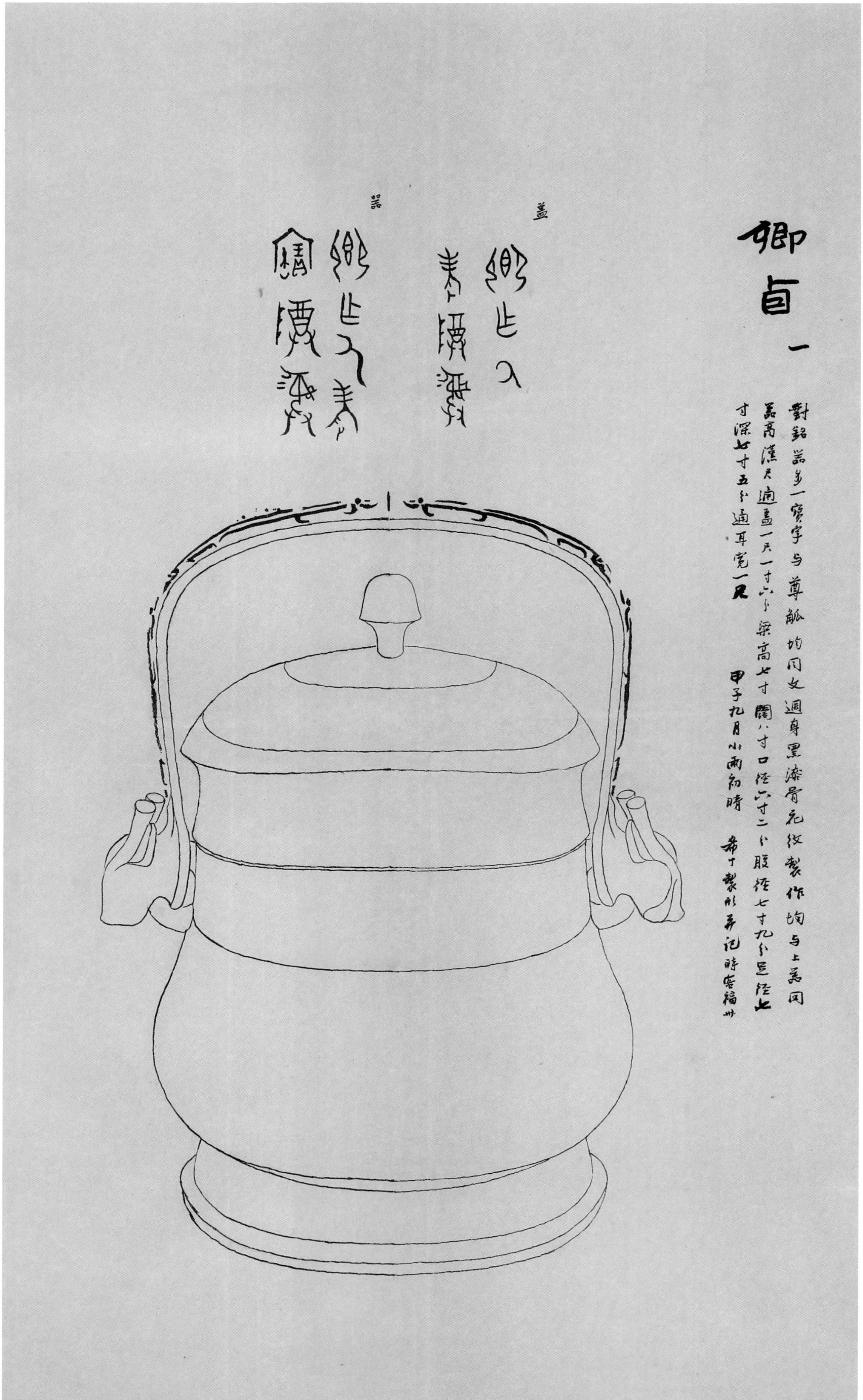

卿卣一。對銘。器多一『寶』字，與尊、觚均同文，周身黑漆骨，花紋製作均與上器同。器高漢尺通蓋一尺一寸六分，梁高七寸，闊八寸，口徑六寸二分，腹徑七寸九分，足徑七寸，深七寸五分，通耳寬一尺。甲子九月，小雨初晴，希丁製形并記，時客福州。

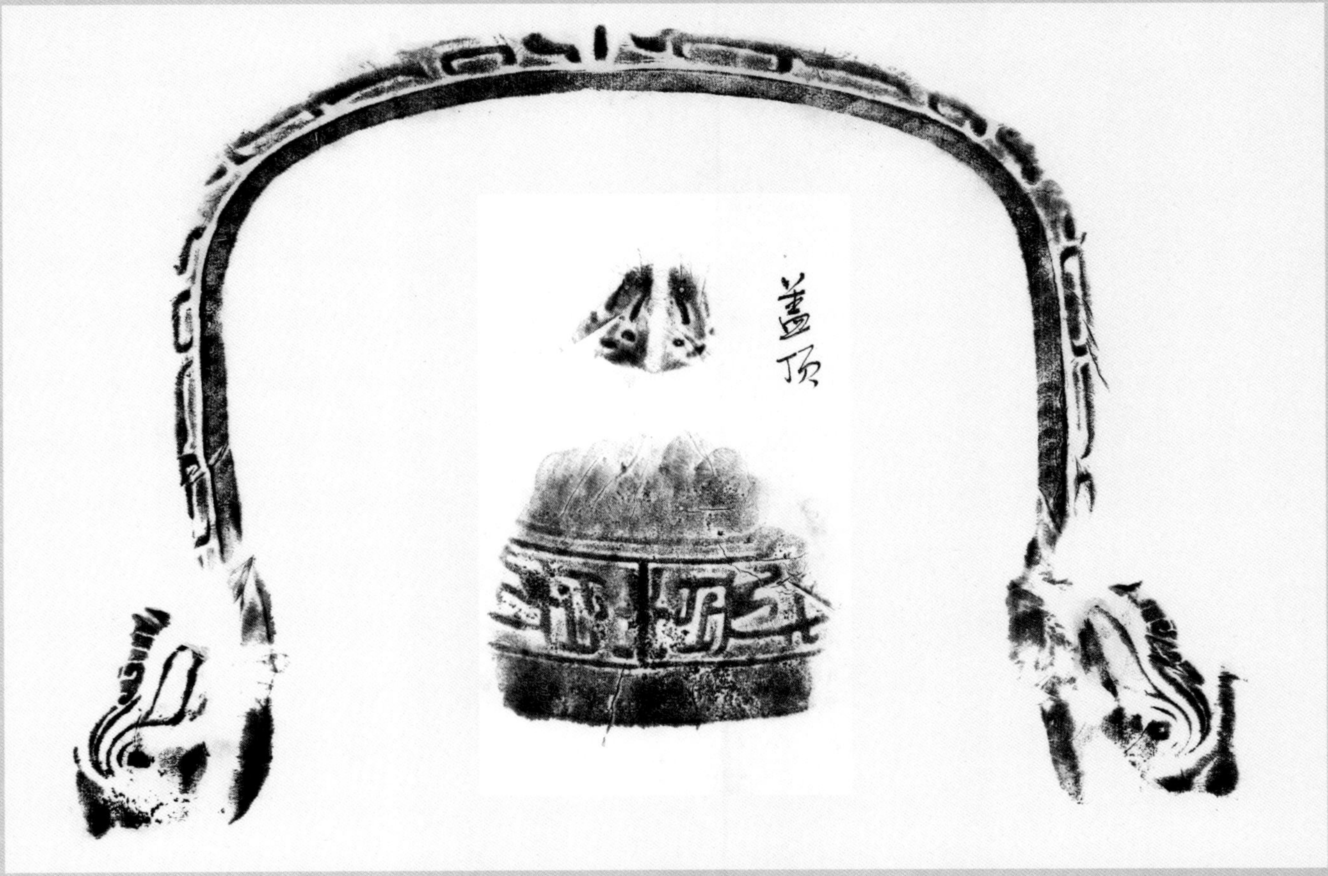
蓋顶

蓋边
身
足

卿卣

原拓見本書第一七二頁

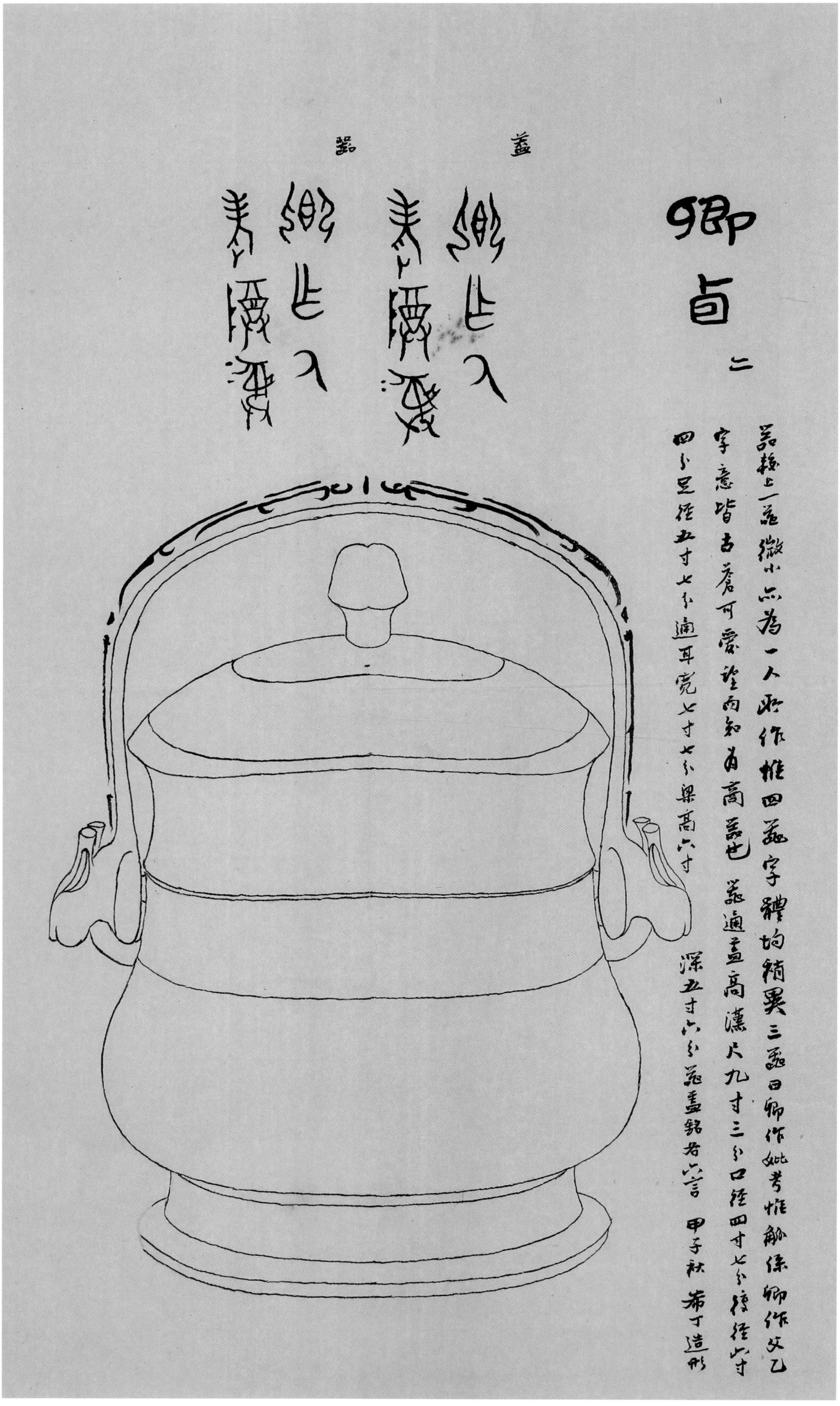

卿卣二。器較上一器微小，亦爲一人所作，惟四器字體均稍异，三器曰『卿作妣考』，惟觚係『卿作父乙』，字意皆古蒼可愛，望而知爲商器也。器通蓋高漢尺九寸三分，口徑四寸七分，腹徑六寸四分，足徑五寸七分，通耳寬七寸七分，梁高六寸，深五寸六分，器蓋銘各六言。甲子秋，希丁造形。

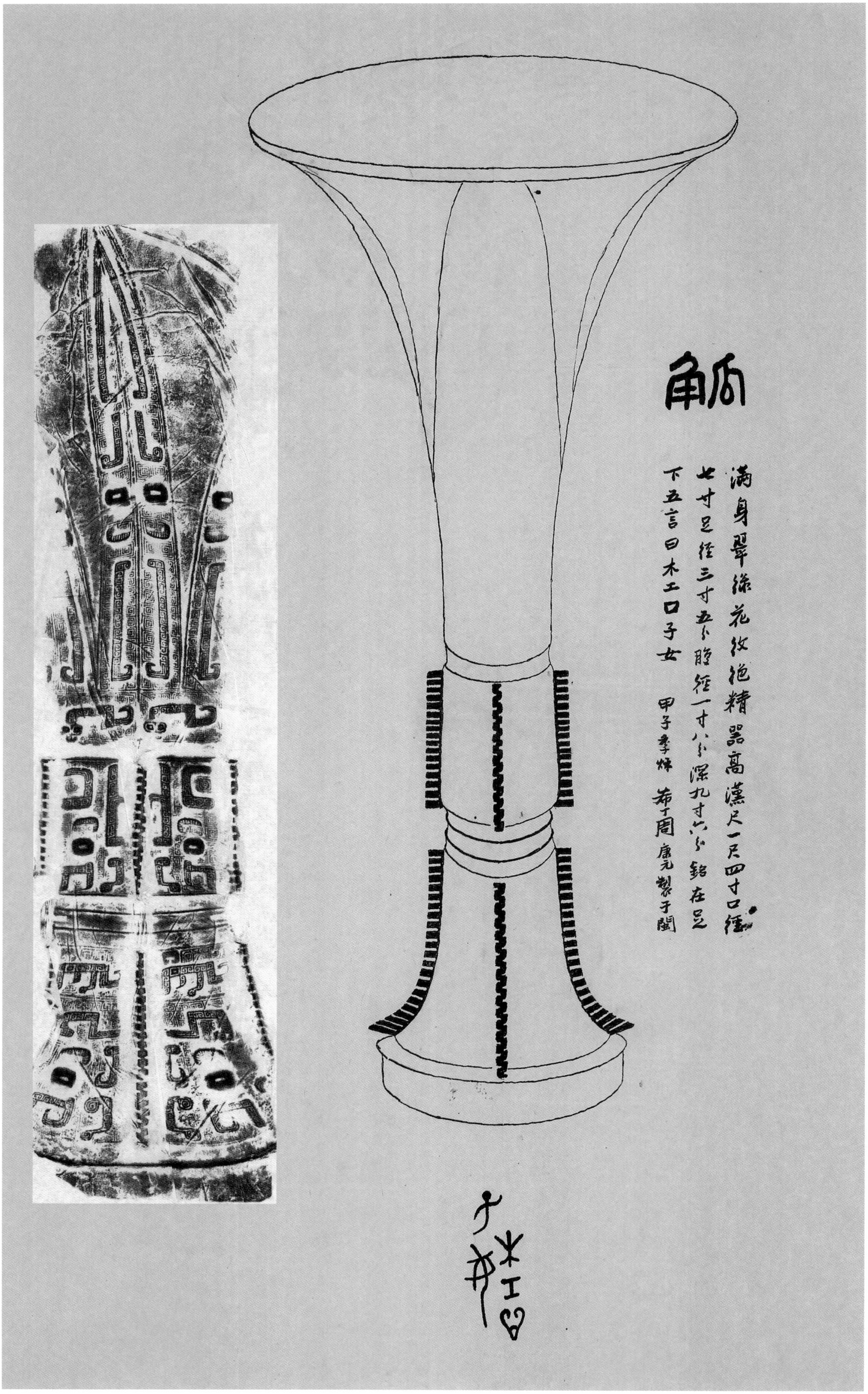

子⿰女⿱疌心觚

原拓見本書第一二二五頁

觚。滿身翠綠，花紋絶精。器高漢尺一尺四寸，口徑七寸，足徑三寸五分，腹徑一寸八分，深九寸六分，銘在足下。五言曰『木工口子女』。甲子季秋，希丁周康元製於閩。

卿觚

原拓見本書第一二八頁

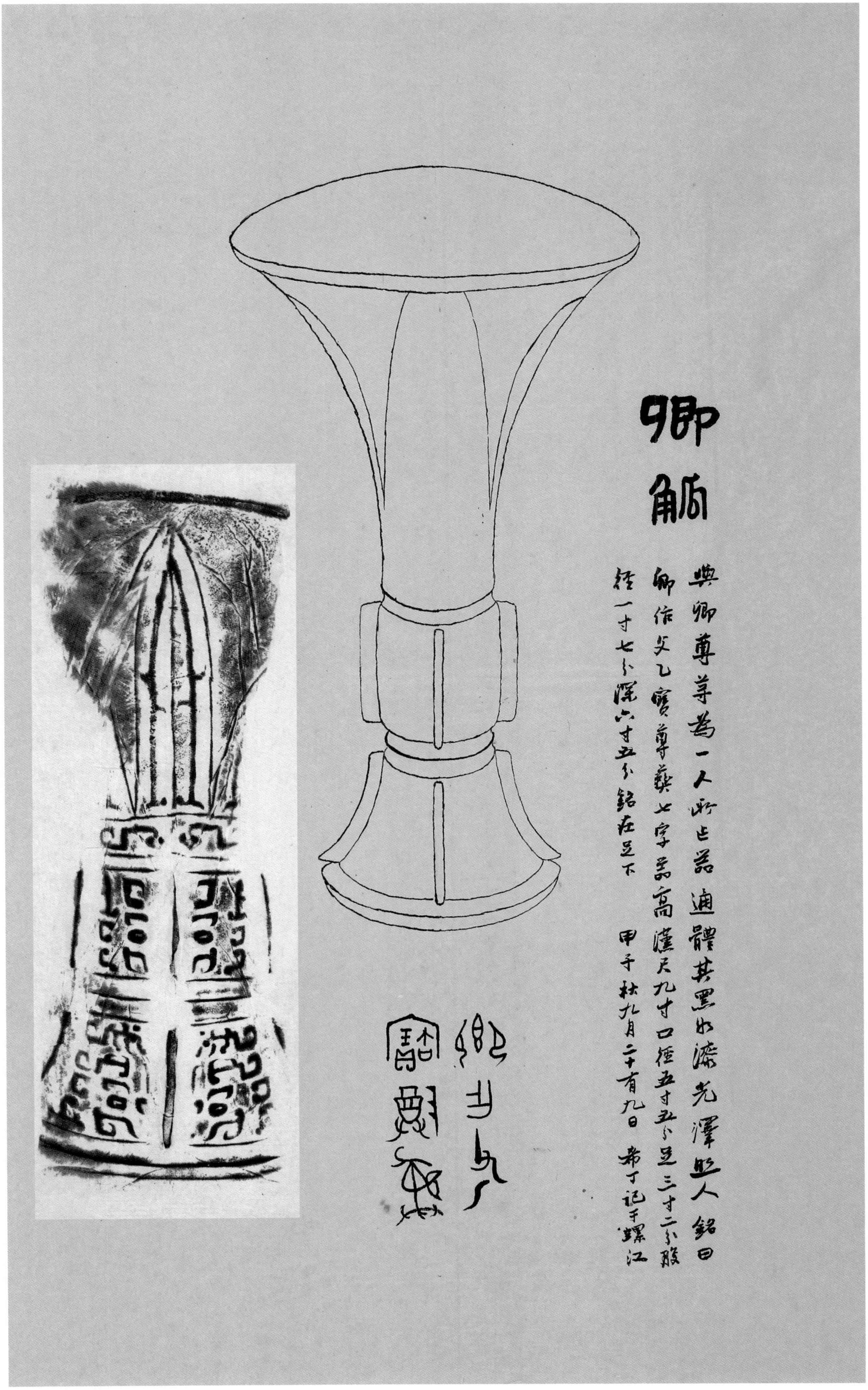

卿觚。與卿尊等爲一人所作器，通體其黑如漆，光澤照人，銘曰『卿作文乙寶尊彝』七字。器高漢尺九寸，口徑五寸五分，足三寸二分，腹徑一寸七分，深六寸五分，銘在足下。甲子秋九月二十有九日，希丁記於螺江。

斝

原拓見本書第一三八頁

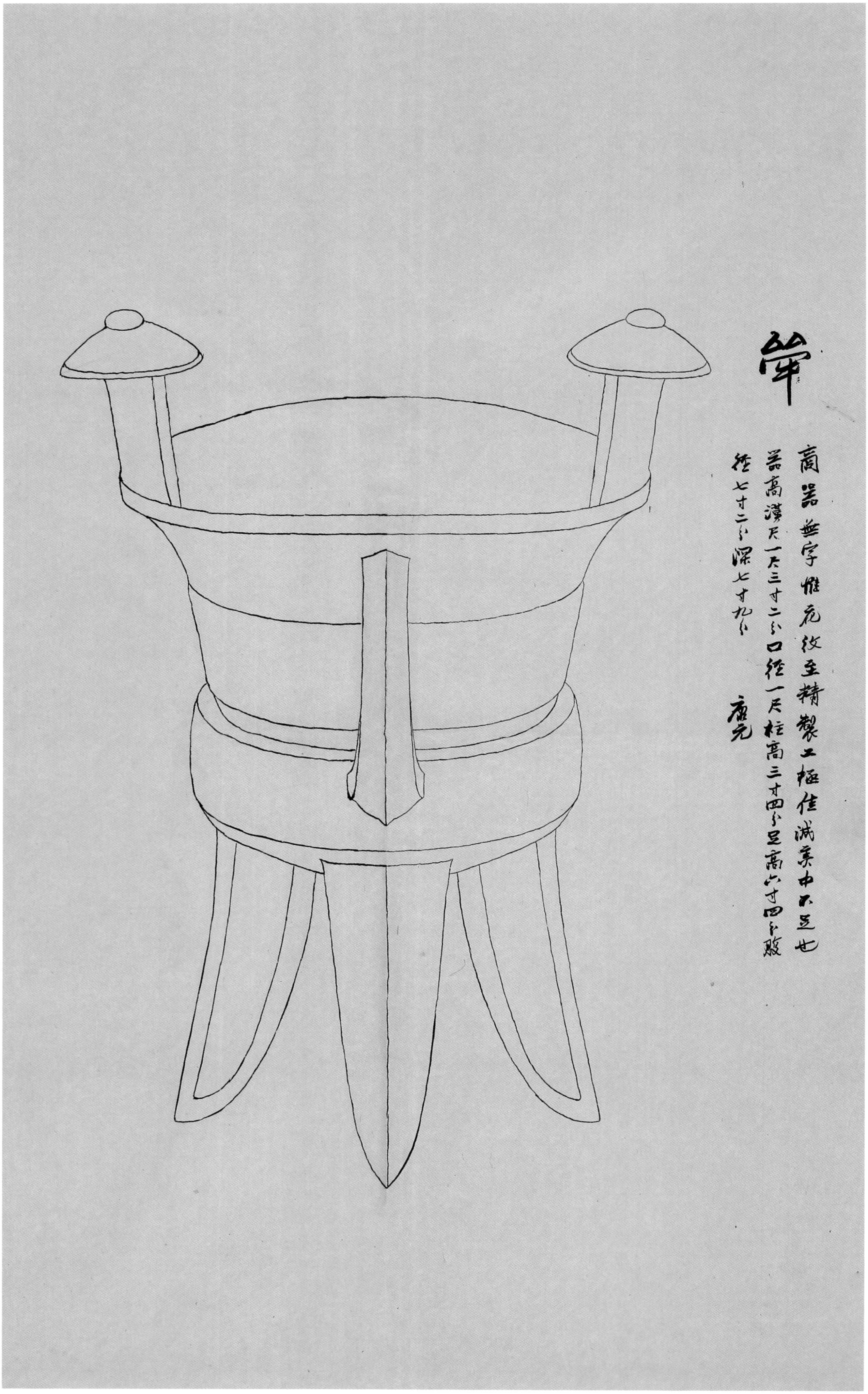

斝。商器，無字，惟花紋至精，製工極佳，誠美中不足也。器高漢尺一尺三寸二分，口徑一尺，柱高三寸四分，足高六寸四分，腹徑七寸二分，深七寸九分。康元。

亞矣斝

原拓見本書第一三三九頁

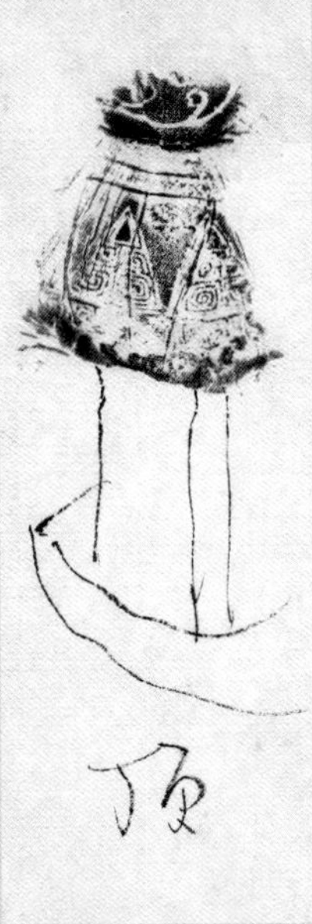

斝。商器，通體粗細花紋，精緻絶倫，惜三足均斷，爲後人所粘補。器高漢尺一尺二寸五分，口徑八寸四分，腹徑八寸八分，兩柱高三寸六分，柄長四寸八分，深六寸七分，足高六寸六分，字居腹之中底。甲子十月三日，希丁周康元記於閩縣螺江。

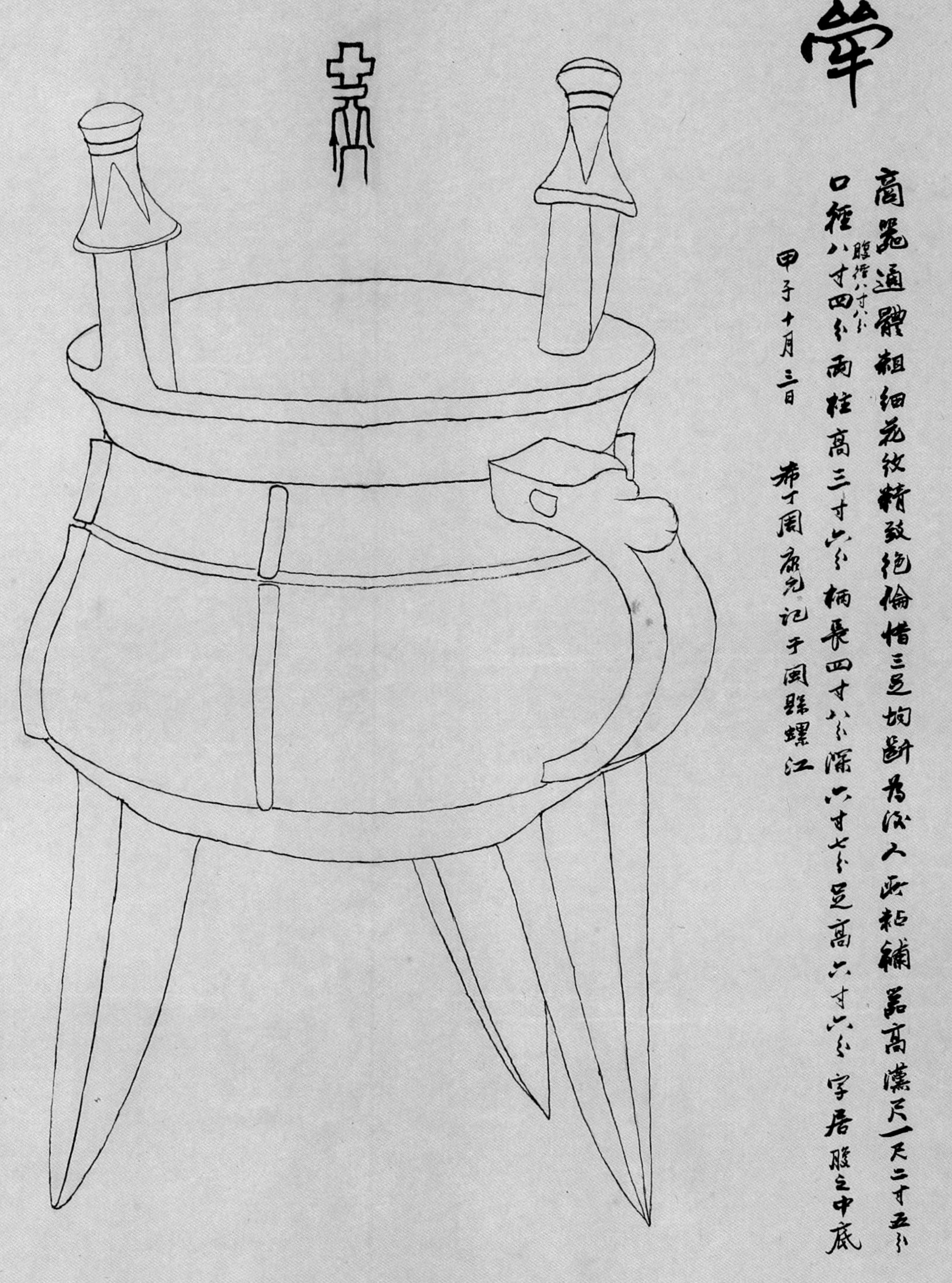
斝
商器通體粗細花紋精致絶倫惜三足均斷為後人所粘補 器高漢尺一尺二寸五分
口徑八寸四分 腹徑八寸八分 兩柱高三寸六分 柄長四寸八分 深六寸七分 足高六寸六分 字居腹之中底
甲子十月三日
希丁周康元記于閩縣螺江

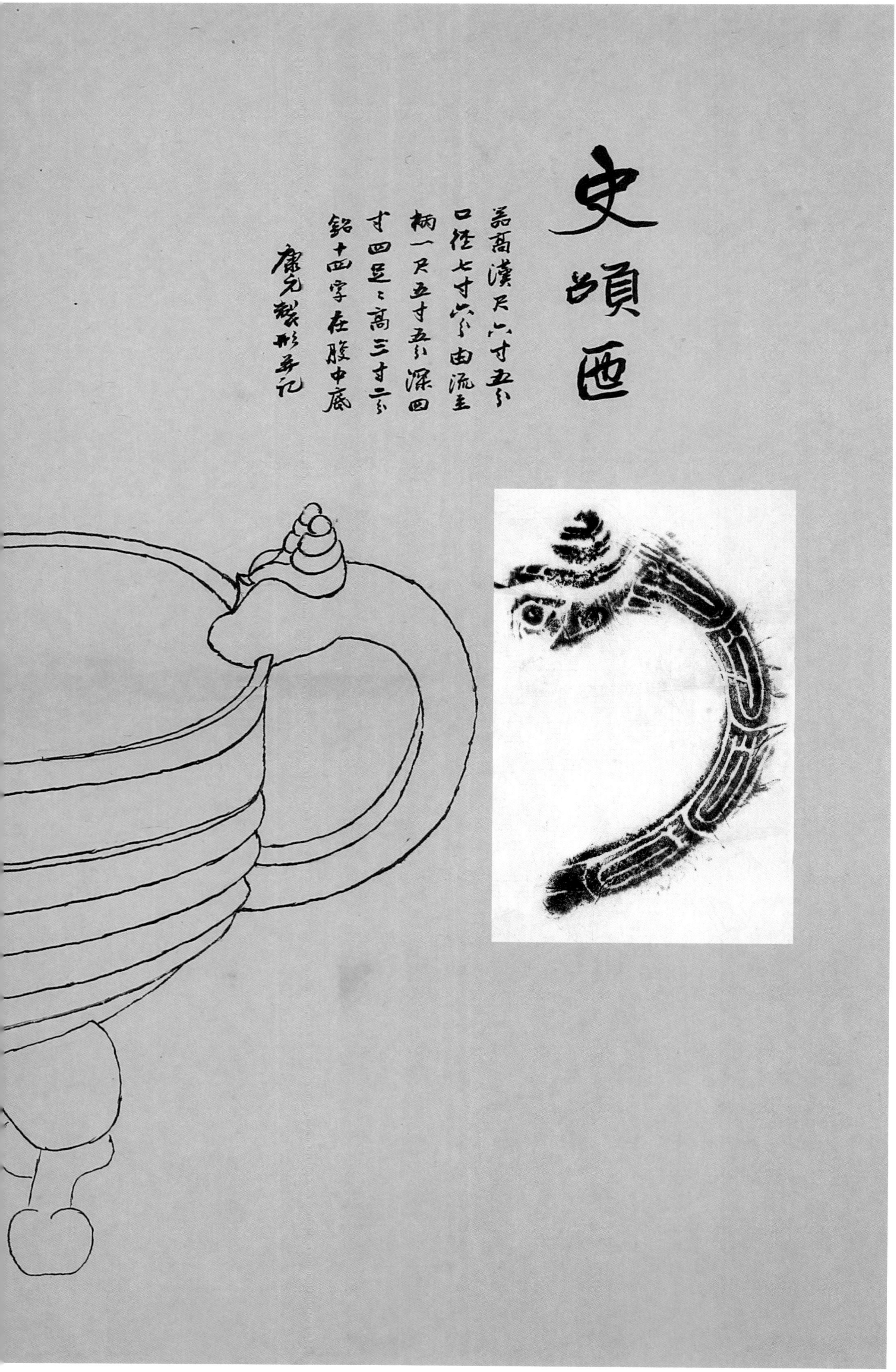

史頌匜

原拓見本書第一九六頁

史頌匜。器高漢尺六寸五分，口徑七寸六分，由流至柄一尺五寸五分，深四寸，四足足高三寸二分，銘十四字在腹中底。康元製形并記。

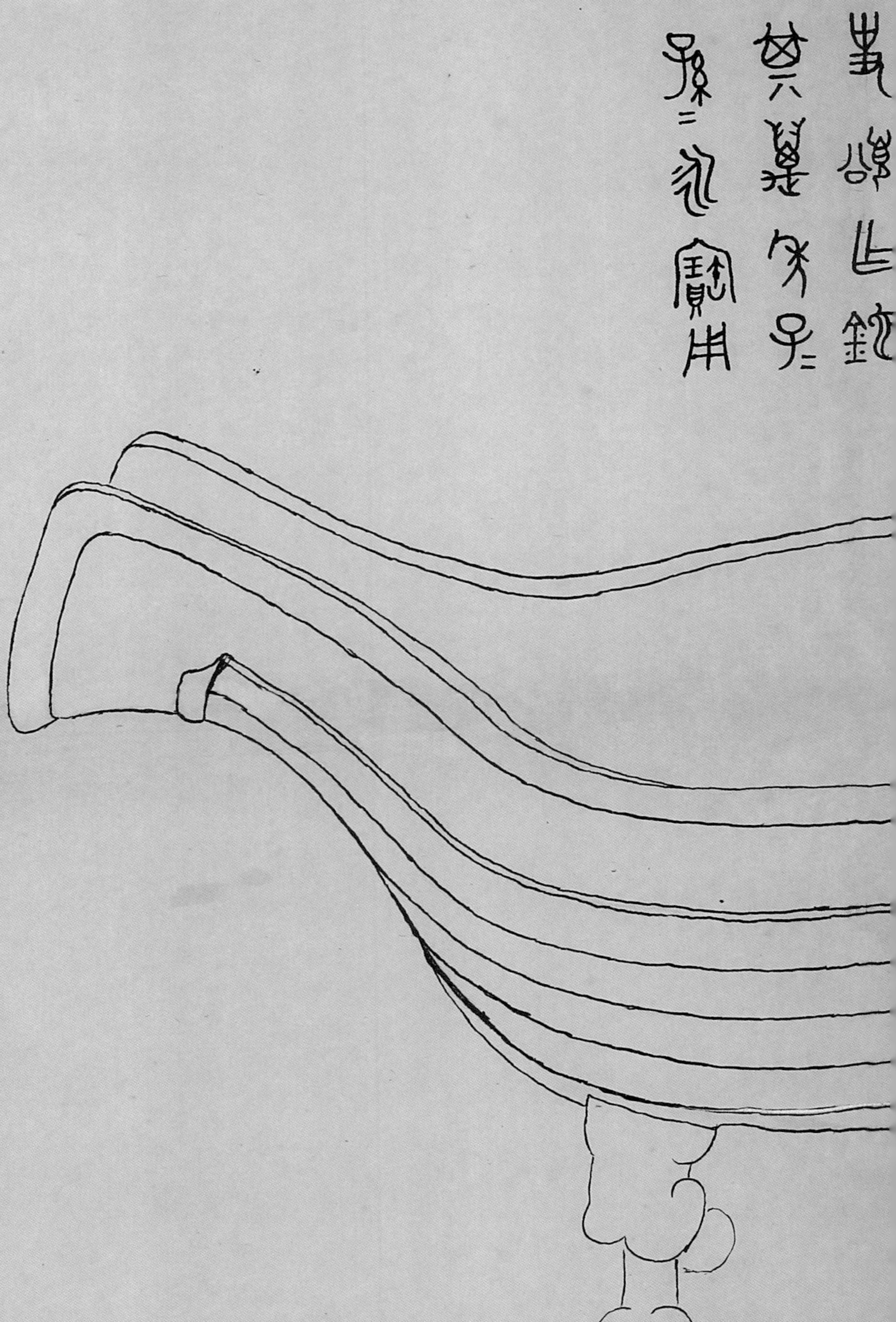
其萬年子子
孫孫永寶用

劉氏壺

原拓見本書第一六三頁

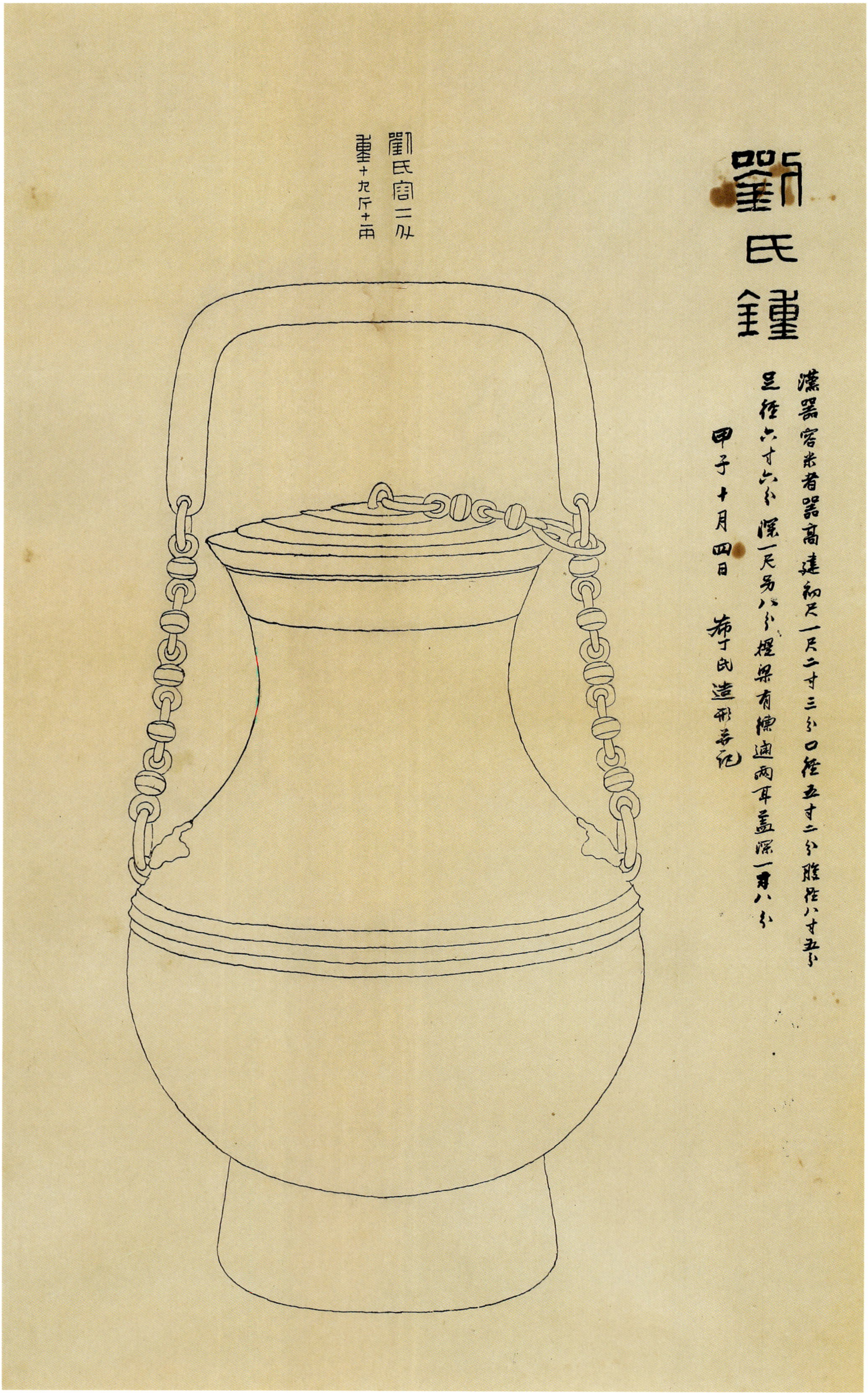

劉氏鍾。漢器，容米者。器高建初尺一尺二寸三分，口徑五寸二分，腹徑八寸五分，足徑六寸六分，深一尺另八分。提梁有練通兩耳。蓋深一寸八分。甲子十月四日，希丁氏造形并記。

上林銅鐙

原拓見本書第二一九頁

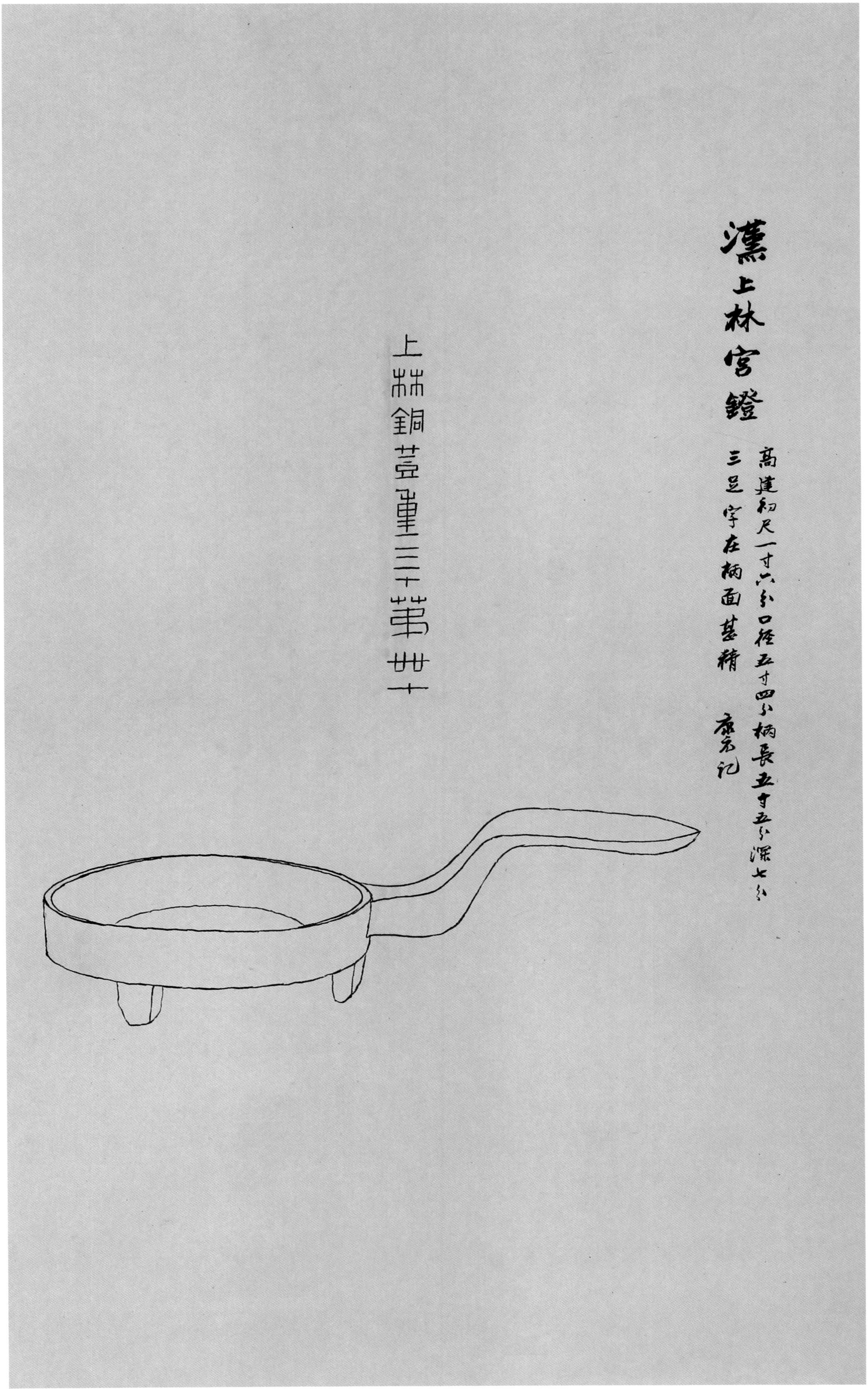
漢上林宮鐙
高建初尺一寸六分口徑五寸四分柄長五寸五分深七分
三足字在柄面甚精
康元記

漢上林宮鐙。高建初尺一寸六分，口徑五寸四分，柄長五寸五分，深七分，三足，字在柄面，甚精。康元記。

宜子孫行鐙

原拓見本書第二一八頁

漢宜子孫鐙。器高建初尺二寸，深八分，口徑三寸六分，柄長四寸三分，三足各高一寸七分。甲子，希丁。

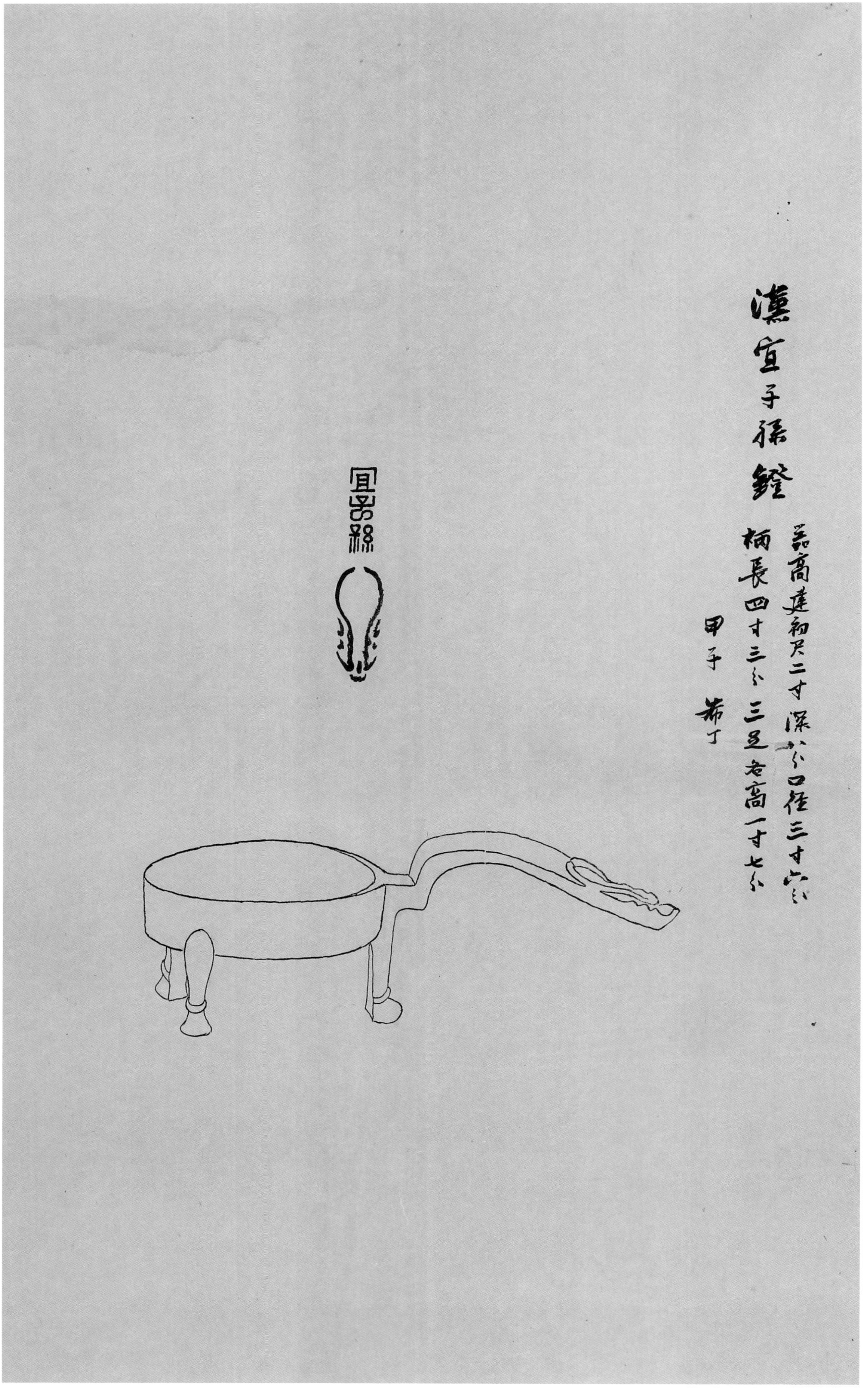

宜子孫熨斗

原拓見本書第三一四頁

新莽鐎（熨）斗。器高建初尺二寸四分，口徑六寸九分，柄長九寸。康元。

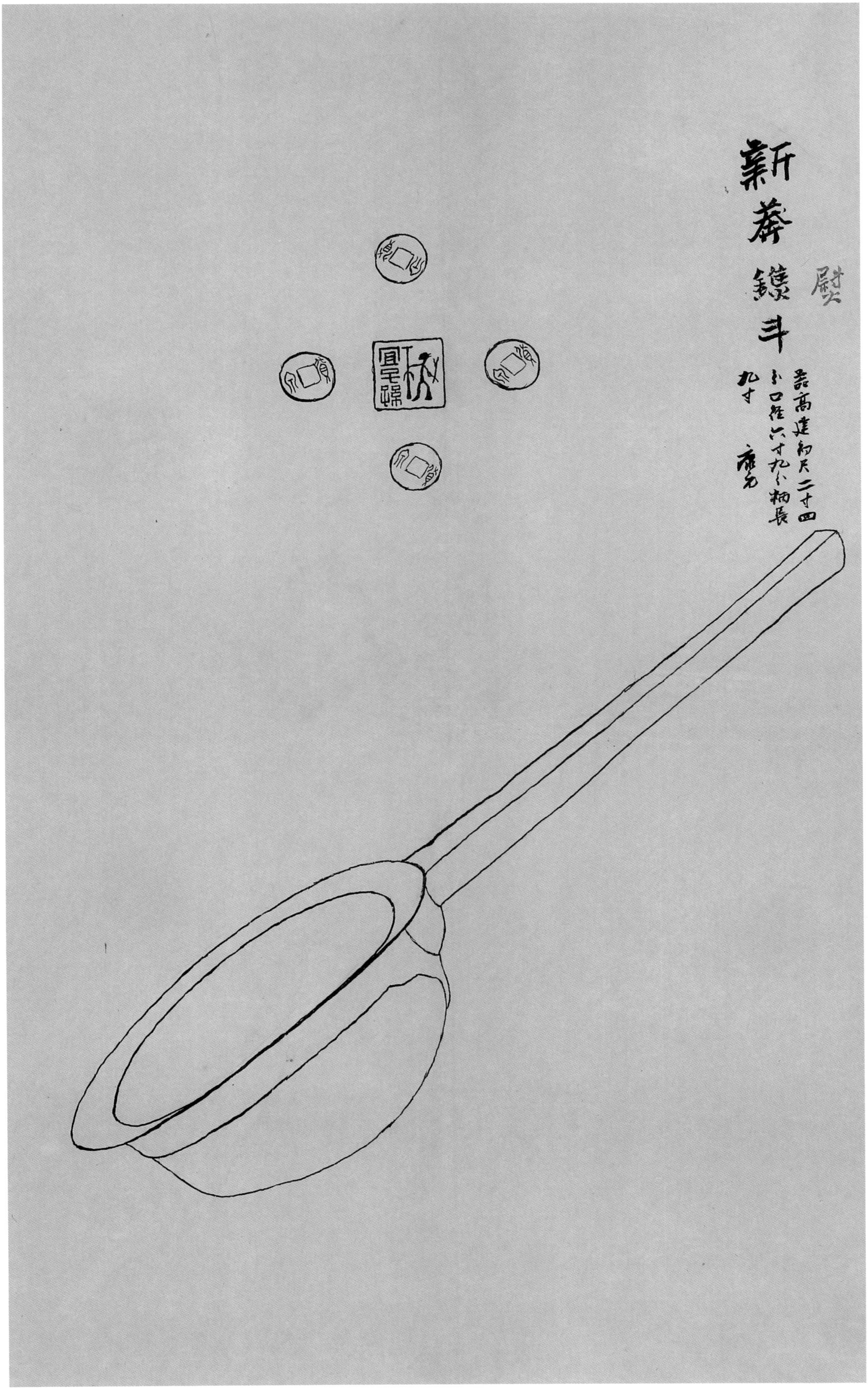

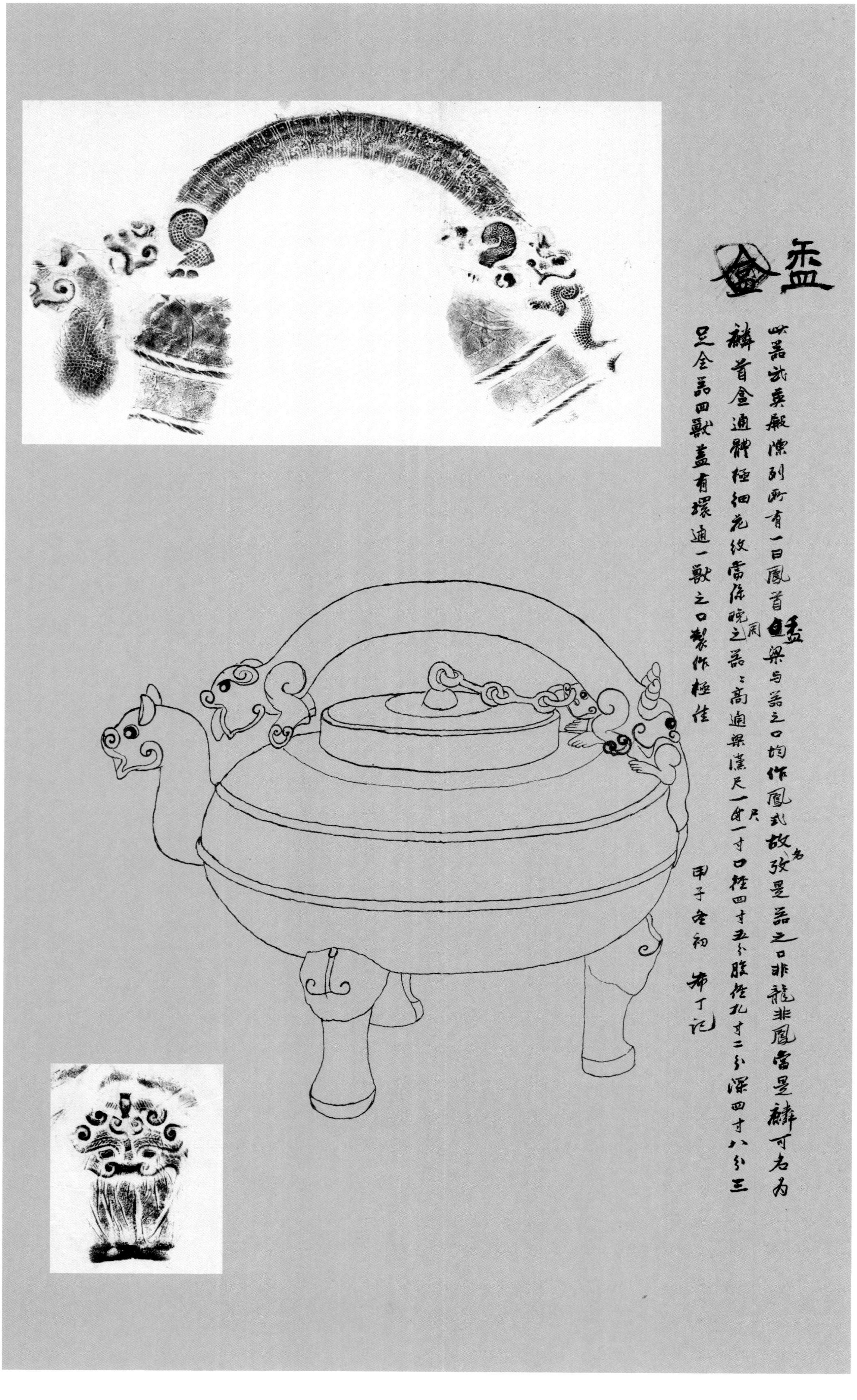
盉
此器武英殿陳列所有一曰鳳首盉梁与器之口均作鳳式故名考是器之口非龍非鳳當是麟可名為
麟首盒通體極細花紋當係晚周之器器高通梁漢尺一尺一寸口徑四寸五分腹徑九寸二分深四寸八分三
足全器四獸蓋有環通一獸之口製作極佳
甲子冬初 希丁記

盉

原拓見本書第一九五頁

盉。此器武英殿陳列所有一，曰鳳首盉，梁與器之口均作鳳式，故名。考是器之口非龍非鳳，當是麟，可名爲麟首盒（盉）。通體極細，花紋當係晚周之器。器高通梁。漢尺一尺一寸，口徑四寸五分，腹徑九寸二分，深四寸八分。三足。全器四獸。蓋有環通一獸之口。製作極佳。甲子冬初，希丁記。

陳倉成山匜

原拓見本書第二〇一頁

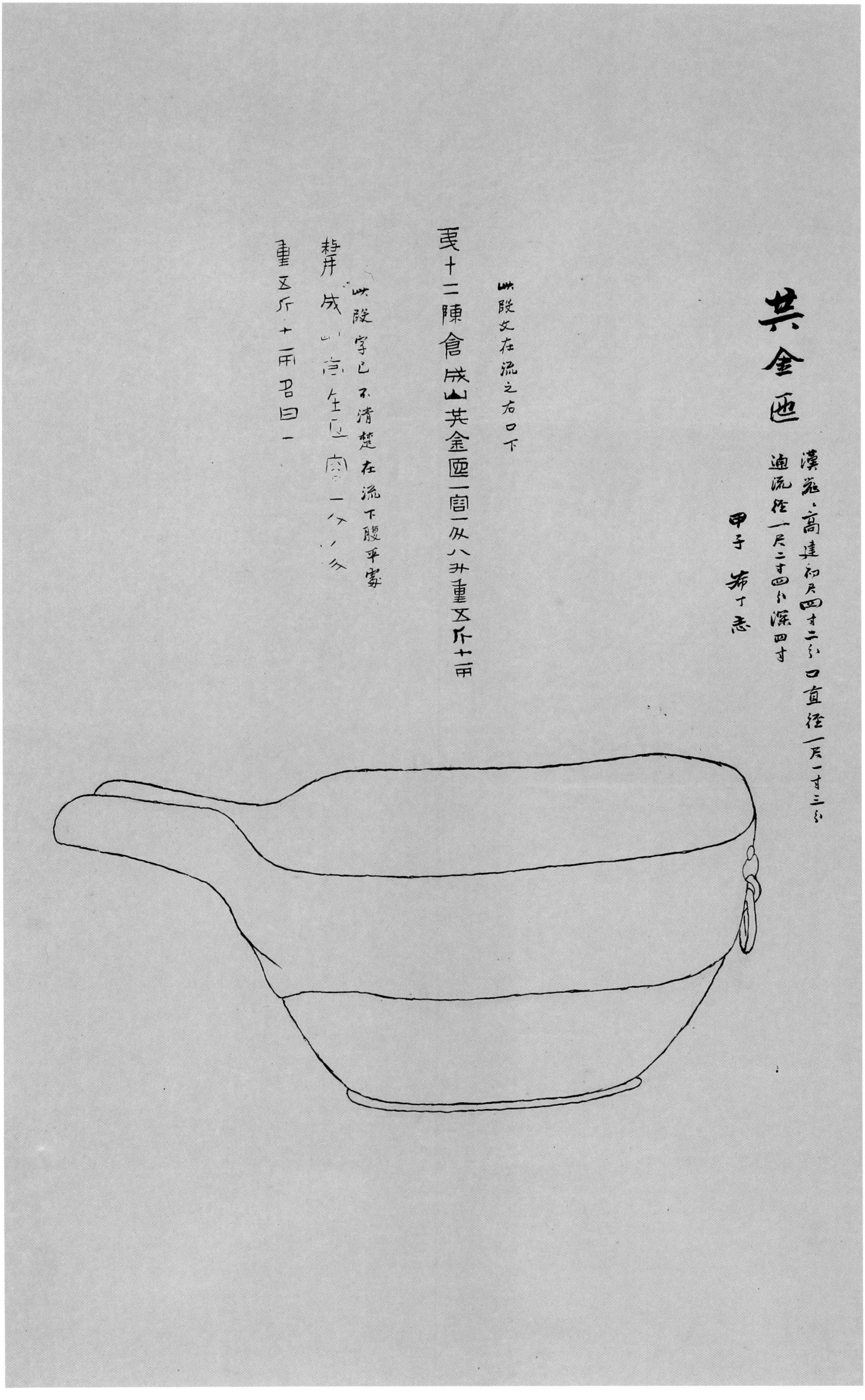

共金匜。漢器。器高建初尺四寸二分，口直徑一尺一寸三分，通流徑一尺二寸四分，深四寸。甲子，希丁志。

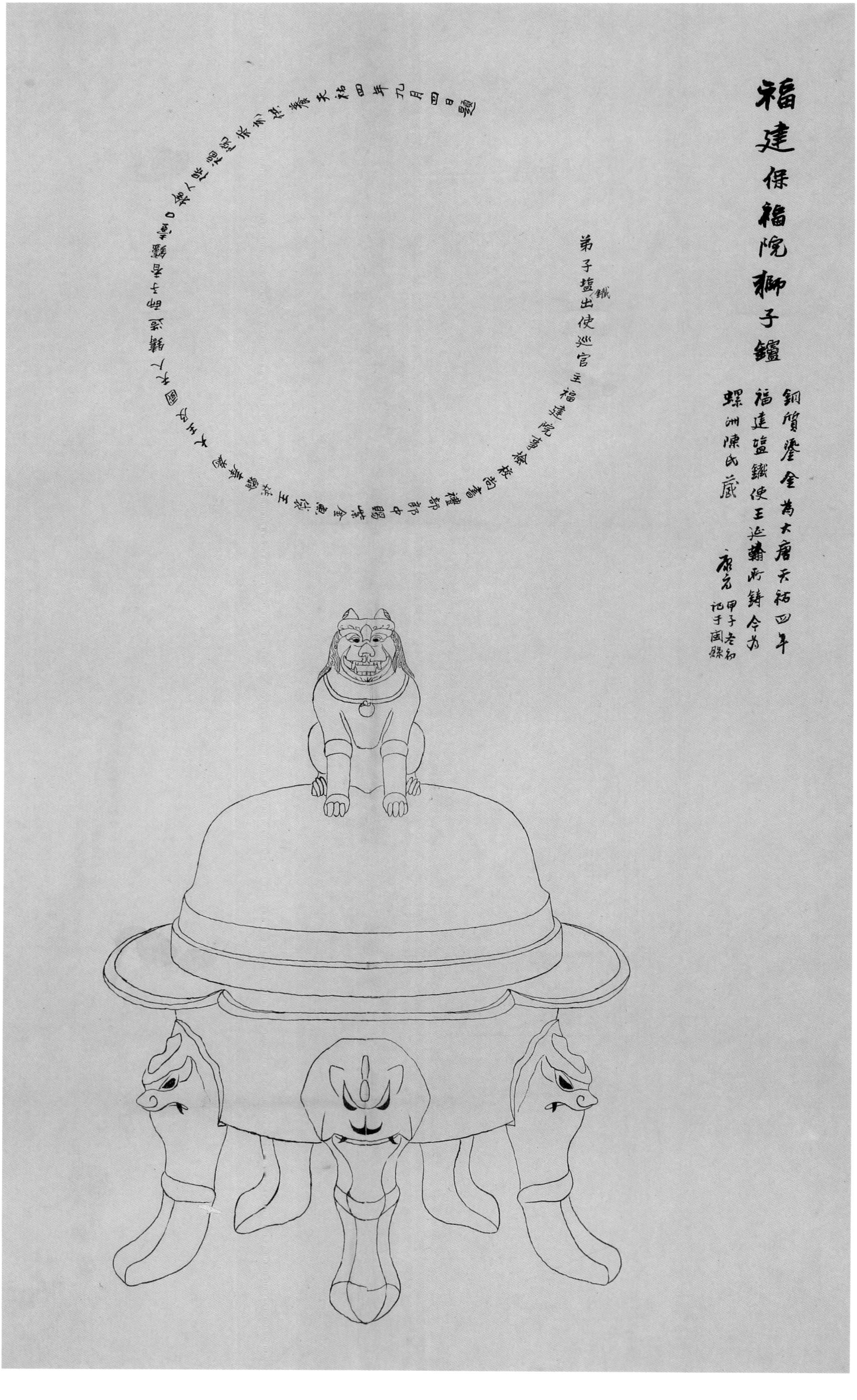
福建保福院獅子鑪
銅質鎏金為大唐天祐四年
福建鹽鐵使王延翰所鑄今為
螺洲陳氏藏
康元
甲子冬初
記于閩縣

獅子香爐

原拓見本書第二二一頁

福建保福院獅子鑪。銅質鎏金，爲大唐天祐四年福建鹽鐵使王延翰所鑄，今爲螺洲陳氏所藏。康元，甲子冬初，記於閩縣。

鳥紋盤

原拓見本書第一八七頁

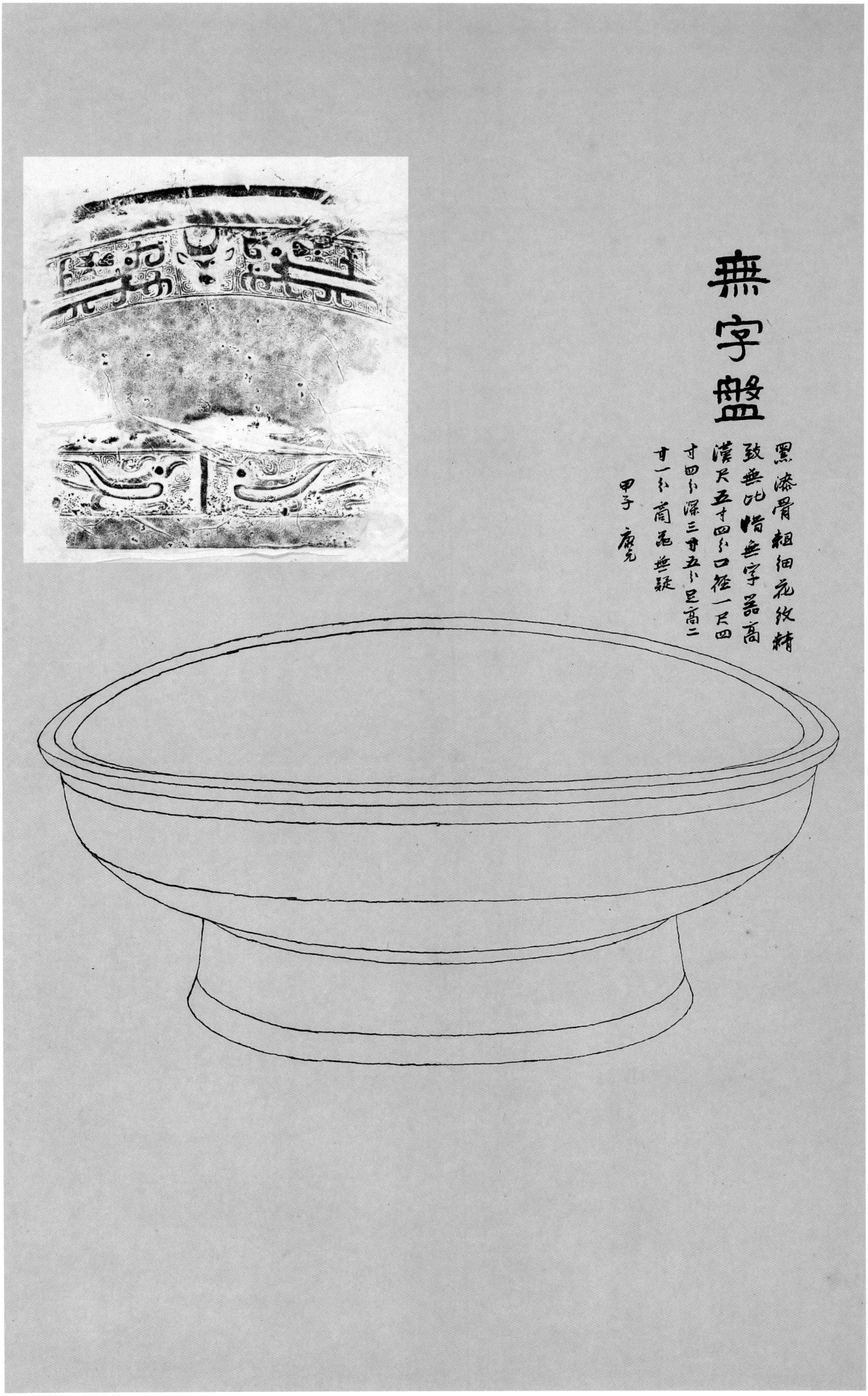
無字盤
黑漆骨粗細花紋精
致無比惜無字器高
漢尺五寸四分口徑一尺四
寸四分深三寸五分足高二
寸一分商器無疑
甲子 康元

無字盤。黑漆骨。粗細花紋，精緻無比。惜無字。器高漢尺五寸四分，口徑一尺四寸四分，深三寸五分，足高二寸一分，商器無疑。甲子，康元。

澂秋館吉金圖

寶熙著

編者按：本書《澂秋館吉金圖》據民國石印本影印。原書高三三〇毫米、寬二二二毫米，版框高二五六毫米、寬一七七毫米。

澂秋館吉金圖

上虞羅振玉署

夏歷庚午冬月付印

古者圖與書並重，大而山川郡國道里之形，細而宮室車服禮器之制，莫不圖寫其狀，藏之史官。逮乎後世，書盛而圖微，于是古器物形象遂茫然無從考索。試觀宋人之三禮圖，率皆依據經注，憑臆虛造，殆無一器一物能得古人之真者，承學之士憾焉。自天水初紀，寰寓清平，朝野士夫競蓄古器，皇祐間命太常摹歷代器款。至哲宗朝，汲郡呂大臨、廬江李公麟均撰考古圖。厥後有宣和殿博古圖。南渡後有續考古圖，均器款並橅，學者始得據傳世古器以訂正禮圖。乃薛尚功撰鐘鼎款識，王俅作嘯堂集古錄，始舍圖象而重款識，于是文字之學日昌，而古器物之學中替。我

朝學術邁越前代，乾隆中

敕撰西清古鑑、西清續鑑、甯壽鑑古，均橅寫圖款，一仿考古、博古之例。朝野士夫就所見所藏，繼是而成書者，由乾嘉以迄光宣，若嘉定錢氏十六長樂堂古器款識、海甯陳氏求古精舍金石圖、諸城劉氏長安獲古編、吳中曹氏懷米山房吉金圖、歸安吳氏兩罍軒彝器圖釋、吳縣潘氏攀古樓彝器款識、吳氏恒軒所藏所見吉金錄、漢陽端氏匋齋吉金錄，一遵斯渠；而揚州阮氏積古齋鐘鼎款識、南海吳氏筠清館金文、海豐吳氏攈古錄，則用薛王書例，略圖象而專重文字。嘗謂圖象與文字不當偏重，試立證以明之。如說文解字簠注黍稷圜器也，簋注黍稷方器也；周禮舍人注則方曰簠、圓曰簋，考經鄭注及漢書賈誼傳注同，並與許君不合。而以傳世之器考之，則簠隋圓而簋隋方，知後長之說非也。又鄭司農說犧尊為畫鳳皇，而尾婁安王肅據魯郡所出齊大夫送女器，則作為犧形。今傳世犧尊皆如魯郡所出，則鄭說非也。禮記明堂位周以黃目，鄭注黃目以黃金為飾。郊特牲黃目鬱氣之上尊也。後世禮圖遂于尊上畫人目而黃之，或又謂當為龜目。予藏父乙甗，三足為獸首，其目以黃金飾之，知黃目尊亦必以黃金飾獸目。鄭注黃金為飾之說固不誤，而禮圖誤矣。此數者倘非著其圖象，固不能明也。閩江陳弢庵太傅之先德子良先生篤嗜古彝器，鑒別至精。澂秋館所藏久名海內，顧未嘗編輯成書，墨本亦罕傳人間。歲在甲子，太傅假還至閩，復益以在京師續得諸器，悉精拓以傳之。又慮墨本流傳之不廣也，越明年，復編為澂秋館吉金圖，影印以公之天下，而命為之序。竊謂此書之成有三善焉：循器款並橅之舊，懲薛阮諸家之失，一善也；紹先人未竟之志，饜海內樂觀之心，二善也；抱遺器于板蕩之餘，存斯文于絕續之際，使讀者緬懷執物，慨念先刑，三善也。彼世之移情閑之藏，寄文翰之娛者，固未足語于斯也。謹書管見以質方雅，或亦不失太傅之指乎。乙丑九月後學上虞羅振玉書

徵秋館吉金圖

鼎

鬲

甗

敦

簠

簋

尊

櫑

壺

卣

觚

觶

斝

爵

凡七十九種 八十五器

北平孫壯編次并識

弓形父丁方鼎

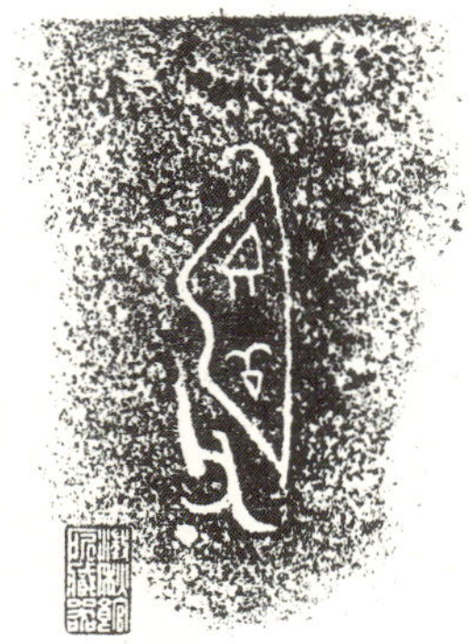

此銘中第一字作□弓內之文即𩫏字則此殆即彃字也說文解字弓部彃畫弓也乃詩敦弓既堅之本字福山王氏藏一鼎銘曰□父己亯羊二文一在弓外一在弓內文与此異體實亦彃字也乙丑六月國維

器通耳高建初尺一尺一寸一分口徑六寸七分橫八寸二分深四寸五分腹圍二尺七寸三分重庫平一百七十一兩

亞形父丁鼎

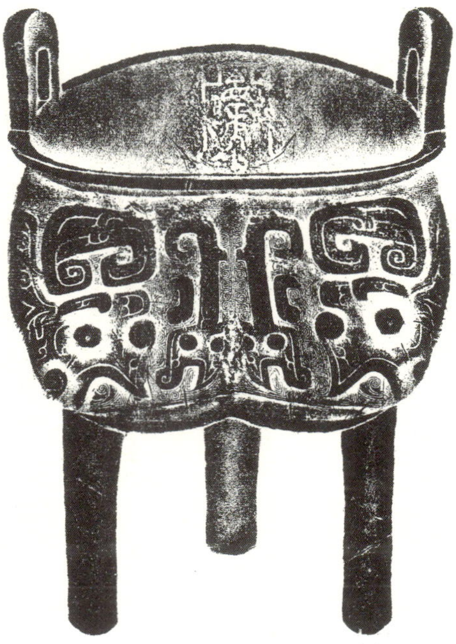

器通耳高建初尺九寸八分口徑七寸五分深四寸三分腹圍二尺三寸四分重庫平八十兩

穌衛改鼎

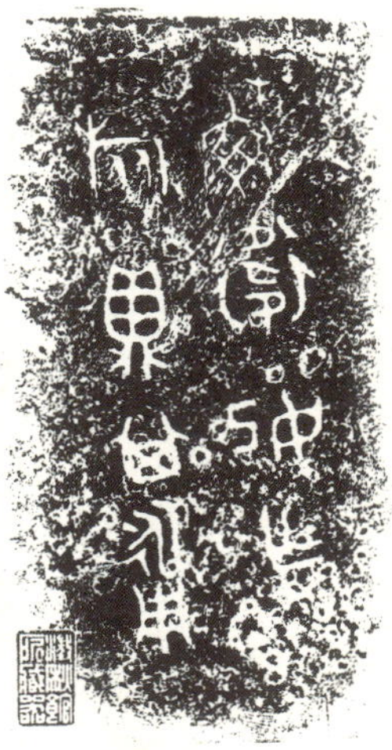

說文䣛字妃匹也从女己聲又别出改字曰
女字也从女己聲案改與妃為一字不以己之在左
在右而異此鼎蘇蘇衛妃妃為蘇國蘇己姓
蘇之作穌妃魚母媵字作妃此鼎反書作改而款
文之旁蘇甫人匜均作妃是己之在左在右無異
則許書當云改妃注當云匹也又女姓羅振玉

器通耳高建初尺一尺三寸六分口徑一尺三寸六分左右減
五分深六寸六分腹圍三尺九寸五分重庫平三百五十二兩

卿鼎

詩車攻駕言徂東傳云東洛邑也
汪容甫據之以說書金縢周公居
東之東其實車攻之東容為洛邑
而周公所居當即逸書作雒所謂俾
中旄父宇于東者當即衛地非洛邑
也此鼎云公違相自東在新邑東與
新邑明是二地不得如容甫之說也
乙丑長夏王國維記

器通耳高建初尺一尺零六分口徑八寸七分深五寸五
分重庫平九十兩

杞伯鼎

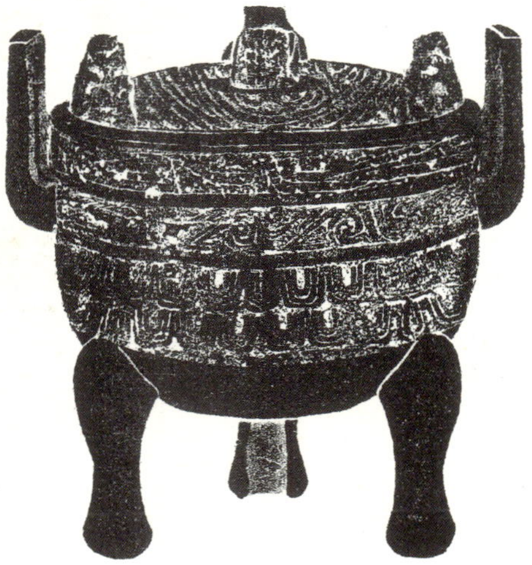

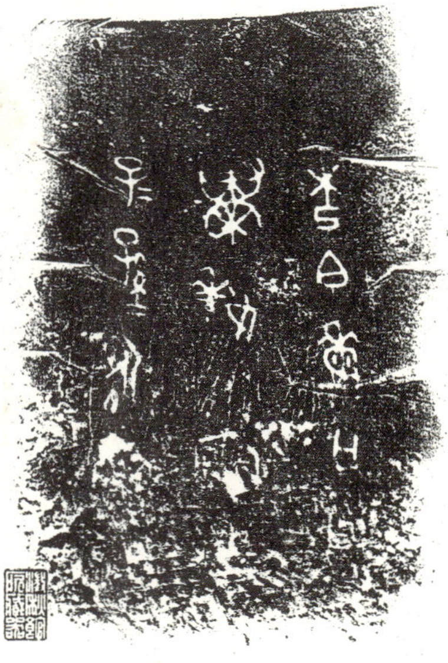

鄭語云曹姓邾莒而春秋左氏傳所記莒女皆己姓世本以莒爲嬴姓此鼎及他彝器記邾國之女皆爲姝姓並與國語不同或曹姓字乃姝之譌歟 乙丑六月王國維

器通耳高一尺一寸八分口徑一尺深六寸三分腹圍三尺三寸六分重庫平二百九十九兩

小子鼎

器通耳高建初尺七寸九分口徑八寸五分左右減三分
深四寸二分腹圍二尺四寸三分重庫平五十兩

姬鼎

彝器中惟編鍾之銘合數鍾而成篇他器絶無如是者惟近出之秦公敦其銘分刻於器蓋合之始成一篇此鼎銘辭僅存後半蓋其前半當在蓋上與秦公敦同此外未見有第三器也乙丑六月海甯王國維題記

器通耳高建初尺一尺一寸六分口徑一尺一寸五分深五寸
九分腹圍三尺六寸七分重庫平二百一十兩

作尊彝鬲

器通耳高建初尺八寸四分口徑六寸四分深四寸二分
腹圍一尺九寸八分重庫平四十九兩

作寶彝鬲

器通耳高建初尺七寸七分口徑六寸深三寸七分腹圍一尺
七寸一分重庫平三十二兩

般作父己甗

丁巳尊云隹王來正人方殷虛卜辭亦有此語案乙亥鼎云隹王正井方與丁巳尊及卜辭文例相同井方人方並是國名正當讀為征此甗云王𡆥人方𡆥乃俎之古文當讀為俎昔人釋𡆥為宜並名此甗為王宜人甗失之矣乙丑六月國維記

器通耳高建初尺一尺八寸六分上節一尺下足高八寸六分深一尺零二分口徑一尺一寸二分腹圍二尺八寸八分重庫平二百五十五兩

子立刀敦

器高建初尺四寸四分口徑五寸一分深三寸四分腹圍一尺八寸六分重庫平六十六兩

白敦

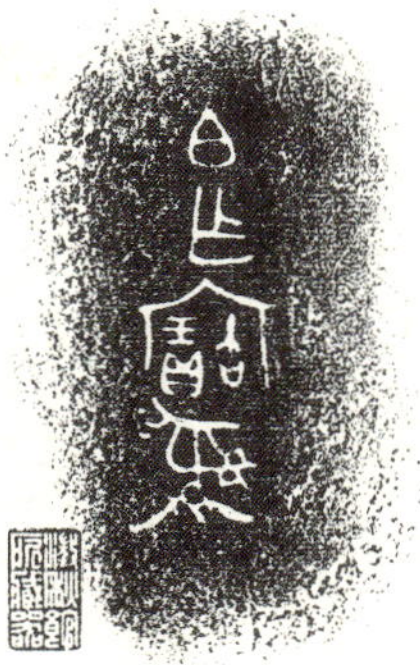

器通高建初尺一尺零四分座高三寸九分口徑八寸八分深五寸一分腹圍二尺八寸八分重庫平一百四十六兩

亞形父乙彝

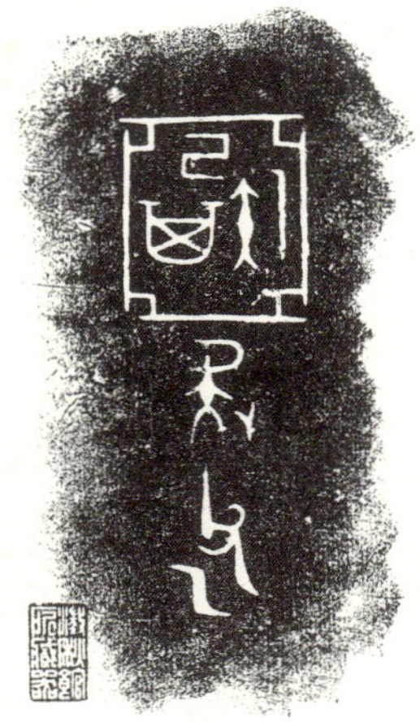

器高建初尺六寸九分口徑九寸九分深五寸二分腹圍二尺九寸四分重庫平一百四十二兩

公違𣪘

公違相自東征新邑臣卿錫金用作父乙寶彝 乙丑九秋羅振玉釋

此與公違鼎皆臣卿所作卿所作器除鼎敦外尚有尊一卣二觚一均歸澂秋館而愙齋著錄潘文勤所藏一敦銘曰卿作厥考尊彝與卣文正同殆亦同時所出也乙丑六月海昌王國維

器高建初尺六寸七分口徑八寸八分深五寸一分腹圍二尺五寸五分重庫平九十四兩

庚孟𣪘

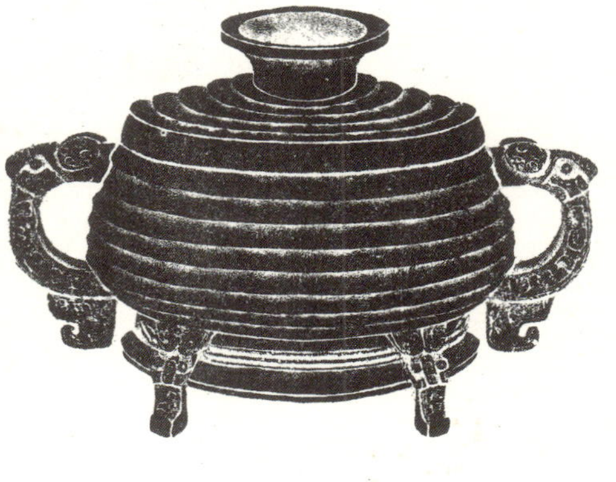

吳彩父作皇祖考庚孟尊簋其萬年子子孫孫永寶用

彩字从彡不嬰敦篆字从三上从皿故知為从豕此从从从一豎从人故知為彩字丁丑九月十八日振玉釋

器通蓋高建初尺一尺零八分口徑八寸七分深五寸五分腹圍三尺四寸五分重庫平二百兩

康孟敦

器通蓋高建初尺一尺零八分口徑八寸七分深五寸五分腹圍三尺四寸五分重庫平二百一十兩

史頌敦

古文穌字作穌从木觀穌衛妃鼎穌甫人匜其女皆己姓鄭語云己姓昆吾蘇顧溫董則穌之為蘇信矣小篆訛木作禾說文乃釋為把取禾若未免望文生訓矣乙丑季夏王國維識

高建初尺三寸八分項口五寸六分下口徑一尺零三分深二寸二分重庫平六十五兩

史頌簠

器高建初尺三寸九分口橫徑一尺一寸六分直徑九寸六分
深二寸五分四圍四尺二寸三分重庫平六十四兩

鬲比簋

澂秋館吉金圖

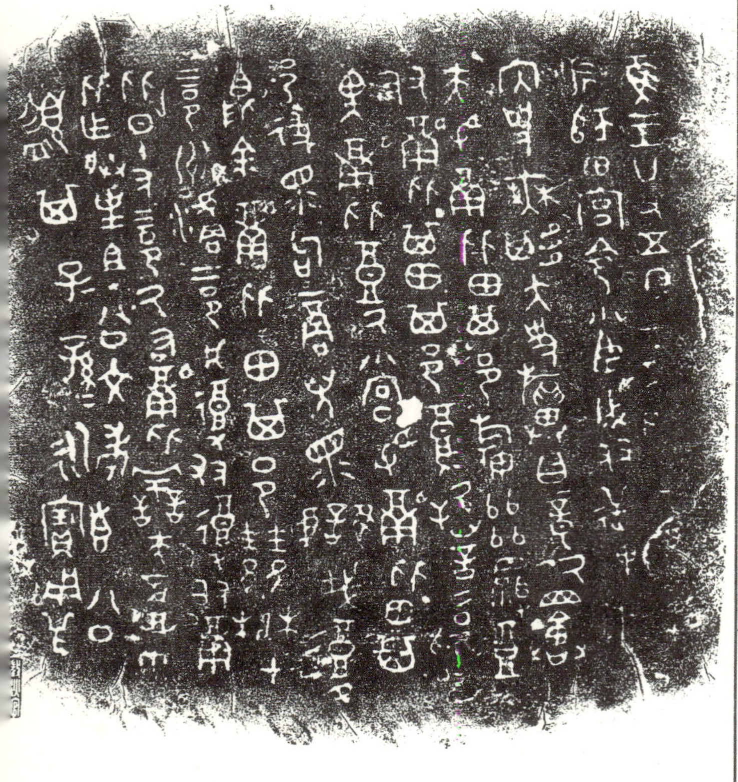

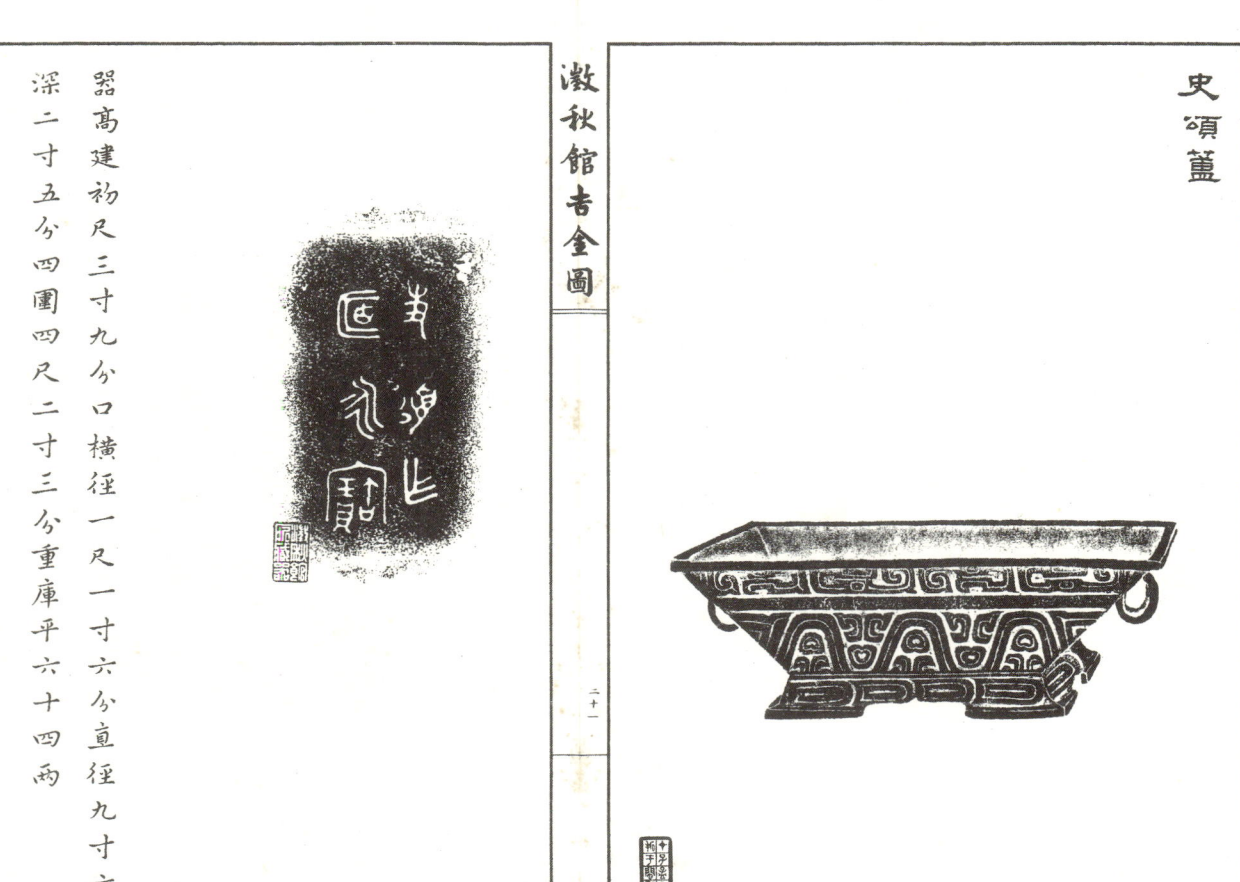

此簋與湩陽端氏所藏鬲攸从鼎銘中並有皇祖丁公皇考叀公語自是一人所作鼎銘云唯卅又一年三月初吉壬辰王在周康宮𠈇大室鬲从以攸衛牧遣于王曰女□我田牧弗□許鬲从王命相史南以即虢旅迺使攸衛牧誓曰□弗具付鬲从其先祖射分田邑則誓攸衛牧則誓从作朕皇祖丁公皇考叀公尊鼎鬲攸从其萬年子子孫孫永寶用今以此簋與鼎銘比觀之則此簋作於王廿五年鼎作於王卅一年簋自署鬲从鼎則前書鬲从末書鬲攸从蓋鬲本地名从以為氏逮卅一年復得攸衛牧地乃兼氏鬲攸猶晉之瑕呂飴甥吳之延州來季子矣此簋舊釋鬲比簋誤也第一字此器作鬲鬲攸从鼎作𩰲𩰲諸形蓋非鬲字乃从鬲从𠄌之字也𠄌字古文未見唯殷虛卜辭中我字作𢦏或作𢦓从戈从𠄌而說文解字我从戈从手手或說古垂字是𠄌𠄌亦一字鬲字所从之𠄌正與𠄌同如或說當為古垂字或竟為我字之省垂我二字古音同部然則鬲當是从鬲垂聲以聲類求之當即鬴字且說文鬴字或即此字之訛也散氏盤作䰛从鬲吅聲說文吅讀若讙古音歌元二部陰陽對轉故鬴字亦得以吅為聲此簋作鬲則又䰛之省也又古人从比二字本無區別散氏盤之俠從䰛即鼎文之鬲攸从而䰛字誤書在下知此簋及鼎文之从並當讀從散氏盤稱䰛俠從為克𥃰作之有司而此鼎簋第十行亦有善夫克語又足知此器出土之地去克鼎散盤相近矣乙丑季夏海甯王國維

器高建初尺五寸八分口徑前後八寸左右一尺零七分深三寸九分腹圍三尺四寸八分重庫平一百四十九兩

隹王廿有五年
永師田宮命小臣成友逆□□
内史無夥大史旟曰章厥罿𠦪
夫□鬲比田其邑□趾□□
友鬲比其田其邑寏諧言二邑
寏鬲比夏少宮□鬲比田其
邑及眔句商兒眔讎戈復
□余鬲比田其邑競𣏟在
三邑州瀘二邑凡復友復□鬲
比日十有三邑厥右鬲比善夫□鬲
比作朕皇祖丁公文考叀公
盨其子子孫孫永寶用
乙丑九月羅振玉釋

父乙尊

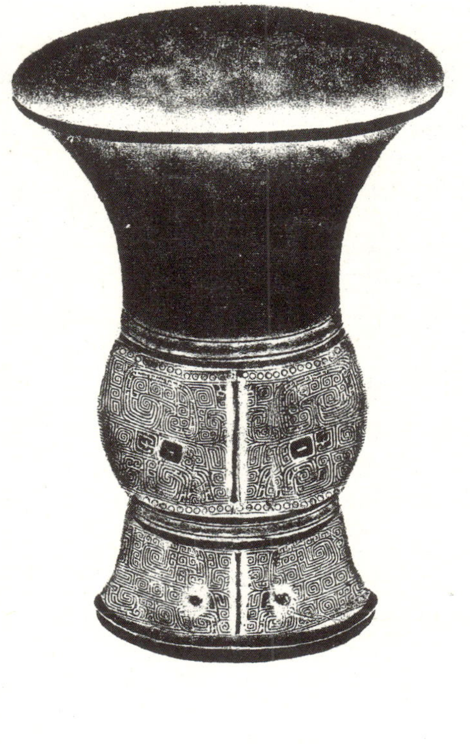

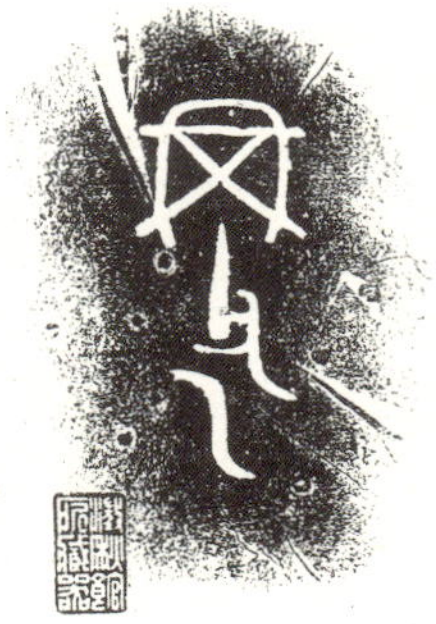

器高建初尺一尺一寸六分口徑九寸一分深九寸三分腹圍一尺七寸八分重庫平九十一兩

祖丁尊

器高建初尺一尺一寸口徑八寸三分深八寸三分腹圍一尺六寸二分重庫平八十兩

卿尊

器高建初尺一尺一寸口徑八寸五分深八寸一分腹圍一尺六寸七分重庫平八十兩

白尊

伯作蔡姬宗
彝其萬年
世孫子永寶

夌字前人多釋爲亡姬不從蔡
字作夌與夌相似疑即蔡字姬氏

器高建初尺一尺一寸六分口徑一尺零六分深一尺零
三分腹圍二尺六寸六分重庫平一百八十二兩

尹父丁尊

器高建初尺一尺一寸二分口徑八寸四分深九寸五分
腹圍一尺四寸六分重庫平八十一兩

亞形櫑

器通蓋高建初尺一尺五寸四分口徑四寸九分深一尺一寸七分環徑二寸六分腹圍二尺九寸七分重庫平一百八十兩

槷叔作仲姜壺

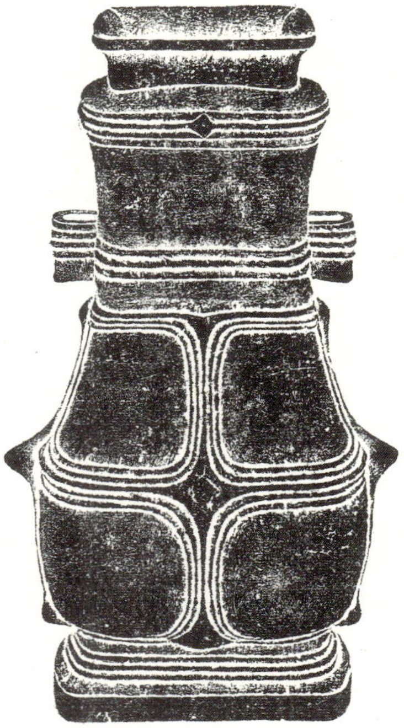

檠叔作仲姜寶尊壺其萬
年子孫永用
古文姬字从夫今篆隸从女孟長文
夫作夫又作夫形近易譌今改字為
从夫上虞羅振玉

器通蓋高建初尺二尺零九分口徑六寸九分前後減一寸九分腹圍三尺四寸六分重庫平三百零四兩

棸叔作仲姜壺

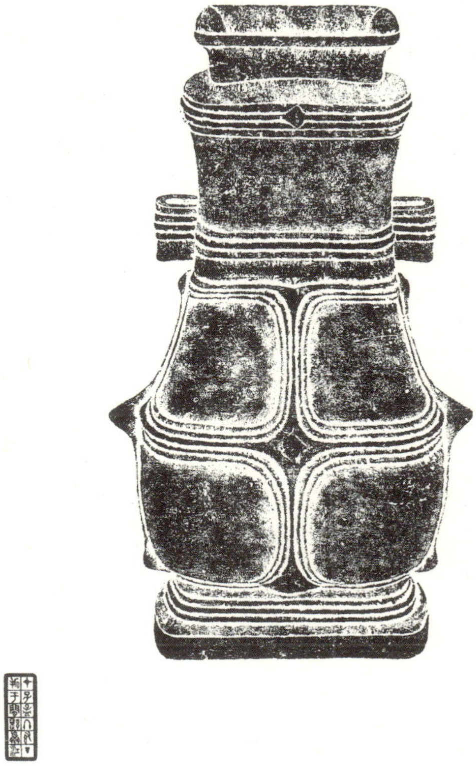

器通蓋高建初尺二尺零九分口徑六寸九分前後減一寸九分腹圍三尺四寸六分重庫平二百七十八兩

精父丙卣

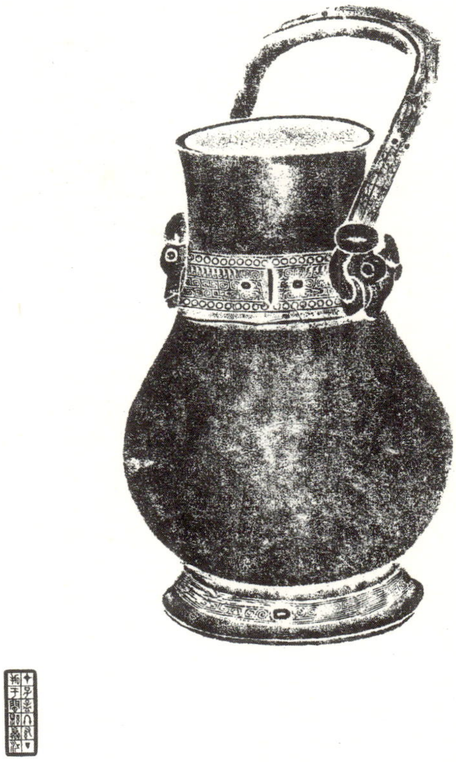

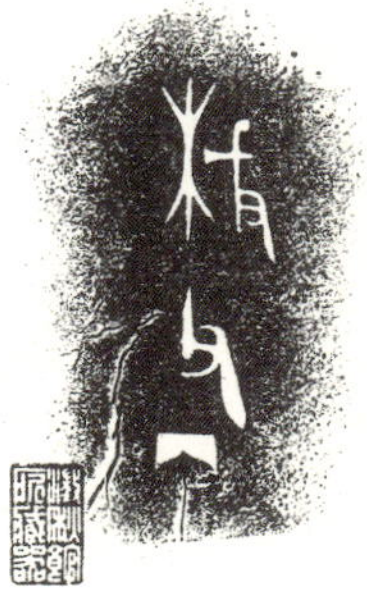

器通高建初尺一尺五寸一分口徑四寸八分深一尺一寸一分腹圍二尺五寸二分重庫平一百零一兩

父辛卣

器通高建初尺一尺六寸口徑四寸五分深一尺零六分
腹圍二尺四寸三分重庫平一百二十二兩

父辛卣

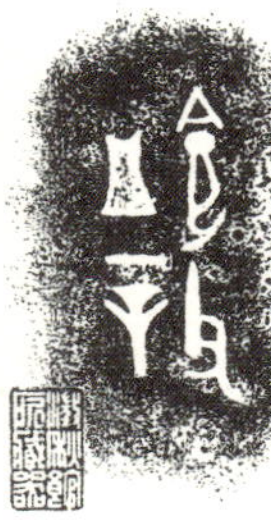

器通高建初尺一尺四寸九分口徑五寸九分前後減五
分腹圍一尺八寸六分重庫平一百三十九兩

父辛卣

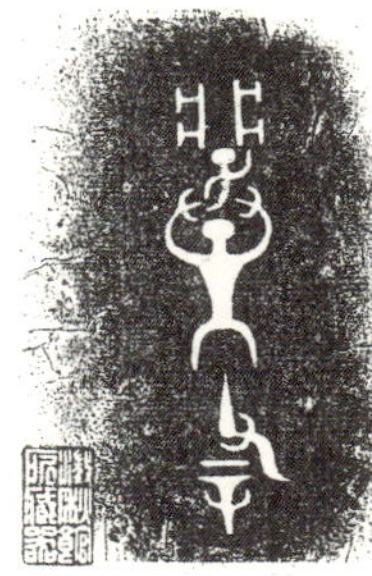

高建初尺四寸五分子口高一寸九分頂口一寸六分下口徑
四寸二分深三寸五分圍一尺五寸五分重庫平二十一兩

卿卣

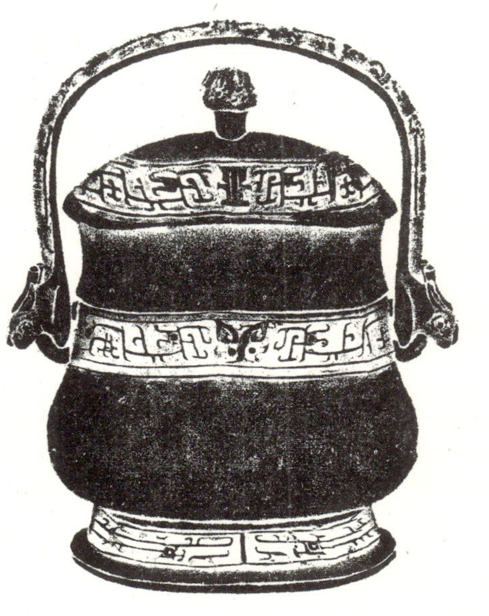

器通高建初尺一尺三寸一分口徑五寸七分前後減一寸深
七寸四分腹圍二尺二寸八分重庫平一百一十九兩

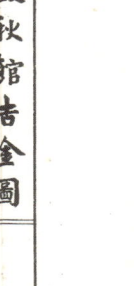

卿卣

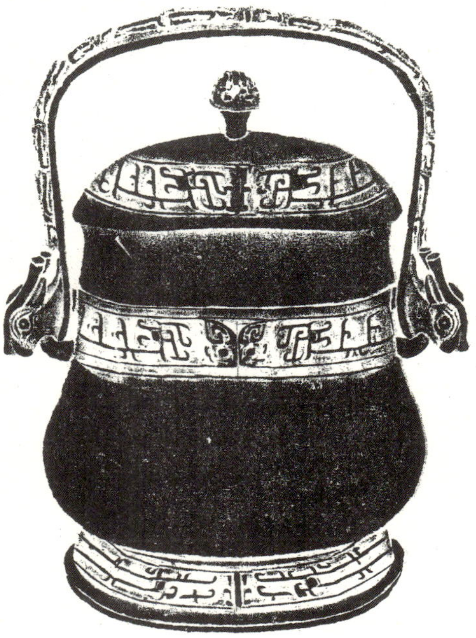

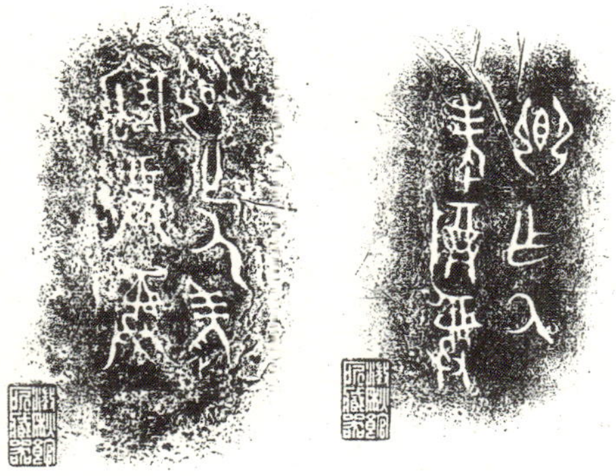

器通高建初尺一尺零一分口徑四寸八分前後減一寸四分腹圍一尺七寸六分重庫平六十三兩

澂秋館吉金圖

觚

器高建初尺一尺一寸七分口徑六寸七分深七寸七分腹圍七寸九分重庫平四十二兩

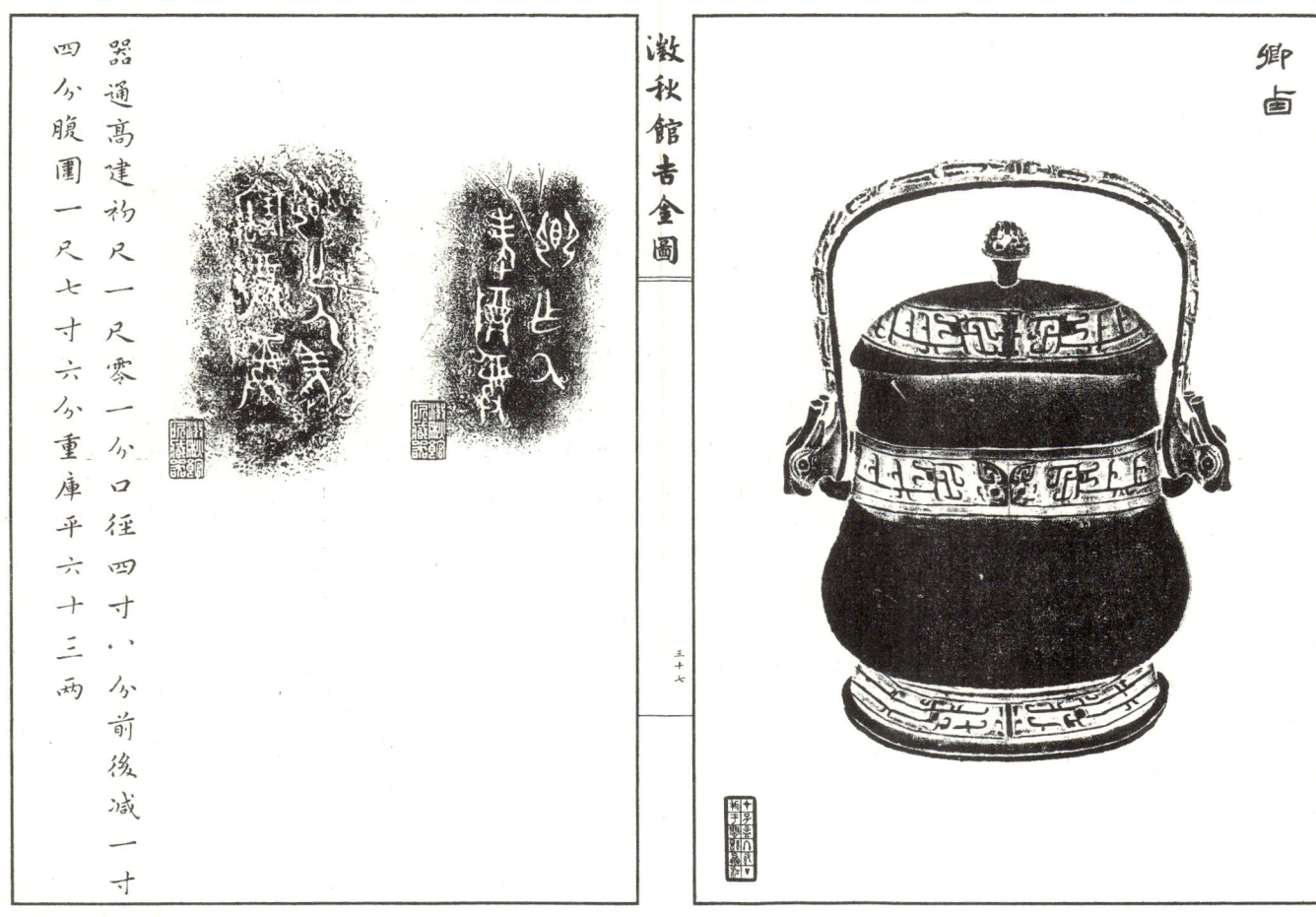

冈父丙觚

器高建初尺九寸八分口徑六寸四分深六寸八分腹圍七寸三分重庫平三十三兩

卿觚

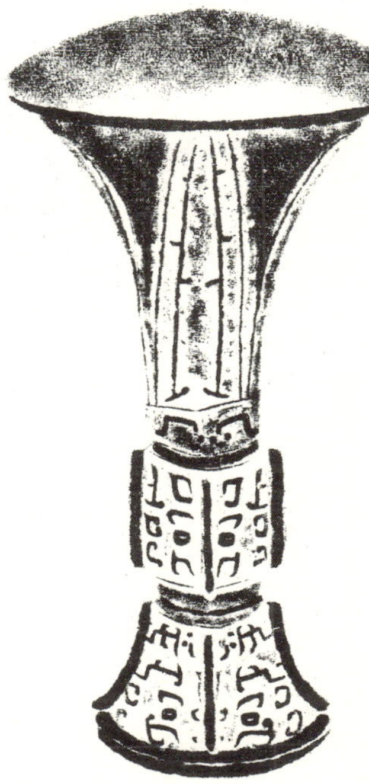

器高建初尺八寸九分口徑五寸二分深六寸四分腹圍四寸七分重庫平二十三兩

木工子女觚

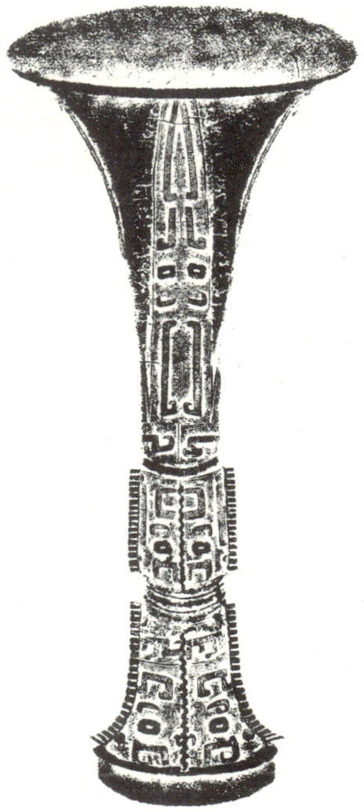

器高建初尺一尺三寸七分口徑六寸七分深九寸四分腹圍四寸八分重庫平四十兩

文祖丙觶

器高建初尺六寸一分口徑二寸八分前後減一分深四寸八分腹圍九寸五分重庫平十五兩

亞夫爵

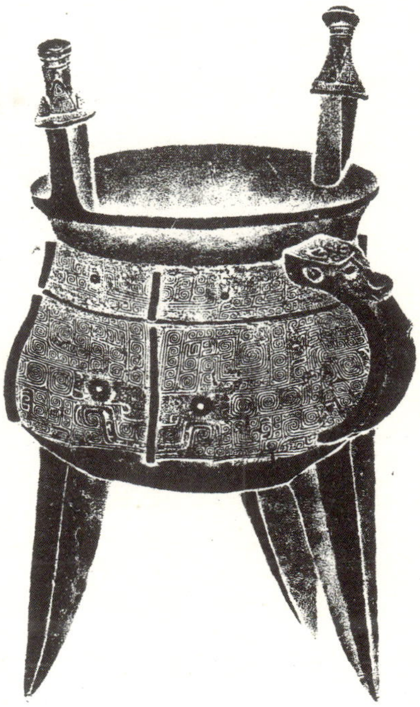

澂秋館吉金圖

四十三

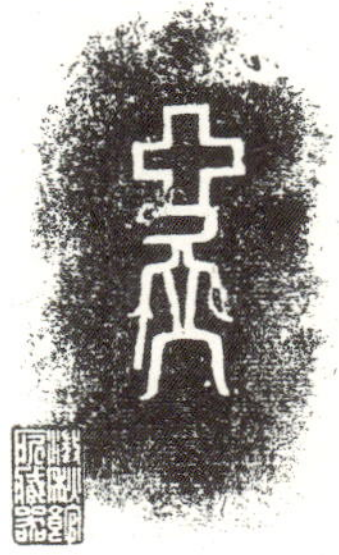

夨象人側首形疑字从夨即此字今篆从矢者譌也上虞羅振玉記

器通柱高建初尺一尺五寸九分口徑七寸九分深六寸九分腹圍二尺八寸六分重庫平一百三十六兩

介田爵

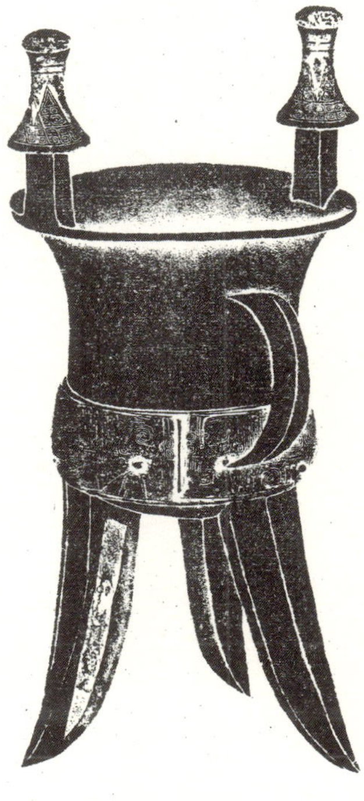

澂秋館吉金圖

四十四

器通柱高建初尺一尺六寸五分口徑九寸八分腹圍二尺三寸六分重庫平一百七十兩

示爵

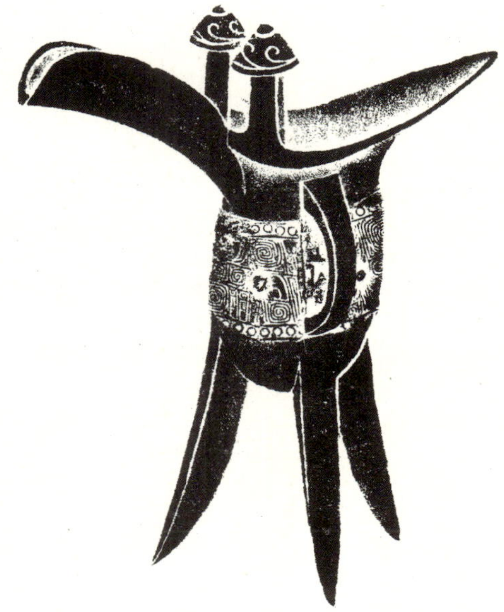

器通柱高建初尺九寸二分尾流徑七寸七分兩柱距二寸九分深四寸三分柱高一寸八分足高四寸一分腹圍八寸九分重庫平三十四兩

祖癸爵

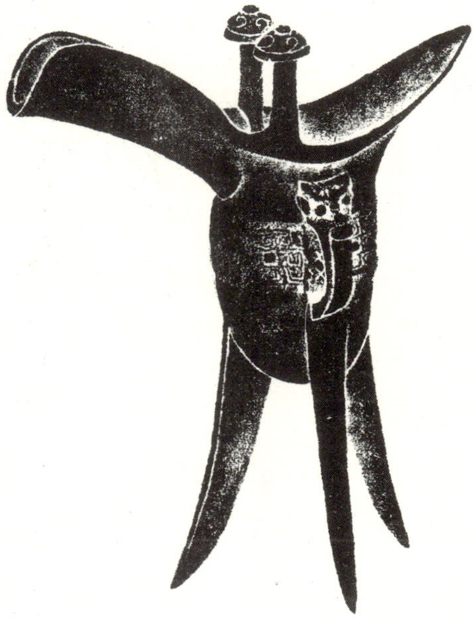

器通柱高建初尺九寸三分尾流徑七寸五分兩柱距三寸五分深四寸柱高一寸七分足高四寸七分腹圍八寸四分重庫平二十八兩

內父丁爵

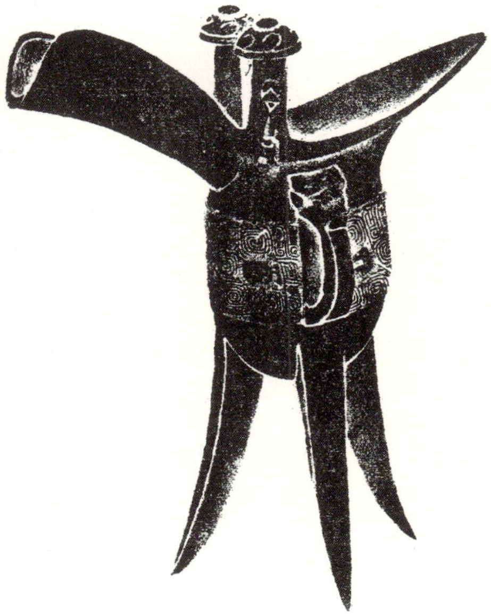

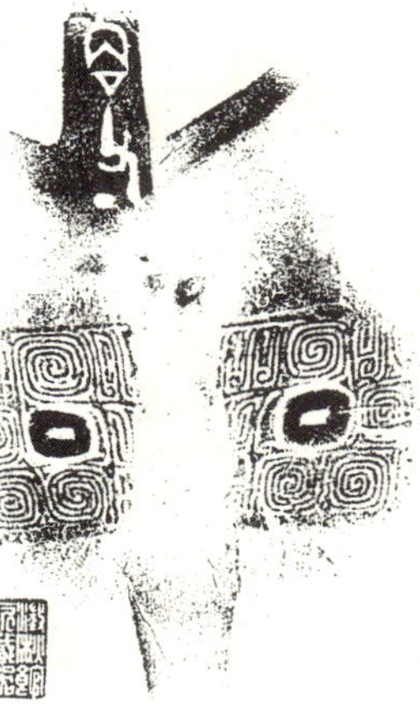

器通柱高建初尺九寸尾流徑七寸二分兩柱距二寸八分深四寸柱高一寸八分足高四寸八分腹圍八寸二分重庫平三十一兩

般父己爵

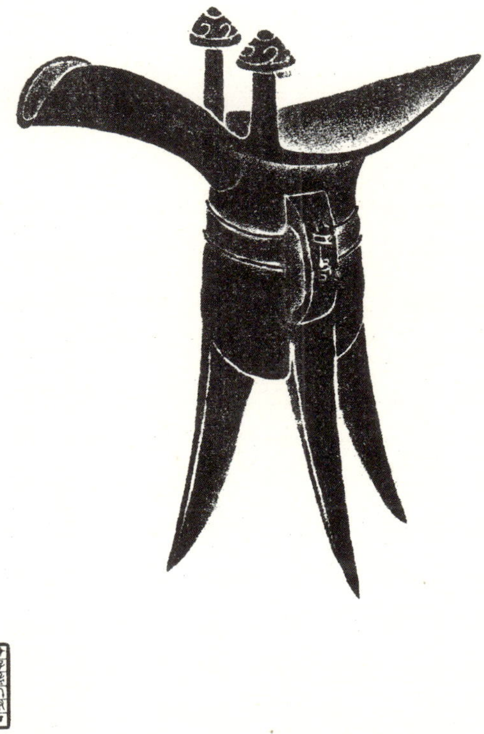

器通柱高建初尺八寸七分尾流徑七寸四分兩柱距三寸深三寸七分柱高一寸七分足高四寸一分腹圍八寸五分重庫平二十六兩

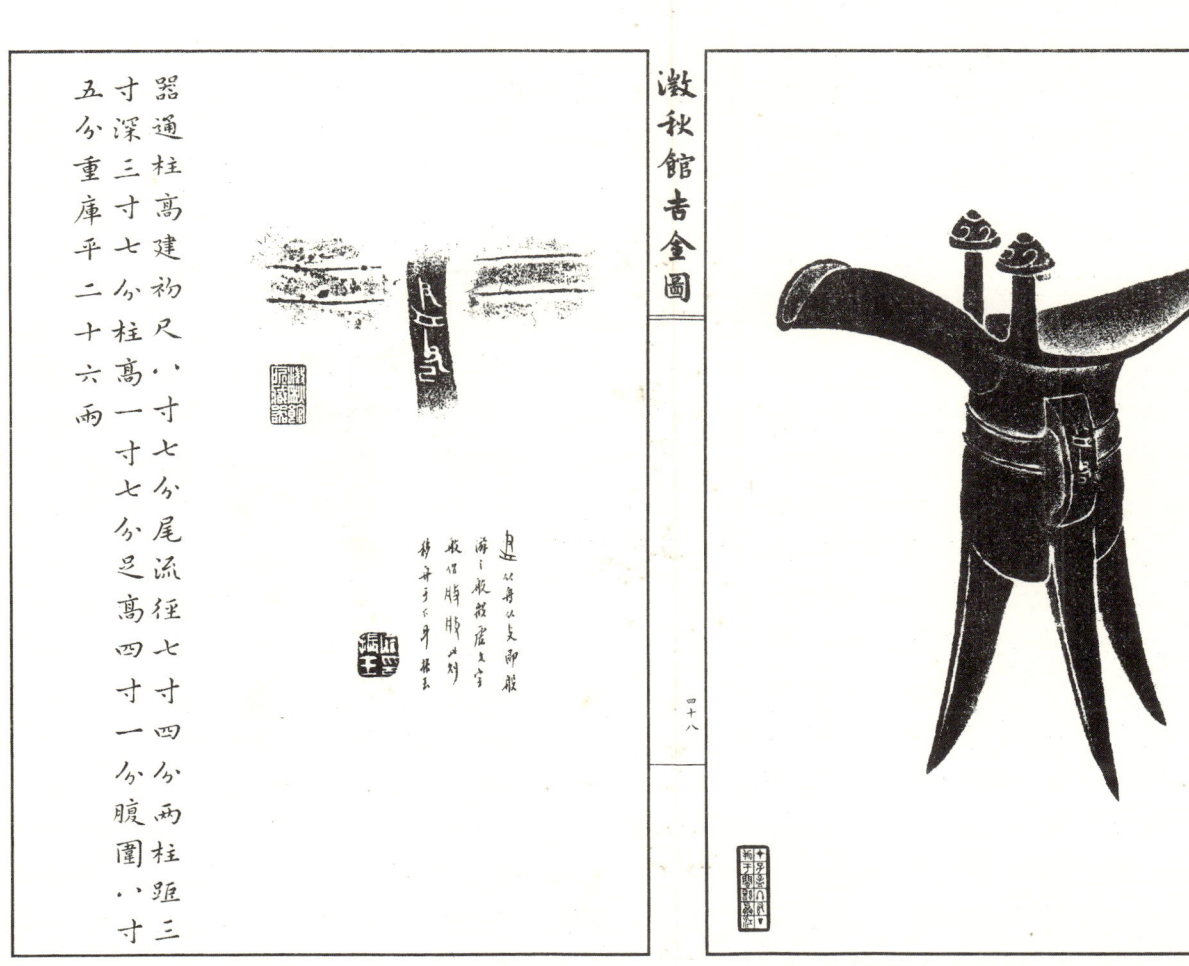

析子孫父丁盉

器通高建初尺一尺一寸口徑三寸六分深七寸三分流長三寸四分腹圍一尺六寸八分重庫平六十二兩

[illegible]彝

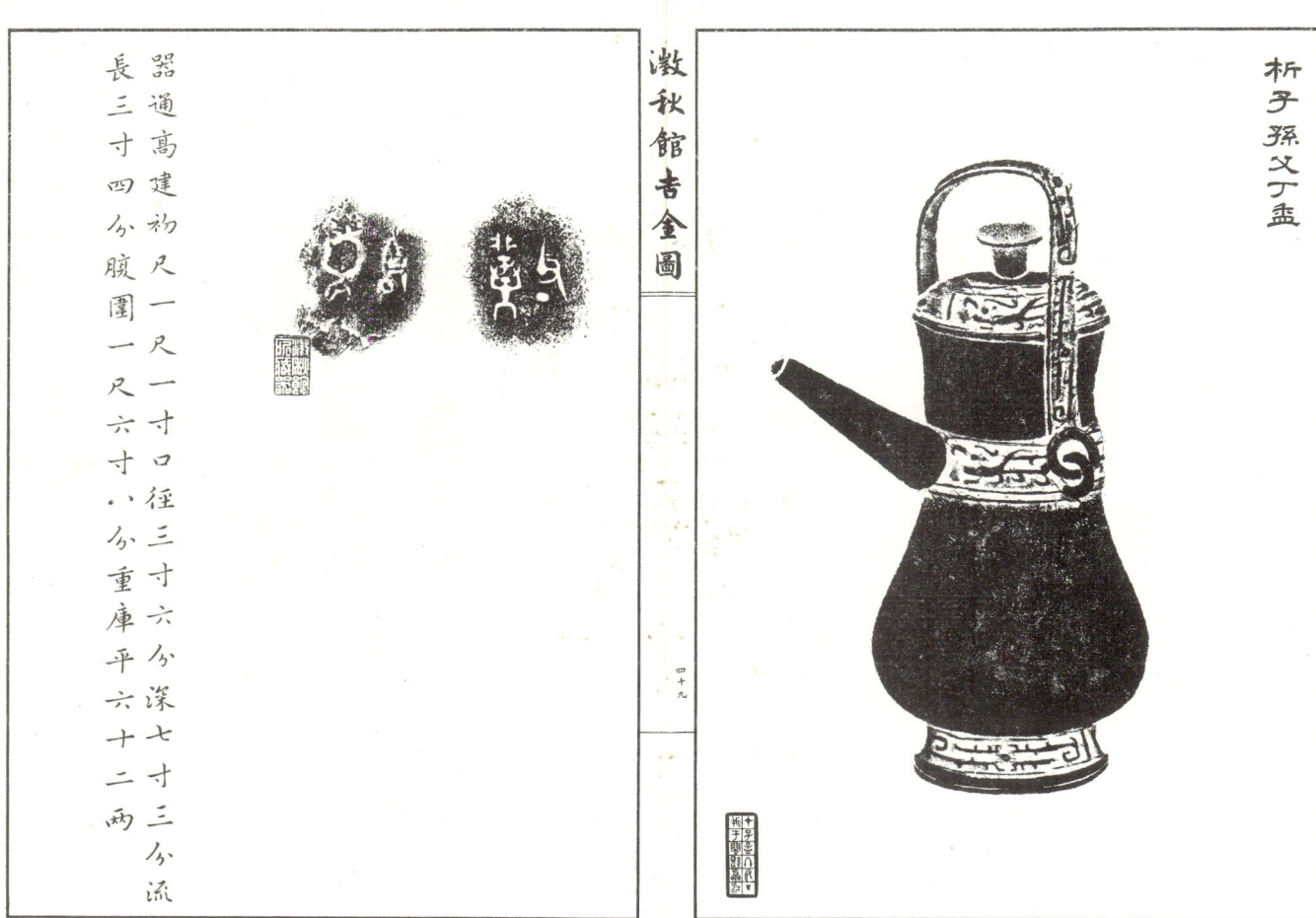

名尊釋文

唯十又二月初吉丁卯

名啟進事旋徙疑即奔走之走

事皇辟君休王自穀地名

事賞畢土方五十里名

弗敢謹字見師望鼎从言从望即謹之省文王休

異用作鄁宫旅彝

憲齋在粵遣工就拓為釋其文和右廣生則以為盉也

丁卯二月二十八日十老人寶琛識

此周初器而形制似後世所謂盉銘中又不著器名案三代礼器除木製之俎外今殆皆見之獨礼經盛羹之銂於古器中絶未之見疑此是也器小而深與酒器及黍稷器皆不類而於盛羹為宜古人用銂數不下於鼎敦諸器而傳世之少如此何耶乙丑六月王國維記

佳十有二月初吉丁卯

名啟進事旋走

事皇辟君休王

自穀事賞畢土

方五十里名衆敢謹

王休異用作宫

旅彝

此器前輩或以為尊或以為壺不能確之作器者名因王賞畢土五十里而制器以記王休其文曰[illegible]……

[illegible]

[illegible]

器高建初尺四寸口徑四寸一分深三寸腹圍一尺二寸八分重庫平三十一兩

史頌匜

史頌作匜其萬年子子孫孫永寶用

匜从金者見陳匜 羅振玉釋

器高建初尺九寸一分口亘径七寸四分流柱距一尺二寸八分深四寸一分重庫平九十二兩

澂秋館吉金圖

滕侯戈

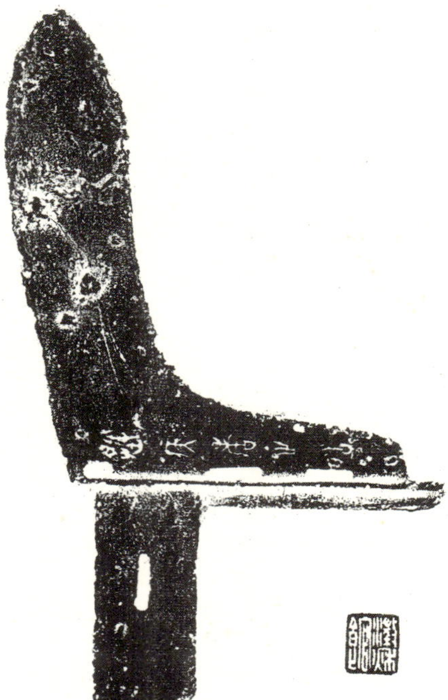

滕侯戈文曰滕侯耆之造滕字下从火予家藏滕虎敦之滕字作賸亦从火上从朕即朕字無異敦滕亦作賸孟鼎作賸因以知敦文有火者乃後閒學據古録誤釋作燕滕以火乃後之滕從乃滕字二字以水以馬殆均訛也之字也乙丑冬月觀于上虞羅振玉

滕字余曩跋滕虎敦始釋爲滕薛之滕知然者緣敦銘云滕虎作厥皇考公命中寶尊彝是滕虎之文曾爲滕公而禮記檀弓工稱滕伯文爲孟虎齊衰其叔父也爲孟皮齊衰其叔父也則虎爲滕伯文叔父其父本是滕君與滕虎敦合觀此戈與滕侯戈蓋皆滕器益足證余說矣乙丑前元宵日國維識

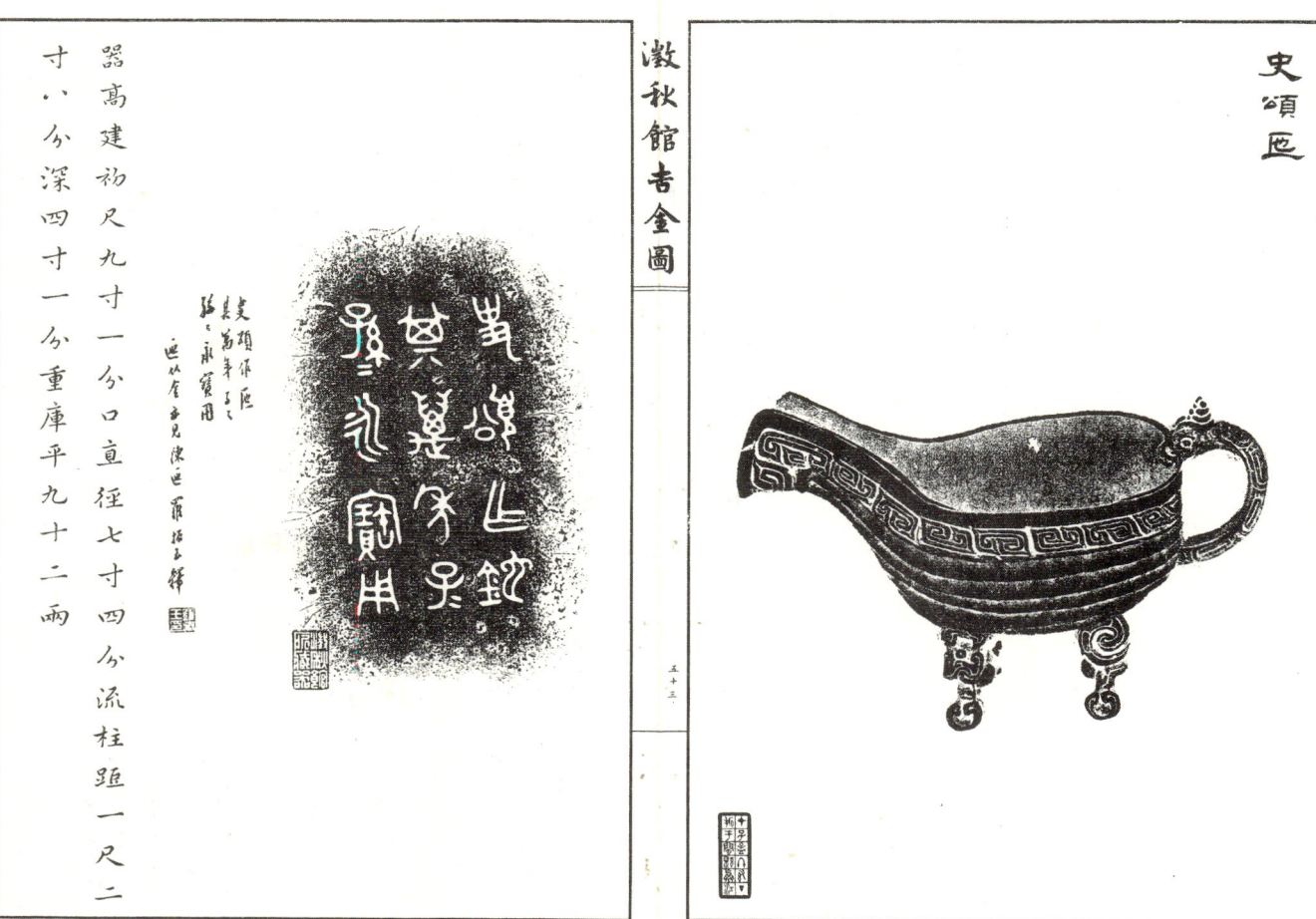

滕侯昊戟

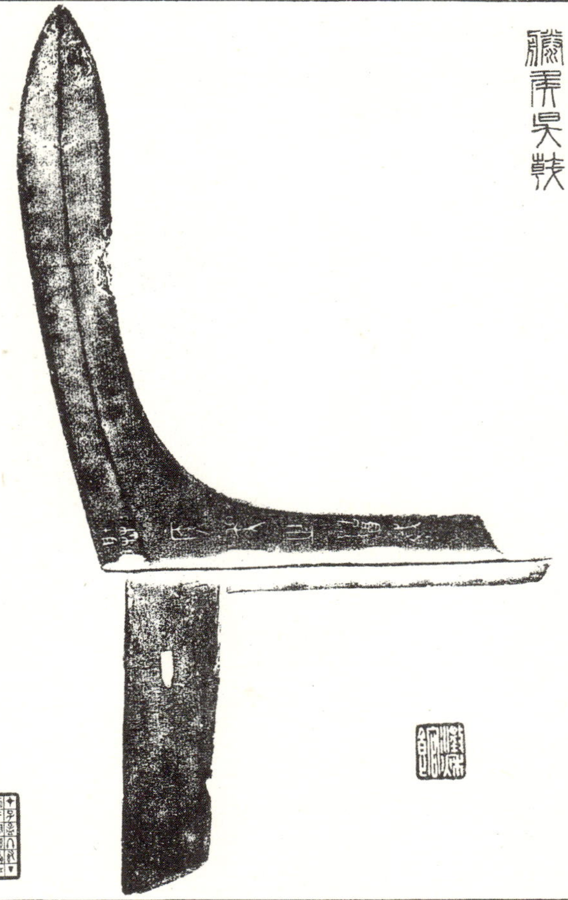

此戟文曰滕侯昊之造戟与滕侯耆戈並出山左滕侯昊与耆之名經傳無征知之羅振玉記

郾王矛

易州出古兵極多戈戟矛族皆燕物也無某燕字皆作郾無作燕者說文郾字解云潁川縣杜氏春秋注郾亦作鄢春秋隱元年鄭伯克段于鄢杜注鄢今潁川鄢陵縣成十六年晉侯及楚子鄭伯戰于鄢陵杜注鄢陵鄭地今屬潁川郡今據易州所出古兵知燕本作郾自燕行而郾廢遂僅知潁川之郾矣古國名之見吉金文字者与載籍往往文字有殊異者如杞作𨒅邾作鼄之類郾亦其一也羅振玉

亐陰矛

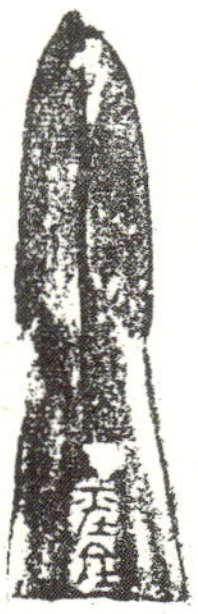

漢劉氏卣

器通提高建初尺一尺六寸八分口徑五寸深一尺零五分腹圍二尺七寸重庫平一百五十六兩

漢陳倉成山匜

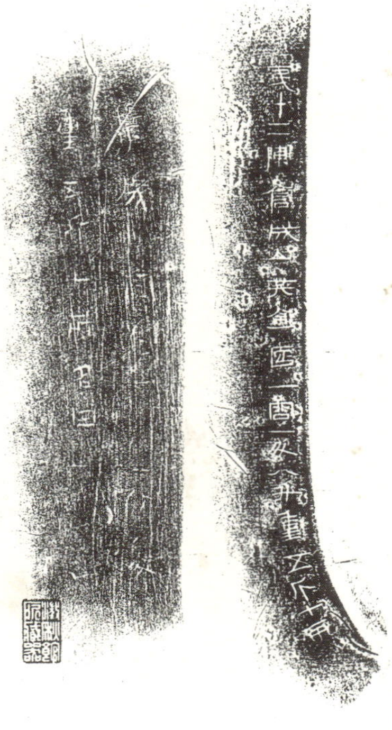

漢匜傳世者極少其形制与此同器銘異文末重五斤七兩七字作十西漢器皆如此十字作十与七不同東漢以後則七作七十作十矣羅振玉題

器高建初尺四寸口橫徑一尺零六分通流一尺二寸一分重庫平四十六兩

漢富貴昌洗

器高建初尺四寸八分足徑一尺零一分深四寸八分腹圍二尺九寸三分重庫平三十六兩

漢上林鐙

高建初尺一寸五分口徑五寸三分深八分柄長五寸三分重庫平二十四兩

漢宜子鐙

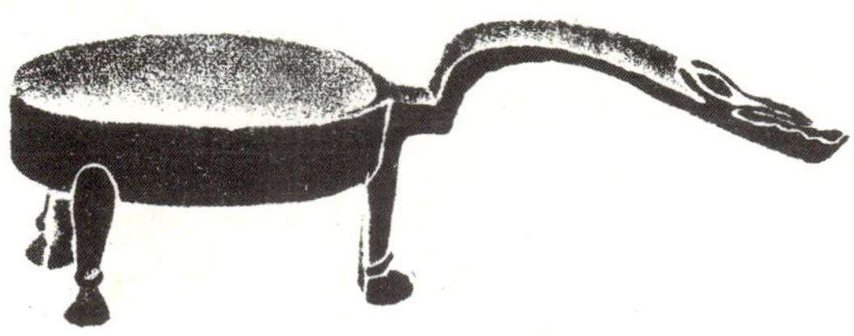

高建初尺二寸口徑三寸六分深七分柄長四寸四分重庫平九兩

漢牛鐸

高建初尺九寸八分圍一尺一寸五分重庫平二十兩

漢宜子孫尉斗

器通柄長建初尺一尺五寸七分高二寸一分深二寸重庫平三十兩

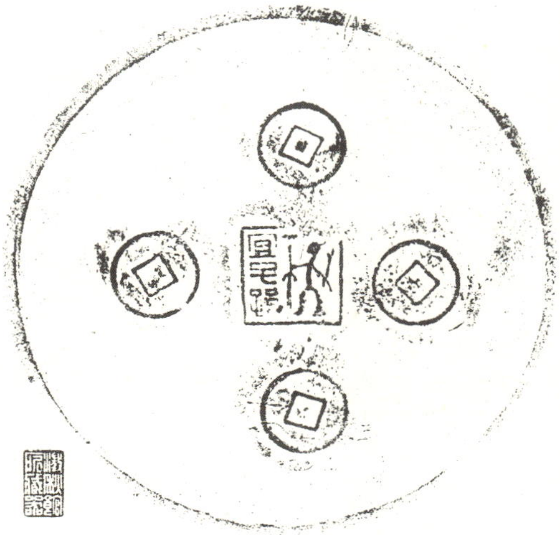

漢尚方御竟

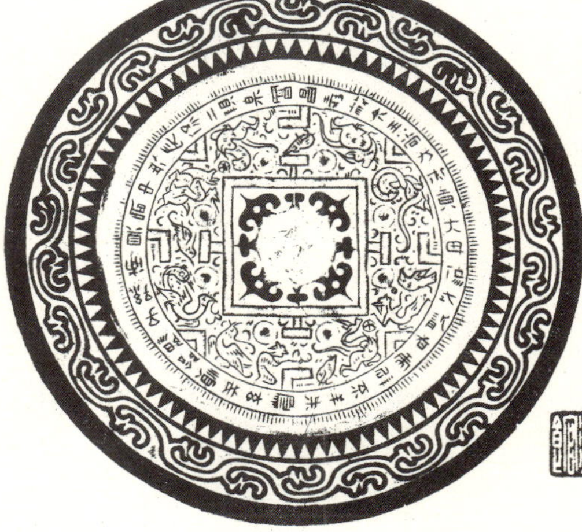

漢尚方五朱竟

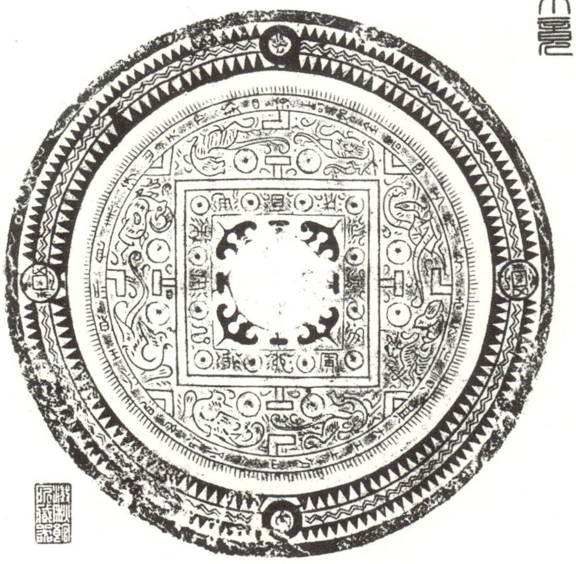

漢尚方五金鏡

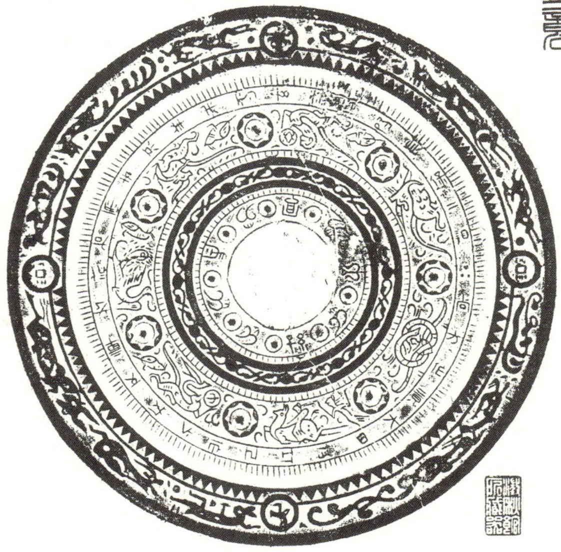

澂秋館吉金圖

漢十二辰鏡

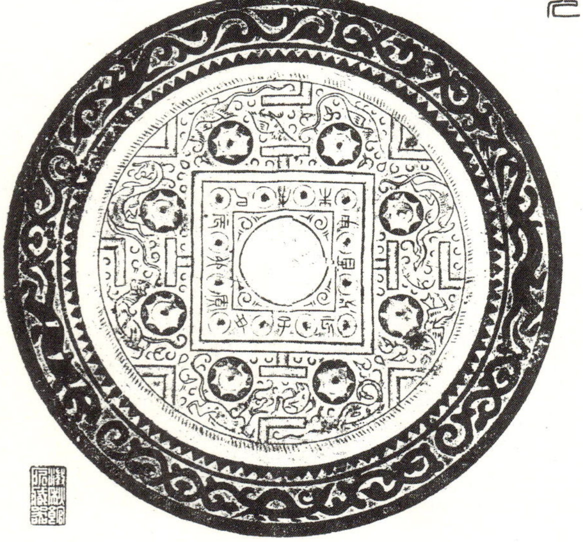

漢王氏十二辰鏡

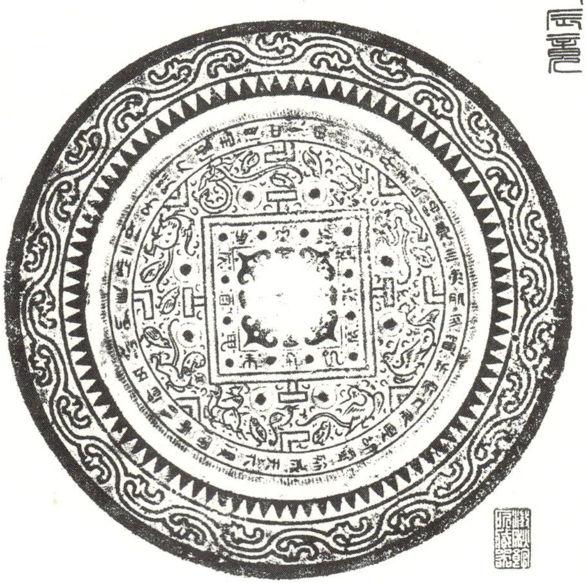

澂秋館吉金圖

漢鏡

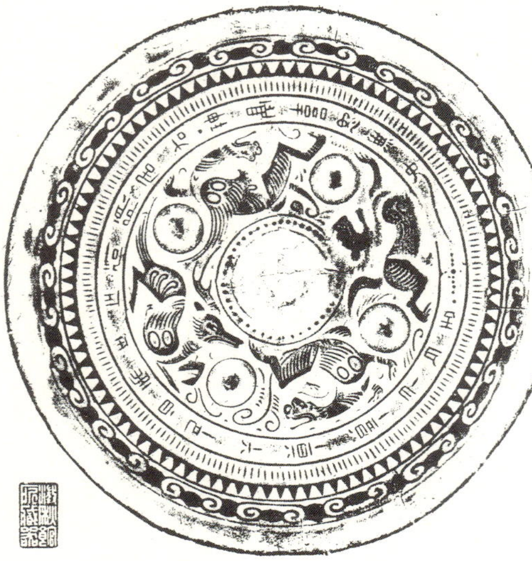

漢鏡

漢畫像鏡

澂秋館吉金圖

漢青羊鏡

延年益壽鏡

千秋萬歲鏡

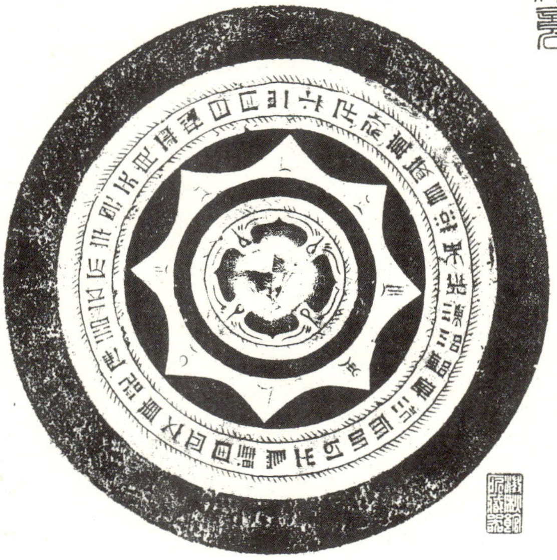

四靈王臣鏡

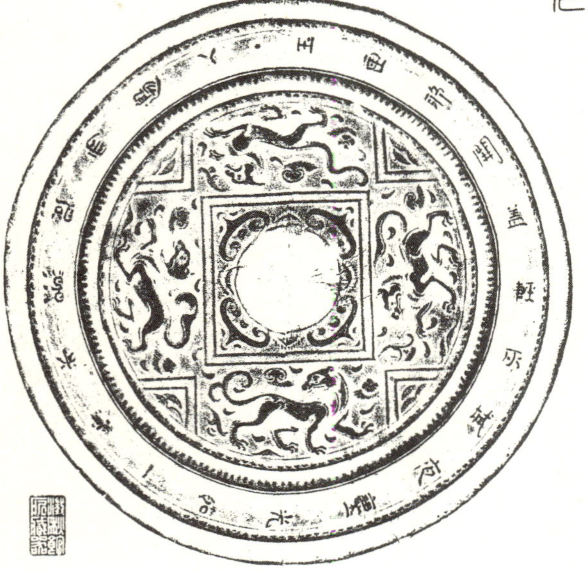

澂秋館吉金圖

四神鏡

唐永徽元年鏡

唐鏡有字從者少此有永徽元年四字至難得往歲在都市又一亦与此正同撝玉記

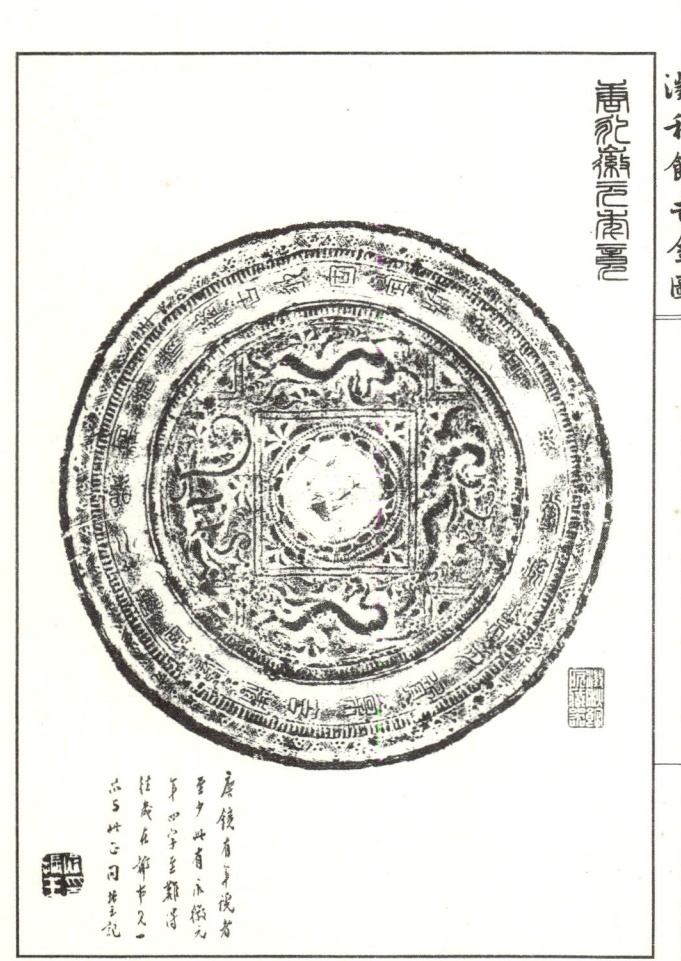

青蓋作竟鏡

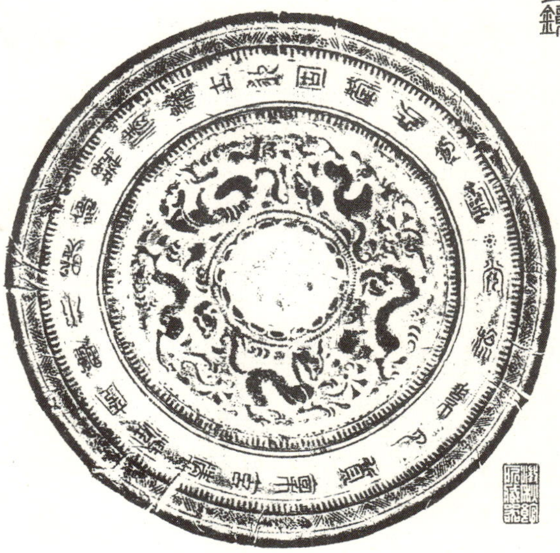

青蓋作竟鏡

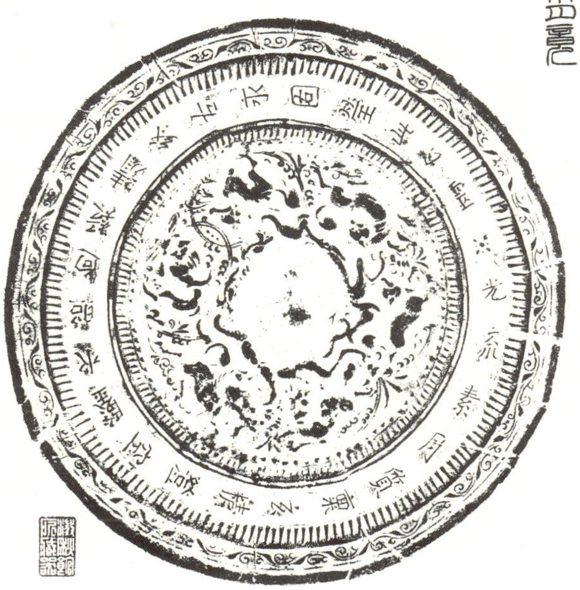

澂秋館吉金圖

湅形神冶鏡

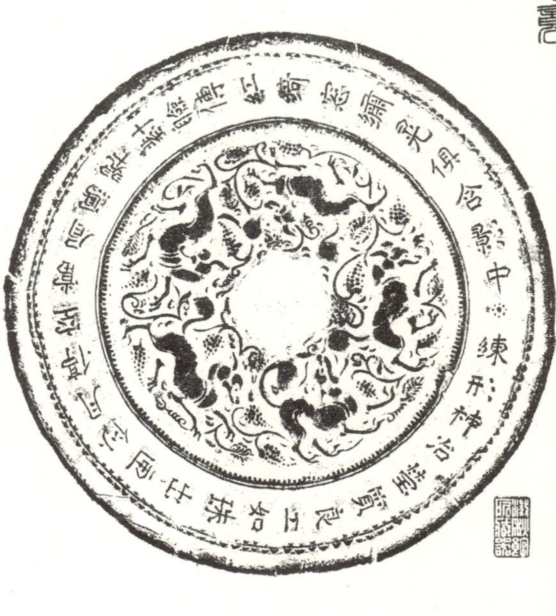

內清鏡

澂秋館吉金圖

宋許家造鏡

內清鏡

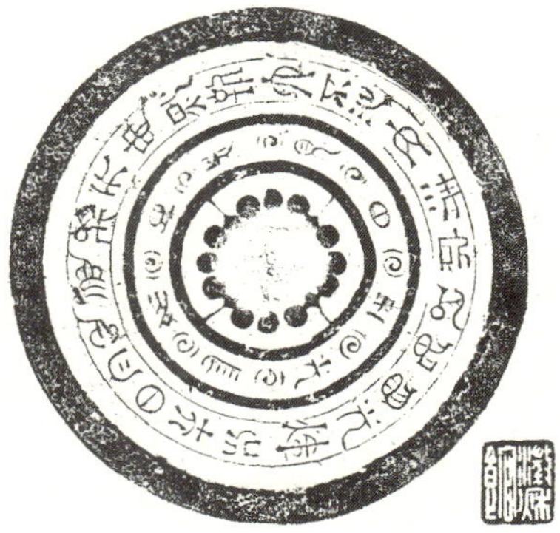

澂秋館吉金圖

金大定泉鏡

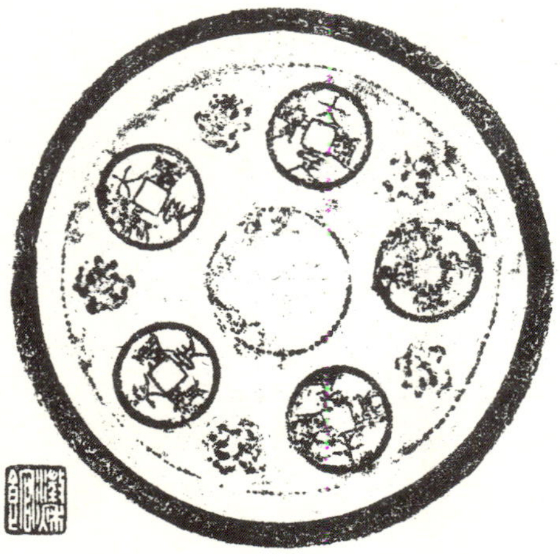

金泰和四年鏡

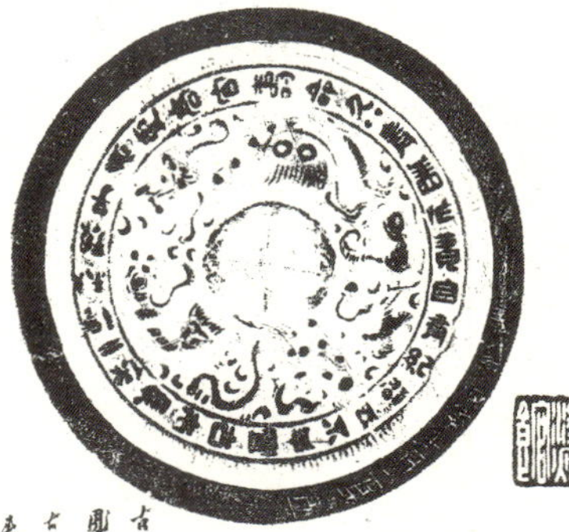

古鏡有花紋文字皆在面
圍緣不稍明者乃後世以
古錢為范翻沙此鏡有
泰和四年字乃非漢人為
鏡宜審之　羅振玉記

金承安三年鏡

金源銅禁極嚴鏡由官造承安鏡傳世猶多亦有于鏡側刻年月官名者別於承安鏡爲少罕故云

葉文鏡

澂秋館吉金圖

閩王延翰師子香鑪

器通蓋頂高建初尺一尺七寸口徑八寸九分深四寸腹圍二尺八寸重庫平二百一十九兩

元來復盂

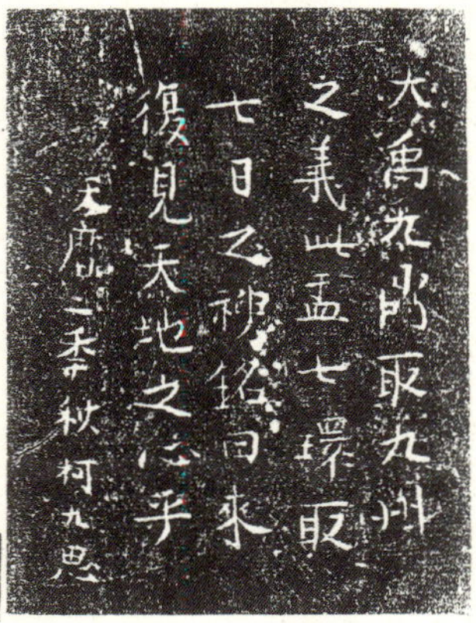

器高建初尺五寸四分口徑九寸深五寸三分腹圍三尺三寸五分重庫平八十八兩

明潞王香鑪

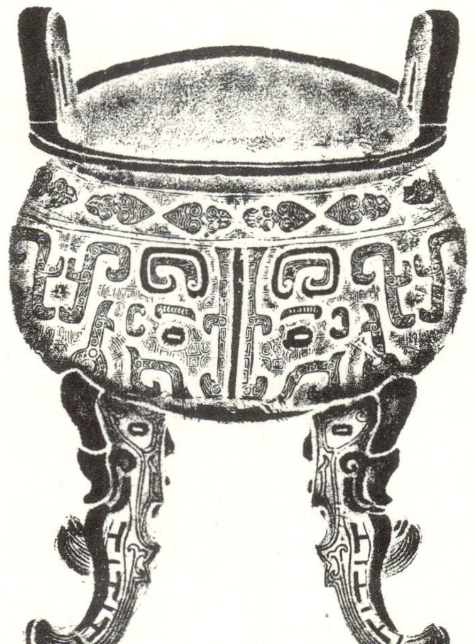

器通耳高建初尺九寸二分口徑五寸八分深三寸五分腹圍二尺零三分重庫平五十四兩

先君癖嗜金石隨侍先大父閩中儲署者五年時吳子苾
閣學方為陝藩相與評鑒攷證所得宗彝洎隨宦山左續
有所益家居後常以未足所好無緣再為陝遊為憾里中
既尠同嗜并乏搨工著錄輒不果則亦不為留滯中間惟
簠齋同年專使來拓金文分貽簠齋前輩及王文敏自是
始聞於世先君之沒三十餘年手澤緘扃不忍檢視寶琛亦於
宣統初元北來忽忽至今知好求拓本者日益衆目覩簠齋
匋齋藏器流散殆盡不知簠齋所藏復何如內府珍秘近且
橫遭劫奪而荒江老屋猶什襲保持無恙無涯其敢貪
天而自幸耶因令兒子懋復覓工俱南盡搨舊藏并橅全
形印為澂秋館吉金圖以饜衆求并以明先君蒐集
之勤與歆然不遽問世之意其古鉩印別自為譜羅
君叔言謂可與吳氏雙虞壺齋譜抗行亦當有以廣
其傳也歲在丁卯秋八月閩縣陳寶琛識于沽上寓樓

澂秋館吉金圖兩册定價通用
大銀圓陸拾圓正北平商務印書
分館代印發行各省大書坊均
有寄售如有翻印者遠近必究

附　录

石言館集拓各家所藏吉金圖目

編者按：此册借抄自網友，原册爲榮寶齋朱絲欄册，尺寸不詳，半頁十行，爲周希丁手録定本，是其歷年所拓全形器之目録。今依編者過録抄本排印。

石言館集拓吉金文字序

吉金文字自宋人爲彝器款識以後，代有著録。甲骨之文，先有劉鐵雲《藏龜》印行；現代羅振玉先生著有《殷墟文》前後編，詳爲考釋；復有容庚著《金文編》，商承祚著《殷墟文字類編》，王襄著《殷墟書契類編》，羅福頤著《璽印文字類編》，丁佛言著《古籀補補》諸書印行。文字之學，因之大明。審其采集之博、鑒别之嚴、考定之詳，則更遠勝古人。於是拓本一物，凡片紙隻字，皆爲考古學家所重視。摹拓一道，因之不容不求精進。博覽舊拓，或失墨不真，或過求精美，字畫之精神往往不甚留意。圖製全形始於清季，釋家六舟爲之最早，用墨雖雅，而於器形尺寸則不甚講求。若據以考證，則難辨其究竟，傳拓之本意失之矣。余治斯道經二十餘年，於拓字只求筆畫精確，而於墨色重淡雅，不重明美，惟於製形則務求傳神。陰陽向背、位置尺寸，必使適當，未敢稍進遷就。如是或可爲考古學家所取。余早年所拓，無甚大器。於壬戌之秋，始由北平孫伯恒君、閩縣陳淮生君、膠東柯燕舲君發起傳拓海内吉金文字。數年於兹，不下千數百種。傳拓之初，上虞羅叔言首先贊許，出其所藏三代兩漢吉金二百餘器命拓。於是海内各大收藏家聞風争相囑拓。結至本年歲首，綜計得二十八家。計羅氏藏二百七十六器（目中標『羅』字）、長白倫叙齋藏七十六器（標『倫』字）、大興馮公度藏四十五器（標『馮』字）、清室養心殿藏一器（標『清』字）、美國博物院藏古禁一具附屬十九器（標『美』字）、南海林韻宫藏四器（標『林』字）、江寧黄秀伯藏一器（標『黄』字）、閩縣李公達藏一器（標『李』字）、紹興金拱北藏二器（標『金』字）、日照蕭氏藏四器（標『蕭』字）、螺江陳弢庵藏一百三十一器（標『陳』字）、蕭山陸慎齋藏十二器（標『陸』字）、山陰張致和藏五器（標『張』字）、武進莊思緘藏一器（標『莊』字）、東海徐氏藏一器（標『徐』字）、宛平袁珏生藏四器（標『袁』字）、武英殿陳列所寶藴樓藏六器（標『寶』字）、桐鄉馮若海藏一器（標『若』字）、閩縣陳淮生藏二十六器（標『淮』字）、北平孫伯恒藏四十五器（標『孫』字）、潢川吴宜常藏二十八器（標『吴』字）、長白儒心畬藏二器（標『儒』字）、朱幼屏藏一器（標『朱』字）、武進蔣晋英藏一器（標『蔣』字）、中山大學考古院藏三器（標『考』字）、廣東商錫永藏二器（標『商』字）、廣東關寸艸藏一器（標『關』字），加以余早歲所拓，及歷年易得計三百一十三器，藏諸誰氏不甚記憶皆（標『得』字）加以圖形者，綜合得六十一類一千二百二十一器。分類編次，録正其目，以待徵求。余因自知無考定之學，願公同好，不敢自秘也。將來得有所歸，雖不足以窺三代兩漢之全，然於治斯學者，或不無裨益歟！

己巳夏四月朔周康元謹識

石言館集拓各家所藏吉金圖目

金谿周康元希丁氏手拓

鐘 全形十一種

楚公鐘 銘三十五字 羅
公孫班鐘 銘四十八字 羅
星伯鐘 銘十三字 林
昆夷鐘 銘十四字 羅
鑄侯鐘 銘十五字 羅
□鐘 銘八字 疑 陳
□鐘 銘六字 倫
□鐘 銘六字 羅
宋公鐘 銘七字 僞 孫
□敬鐘 銘十六字 得
周公華鐘 銘八十七字 疑 蕭

鼎 全形三十三種

虢文公鼎 銘二十字 羅
克鼎 銘七十二字 馮
姬鬻鼎 銘二十七字 陳
杞伯敏鼎 銘器蓋三十字 陳
穌衛妃鼎 銘九字 陳
太史鼎 銘五十八字 蕭
庚君鼎 銘三十七字 朱
陳侯鼎 銘二十一字 疑 孫
弓形父丁鼎 銘五字 陳
呂鼎 銘四十三字 羅
□父癸鼎 銘三字 羅
夔鼎 銘十七字 倫
立刀形父癸鼎 銘六字 孫
亞形中憲□父丁鼎 銘五字 陳
魚形父乙鼎 銘三字 馮
象形子父乙鼎 銘四字 馮
隺形父丁鼎 銘七字 陸
公違卿鼎 銘十八字 陳
雀形父癸鼎 銘三字 馮
立戈鼎 銘一字 馮
□建鼎 銘五字 陸
叔旅鼎 銘六字 孫
孔鼎 銘六字 僞 孫
□□始□鼎 銘存八字 疑 陳
小子鼎 銘二十字 陳
鮮父鼎 銘六字 倫
又一 銘六字 孫
伯□鼎 銘七字 林
長楊共鼎 銘器蓋十四字 倫
銷鼎 銘器蓋三十字 考
杜共鼎 銘器蓋三十一字 考
昜兒鼎 銘四字 考
又一 考

尊 全形十一種

□受祖丁尊 銘四字 陳
□父乙尊 銘三字 陳
卿尊 銘七字 陳
旃尊 銘八字 羅
咎尊 銘十字 孫
召尊 銘四十三字 陳
尹父丁尊 銘五字 陳
伯尊 銘十六字 陳
作尊 銘四字 馮
文父辛尊 銘十五字 馮
析尊 銘五字 僞 陳

卣 全形十一種

立戈卣 銘器蓋二字 馮
奚卣 銘器蓋二字 羅
卿卣 銘器蓋十三字 陳
又一 銘器蓋十二字 陳

父辛卣　銘器蓋八字　陳
父辛卣　銘器蓋六字　陳
父丙卣　銘三字　陳
仲卣　銘器蓋十八字　馮
父辛卣　蓋銘五字　陳
㐱卣　蓋銘九字　孫
劉氏卣　銘十一字　陳

敦　全形三十二種

四耳通敦　銘四字　孫
四耳父乙敦　銘三字　孫
雍姒敦　銘六字　倫
伯敦　銘六字　倫
伯敦　銘四字　陳
然虎敦　銘十四字　羅
格伯敦　銘八十字　羅
籯侯敦　銘三十六字　羅
亞形中曩侯父乙敦　銘八字　陳
公違卿敦　銘十八字　陳
静敦　銘九十字　羅
同自敦　銘器蓋十八字　寶
日癸敦　銘九字　闕
子敦　銘二字　陳
□敦　銘五字　商
割函敦　銘九字　羅
仲殷父敦　銘器蓋四十字　倫
獻伯敦　銘五十二字　羅
豆閉敦　銘九十二字　陸
義友敦　銘二十四字　林
庚孟敦　銘器蓋四十二字　陳
又一　字全微小　陳
伯敦　銘四字　羅
叔加敦　銘五字　孫
畢敦　銘存七字　孫
宴從敦　銘器蓋六十四字　陸
仲敦　銘十字　孫
頌敦　銘一百五十字　馮
宰敦　銘七十四字　疑　蕭
無字敦　陳
□林父敦　蓋銘二十二字　羅
史頌敦　蓋銘六十二字　陳

罍　全形三種

父己罍　銘三字　馮
亞形中覷罍　銘器蓋六字　陳
日丁罍　銘二字　馮

甗　全形六種

作冊般甗　銘二十字　陳
門射甗　銘五字　孫
□甗　銘二字　倫
亞形中右作父乙尊彝甗　銘七字　馮
立戈甗　銘三字　馮
平陽共鏖甗　銘十八字　陸

斝　全形六種

亞矣斝　銘一字　陳
□田斝　銘二字　陳
伯叔乙斝　銘四字　疑　孫
癸子斝　銘二十六字　馮
辛斝　銘二字　倫
無字斝　陳

盉　全形五種

亞形中父丁盉　銘器蓋十二字　馮
作從盉　銘器蓋五字　孫
父丁盉　銘器蓋十字　陳
又一　同上改拓　陳
無字盉　陳

簠　全形四種

鑄子簠　銘器蓋三十四字　孫

伯其父簠 銘二十三字 羅
唬侯簠 銘十字 羅
史頌簠 銘六字 陳

簋 全形二種

嗝比簋 銘一百三十餘字 陳
虢仲簋 蓋銘二十二字 孫

壺 全形六種

頌壺 銘器蓋三百零二字 寶
亞子荷貝壺 銘二字 儒
矩叔壺 銘十七字 陳
又一 與上略同 陳
神獸壺 寶
無字壺 林

盤 全形五種

散氏盤 銘三百四十九字 清
師寏盤 銘十七字 寶
箕子盤 銘一字 袁
無字盤 陳
承水盤 銘二十二字 羅

盦 全形三種

祖丁盦 銘三字 倫
向盦 銘十字 羅
綏和盦 銘十三字 孫

匜 全形六種

隹叔匜 銘器蓋十字 寶
季妃匜 銘三十五字 倫
附盤 與上器合拓 倫
史頌匜 銘十四字 陳
蔡子匜 銘七字 孫
陳倉匜 銘四十一字 陳

鬲 全形八種

仲执父鬲 銘六字 羅
史秦鬲 銘二字 羅
雯人守鬲 銘五字 羅
作寶鬲 銘三字 陳
作尊鬲 銘三字 陳
季右鬲 銘六字 孫
單伯鬲 銘二十字 馮
咏中鬲 銘十八字 羅

觚 全形六種

木工觚 銘五字 陳
卿觚 銘七字 陳
從觚 銘四字 孫
又一 銘五字與上合拓 孫
畢觚 銘一字 陳
父丙觚 銘三字 陳

觶 全形五種

作姑觶 銘器蓋六字 得
祖丙觶 銘三字 陳
父己觶 銘四字 陸
父乙觶 銘四字 孫
父乙觶 銘五字 得

角 全形四種

父丙角 銘器蓋八字 倫
亞形中父丁角 銘器蓋十字 倫
從角 銘器蓋四字 倫
父戊角 銘三字 倫

爵 全形十七種

丙爵 銘一字 陳
立戈爵 銘一字 馮
立戈爵 銘二字 馮
魚爵 銘一字 陸
亞形中父辛爵 銘三字 張
祖癸爵 銘二字 陳
父乙爵 銘二字 張
父丁爵 銘三字 陳

父丁爵　銘三字　疑　陳
父丁爵　銘三字　張
父丁爵　銘二字　張
旟爵　銘四字　袁
父己爵　銘四字　陳
父己爵　銘三字　孫
中父辛爵　銘三字　張
父癸爵　銘五字　張
父乙爵　銘四字　金

鐙　全形六種

元康雁足鐙　銘三十五字　倫
竟寧雁足鐙　銘四十四字　羅
宜子孫鐙　銘三字　陳
上林鐙　銘十一字　陳
宜子孫鐙　銘四字　孫
陽朔鐙　銘二十字　金

染　全形二種

平安染鑪　銘十三字　倫
又一　與上一器　孫

匋　全形四種

作尊　銘二字　商
召埍　銘四字　孫

太室埍　銘七字　孫
瓦墱　古鉥字不可盡識　孫

錡　全形一種

羊首錡　銘二字　蔣

甗　全形一種

國差甗　銘五十三字　寶

錇　全形一種

無字錇　馮

彝　全形一種

曾伯霥彝　銘五十三字　馮

鑰　全形一種

鄭戚鑰　銘十六字　淮

鐃　全形一種

左鐃　銘三字　羅

鑵　全形一種

中作旅鑵　銘四字　羅

鉶　全形一種

寧鉶　銘六字　寶

觴　全形一種

羽觴　銘四字　孫

洗　全形一種

宜侯王洗　銘六字　陳

飾　全形一種

車飾　陳

斗　全形二種

渠斗　銘三十四字　莊
熨斗　銘四字四貨泉　陳

范　全形一種

定平元范　黃

鑪　全形二種

唐王延翰鑪　銘六十三字　陳
明潞王鑪　銘十六字　陳

盉　全形一種

元柯氏來復盉　銘四十字　陳

以上三十八類計共二百一十三器均製全形。

吉金墨拓目

編者按：此目過録自拍場所見民國時期手抄油印本，皆毛裝，尺寸不一，有徐世襄君彦印，應爲古光閣傳拓拓本發售簡明目録。另目中有稱『簋』爲『敦』、稱『盨』爲『簋』，皆舊時習稱，讀者察之。

陸慎齋　十一器　全形者七　一册
澂秋館　六十九器　全形者三十八　二册
讀雪齋　四十一器　全形者二十七　一册
玉敦齋　二十四器　全形者十　一册
延鴻閣　七十六器　全形者二十一　二册
雪　堂　二百五十七器　全形者二十五　四册
寶藴樓　六器　全形者六　一册
武英殿　七十器　全形者無　一册

蕭山陸氏慎齋藏器目

編者按：此目未見内容，今依國家圖書館藏周氏所拓慎齋藏彝器全形補列於後。另據容庚《容齋日記》於民國十五年一月二十一日往古光閣爲學校購蕭山陸氏所藏彝器全形拓本，計全形七、銘辭四，價十元。民國十八年二月十六日游廠甸、購蕭山陸氏彝器全形拓片一份十三種，價十五元。

周烏宁父丁鼎　七字　全形
周𢆶建鼎　五字　全形
周豆閉簋　九十二字　全形
周宴簋　三十一字對銘　全形
漢平陽共鏖甗　十八字　僅餘甑器　全形
商魚爵　一字　全形
周[illegible]作父己觶　四字　全形

閩縣陳氏澂秋館藏器目

甲子孟冬希丁周康元所拓

鐘　一器

[illegible]鐘　約八字　全形

鼎　八器

弓䍙父丁方鼎　三字　全形
亞形中憲[illegible]父丁鼎　五字　全形
□□始[illegible]姜鼎　存八字　補形
鮇衞妃鼎　十字　補形
杞伯敏鼎　十七字對銘　全形
公違鼎　十八字　補形
小子鼎　十九字　補形
姬鼐鼎　二十七字　全形

鬲　二器

作寶彝鬲　三字　補形
作尊彝鬲　三字　補形

卣　六器

析父丙卣　三字　補形
冀父辛卣　蓋三字　補形
令[illegible]父辛卣　四字對銘　全形

翼父辛卣　三字對銘　全形

卿卣　蓋六字器七字　全形

又　六字對銘與上器較小　全形

敦　五器

伯敦　四字　全形

公違敦　十八字　全形

吳彩父敦　二十一字　對銘　全形

又　與上器一對字微小　全形

史頌敦　蓋六十二字　補形

匜　一器

史頌匜　十四字　全形

簋　一器

嘱比田簋　一百三十餘字

簠　一器

史頌簠　六字　補形

盉　一器

㠱父丁盉　五字對銘　全形

罍　一器

亞形中䣄罍　對銘　全形

壺　二器

矩叔壺　十七字并蓋　全形

又　與上器一對蓋均無銘　全形

尊　七器

[illegible]受祖丁尊　四字　全形

[illegible]父乙尊　三字　全形

卿尊　七字　全形

尹父丁尊　十一字　全形

㠱父乙尊　五字　全形

伯尊　十六字　全形

（以下第二册）

召尊　四十四字　全形

觚　四器

[illegible]觚　一字

[illegible]父丙觚　三字　補形

木工[illegible]子女觚　三字　補形

卿觚　七字　全形

觶　一器

[illegible]父丙觶　三字　補形

爵　五器

丙爵　一字　補形

祖癸爵　二字　補形

糸父丁爵　三字　補形

[illegible]父丁爵　三字　補形

尹舟父己爵　四字　補形

斝　一器

亞矣斝　一字　全形

甗　一器

王宜人甗　二十字　全形

漢器　五件

陳倉方匜　全形

劉氏鍾　全形

董氏洗　補形

宜子孫鐙　全形

上林鐙　全形

莽器　一件

貨泉宜子孫鐎斗　全形

泉范　十件

五銖長范　一

五銖長范　二

大半兩長范

半兩長元范

榆莢錢范

大泉五十小方范

大泉五十大方范

大泉五十長范

貨泉方范

北平孫氏讀雪齋藏器目

戊辰春中金谿周康元所拓

鼎 五器

陳侯鼎 全形

𪏮父鼎 全形

孔鼎 全形

父癸鼎 全形

叔旛鼎 全形

敦 六器

四耳子荷貝父乙敦 全形

四耳析子孫通敦 全形

叔嘉敦 全形

中敦 全形

畢□旅車敦 全形

[illegible]廷敦 殘底

尊 一器

咎尊 全形

盉 一器

作從盉 全形

簠 一器

鑄子簠 全形

簋 一器

虢中簋蓋 全形

匜 一器

蔡子匜 全形

甗 一器

門射甗 全形

鬲 一器

季右鬲 全形

卣 一器

㕘卣蓋 全形

觶 一器

父乙觶 全形

觚 二器

作從觚 二器合拓 全形

斝 一器

伯叔乙斝 全形

爵 一器

父己爵 全形

舟 一器

武舟 小器

鈎 二件

王霸鈎印

大黃布千范

兵器 三件

[illegible]短兵 全形

回文斧 全形

平陰矛 全形

唐器 一件

王延翰造獅子鑪 全形

明器 一件

敬一主人製四足鑪

共六十九器墨全形者三十八件

大興馮氏玉敦齋所藏吉金目

甲子年 希丁拓

鼎 三器

克鼎 全形

父乙鼎

父癸鼎

彝 三器

曾伯霥彝 全形

析子孫父彝

[illegible]彝

尊 三器

作寶尊彝大尊 全形

文父辛尊 全形

父乙尊

卣 二器

中卣 對銘 全形

戎卣 對銘

盉 一器

亞形中父丁盉 對銘 全形

敦 三器

頌敦 全形

諫敦 對銘

師酉敦

斝 一器

癸子斝 全形

甗 二器

立戈父戊甗 全形

壽甗

罍 二器

丁癸大罍 全形

叔午罍

爵 一器

[illegible]作爵

戈 二器

戈一

戈二

劍 一器

劍 陽識

共計二十四器 全形者十器

呂都鈎

古兵 四器

史字瞿

目字瞿

淳于戟

武都矛

秦 二器

羽觴 全形

平樂節環

漢 四器

平安侯染鑪 全形

綏和盦匜 全形

宜子孫鐙 全形

漢安大洗

宋 一器

殿司水軍銅飾

金 一器

承安鏡

明 二器

宮牌

宣德春詞盤

共計四十一器 全形者二十七器 後續大吉利鐸一器

延鴻閣主人所藏吉金目

希丁周康元手拓由癸亥九秋至甲子夏四月始克拓畢

鼎 七器

鮮父鼎 全形

立戈鼎

父己鼎

[illegible]鼎

方鼎 全形

地節楊廚鼎

長楊共鼎 全形

彝 五器

[illegible]彝 全形

丙祖丁彝 全形

向彝

立戈形己彝

父丁彝

尊 一器

舉尊

卣 一器

祖丁父癸卣 對銘

簋 一器

杜伯簋 對銘

簠 一器

魯士孚簠

鐘 一器

戲鐘 全形

盤 一器

兹女盤

甗 一器

雲雷甗 全形

斝 一器

亞形辛斝 全形

觚 二器

[illegible]觚

析子孫父辛觚

觶 二器

父丙觶

作寶觶

盉 二器

立戈盉 對銘

紹伯父辛盉 對銘

鬲 二器

虢姞鬲

亞形鬲

敦 四器

父丁敦

伯作寶敦 全形

中殷父敦 對銘 全形

師兑敦 對銘

匜 盤附

匜 全形

盤 全形

共三十四器

爵 九器

父乙爵

父辛爵

亞形父乙爵

父己爵

析孫爵

薑形爵

[illegible]爵

[illegible]爵

兕爵

角 六器

父戊角 全形

遽從角 對銘
又 對銘 全形
亞形父丙角 對銘 全形
亞形父丁角 對銘 全形
亞形角

鈁 二器
鹿紋鈁
[illegible]邑家鈁

鋗 一器
宮字鋗 陽識

盦 一器
綏和盦

洗 一器
漢王氏洗

燈 二器
元延臨虞宮燈
元康雁足燈 全形

鑪 一器
平安侯染鑪 全形

鐶 一器
甲鐶

鐎斗 一器
長宜子孫鐎斗 全形

鉤 四器
漢鉤
長壽半鉤
日益壽半鉤
千金半鉤

券
建寧地券

戈 六器
中都戈
左軍戈
鹿邑戈
陳氏戈
[illegible]字戈
大戈

矛 二器
矛一
矛二

劍 一器
劍一

弩 一器
建平弩機

范 二器
貨泉背大吉范 全形
貨泉背無文范 全形

共計七十六器
全形二十一器

上虞羅氏雪堂所藏吉金目

癸亥年希丁周康元手拓

鼎 二十九器

亞形中莽父丁鼎

[illegible]父癸鼎　全形

祖戊鼎

[illegible]鼎

右作旅中鼎

中義父鼎

析子孫鼎

師趛鼎

中師父鼎

淮伯鼎

虢文公鼎　全形

熊氏鼎

蠪鼎

穌咨妊鼎

𠂤鼎

[illegible]鼎

義中鼎

𡨦鼎

吕鼎　全形

[illegible]鼎

虢叔鼎

鄧鼎

衵中鼎

范陽鼎

安邑共廚鼎

軍沓鼎

脩鼎

重九斤十二兩一升鼎

共廚鼎　對銘

尊 三器

鼎父尊

[illegible]尊

戈車尊　全形

彝 三器

作寶彝

[illegible]伯彝

太保彝

敦 二十三器

不嬰敦蓋

伯家父敦蓋

子牙父敦蓋

鄧公敦蓋

稻墨敦蓋

[illegible]伯敦蓋

事族敦蓋

己侯敦蓋

豐兮敦　對銘

日庚敦

德其敦

𠂤敦

𪊨伯敦

德克敦

戲𦣞妊敦

魚字敦

亞形中立戈形父己敦

然虎敦　全形

𠜱㐭敦　全形

靜敦　全形

格伯敦　全形

籯侯少子敦　全形

伯作寶敦　全形

卣 二器

奚卣 對銘 全形
山西卣

鬲 六器

䢅中鬲
䢅中鬲 全形
中扨父鬲 全形
史秦鬲
季姜鬲
伯夏父鬲

觶 四器

史農觶
兄丁觶
陖觶
敏觶

觚 三器

析子孫觚
鬥觚
叔觚 陽識

簠 八器

伯簠
伯勇父簠
王子申簠
楚子簠
侯簠
陳侯簠
伯其父簠 全形
侯簠 全形

簋 二器

鄭義姜父簋
伯厚父簋

爵 十七器

子父丁爵
父丁爵
父己爵
子執戈形父庚爵
父辛爵
父辛爵
父壬爵
祖癸爵
析子孫父癸爵
父癸爵
父癸爵
舉父癸爵
父癸爵
亞形中乙羊爵
隹爵
亞形弓爵
父丁爵蓋

甗 一器

父辛甗蓋

壺 四器

鄧孟壺蓋
萬金壺 陽識
立戈形壺 對銘 陽識
杜陵東園壺 全形

車衛 二器

下宫車衛
嬗妊車衛

盤 一器

䢅中盤

鐘 五器

留鐘 全形
昆夷鐘 全形
鑄侯鐘 全形
公孫班鐘 全形
楚公鐘 全形

鉦 一器

亞形中恒手鉦 全形

盦 二器

子叔盦

向盦 全形

鍾 四器

衛少主鍾

元封雒陽鍾

南陵大泉鍾

□成侯鍾

洗 一器

□氏洗

弩機 二器

三代弩機 一

三代弩機 二

幣 五器

山陽斧幣

乘邑斧幣

平陽斧幣

安陽斧幣

宜月大幣

燈 三器

建昭中宮燈

桂宮雁足燈 全形

大吉利燈

權 十二器

三代小權

秦權一

秦權二

秦權三

秦權四

秦權五

秦權六

秦權七

秦權八

漢銅權

漢鐵權

莽權

量 三器

秦量一

秦量二

莽量

詔版 三器

秦元年詔版一

秦廿六年詔版二

秦廿六年詔版三 面背

戈 十九器

戈一

戈二

戈三

戈四

戈五

戈六

戈七

戈八

戈九

戈十

戈十一

戈十二

戈十三

戈十四

戈十五

戈十六

戈十七

戈十八

戈十九

戟 十五器

戟一

戟二

戟三

戟四

戟五

戟六

戟七

戟八

戟九

戟十

戟十一

戟十二

戟十三

戟十四

戟十五

短兵 八器

短兵一

短兵二

短兵三

短兵四

短兵五

短兵面背六

短兵面背七

短兵面背八

矛 八器

東周左軍矛一

矛二

矛三

矛四

矛五

矛六

矛七

矛八

斧 四器

豐字斧

癸字斧

左軍斧

無字斧

三代有字小器 八器

小器蓋

小器二件

小器二件

小器

小器

小器

矢族 十五器

矢族五件

矢族三件

矢族兩面

矢族二件

矢族二件

商丘矢族

左字矢族

符 八器

還州刺史魚符

溗州第四魚符

太子少詹魚符

縉雲殘魚符

無字隕半黽符

齋字符

關大夫虎符

宋牛符

雜器 十六種

大宫鋤

右字馬銜

□叔馬銜
葆調
宜子孫熨斗
古金鋪
泥金范
靈丘駱馬印
漢殘器
雒陽杓
趙充國鈎
宜子孫鐸
長宜子孫鑑
千金氏別品錢
完羊別品錢
至元寶鈔銅板

牌 七器

西夏牌一
西夏牌二
印牌
巡夜令牌
鷹牌
錦衣衛牙牌
崇禎直殿監牙牌
共計二百五十七器

寶蘊樓彝器

周頌壺
國差瓿
同𠂤敦
師窦作季姬盤
唯叔匜
寧作鈿
共六器全形

武英殿彝器圖録百種

熱河行宫舊藏彝器六百餘件，皆世人未經寓目者。兹精選百器發售，照片拓片共以三十份爲限，縮列號數，購者均須記名，不得復製。

八寸照片并原拓銘文分裝三册，每部實洋五十元。原拓銘文一册，實洋貳拾貳元。

兹將有銘之器六十二件開列於左。

商戈鼎 一字
商亞鼎 一字
商亞覷方鼎 二器 一字
商[illegible]鼎 一字
商巽父乙鼎 三字
商亞方鼎 約三字
商[illegible]父丁鼎 三字
商[illegible]父己鼎 三字
商[illegible]父己鼎 三字
周○作寶彝鼎 四字
商文方鼎 存三字
周陳之雈鼎 十二字
周[illegible]伯鼎 十六字

周鼂季鼎 十八字
周四分鼎 五字
周〇所鼎 七字
漢方氏鼎 二字
商魚鬲 一字
商㠱母鬲 二字
周伯[illegible]鬲 五字
周曾子簠 二十字
商[illegible]簋 一字
商史簋 一字
商戈簋 一字
商亞醜簋 一字
商天黽簋 一字
商門祖丁簋 三字
商[illegible]父乙簋 三字
商[illegible]父丁簋 三字
商爻父丁簋 三字
商作父丁簋 四字
周戕簋 四字
周作寶尊彝簋 四字
商敷彔敔簋 十字
周噩侯簋 十七字

周兑簋 二十字
周御正衞簋 二十三字
周陳侯簋 三十五字
周鄭義伯盨 十四字
周華季[illegible]盨 十六字
商魚匜盤 魚字十三
周〇侯壺 十餘字
周芮大子伯壺 十四字 對銘
周殷句壺 二十一字
周頌壺 一百五十字 對銘
周起君壺 四字
商天黽盉 一字 對銘
商作公[illegible]父盉 五字
商[illegible]卣 二字 對銘
商天黽父乙卣 三字 對銘
周作旅彝卣 三字 對銘
商[illegible]父巳爵 三字
商[illegible]觚 二字
商父己觶 二字
商[illegible]父己觚 三字
商[illegible]父乙觶 三字
商醜方尊 一字

商亞鐸 一字
漢南皮侯家鍾 三段存二十八字
漢內者缶 三十六字
漢富貴昌宜侯王洗 六字
漢雙魚洗 花紋

冰社小記

史樹青　傅大卣

此記已於一九八三年十二月由北京市社會科學院研究所印入《北京史苑》第一輯，第二九五至二九九頁。（《北京史苑》文字與此有差异處。）

大卣，一九八五年五月。

六十年前，即一九二一年，我國居住在北京的一部分研究金石文字的學者和古代文物愛好者，爲了『發揚國粹』開展學術研究，取《荀子·勸學篇》『冰，水爲之，而寒於水』之義，發起組織了一個學術研究團體——冰社。

冰社社長爲易大庵，副社長爲齊宗康、周康元，秘書爲孫壯、柯昌泗。社址設在琉璃廠路北五十四號，即當時由周康元開設的經營書畫篆刻的古光閣後院。自民國十年（一九二一）端午節正式成立，至同年年底發展社友共四十一人。由於社友同居北京，且各有收藏，社章規定每星期六及星期日爲聚會之期。參加社集者，各携所藏或新得金石文物到會，考釋文字、鑒別年代，以收切磋琢磨之效，并互通學術消息，互贈拓本、書報，開展學術交流。其中最有意義而對後世古文字學研究影響最大者，即金石拓本的廣泛流布，既擴大了文化事業的宣傳，又爲後世積累了資料，今日看來，應是冰社的一個重要貢獻。

我國金器傳拓的歷史，自嘉慶以後，錢坫刻《十六長樂堂古器款識考》，阮元刻《積古齋鐘鼎彝器款識》，拓本始廣泛爲人所重視。時以拓墨著名者爲焦山僧達受，吴榮光撫吴，索其手拓金石之精者，以入《筠清館金石録》。達受所拓，類皆淡墨若蟬翼。用重墨若黑漆，則以陳介祺所傳拓者爲最精，所謂陳介祺所拓，實爲陳介祺指授其鄉（濰縣）人陳佩綱所爲。陳氏著《傳古别録》，爲總結拓墨專書，潘祖蔭刻入《滂喜齋叢書》中，《傳古别録》手稿，周進與石居并爲之影印行世。

冰社副社長周康元，繼承了達受、陳佩綱的傳拓古器技術，對原器拓形有所發展，以致冰社社友中所藏器，必以周康元所拓爲可心。清代金器拓形，以乾隆時揚州馬氏小玲瓏山館所藏金器爲最早，傳爲嘉興馬起鳳所拓墨（馬曰璐有散氏盤全拓本，款屬嘉慶年，此爲最早）。而阮元在揚州所刻家藏銅器，雖器形、銘文并重，但皆在木板上刻器形，刻銘文，在研究者看來，拓本總有失真之感。至陳介祺則較廣泛地把小件銅、陶器用立體拓法拓出全形，并直接拓出銘文，此較阮氏拓本，確有不少進步，但大件銅器陳氏仍未能直接拓形。故其藏毛公鼎全形拓本及銘文，除少數是原拓外，多數是刻在木板上拓印。木板銘文則後人翻刻以充真者，毛公鼎以分成四段爲原拓，因此，翻刻銘文與原拓失誤多處。近幾年來，有些國内外研究金文的學者，誤認爲毛公鼎有兩件，甚至懷疑毛公鼎原器爲僞者，蓋受陳氏木刻拓本影響所致。

在冰社社友的共同努力下，在秘書柯昌泗、孫壯的奔走下，社友中藏器較多者如羅振玉有《雪堂所藏吉金》二百五十七器，陳寶琛有《澂秋館藏器》

六十九器，馮恕有《玉敦齋所藏吉金》二十四器，孫壯有《北平孫氏讀雪齋藏器》四十二器、《塤室藏陶》三十器，以及其他社友藏器，均請周康元拓墨，每器各拓數十份至百份不等。由於羅振玉藏器多在天津，陳寶琛藏器多在福州，周康元還攜弟子二人，親至各地拓墨，長途跋涉，備極辛勞。其後陳氏藏器輯爲《澂秋館吉金圖》，羅氏藏器多數收入《三代吉金文存》中，徐森玉、馬衡所藏漢魏石經殘字，也由冰社輯拓成書。此書在馬衡《漢石經集存》未出版前，是一部重要的石經拓本。至於甲骨、陶器、磚瓦、璽印、封泥、貨幣等零種拓本的流傳，分布國内外各地，其影響是不小的。

冰社金石拓本的流傳方法，都是以原收藏者爲一個單位，除了社友預定，酌收工料費外，凡社會上金石文字愛好者，也可選購。如選購全份，并隨拓本附一簡明目録。例如周康元在《雪堂所藏吉金目録》的封面題稱：『此拓由壬戌（一九二二）小陽動議，於癸亥春始克開墨，至是歲中秋，甫經畢事。閲時半載，其間雖經酷暑，未或少息。綜計二百餘器中，有形式優異、花紋精好者，并墨其形。同好分受（一作『今值分派』），其共寶之。癸亥中秋，希丁周康元記於石言館。』由此可知，羅氏藏器，多數是由周康元所拓墨，雖經溽暑酷熱，未或少息，拓墨人的辛勤勞動，是值得表揚的。

清朝宗室溥倫，收藏甚富，以愛商周彝器，因號彝庵。他最初雖然不是冰社成員，但藏器仍請周康元拓墨，今所傳《延鴻閣吉金》拓本七十六器，即溥倫當年所弆藏。由於不斷與冰社往來，溥倫最後也入了冰社。古物陳列所（今故宫博物院）寶蘊樓、武英殿彝器，以及清宫所發現之散氏盤，傳拓銘文、器形，皆邀周康元爲之，其拓本具有科學水平和藝術價值，於是『周拓』之名鵲起，大爲學術界所珍視。

冰社社友丁世嶧，即丁佛言，是一位著名的古文字學者，鑒於吴大澂《説文古籀補》有許多不足，在同社姚華、柯昌泗幫助下，利用許多金文、陶文、璽印文等新資料，撰《説文古籀補補》，這是他在冰社完成的一部名著，爲後世研究古文字的重要參考書。

冰社同人在金石、古文字研究以外，對古代璽印及書畫篆刻均有濃厚興趣。社友陳寶琛輯《澂秋館印存》，陳介祺萬印樓藏印也由其孫陳禮丞除了選鈐印譜外，《十鐘山房印舉》也由陳叔通（敬第）先生介紹，在商務印書館出版，成爲研究古璽印者必備之書。至於冰社中以篆刻名家者，除社長易大庵外，周康元、丁世嶧、陳年、陶祖光、壽鉨、陳禮丞、柯昌泗、林白水、羅惇㬊、馬衡等，皆擅鐵筆。社友所用印章，皆出諸家之手，一時北方篆刻之學，蔚成風氣，對後來影響很大。説者謂冰社篆刻之學，可與南方西泠印社媲美，其言并非虚譽。

一九二一年至一九二六年，爲冰社正常活動時期。一九三一年以後，社友有的謝世，有的星散各方，只周康元、孫壯在京聯繫少數社友，至一九四一年，冰社完全停止活動。

在紀念冰社成立六十周年的日子，我們應該表彰《社會日報·生春紅副刊》在學術宣傳上的貢獻。冰社社友林白水，是《社會日報》的創辦人兼主筆，他既是一位著名的愛國記者，又是一位著名的金石考據家。爲了宣傳民族傳統文化，他在《社會日報》开闢《生春紅》副刊，自任主編。該刊專載社友科研成果及有關歷史文物、文史研究學術動態。自一九二四年五月創刊至一九二六年八月停刊，共發刊一百三十八期，内容充實，豐富多彩。一九三六年，容庚先生曾輯林白水在該刊發表的金石考證文字，成《生春紅室金石述記》，正式出版。《生春紅》副刊合訂本，今日已甚罕見，爲了提供科學研究資料，有關出版部門如能縮印出版，其受到文物、考古、古文字、古文獻研究者歡迎，是可以肯定的。

附 冰社題名録

一　易大庵（一八七四—一九四一），名孺，初名廷熹，字大庵，號季復，晚號韋齋，以字行，广東鶴山人。早歲肄業廣雅書院，從朱一新、梁鼎芬游，爲陳澧再傳弟子。中年游學日本，習師範，陳伯陶提學江寧，邀襄學務。入民國，任南北各大學講席，爲南社社友。晚年居上海，任暨南大學教授，舉凡金石書畫、詩古文辭、聲韵訓詁、璽印篆刻，無一不精。有《双清池館集》《玦亭印存》《孺齋印稿》《韋齋曲譜》《大庵居士遺墨選刊》等。

二　齊宗康（一八七七—一九五三），字如山，河北高陽人。任北京國劇陳列館館長，北平研究院歷史研究會會員，有《戲劇角色名詞考》《中國劇之組織》等。

三　周康元（一八九一—一九六一），原名家瑞，字希丁，祖籍江西金溪，自曾祖父居於北京，遂爲北京人。設肆古光閣於北京琉璃廠，代辦名家書畫篆刻，傳拓銅器、甲骨、陶器、璽印、封泥、錢幣、石經、硯、墨等器物款識，皆能察其演變之迹，而於刻印有所會通，拓墨、治印皆能自成一格。陳邦懷先生評其拓形方法是：『審其向背，辨其陰陽，以定墨氣之深淺；觀其遠近，準其尺度，以得算理之吻合。』平生治印三千方以上，有《石言館印存》《古器物傳拓術》等。

四　孫壯（一八七九—一九四一），字伯恒，直隸大興人。國子監學生，同文館學生，北京商務印書館經理。有《讀雪齋金文目》《雪園藏龜》《讀雪齋藏印》《北平孫氏雪園藏器》（《十二家吉金圖録》之一）。

五　柯昌泗（一八九九—一九五一），字燕舲，山東膠縣人。柯紹忞之子。北京大學文科畢業，曾任北京大學講師，東北大學教授、故宫博物院專門委員。有《謐齋印譜》《魯學齋金石記》等。

六　林白水（一八七二—一九二六），名獬，字萬里，號少泉，晚號白水，福建閩侯人。清末在日本早稻田大學留學時，與章炳麟、張繼等奔走革命。回國後，與蔡元培在上海合辦《警鐘日報》，鼓吹革命，提倡愛國。辛亥革命後，曾任袁世凱總統府秘書、國會議員等職。他見袁世凱日益反動，乃憤而辭職，繼續辦報，并參加南社。在北京創辦《中國白話報》《公言日報》《新社會報》《社會日報》等，常親自撰文，抨擊軍閥。他在《社會日報》發表《官僚之命運》一文，斥罵張宗昌及其智囊潘復，張悍然下令，命北京憲兵司令王琦立即逮捕，加以槍殺，犧牲時年五十四。生平藏硯甚富，著述甚多，關於金石考據文字者，有《生春紅室金石述記》。

七　丁世嶧（一八六八—一九三〇），字佛言，號邁鈍，晚年以字行，山東黄縣人。日本政法大學畢業，曾任衆議院議員，國民大學教授。有《説文古籀補補》等。

八　姚華（一八七六—一九三〇），字重光，號茫父，貴州貴築人。光緒進士，日本法政大學畢業，曾任衆議院議員，北京女子師範大學校長。精於金石書畫，有《弗堂類稿》。所藏金石甲骨，由其子姚鋈捐贈歷史博物館。

九　邵章（一八七二—一九五三），字伯絅，號倬庵，浙江杭縣人。光緒三十年甲辰進士，工詩詞書法，藏金石碑帖甚富。有《雲淙琴曲》《倬庵遺稿》。

十　柯紹忞（一八四九—一九三四），字鳳蓀，山東膠縣人。光緒進士，曾任翰林院編修、學部左丞、京師大學堂經科監督。入民國，任清史館館長、北京大學國學門導師、故宮博物院理事。有《新元史》《蓼園詩鈔》等。

十一　陳寶琛（一八四九—一九三五），字伯潛，號弢庵，福建閩縣人。同治進士，工詩文，善繪事，收藏甚富。有《澂秋館吉金圖》《澂秋館印存》《滄趣樓集》等。

十二　陳懋復，字幾士，陳寶琛長子。

十三　袁勵準（一八七五—一九三六），字珏生，號中舟，直隸宛平人。光緒進士，翰林院編修，京師大學堂提調，清史館纂修。收藏金石書畫甚富，精於鑒別。有《中舟畫集》《中舟藏墨録》等。

十四　羅振玉（一八六六—一九四〇），字叔蘊，一字叔言，號雪堂，浙江上虞人。清末任學部參事，著述甚富，有《殷墟書契》《三代吉金文存》等。

十五　樊增祥（一八四六—一九三一），字嘉父，號雲門，一號樊山，湖北恩施人。光緒進士。能詩，曾師事李慈銘。有《樊山全集》。

十六　羅惇曧（一八七二—一九二四），字掞東，別署癭公，廣東順德人。有《鞠部叢談》《癭庵詩集》等。

十七　羅惇㬊（一八七四—一九五五），字復庵，別署復堪，惇曧之弟。曾任教育部參事。善繪事，帖學甚精，草書佳妙，尤擅章草。

十八　梅蘭芳（一八九三—一九六一），名瀾，字畹華，原籍江蘇泰州，生於北京。著名京劇演員。善畫人物、花鳥。有《梅蘭芳文集》及自述傳記《舞臺生活四十年》。

十九　尚小雲（一八九九—一九七六），名德泉，字綺霞，北京人。著名京劇演員。善畫，尤精花鳥。

二十　陳承修（一八八六—？），字淮生，福建閩侯人。曾任農商部權度製造所所長。精鑒賞，富收藏。

二十一　鄭孝胥（一八六〇—一九三八），字太夷，號蘇戡，福建閩侯人。有《海藏樓詩集》《鄭孝胥日記》等。

二十二　卓定謀（一八八六—？），字君庸，福建閩侯人。曾任北平研究院字體研究會常務委員。有《章草考》《急就章偏旁考》等。

二十三　馮恕（一八六五—？），字公度，直隸大興人。書學劉墉，收藏甚富。有《玉敦齋所藏吉金圖》。

二十四　陶祖光（一八八二—一九五六），字伯銘，又字北溟，江蘇武進人。精鑒別，收藏金石書畫多親自題跋。有《翔鸞閣金石文字考釋》等。

二十五　江朝宗（一八六〇—一九四〇），字宇澄，安徽旌德人。有《老子校讀》等。

二十六　寶熙（一八七〇—？），字瑞臣，號沈庵，滿族。光緒進士，曾任學部左侍郎。收藏甚富。一九一一年前任故宮內務府總管。一九三二年去東北。

二十七　廉泉（？—一九三二），字南湖，江蘇無錫人。有《破鼎殘瓦之室藏器》《南湖集》《小萬柳堂畫集》等。

二十八　陳年（一八八〇—一九七〇），字静山，號半丁，浙江紹興人。曾任北京藝術學校教授，精於書畫，山水、人物、花鳥皆所擅長。有《陳半丁畫輯》。

二十九　許卓然（一八八一—一九五一），字修直，江蘇無錫人。藏硯甚富。有《百硯室硯譜》。

三十　金梁（一八七八—一九五八），字息侯，滿族。光緒進士，曾任京師大學堂提調、東三省博物館館長、清史館提調。有《奉天古迹考》《盛京故宮書畫録》《清宮史略》《瓜圃叢刊叙録》等。

三十一　程定夷（未詳），字聽彝，湖北武昌人。擅長畫梅。收藏王羲之《上虞帖》，考証甚詳。

三十二　陸哀（未詳），字慎齋，浙江蕭山人。《群强報》經理。收藏甚富，以青銅器尤爲出色。

三十三　陳其采（一八七〇—？），字藹士，浙江吴興人。日本留學，善書。

三十四　臧啓芳（一八九三—？），字哲軒，遼寧蓋平人。曾任衆議院秘書。

三十五　壽鉨（一八八五—一九四八），字石工，號珏庵，浙江紹興人。曾任教育部編審員。精治印。有《篆刻學》《珏庵詞》《珏庵印存》等。

三十六　陳禮丞（未詳），山東濰縣人。介祺之孫。精鑒賞。有《齊魯古陶文存》。

三十七　黄節（一八七四—一九三五），字晦聞，廣東順德人。南社社友。曾任北京大學教授。書法精妙，偶作蘭草，意境超塵。有《蒹葭樓詩文集》等。

三十八　陳漢弟（一八七四—一九四七），字仲恕，號伏廬，浙江杭縣人。善畫竹石。有《伏廬藏印》《伏廬書畫録》。（《宋元明清書畫家年表》作一九四九年卒於上海。）

三十九　徐鴻寶（一八八九—一九七〇），字森玉，浙江吴興人。有《集拓漢魏石經殘字》等。

四十　馬衡（一八八一—一九五五），字叔平，浙江鄞縣人。曾任故宮博物院院長多年。考證石經之精，國内無與倫比者。有《漢石經集存》《凡將齋金石叢稿》等。

四十一　溥倫（一八六九—？），字彜庵，滿族。有《延鴻閣金文集録》等。藏商銅帶蓋爵爲國内獨有之器。

冰社弟子八人：韓醒華（一九五六年卒）、郝慶琛（字保初，一九五六年卒）、宋九印（字子芳，一九八三年卒）、馬振鐸（字寄塵）、馮慶鏊（一九六〇年後卒）、蕭壽田（字康民，一九五一年卒）、何慶震（字建東）、傅大卣（原名傅大祐，一九一七年生，一九九四年卒）。

後記

廠友孫殿起先生撰《琉璃廠小志》，對琉璃廠史事記載甚詳。惟書中關於冰社事隻字未提，亦千慮之一失也。春間，北京市文物事業管理局傅大卣同志見訪，謂今年是冰社成立六十年之期，雖社事久已停息，但其事不可無記，并謂我於一九六二年曾寫過紀念周康元先生的文字，今年應結合冰社，擴大内容，寫一篇紀念冰社的文字，以告世人。大卣同志是周康元先生的高足弟子，椎拓、治印，有出藍之譽，自願提供資料，促我執筆，乃以數日之力，成《冰社小記》。適中國古文字研究會第四届年會今將於九月在太原召開，即以此文奉獻年會。不賢識小，希同志有以教之。

一九八一年八月二十五日史樹青記於北京

悼念周希丁先生

史樹青

周希丁先生名康元，原名家瑞，北京人。一八九一年十月十九日生，一九六一年十月四日逝世。他一生從事篆刻摹拓事業。中華人民共和國成立後曾在前北京市人民政府文化教育委員會文物組摹拓古器物和保管文物。一九五七年參加首都博物館工作，負責摹拓古器物和文物鑒定。

周先生的篆刻在二十年前就已出版《石言館印存》，共收集他所刻的印章一千余方。近二十年來，他刻的印章，據現存的『印痕』計算，約一千余方。他一生治印總數，當在三千方以上。他傳拓銅器銘文，也是數十年如一日。曾手拓故宫武英殿、寶蘊樓及私家所藏銅器，以及玉器、甲骨、陶器、璽印、封泥、錢幣、石經、硯、墨等器物款識，皆能察其演變之迹，而於刻印有所會通，故能自成一種風格。至於傳拓古代銅器立體形象，首需分清光綫的明暗，繼應審察形體的厚薄，在墨拓術中最爲不易。這種方法，自清代陳介祺撰《簠齋傳古别録》始開其端，到周先生可以説是集其大成。他爲了傳拓，曾於一九一五年參加畫法研究會學透視畫。陳邦懷先生評其拓形方法是『審其向背，辨其陰陽，以定墨氣之淺深；觀其遠近，準其尺度，以符算理之吻合。君所拓者，器之立體也，非平面也，前此所未有也』。

周先生所拓的武英殿、寶蘊樓彝器，都由容庚先生編輯出版。此外，如《澂秋館吉金圖》等書著録的銅器，也是他拓的全形和銘文。還有不少拓片爲郭沫若同志收入《兩周金文辭大系圖録考釋》中。凡在拓片下角鈐有『希丁手拓』『金谿周康元所拓吉金文字印』『康元傳古』等印章的，都是周先生的遺作。

一九二一年，周先生手拓甘肅天水出土的《秦公簋》。這件銅器的銘文用活字爲模，鑄於器蓋和器身，由於銅銹很厚，根本不知有秦漢間刻字各一行，由於周先生拓墨時細心不苟，纔發現出來。（這兩行刻字經郭沫若同志考釋，器文爲：『西元器一斗七升奉。敦。』蓋文爲：『西一斗七升大半升。蓋。』）周先生這種認真細緻的作風，值得我們尊敬與學習。

他的遺著，除了已出版的《石言館印存》外，尚有《印存續集》和《古器物傳拓術》等，均待整理出版。

（原文載《文物》一九六二年第三期）

傅大卣手拓周希丁所刻印及自用印存

西丁摹古

辛未七月，希丁仿古自治，時年四十又一歲。

西丁

壬申六月，希丁治。

康元手拓楚器

甲戌孟冬，希丁刻於津沽寶楚齋。

周康元印

庚寅中伏，連日酷熱，家居拓玉治印，藉消炎暑，刻此并記。希丁，時年六十。武進陶北溟、臨川周希丁合作。

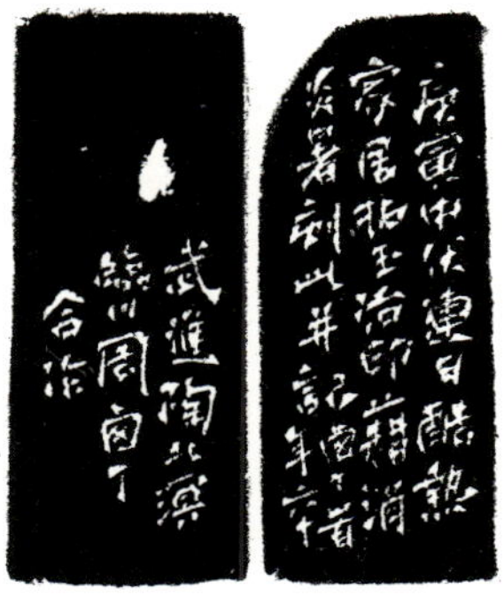

希丁拓

錫永。

石言館

石言館自刻。

希丁

希丁。印丐。

濠園

丙子七月二日，濠園尊師鈞命，康元。

希丁

希丁先生，春草。

硯田爲業

此吾師希丁爲濠翁遺作，大卣爲補記，一九八八年四月。

徐

甲戌秋，刻上濠園主人，希丁。

世章大幸

希丁仿漢。

史樹青讀書記

丁亥中秋，西丁仿漢。

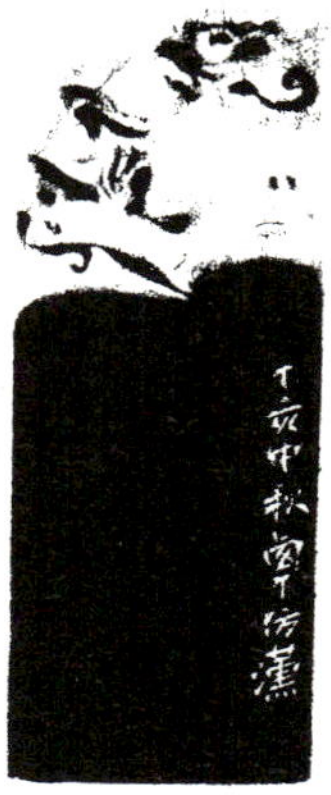

章

濠園屬摹《華山碑》字，康元。

史樹青所藏文物

君長道兄屬集漢印文字，石性瓷而含沙，勉爲仿此，乞教正。辛卯三月，西丁并志。

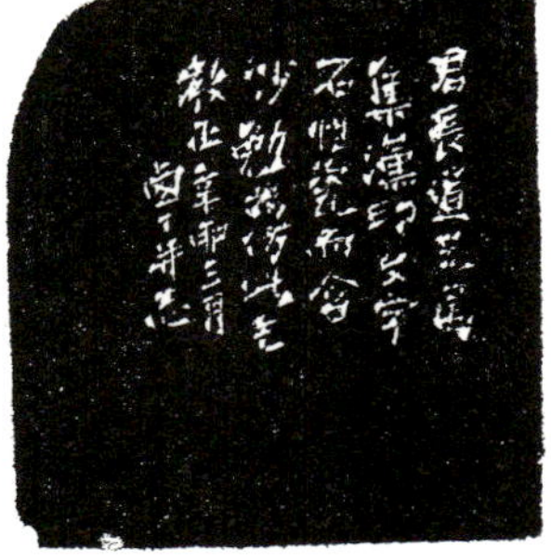

樹青鑒定

君長道兄嗜金石、精鑒別，西丁爲仿漢鑄印，乞教正。辛卯四月。

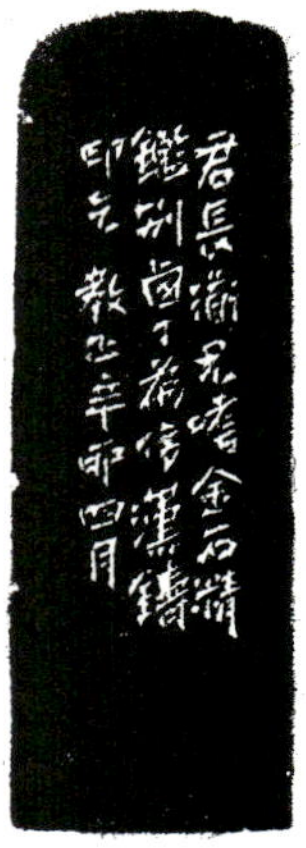

史樹青讀畫記

辛卯初伏，連日酷熱，畏暑不出，爲圻士刻此，心手未能相應，乞方家有以教之。西丁揮汗記。

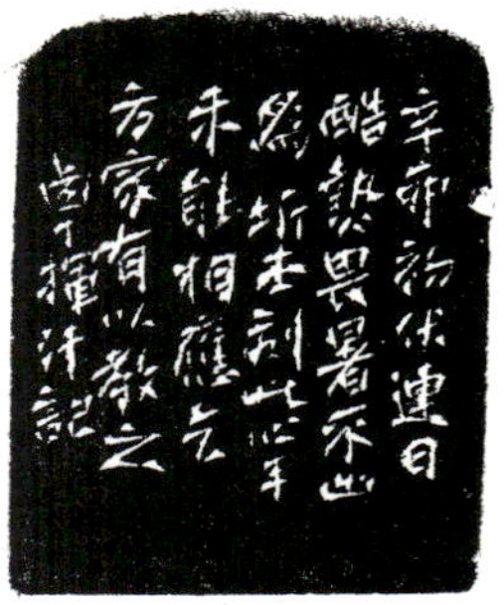

史君長款識學

君長道兄精研款識學，西丁爲合金文與古璽字刻此，即希法教。辛卯初夏，記於京都石言館，時年六十又一。

竹影書屋

圻士以竹影榜其居，葉凝厂爲之題額，予爲治印。辛卯立秋，西丁。

史樹青

集金文入古璽。君長吾兄正。辛卯西丁。

幾

鄭器文字入古璽。辛卯中秋，西丁。

君長手校

君長道兄嗜古甚深，校定文物具有卓識，同志仰佩。壬辰季春，西丁仿古璽治印。

史大郎

梁山卅六友有史進者，人稱史大官人，又稱大郎。圻士行一，屬治此印以寄意。壬辰春，西丁刻。

圻士审定

庶卿參加三反鑒定文物紀念。五二年三月刻。

晚出左掖

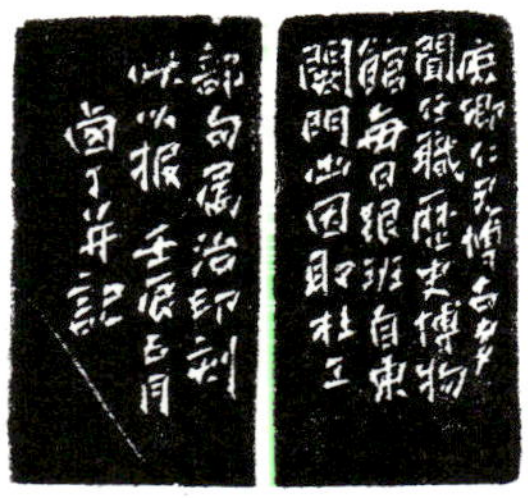

庶卿仁兄博古多聞，任職歷史博物館，每日退班自東闕門出，因取杜工部句屬治印，刻此以報。壬辰五月，西丁并記。

君長

壬辰夏五，周康元作於京師。

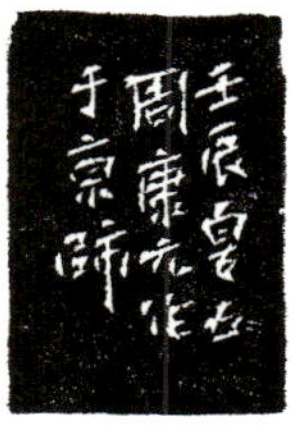

庶卿持贈

君長屬西丁刻。

史樹青印

癸巳春分，西丁仿漢。

庶卿心賞

君長賞鑒章，西丁仿漢官印。

史樹青印

君長得套印，失其子印，西丁以石補之。

史氏金石

圻士屬。西丁。

史樹青印

君長道兄見明人用章，喜其規矩，屬余仿治，勉應乞正。西丁。

君長

古璽『長生』反文，爲君長仿其意。西丁。

史樹青讀碑記

君長道兄鑒别碑刻，具有卓識，爲同人等所仰佩。屬治印，爲仿漢，西丁。

庶卿

合召伯虎與宰獸敦入璽，庶卿兄教西丁。

士

『士』字古璽，爲幾士道兄仿刻。西丁。

君長手拓

君長屬西丁。

楊文和

文和仁兄雅屬。壬辰歲暮，西丁治璽。

静洽

集古文仿秦璽，甲申墨厂記。

振聲大年

振聲大年。丙戌二月，西丁治印爲祝。

常步耀

静涵道兄屬，西丁仿西漢印。

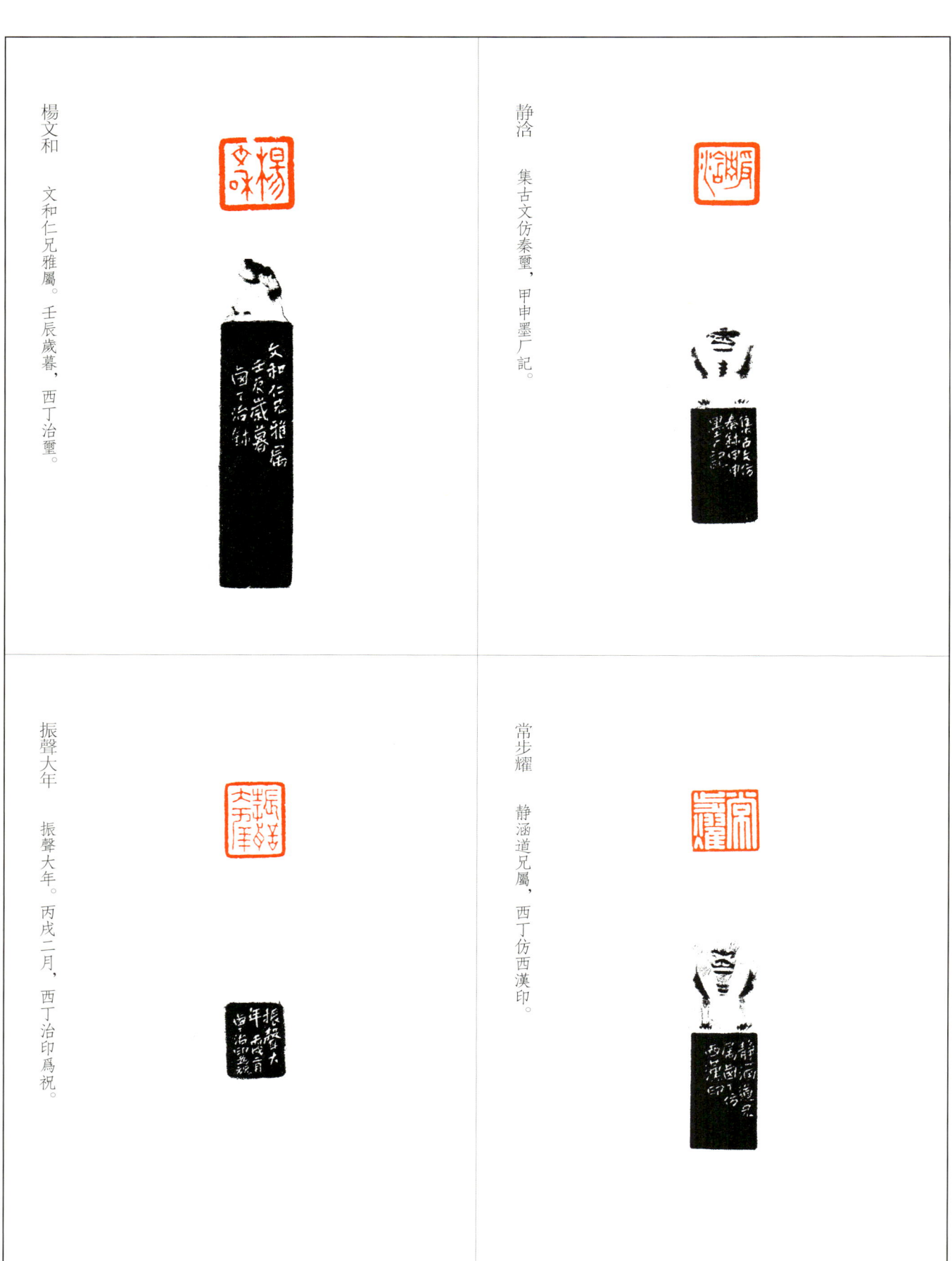

弘文小學校

弘文小學校。一九五一年十一月廿九日，西丁刻。

濠上先生

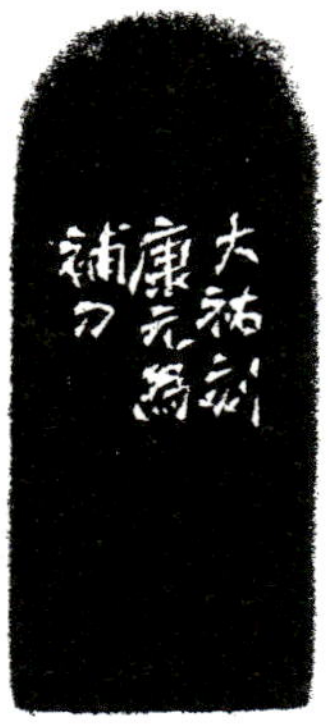

大祐刻，康元爲補刀。

劉書巖印

叔言仁兄屬，西丁仿漢。

卜研簃

希丁。

傅萬里手鈐周希丁自刻自用印存

康元

希丁手拓

西丁手拓

希丁

希丁手拓

周康元

希丁

希丁手拓散盤

康元

希丁吉金文字

綏將福禄

周氏

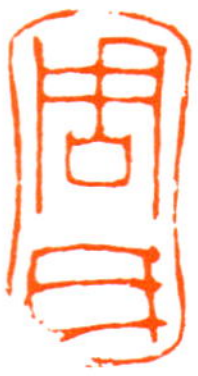

臨川周氏聚墨盦篆隸

家瑞

周

希丁手拓

周康元印

家瑞私印

周康元

辛卯生

墨盦五十以後作

寶蘊樓藏器

丙子希丁手拓

臨川周康元手拓顧刻石鼓硯

見笑大方

金谿周康元所拓吉金文字印

後記

我初學拓形時，即私淑周希丁，搜集拓本圖片，揣摩學習，幾乎到了亦步亦趨、景行景止的地步。後承友人引見，有機緣結識萬師，得見其家藏周希丁拓本綫圖及傳拓技法稿本，欣喜若狂，借閱謄抄勾摹一過，獲益良多。後又購得《澂秋館吉金圖》《陶齋舊藏古禁全器》，於拍場抄録《吉金墨拓目》，微博友人處抄録《石言館集拓各家所藏吉金圖目》，是卷爲周氏手訂本，惜不能影印出版爲憾。時下學拓全形者日衆，技法紛紜，至有故弄玄虚、濫竽充數者，學者不可不察。搜羅既多，慨然有整理出版之志，萬師不以絶技而自秘，大力支持，不勝感荷。周氏之傳拓技藝，是繼簠齋之後又一高峰，已有公論，毋庸贅言。而除《石言館印存》外，無一專著行世，《傳古摹拓技術研究初稿》遷延近七十年終獲出版，可謂周氏之幸，更爲今人之幸。中華人民共和國成立後，周氏入職首都博物館，曾見館藏資料數種，它則無由得見。周氏携弟子費數年之功，爲徐氏拓硯，皆在天津藝術博物館，雖爲常設展，拓本尚未完整出版。其他所見周氏或拓或題儘多，但無高清圖片留存，所謂全編者，實爲泰山一隅，窺豹一斑。慚愧駑蹇，更希有力者能整理賡續，則是書可得抛磚引玉之功，庶幾不愧爲冰社傳人云耳。

感謝 徐天進先生、萬師惠賜墨寶，爲此書增色良多。另外，上海書畫出版社朱艷萍女史精心策劃，李柯霖、伍淳辛苦編輯，在此一并表示謝意。

歲次乙巳五月廿八後學默甫謹記於紫金港客次

圖書在版編目（CIP）數據

素志傳古：周希丁全形拓資料全編 / 傅萬里主編；李默甫整理. -- 上海：上海書畫出版社，2025. 7.
ISBN 978-7-5479-3627-6

Ⅰ. K870.2

中國國家版本館CIP數據核字第20258ES783號

素志傳古：周希丁全形拓資料全編

傅萬里　主編　李默甫　整理

策　　劃　朱艷萍
責任編輯　李柯霖
編　　輯　伍　淳
審　　讀　陳家紅
特約校對　李　琦
技術編輯　包賽明

出版發行　上海世紀出版集團
　　　　　上海書畫出版社
地　　址　上海市閔行區號景路159弄A座4樓
郵政編碼　201101
網　　址　www.shshuhua.com
E-mail　shuhua@shshuhua.com
製　　版　杭州立飛圖文製作有限公司
印　　刷　浙江海虹彩色印務有限公司
經　　銷　各地新華書店
開　　本　889×1300　1/16
印　　張　29.5
版　　次　2025年8月第1版　2025年8月第1次印刷

書　　號　ISBN　978-7-5479-3627-6
定　　價　658.00圓